2022

中国有色金属发展报告

中国有色金属工业协会 编

北 京

冶金工业出版社

2022

图书在版编目(CIP)数据

2022 中国有色金属发展报告／中国有色金属工业协会编 . —北京：
冶金工业出版社，2022. 8

ISBN 978-7-5024-9225-0

Ⅰ. ①2… Ⅱ. ①中… Ⅲ. ①有色金属冶金—工业发展—研究报告—
中国—2022 Ⅳ. ①F426. 32

中国版本图书馆 CIP 数据核字（2022）第 137581 号

2022 中国有色金属发展报告

出版发行	冶金工业出版社	**电　话**	(010)64027926
地　址	北京市东城区嵩祝院北巷 39 号	**邮　编**	100009
网　址	www. mip1953. com	**电子信箱**	service@ mip1953. com

责任编辑　张熙莹　美术编辑　彭子赫　版式设计　孙跃红
责任校对　郑　娟　责任印制　李玉山
北京捷迅佳彩印刷有限公司印刷
2022 年 8 月第 1 版，2022 年 8 月第 1 次印刷
787mm×1092mm　1/16；25.5 印张；457 千字；400 页
定价 298. 00 元

投稿电话　(010)64027932　投稿信箱　tougao@ cnmip. com. cn
营销中心电话　(010)64044283
冶金工业出版社天猫旗舰店　yjgycbs. tmall. com
（本书如有印装质量问题，本社营销中心负责退换）

《2022 中国有色金属发展报告》
编 委 会

前　言

2021 年，是中国共产党成立 100 周年，是党和国家历史上具有里程碑意义的一年，也是有色金属行业凝心聚力、务实笃行、稳健发展的一年。面对外部不确定性加大和国内疫情、汛情等多重冲击，在以习近平同志为核心的党中央坚强领导下，在国家宏观政策的支持下，有色金属行业实现了"十四五"良好开局：全年生产总体保持平稳增长，固定资产投资总额实现正增长，规模以上有色金属企业实现利润创历史新高，绿色低碳、转型升级、保供稳价、改革创新等稳步推进，行业国际竞争力、抗风险能力日益增强。

《中国有色金属发展报告》（以下简称《发展报告》）自 2021 年由内部资料改为正式出版后，取得了良好反响，既宣传了有色金属行业，扩大了社会认知，又完善丰实了协会服务职能。

2022 年的《发展报告》继续沿承过去框架结构与主体内容，分为综合篇、专题篇、品种篇、统计篇，其中，品种篇在涵盖铜、铝、铅锌、镍、钴、镁、钨、钼、锡、锑、钛、钽铌、稀土、硅、金、银、锂等品种的基础上，今年新增了铂族金属。撰稿人主要来自协会本部有关部门、协会所属各有关单位、相关专业分会等，审稿人为各撰稿人所在部门或单位的主要负责人。数据来源除国家统计部门公布的以外，有些数据为有关分会或机构调研分析得出的结果，仅供参考。书中全国性数据暂时不包括台湾及香港、澳门地区资料。

2022 年，是党和国家事业发展进程中十分重要的一年，是党的二十大召开之年。面对更趋复杂严峻和不确定的外部发展环境，有色金属行业必须坚守战略定力，在稳字当头、稳中求进中主动担当、积极作为，统筹好发展和安全，努力提升质量和效益，更好地发挥国民经济稳定增长的重要基石作用，以优异的成绩迎接党的二十大胜利召开！

由于有色金属品种多、牵涉面广，加之时间仓促，撰、编、审人员水平所限，不足之处在所难免，敬请读者批评指正！

中国有色金属工业协会会长 葛红林

2022 年 6 月

目　录

统 计 篇

综合篇

ZONGHE PIAN

2021 年有色金属工业经济运行综述

2021 年，面对复杂严峻的国际环境和国内疫情、汛情等多重考验，在以习近平同志为核心的党中央坚强领导下，有色金属行业认真贯彻落实党中央、国务院及各地各部门的有关政策，中国有色金属生产保持平稳增长，固定资产投资恢复正增长，规上有色金属企业实现利润创历史新高，保供稳价成效明显，国际竞争力有所提升。总的来看，2021 年有色金属工业实现了"十四五"良好开局。

一、有色金属工业实现了"十四五"良好开局

（一）有色金属生产、消费平稳增长

1. 十种有色金属产量比上年增长 4.7%，两年平均增长 5.1%

根据国家统计局初步统计（其中，十种常用有色金属、精炼铜、原铝产量为统计公报数），2021 年，十种常用有色金属产量为 6477.1 万吨，比上年增长 4.7%，两年平均增长 5.1%（见图 1）。其中，精炼铜产量 1048.7 万吨，增长 4.6%，两年平均增长 3.5%（见图 2）；原铝产量 3850.3 万吨，增长 3.8%，

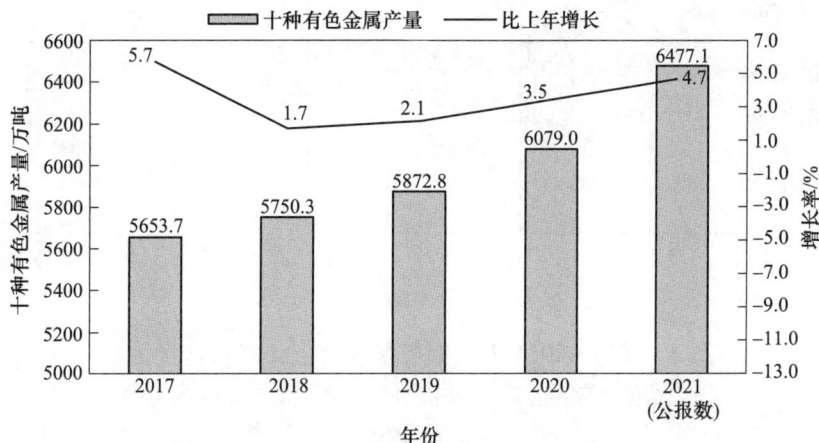

图 1　2017~2021 年十种有色金属产量及比上年增长速度图

数据来源：国家统计局、中国有色金属工业协会

两年平均增长 4.8%（见图 3）。六种精矿金属量 679.1 万吨，比上年增长 5.7%，两年平均增长 7.1%。氧化铝产量 7745.5 万吨，比上年增长 5.0%，两年平均增长 3.4%。铜材产量 2123.5 万吨（尚未扣除企业间重复统计约 270 万吨），比上年增长 0.3%，两年平均增长 2.6%；铝材产量 6105.2 万吨（尚未扣除企业间重复统计约 1300 万吨），比上年增长 7.4%，两年平均增长 7.8%。

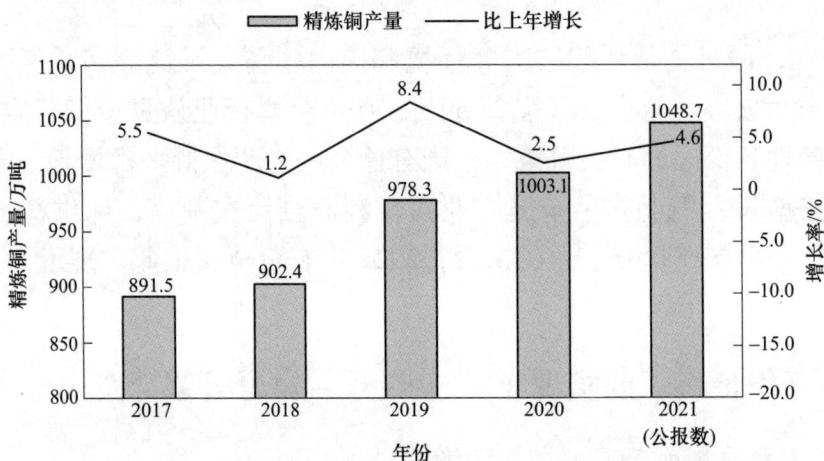

图 2 2017~2021 年精炼铜产量及比上年增长速度图
数据来源：国家统计局、中国有色金属工业协会

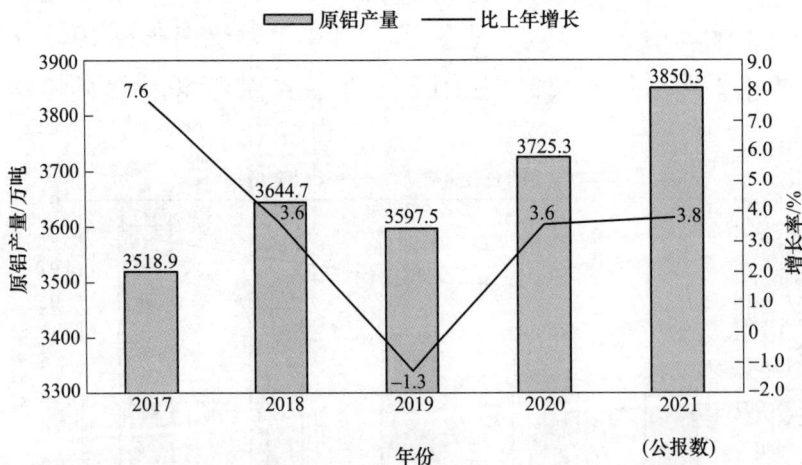

图 3 2017~2021 年原铝产量及比上年增长速度图
数据来源：国家统计局、中国有色金属工业协会

2. 十种有色金属及原铝日均产量前高后低

2021 年 12 月，十种有色金属日均产量 17.7 万吨，同比下降 3.8%，环比

回落 1.0%（见图 4）。其中，原铝日均产量 10.0 万吨，同比下降 4.0%，环比回落 3.0%（见图 5）。

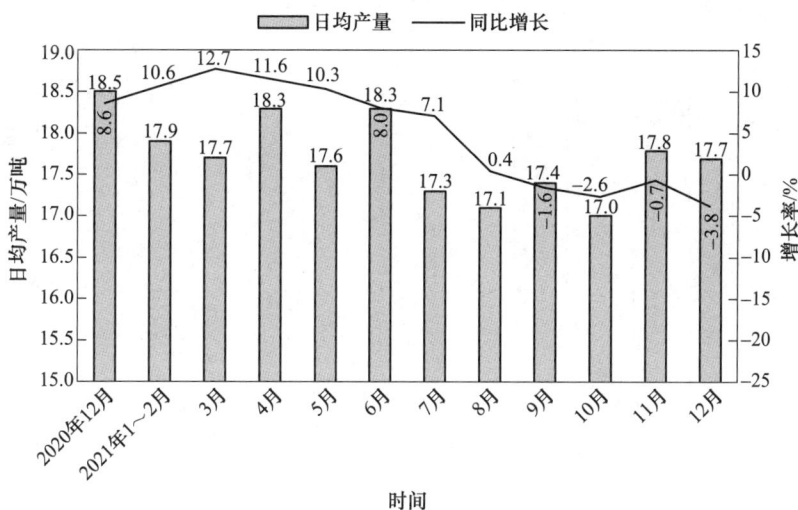

图 4 2021 年十种有色金属日均产量及同比增长速度图

数据来源：国家统计局、中国有色金属工业协会

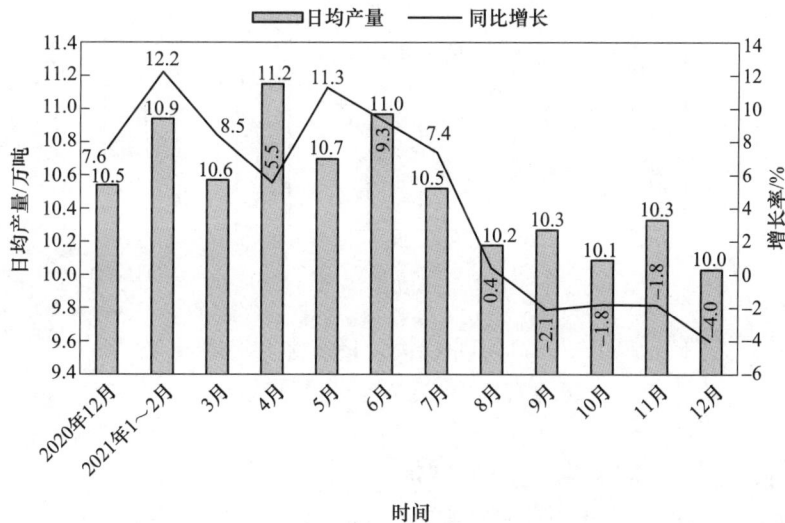

图 5 2021 年原铝日均产量及同比增长速度图

数据来源：国家统计局、中国有色金属工业协会

3. 精炼铜、原铝消费保持增长

初步测算，2021 年中国精炼铜消费量为 1350 万吨，比上年增长 4.7%（见图 6）；原铝消费量为 3965 万吨，比上年增长 4.9%（见图 7）。

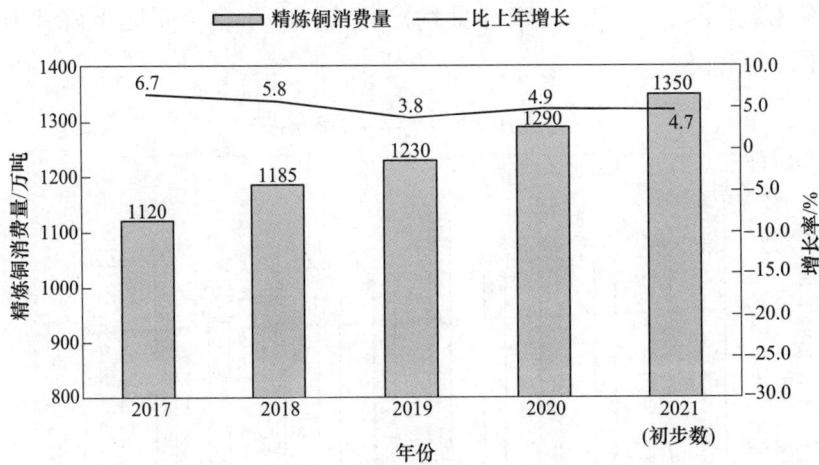

图6 2017~2021年精炼铜消费量及比上年增长速度图

数据来源：中国有色金属工业协会

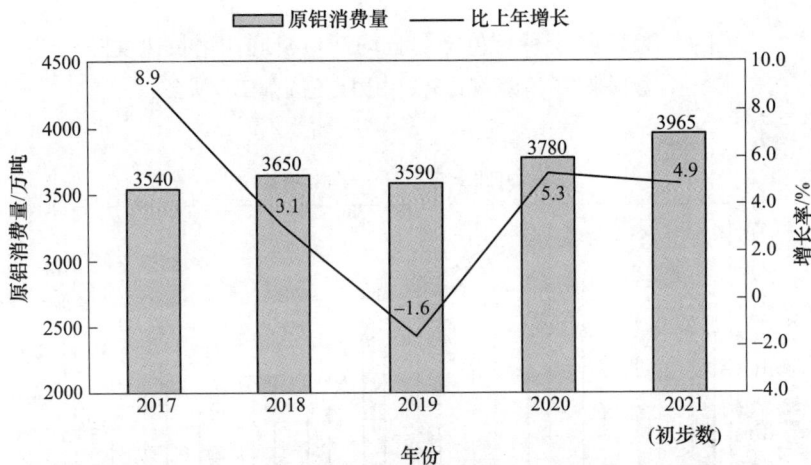

图7 2017~2021年原铝消费量及比上年增长速度图

数据来源：中国有色金属工业协会

4. 全铜、全铝人均消费进一步增加

初步测算，2021年中国全铜人均年消费量10.8千克/人，比上年增长5.7%（见图8）；全铝人均年消费量30.6千克/人，比上年增长5.8%（见图9）。

（二）有色金属工业固定资产投资实现正增长

根据国家统计局初步统计，有色金属工业（包括独立黄金企业）完成固定资产总投资经过几年下降后，2021年有色金属工业完成固定资产投资总额比上年增长4.1%，两年平均增长1.5%（见图10）。其中，矿山采选完成固定资产投资额比上年增长1.9%，两年平均下降1.1%；冶炼和压延加工完成固定资

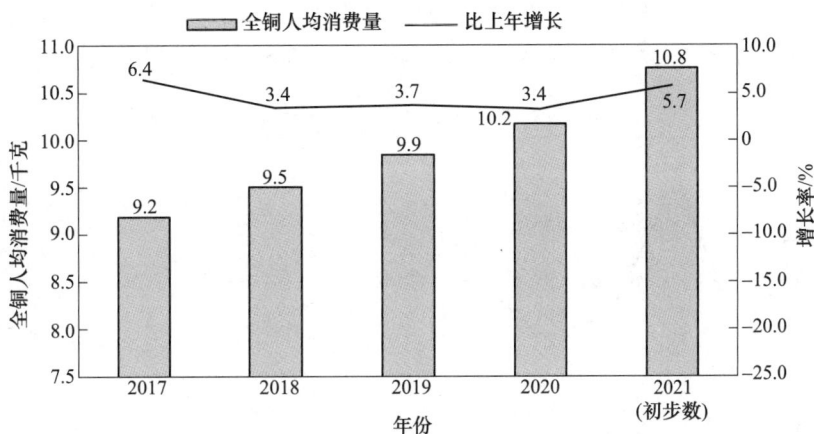

图 8　2017~2021 年全铜人均消费量及比上年增长速度图

数据来源：中国有色金属工业协会

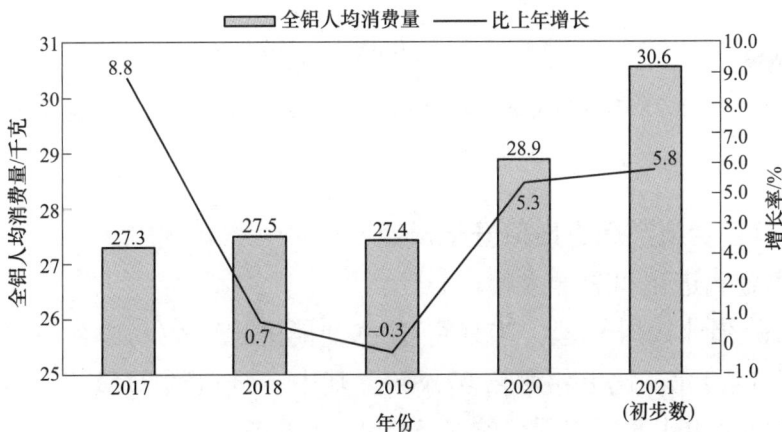

图 9　2017~2021 年全铝人均消费量及比上年增长速度图

数据来源：中国有色金属工业协会

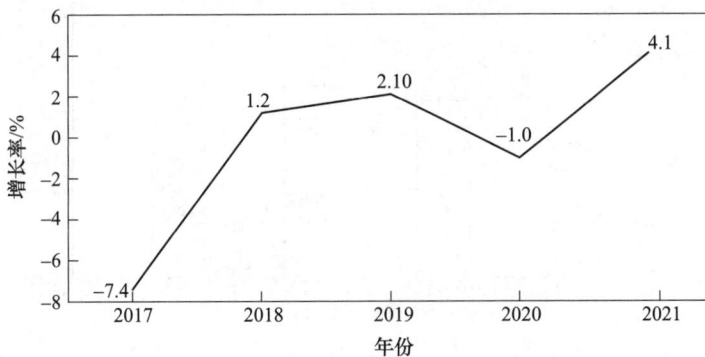

图 10　2017~2021 年有色金属项目投资比上年增长速度图

数据来源：国家统计局

产投资额比上年增长 4.6%，两年平均增长 2.1%。其中，民间完成有色金属固定资产投资额比上年增长 11.2%，两年平均增长 5.6%（见图 11）。

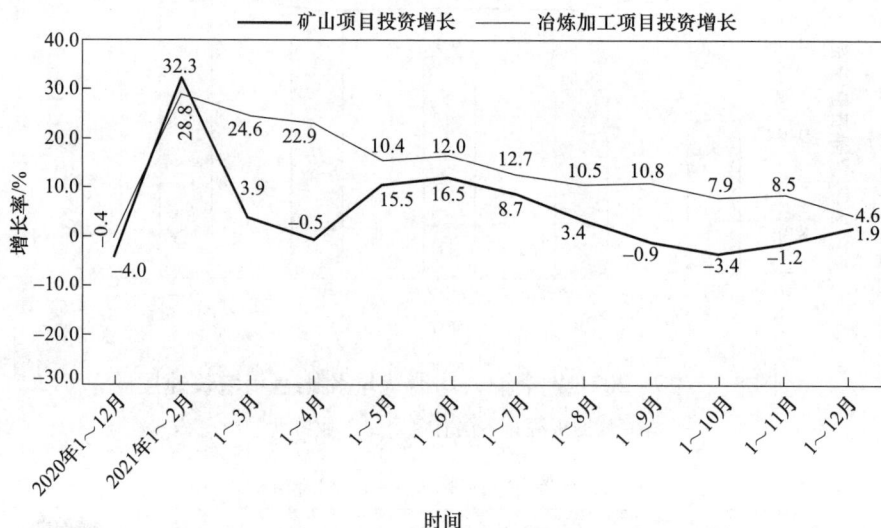

图 11　2021 年有色金属矿山及冶炼加工项目投资同比增长速度图

数据来源：国家统计局

（三）有色金属产品进出口好于预期

1. 有色金属进出口总额大幅增长

根据海关统计数据整理，2021 年有色金属进出口贸易总额（含黄金贸易额）2616.2 亿美元，比上年增长 67.8%。其中：进口额 2151.8 亿美元，增长 71.0%；出口额 464.5 亿美元，增长 54.6%（见图 12）。

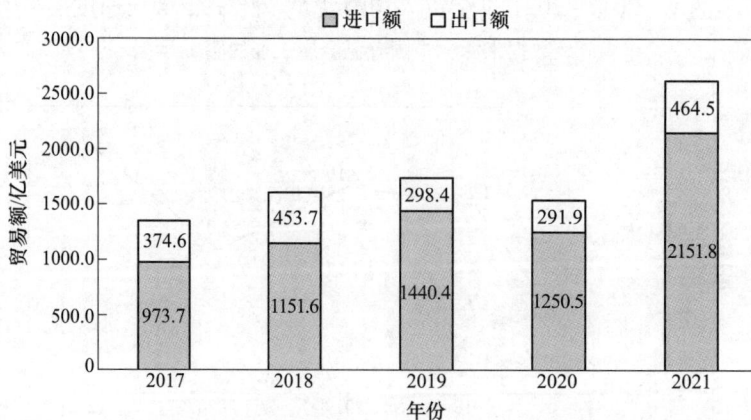

图 12　2017~2021 年有色金属（含黄金）进出口贸易额增减趋势图

数据来源：海关总署、中国有色金属工业协会

2021 年，有色金属进出口贸易总额（不含黄金贸易额）2112.0 亿美元，比上年增长 49.9%。其中：进口额 1679.0 亿美元，增长 46.7%；出口额 433.0 亿美元，增长 63.4%。贸易逆差为 1246.0 亿美元，比上年增长 41.7%。

2. 未锻轧铜进口下降，铜精矿、铜废碎料进口增长

2021 年，铜产品进口额为 1215.5 亿美元，比上年增长 47.7%，占有色金属产品（不含黄金贸易额）进口额的比重为 72.4%；出口额为 93.6 亿美元，比上年增长 70.5%。铜产品贸易逆差为 1121.9 亿美元，占有色金属贸易逆差的 90.0%。

2021 年，进口铜精矿实物量 2340.4 万吨，比上年增长 7.6%（见图 13）；进口粗铜（阳极铜）93.7 万吨，比上年下降 9.0%；进口未锻轧铜 401.0 万吨，比上年下降 20.1%（见图 14）；进口铜材 56.5 万吨，比上年下降 8.3%；

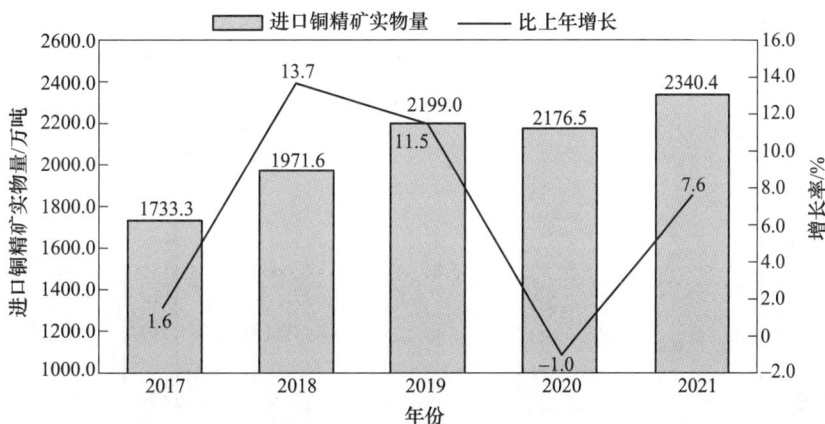

图 13　2017~2021 年进口铜精矿及比上年增长速度图

数据来源：海关总署、中国有色金属工业协会

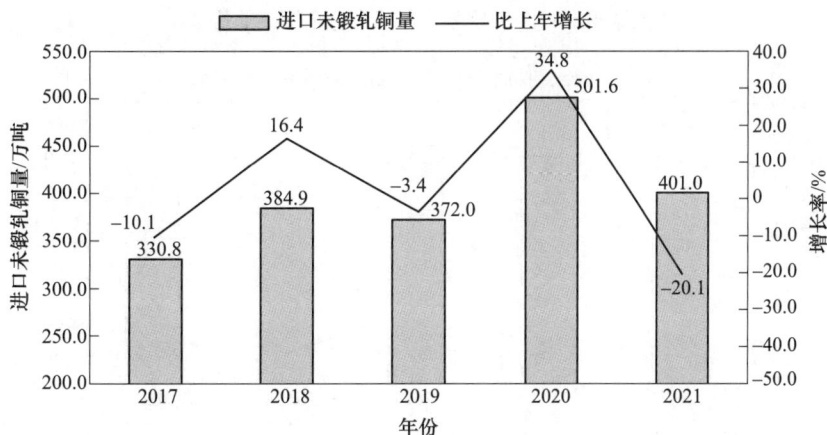

图 14　2017~2021 年进口未锻轧铜及比上年增长速度图

数据来源：海关总署、中国有色金属工业协会

进口铜废碎料实物量169.3万吨，比上年增长79.4%。2021年，出口未锻轧铜26.7万吨，比上年增长25.6%；出口铜材66.6万吨，比上年增长23.6%。2021年，净进口未锻轧铜374.3万吨，比上年下降23.5%。

3. 进口铝土矿减少，出口铝材增加

2021年，铝产品进口额为181.4亿美元，比上年增长32.8%；出口额为197.9亿美元，比上年增长46.6%，占有色金属产品（不含黄金贸易额）出口额的比重为45.7%。2021年，进口铝土矿10737万吨，比上年下降3.8%（见图15）；进口氧化铝332.6万吨，比上年下降12.3%；进口未锻轧铝273.5万吨，比上年增长19.0%；进口铝材55.5万吨，比上年增长36.4%；进口铝废料实物量102.9万吨，比上年增长24.9%。2021年，出口氧化铝12.0万吨，比上年下降22.4%；出口未锻轧铝15.8万吨，比上年下降29.5%；出口铝材546.1万吨，比上年增长17.8%（见图16）。2021年，净出口铝材490.6万吨，比上年增长16.0%。

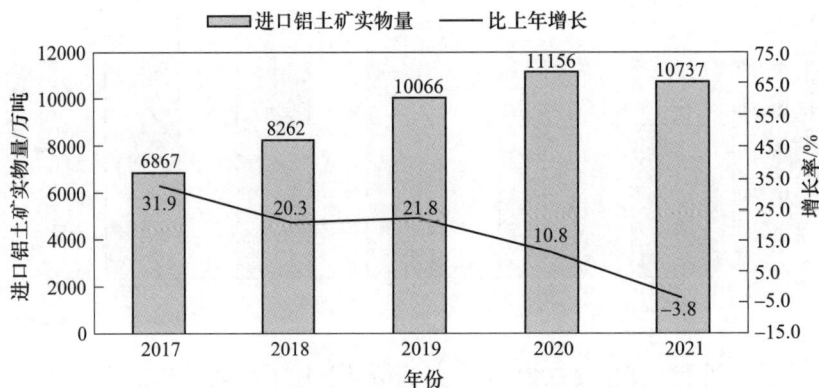

图15 2017~2021年进口铝土矿及比上年增长速度图

数据来源：海关总署、中国有色金属工业协会

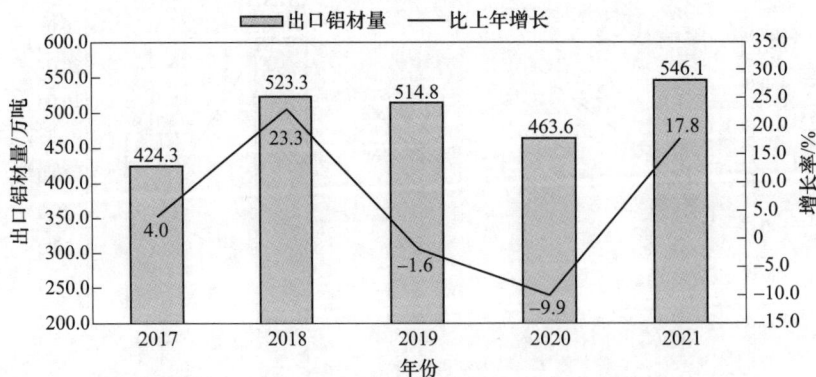

图16 2017~2021年出口铝材及比上年增长速度图

数据来源：海关总署、中国有色金属工业协会

4. 进口未锻轧铅、未锻轧锌及铅、锌精矿均减少

2021 年，铅产品进口额 19.6 亿美元，比上年增长 7.2%；出口额为 2.5 亿美元，比上年增长 8.9 倍。2021 年，进口铅精矿实物量 120.2 万吨，比上年下降 8.2%；进口未锻轧铅 5.2 万吨，比上年下降 19.9%。2021 年，出口未锻轧铅 10.0 万吨，比上年增长近 18 倍。

2021 年，锌产品进口额 54.7 亿美元，比上年增长 23.8%；出口额为 1.0 亿美元，比上年下降 47.0%。2021 年，进口锌精矿实物量 364.1 万吨，比上年下降 4.8%；进口未锻轧锌 52.0 万吨，比上年下降 15.4%。

5. 进口镍矿增长、进口钴矿下降

2021 年，镍产品进口额为 105.5 亿美元，比上年增长 87.7%；出口额为 4.7 亿美元，比上年下降 12.9%。2021 年，进口镍矿实物量 4351.9 万吨，比上年增长 11.2%（见图 17）；进口未锻轧镍 26.3 万吨，比上年增长 99.8%。

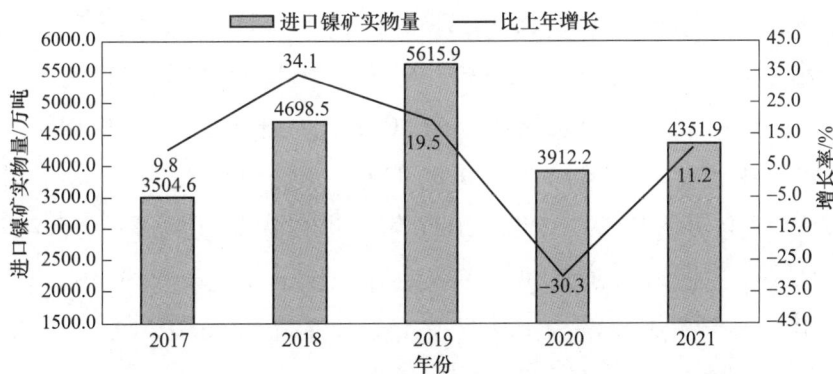

图 17　2017~2021 年进口镍矿及比上年增长速度图

数据来源：海关总署、中国有色金属工业协会

2021 年，钴产品进口额为 1.9 亿美元，比上年下降 13.6%；出口额为 3.2 亿美元，比上年增长 76.2%。2021 年，进口钴矿实物量为 1.9 万吨，比上年下降 64.8%；进口钴及钴制品为 932 吨，比上年增长 91.0%。2021 年，出口钴及钴制品为 164 吨，比上年增长 106.3%；出口氧化钴为 7731 吨，比上年增长 27.2%。

6. 镁冶炼加工产品出口增加，钛矿及海绵钛进口增加

2021 年，镁产品出口额为 19.3 亿美元，比上年增长 101.0%。2021 年，出口未锻轧镁为 38.9 万吨，比上年增长 25.3%；出口镁粒、粉 7.7 万吨，比上年增长 11.5%；出口镁材及制品为 7781 吨，比上年增长 2.2%。

2021 年，钛产品进口额为 17.5 亿美元，比上年增长 63.2%；出口额为

6.1亿美元，比上年增长91.5%。2021年，进口钛矿实物量为379.9万吨，比上年增长26.0%；进口海绵钛为12963吨，比上年增长174.5%；2021年，出口钛材及制品21551吨，比上年增长106.6%。

7. 进口钨、钼、锡矿增长，进口锑矿下降，多数钨、钼、锡、锑冶炼加工产品出口增长

2021年，钨产品进口额为1.5亿美元，比上年增长43.8%；出口额为5.9亿美元，比上年增长86.4%。2021年，进口钨矿实物量为6893吨，比上年增长252.8%；出口钨材及钨制品量为5183吨，比上年增长18.3%；出口钨酸盐为4389吨，比上年增长56.7%；出口氧化钨及氢氧化钨为8789吨，比上年增长121.5%。

2021年，钼产品进口额为7.7亿美元，比上年增长48.7%；出口额为10.1亿美元，比上年增长264.2%。2021年，进口钼矿实物量为50368吨，比上年增长25.9%；出口钼矿实物量为20278吨，比上年增长48倍。2021年，出口钼材及钼制品为4555吨，比上年增长7.4%；出口钼酸盐为1798吨，比上年下降13.6%；出口氧化钼及氢氧化钼为2017吨，比上年下降14.4%。

2021年，锡产品进口额为16.0亿美元，比上年增长65.7%；出口额为5.0亿美元，比上年增长292.5%。2021年，进口锡矿实物量为18.4万吨，比上年增长16.5%；出口未锻轧锡为14322吨，比上年增长219.4%。

2021年，锑产品进口额为1.4亿美元，比上年增长10.1%；出口额为4.8亿美元，比上年增长100.2%。2021年，进口锑矿实物量为3.4万吨，比上年下降20.7%；出口未锻轧锑为11284吨，比上年增长39.2%；出口氧化锑为44288吨，比上年增长18.2%。

8. 锂产品进、出口均明显增加

2021年，锂产品进口额为6.0亿美元，比上年增长123.9%；出口额为9.1亿美元，比上年增长42.8%。2021年，进口金属锂53吨，比上年增长17.6%；进口氢氧化锂3599吨，比上年增长584.0%；进口碳酸锂81018吨，比上年增长61.7%。2021年，出口金属锂649吨，比上年增长28.2%；出口氢氧化锂73627吨，比上年增长30.2%；出口碳酸锂7841吨，比上年增长4.7%。

9. 稀土进、出口额增加

2021年，稀土产品进口额为10.4亿美元，比上年增长104.5%；出口额为6.5亿美元，比上年增长90.0%。2021年，出口稀土金属及氧化物48918吨，比上年增长38.0%（见图18）。

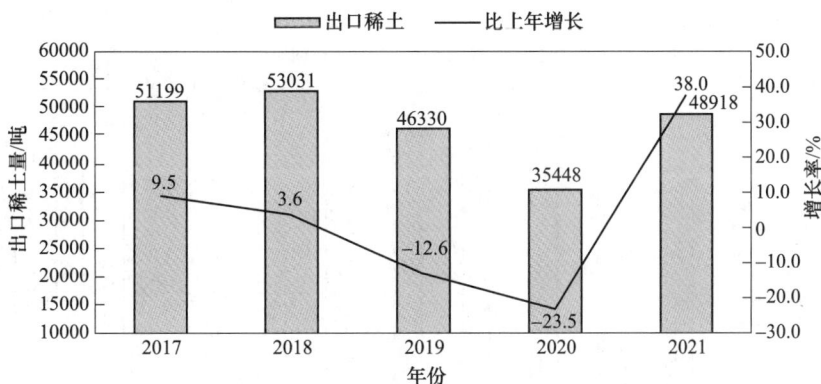

图 18　2017~2021 年出口稀土及比上年增长速度图

数据来源：海关总署、中国有色金属工业协会

10. 黄金进口额增长、出口额下降，银产品进口额、出口额均增长

2021 年，黄金进口额为 472.8 亿美元，比上年增长 314.1%；出口额为 31.5 亿美元，比上年下降 11.2%。

2021 年，未锻轧银、银首饰及零件进口额为 26.2 亿美元，比上年增长 61.8%；出口额为 60.2 亿美元，比上年增长 92.5%。

（四）主要有色金属价格在高位震荡回调

1. 国内外市场铜价创历史新高

2021 年末，LME 及上期所三月期铜收盘价分别为 9720.5 美元/吨和 70520.0 元/吨，比上年末收盘价分别上涨 25.2% 和 21.9%，比 11 月末收盘价分别回升了 2.9% 和 1.8%。2021 年 12 月，LME 三月期铜均价为 9523.3 美元/吨，环比回落 0.7%，同比上涨 22.5%；上期所三月期铜均价为 69383.5 元/吨，环比回落 0.8%，同比上涨 19.7%；国内现货市场铜均价为 69683 元/吨，环比回落 2.1%，同比上涨 20.3%（见图 19）。2021 年第四季度，国内现货市场铜均价 71093.1 元/吨，环比回升 2.2%，同比上涨 31.1%。2021 年国内现货市场铜年均价 68490.0 元/吨，比上年均价上涨 40.5%，创历史新高（见图 20）。

2. 国内外市场铝价大幅度上涨

2021 年末，LME 及上期所三月期铝收盘价分别为 2807.5 美元/吨和 20415 元/吨，比上年末的收盘价分别上涨 41.8% 和 33.7%，比 11 月末收盘价分别回升 7.0% 和 7.5%。2021 年 12 月，LME 三月期铝均价为 2693.4 美元/吨，环比回升 1.8%，同比上涨 32.8%；上期所三月期铝均价为 19520.2 元/吨，环比回升 1.3%，同比上涨 23.8%；国内现货市场铝均价为 19357 元/吨，环比回升

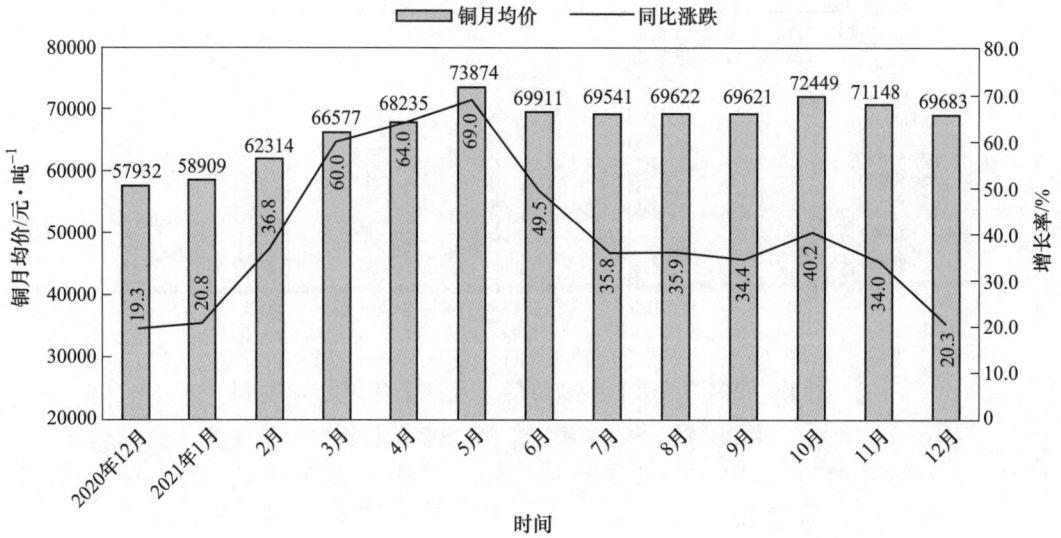

图 19 　2021 年国内市场铜现货月均价及同比涨跌幅度图

数据来源：中国有色金属工业协会

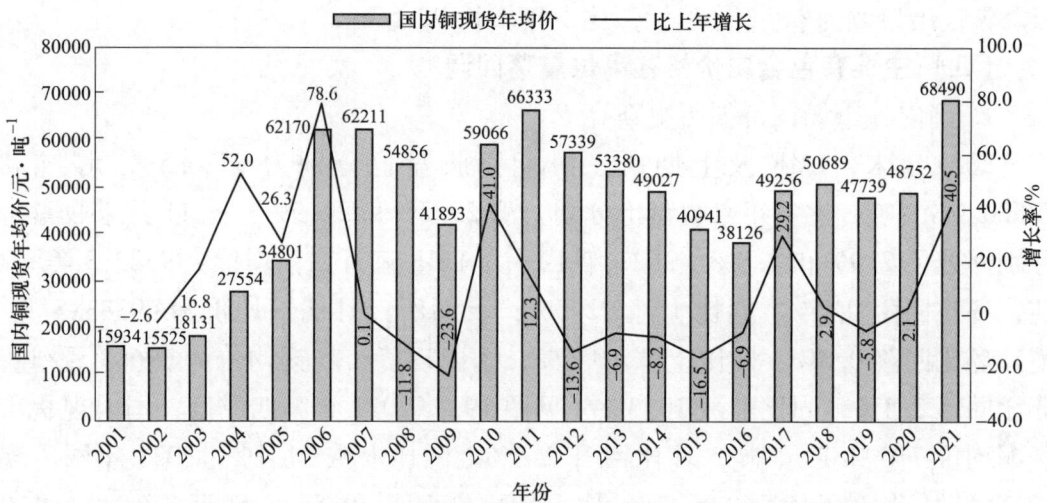

图 20 　2001~2021 年国内铜现货年均价格及比上年涨跌幅度图

数据来源：中国有色金属工业协会

1.1%，同比上涨 17.5%（见图 21）。2021 年第四季度国内现货市场铝均价 20312.5 元/吨，环比回落 1.5%，同比上涨 29.7%。2021 年，国内现货市场铝年均价 18946 元/吨，比上年均价上涨 33.5%（见图 22），创近 13 年来的新高，但仍低于 2006 年和 2007 年的年均价。

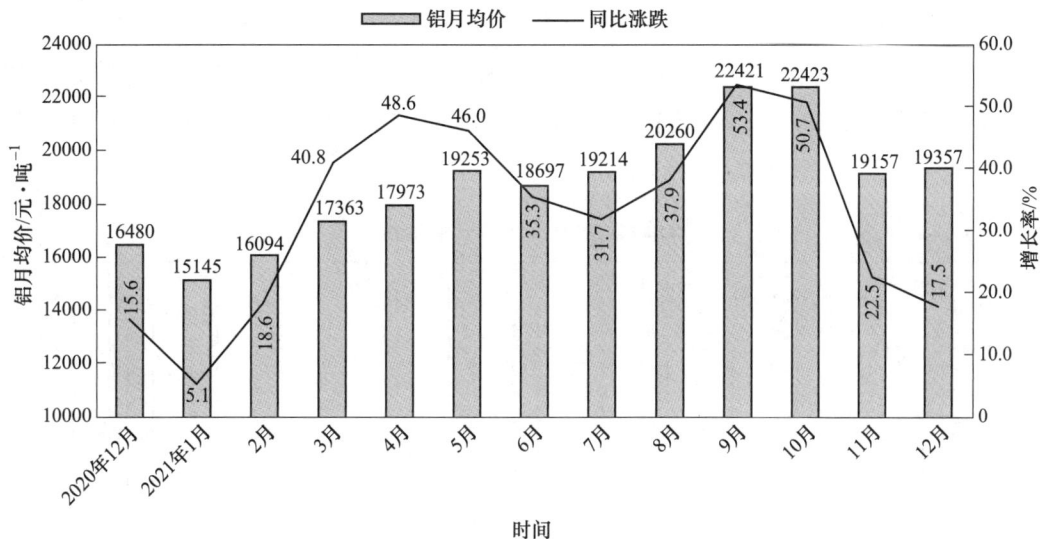

图 21　2021 年国内市场铝现货月均价及同比涨跌幅度图

数据来源：中国有色金属工业协会

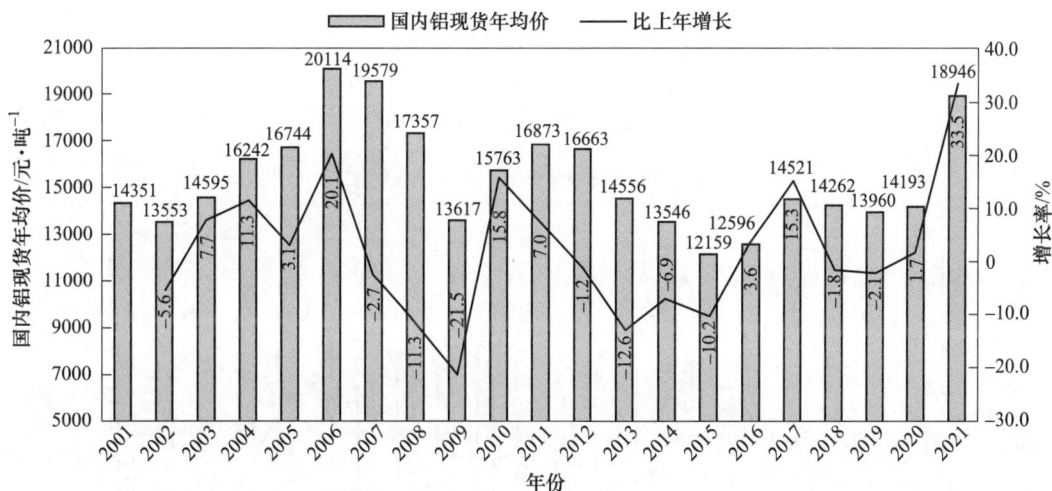

图 22　2001～2021 年国内铝现货年均价格及比上年涨跌幅度图

数据来源：中国有色金属工业协会

3. 国内外市场铅价呈恢复性上涨的态势

2021 年末，LME 及上期所三月期铅收盘价分别为 2304 美元/吨和 15390 元/吨，比上年末的收盘价分别上涨 15.5% 和 4.4%，比 11 月末收盘价分别回升 1.3% 和 0.3%。2021 年 12 月，LME 三月期铅均价为 2278.1 美元/吨，环比回落 1.7%，同比上涨 12.3%；上期所三月期铅均价为 15446.5 元/吨，环比回落 0.1%，同比上涨 3.5%；国内现货市场铅均价为 15354 元/吨，环比回升

0.3%，同比上涨 3.7%（见图 23）。2021 年第四季度，国内现货市场铅均价 15356.6 元/吨，环比回升 0.3%，同比上涨 4.2%。2021 年，国内现货市场铅年均价 15278 元/吨，比上年上涨 3.4%（见图 24），但仍未恢复到 2019 年的年均价水平。

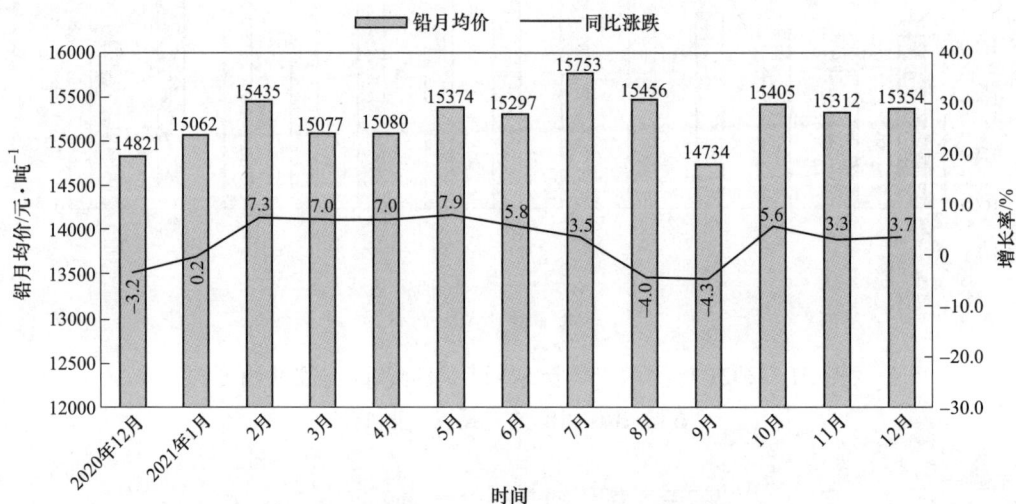

图 23　2021 年国内市场铅现货月均价及同比涨跌幅度图

数据来源：中国有色金属工业协会

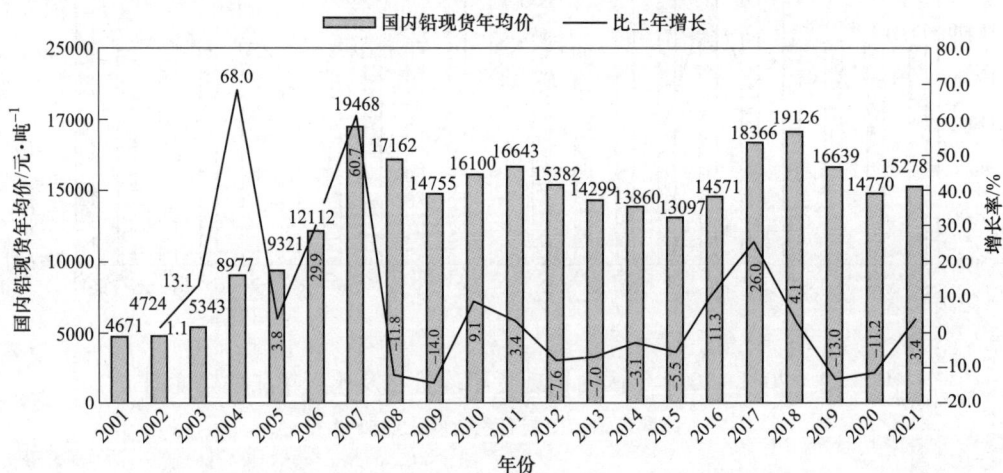

图 24　2001~2021 年国内铅现货年均价格及比上年涨跌幅度图

数据来源：中国有色金属工业协会

4. 国内外市场锌价上涨

2021 年末，LME 及上期所三月期锌收盘价分别为 3534 美元/吨和 24145 元/吨，比上年末收盘价分别上涨 28.5%和 17.2%，比 11 月末收盘价分别回升

10.4%和5.8%。2021年12月，LME三月期锌均价为3354.8美元/吨，环比回升2.9%，同比上涨19.4%；上期所三月期锌均价为23567元/吨，环比回升1.4%，同比上涨10.2%；国内现货市场锌均价为23657元/吨，环比回升1.2%，同比上涨8.8%（见图25）。2021年第四季度，国内现货市场锌均价23957.4元/吨，环比回升5.7%，同比上涨15.1%。2021年，国内现货市场锌年均价22578元/吨，比上年上涨22.1%（见图26），并略高于疫情前2019年的年均价格，但仍低于2018年的年均价格。

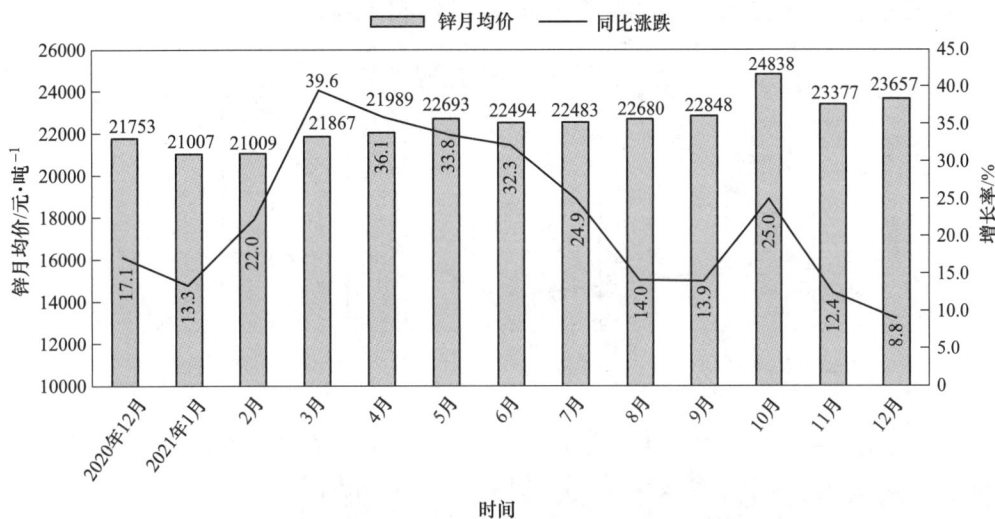

图25 2021年国内市场锌现货月均价及同比涨跌幅度图

数据来源：中国有色金属工业协会

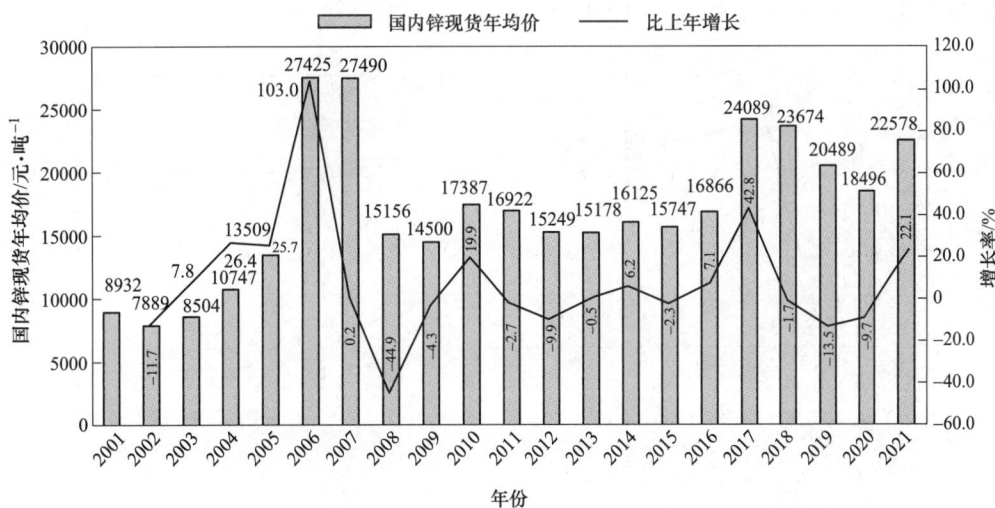

图26 2001～2021年国内锌现货年均价格及比上年涨跌幅度图

数据来源：中国有色金属工业协会

（五）规上有色金属企业实现利润创历史新高

1. 规上有色企业实现利润突破 3600 亿元

2021 年，9031 家规上有色金属工业企业（包括独立黄金企业）实现营业收入 73144.1 亿元，比上年增长 30.8%。实现利润总额 3644.8 亿元，比上年（按可比口径计算，下同）增长 101.9%（见图 27）。与 2019 年实现利润比，两年平均增长 53.9%；与 2017 年实现利润比，4 年平均增长 9.3%。其中，独立矿山企业实现利润 513.7 亿元，增长 44.5%；冶炼企业实现利润 2082.4 亿元，增长 154.6%；加工企业实现利润 1048.8 亿元，增长 65.9%。

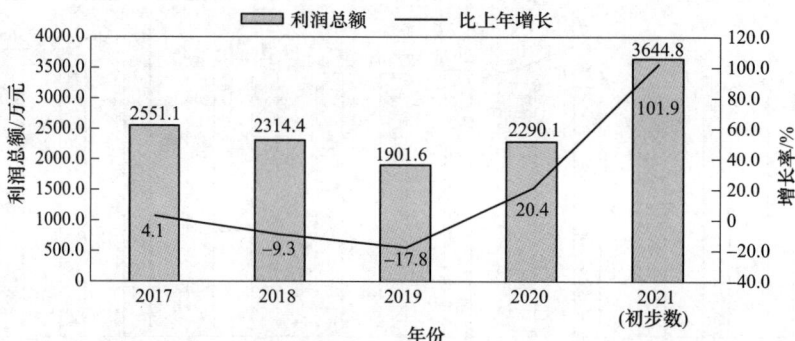

图 27 2017~2021 年规上有色金属工业企业（含黄金企业）
年度实现利润及比上年增减幅度图
数据来源：国家统计局、中国有色金属工业协会

2021 年，8685 家规上有色金属工业企业（不包括独立黄金企业，下同）实现营业收入 69195.1 亿元，比上年增长 34.4%（见图 28）。实现利润总额

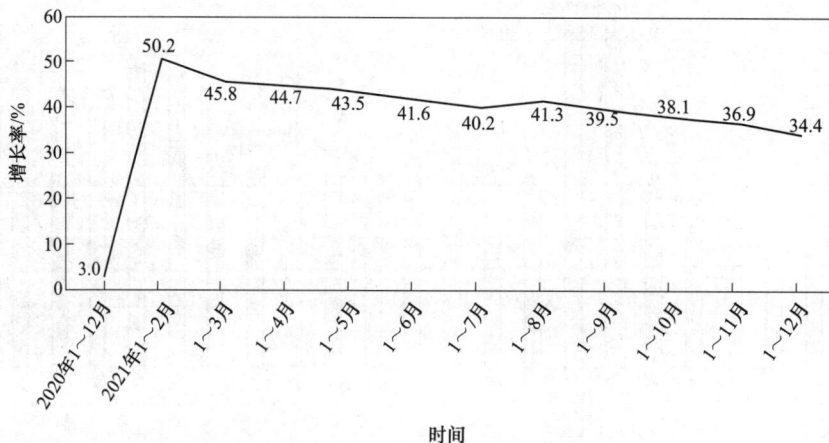

图 28 2021 年规上有色金属工业企业（不含黄金企业）营业收入增长速度图
数据来源：国家统计局、中国有色金属工业协会

3508.1 亿元，比上年增长 121.4%（见图 29）。与 2019 年实现利润比，两年平均增长 58.2%；与 2017 年实现利润比，4 年平均增长 11.2%。其中，独立矿山企业实现利润 472.9 亿元，增长 97.2%；冶炼企业实现利润 1986.3 亿元，增长 178.7%；加工企业实现利润 1048.8 亿元，增长 65.9%。

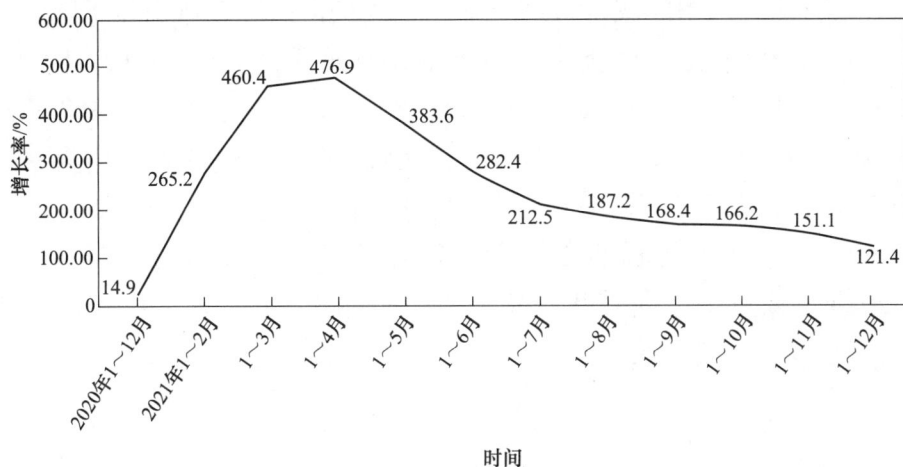

图 29　2021 年规上有色金属工业企业（不含黄金企业）实现利润增幅图

数据来源：国家统计局、中国有色金属工业协会

（2021 年 1 月、2 月实现利润为两月的简单平均数）

2. 亏损面缩小，亏损额减少

2021 年，8685 家规上有色金属工业企业中亏损企业为 1521 家，亏损户数比 2020 年减少 295 家；亏损面为 17.5%，比 2020 年缩小 3.4 个百分点。2021 年，亏损企业亏损额 243.3 亿元，比上年减亏 31.6%。

3. 企业库存周转加快

2021 年末，8685 家规上有色金属工业企业存货额为 6811.9 亿元，占营业成本的比重为 10.8%，比上年回落了 1.4 个百分点。其中，产成品库存额为 1866.5 亿元，占营业成本的比重为 2.9%，比上年回落了 0.4 个百分点。2021 年，规上有色金属工业企业库存周转天数为 36.8 天，比 2020 年加快 7.9 天。其中，产成品库存周转天数为 10.1 天，比 2020 年加快 2.1 天。

4. 企业资金周转加快

2021 年末，8685 家规上有色金属工业企业应收账款为 4348.1 亿元，应收账款占营业收入的比重为 6.3%，所占比重比 2020 年减少 0.7 个百分点。2021 年，规上有色金属工业企业应收账款周转天数为 20.7 天，比 2020 年加快 7 天。

5. 负债增幅小于资产增幅，资产负债率下降

2021 年末，8685 家规上有色金属工业企业负债额为 28305.4 亿元，比上年增长 7.3%，增幅比资产总额增幅低 1.6 个百分点。2021 年末，规上有色金属工业企业资产负债率为 60.1%，比上年收窄 0.9 个百分点。

6. 百元营业收入中的成本费用下降，尤其是铝冶炼企业明显下降

2021 年，8685 家规上有色金属工业企业每百元营业收入中的成本为 90.9 元，比 2020 年减少 1.3 元（见图 30）；每百元营业收入中的三项费用为 2.9 元，比 2020 年减少 0.6 元（见图 31）。即，每百元营业收入中的成本费用为 93.8 元，比 2020 年减少 1.9 元（见图 32）。其中，铝冶炼企业每百元营业收入中的成本为 83.2 元，比 2020 年减少 5.7 元；每百元营业收入中的三项费用为 4.0 元，比 2020 年减少 0.97 元。即，铝冶炼企业每百元营业收入中的成本费用为 87.2 元，比 2020 年减少 6.7 元。

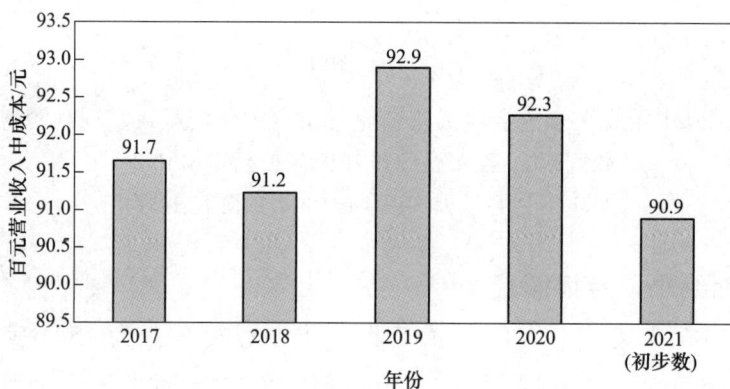

图 30　2017~2021 年规上有色金属工业企业百元营业收入中成本增减图

数据来源：国家统计局、中国有色金属工业协会

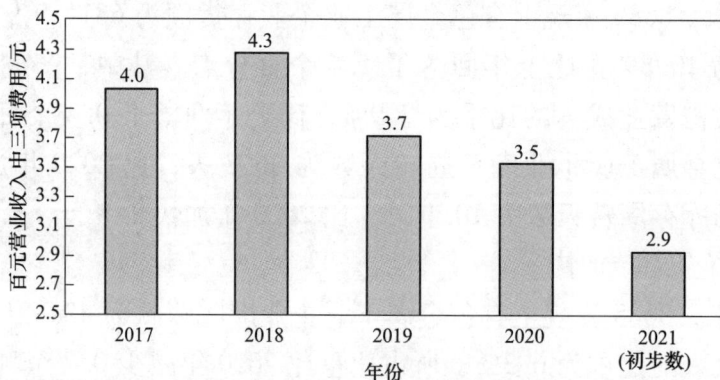

图 31　2017~2021 年规上有色金属工业企业百元营业收入中三项费用增减图

数据来源：国家统计局、中国有色金属工业协会

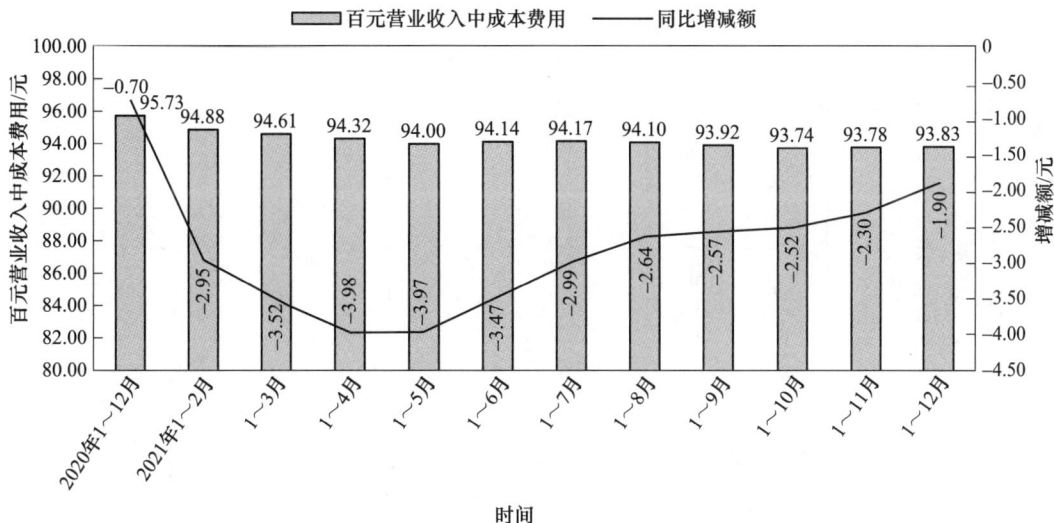

图 32 2021 年规上有色金属工业企业百元营业收入中的成本费用及同比增减图

数据来源：国家统计局、中国有色金属工业协会

（六）原铝综合交流电耗进一步下降

初步统计，2021 年原铝（电解铝）综合交流电耗为 13511 千瓦时/吨，同比减少 32 千瓦时/吨（见图 33），下降 0.2%；铜冶炼综合能耗（以标煤计）为 215.3 千克/吨，同比增加 3.7 千克/吨，增长 1.8%（见图 34）；铅冶炼综合能耗（以标煤计）为 325.4 千克/吨，同比增加 7.8 千克/吨，增长 2.4%（见图 35）；电解锌冶炼综合能耗（以标煤计）为 886.4 千克/吨，同比增加 58.4 千克/吨，增长 7.1%（见图 36）。

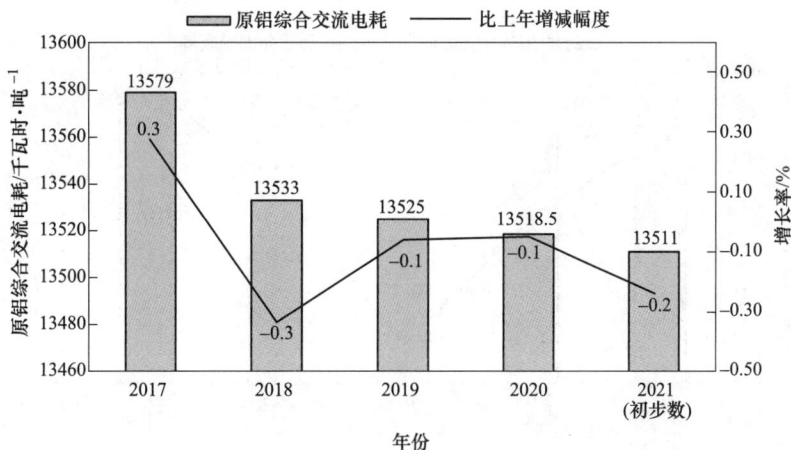

图 33 2017~2021 年原铝综合交流电耗及比上年增减幅度图

数据来源：中国有色金属工业协会

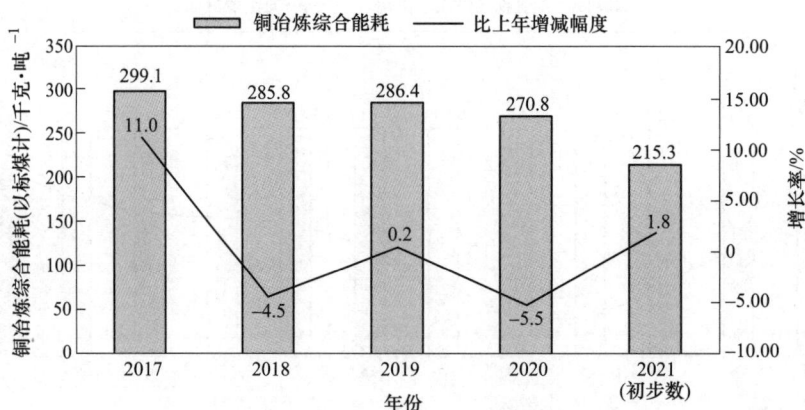

图 34　2017~2021 年铜冶炼产品综合能耗及比上年增减幅度图

数据来源：国家统计局、中国有色金属工业协会

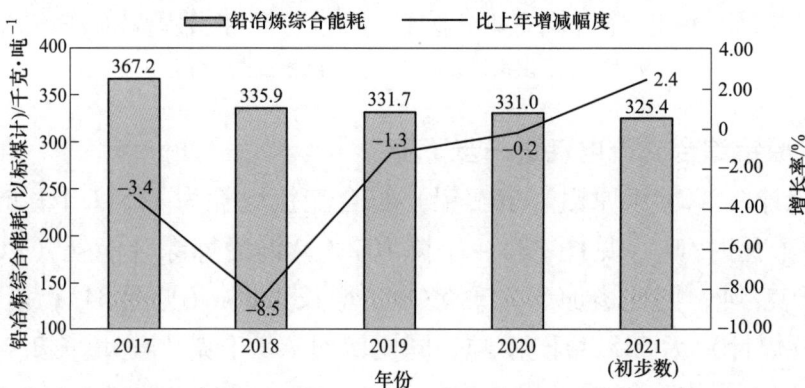

图 35　2017~2021 年铅冶炼产品综合能耗及比上年增减幅度图

数据来源：国家统计局、中国有色金属工业协会

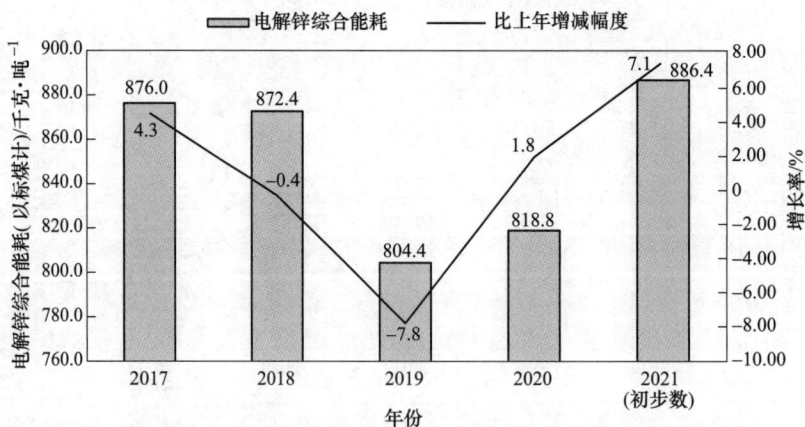

图 36　2017~2021 年电解锌综合能耗及比上年增减幅度图

数据来源：国家统计局、中国有色金属工业协会

二、有色金属工业运营特点

（一）有色金属生产呈现出前高后稳的态势

2021 年，受疫情、汛情、煤电短缺及 2020 年基数前低后高等因素的影响，有色金属生产增幅呈现出前高后稳的态势。十种常用有色金属冶炼产品产量一季度增长 11.7%，上半年增长 11.0%，前三个季度增长 7.9%，全年增长 4.7%，两年平均增长 5.1%。其中，原铝产量一季度增长 8.7%，上半年增长 10.1%，前三个季度增长 7.2%，全年增长 3.8%，两年平均增长 4.8%。六种精矿产量一季度增长 13.3%，上半年增长 10.1%，前三个季度增长 5.8%，全年增长 5.7%，两年平均增长 7.7%。氧化铝产量一季度增长 13.7%，上半年增长 10.9%，前三个季度增长 7.6%，全年增长 5.0%，两年平均增长 3.4%。铜材产量一季度增长 14.8%，上半年增长 8.3%，前三个季度增长 4.2%，全年增长 0.3%，两年平均增长 2.6%；铝材产量一季度增长 31.1%，上半年增长 14.9%，前三个季度增长 10.7%，全年增长 7.4%，两年平均增长 7.8%。

（二）再生有色金属供应量增加

2021 年，据中国有色金属工业协会统计，再生有色金属供应量增加，所占比重扩大。分金属品种看：一是再生铜供应量为 370 万吨（包括直接使用的再生铜 105 万吨），比上年增长 13.8%，两年平均增长 5.8%，占铜供应量（包括矿产铜、再生铜、净进口未锻轧铜、储备铜）1539 万吨的比重为 24.0%，占比比上年增加了 0.7 个百分点。二是再生铝供应量为 800 万吨，比上年增长 10.3%，两年平均增长 5.0%，占铝供应量（包括原生铝、再生铝、净进口未锻轧铝、储备铝）4916 万吨的比重为 16.4%，占比比上年增加了 0.6 个百分点。再生铅供应量为 270 万吨，比上年增长 10.4%，两年平均增长 6.4%，占铅供应量（包括矿产铅、再生铅、净进口未锻轧铅）575.3 万吨（调整数）的比重为 46.9%，占比比上年增加了 1.5 个百分点。四是再生锌供应量 90 万吨，比上年增长 13.1%，两年平均增长 12.4%，占锌供应量（包括矿产锌、再生锌、净进口未锻轧锌、储备锌）725.4 万吨的比重为 12.4%，占比比上年增加了 0.8 个百分点。

（三）有色金属消费恢复到疫情前消费水平

2021 年，中国有色金属消费恢复到疫情前水平，有色金属消费的主要特点：一是传统的建筑、电力、交通、包装、家电等行业对有色金属需求恢复到疫情前的水平；二是与"双碳"相关的风电、光伏、新能源电池及交通工具轻量化等对有色金属需求增加（如新能源电池对锂制品需求大幅度增加），成为拉动有色金属需求的新增长点；三是房地产投资和新开工面积增速放缓导致房地产对有色金属需求走弱。

（四）民间投资拉动有色金属产业投资实现正增长

中国有色金属工业固定资产投资经过几年下降后，2021年有色金属工业完成固定资产投资总额比上年增长4.1%，两年平均增长1.5%。其中民间有色金属固定资产投资额一季度增长22.1%，上半年增长19.8%，前三个季度增长13.2%，全年增长11.2%，两年平均增长5.6%。有色金属民间固定资产投资增加拉动有色金属投资实现正增长。

（五）有色金属产品国际竞争力持续提升

2021年有色金属进出口主要特点：一是有色金属进出口贸易额大幅度增长。二是铝材、稀土及钨、钼、锡、锑冶加产品出口比上年增加。三是铜、铝废碎料进口量恢复增长。四是进口铜、镍、钛矿及钨、钼、锡矿保持增长，进口铝、铅、锌、钴、锑矿有所下降。五是12月未锻轧铝及铝材出口量创近三年单月新高，未锻轧铜及铜材进口量创近14个月新高。六是未锻轧铜及铜材进口呈现出量减额增的态势。七是随着海外投资矿山项目建成投产，这些海外投资项目生产的矿山产品已成为中国进口矿产资源的重要组成部分。八是2021年是中国加入世界贸易组织20周年，中国进口未锻轧铜及铜材从2001年的160.3万吨增至2021年的552.9万吨，年均增长5.8%；出口未锻轧铝及铝材从2001年的54.4万吨增至2021年的561.9万吨，年均增长12.5%，并且出口产品结构变化显著，铝材出口占铝产品出口总量的比重高达95%左右。

（六）有色金属保供稳价成效明显

2021年国内外有色金属价格运行特点：一是2021年国内外市场铜价创历史新高；铝价创近13年来的新高，但仍低于2006年和2007年的价格水平；铅价呈恢复性上涨的态势，但仍未恢复到疫情前2019年的价格水平；国内锌价比上年明显上涨，但仍低于2018年的价格。二是有色金属价格在高位震荡回调，2021年5月国内外市场铜价为年内高点，6月在高位回调，下半年总体呈高位震荡回落的态势；9月和10月国内外市场铝价为年内高点，然后在高位震荡回调；7月铅价为年内高点，然后呈震荡回调的态势；10月国内外市场锌价为年内高点，然后呈高位震荡回调的态势。

（七）规上有色金属企业盈利能力明显增强

2021年有色金属工业企业运营特点：一是规上有色金属企业实现利润首次突破3000亿元大关，达到3645亿元，比有色金属行业盈利的第二高点2017年实现利润多1100亿元，比盈利的第一高点2011年实现利润多760亿元，盈利创有色金属行业历史新高。二是铝、硅、锂等金属品种实现利润大幅度增加，尤其是铝企业实现利润比上年增长 1.6 倍，占规上有色金属企业（不含黄金企业）实现利润的比重高达 44.9%，所占比重比上年扩大了 6.5 个百分点。三是规上有色金属企业库存周转及资金周转加快。四是规上有色金属企业百元营业收入中的成本费用减少，尤其是铝冶炼企业成本费用明显减少。五是由于冶炼产品价格上涨，有色金属加工企业盈利放缓，譬如铜加工企业实现利润仍明显低于 2017 年的利润水平。

（八）有色金属企业管理水平进一步提升

2021 年有色金属企业的管理水平进一步提升。规上有色金属企业百元营业收入中成本费用比上年减少了 1.9 元，应收账款占营业收入的比重比上年降低了 0.7 个百分点，存货额占营业成本的比重比上年回落了 1.4 个百分点，资产负债率比上年收窄 0.9 个百分点，资产利润率比上年扩大 4.1 个百分点；营业收入利润率比上年增加了 2.0 个百分点。

三、促进行业高质量发展的保障措施及政策建议

（一）扎实促进有色金属行业高质量发展

中国有色金属行业一定要坚持以习近平新时代中国特色社会主义思想为指导，全面贯彻落实党的十九大和十九届历次全会精神，认真贯彻中央经济工作会议精神，完整、准确、全面贯彻新发展理念，加快构建行业新发展格局，扎实推动行业高质量发展，为建设有色金属强国作出新贡献。一是要深刻认识"碳达峰、碳中和"的重要性、紧迫性、复杂性，有效推进行业用能结构向绿色低碳转型，切实推动智能制造、绿色低碳与行业发展深度融合。二是要高度关注需求端对有色金属需求转型升级，围绕"卡脖子"金属材料开展技术攻关，积极推进有色金属材料供应的转型升级。三是要统筹开发利用国内外两种矿山资源，以及原生、再生两种资源，确保有色金属资源供给可控。四是要以国际领先为标杆，以与国外的差距为导向，加快高端产品与新材料研发，在满足国内需求的同时，促进有色金属产品进入国际市场。五是要努力构建技术先进、产品高端的有色金属产业链，打造节能低碳、生态环保的产业新格局，进一步提升行业的经济效益和社会效益。

（二）政策建议

推动有色金属工业高质量发展的政策建议：一是构建广义有色金属产业链间的交流协作机制，加大产业智能制造力度，拓展有色金属产品的供应领域。二是政府有关部门研究把握有色金属产品价格顺周期、逆周期、跨周期调节的

主动权，实现科学而精准的调控。三是密切关注国际主要经济体货币政策转向可能引发的有色金属价格大幅波动。四是针对全球能源危机蔓延，研究制定科学精准的应对预案，确保能源安全。五是政府部门规范市场舆论引导，发挥行业协会的作用，避免过度炒作供求及价格预期。

注释：

1. 2017~2020 年的产量数据为中国有色金属工业协会正式年报数，2021 年十种有色金属及精炼铜、原铝产量为国家统计局公报数，2021 年其余产量数据均为国家统计局快报数，2021 年增长速度按可比口径计算。

2. 经济效益数据来自国家统计局。

3. 固定资产投资数据来自国家统计局。

4. 进出口数据来自海关总署，由中国有色金属工业协会整理。

5. 市场价格来自期货交易所。

6. 主要生产技术指标来自中国有色金属工业协会。

7. 营业总成本＝营业成本＋销售费用＋管理费用＋财务费用；三项费用＝销售费用＋管理费用＋财务费用。

8. 部分数据因四舍五入的原因，存在总计与分项合计不等的情况。

撰稿人：王华俊、彭　勃、张淑宁
审稿人：贾明星

努力保持产业平稳发展的良好局面

以习近平同志为核心的党中央在科学分析当前国内外宏观形势后，提出2022年我国经济工作要"稳字当头，稳中求进"。有色金属行业将坚决贯彻党中央、国务院的战略部署，聚焦保供稳价、节能降碳、创新驱动、夯实基础、防范风险、用活政策等方面，激发市场活力，增强企业发展内生动力，努力开创产业稳定发展的新局面。

一、产业发展面临的形势

当前世界经济处于新冠肺炎疫情冲击后的复苏阶段，全球疫情仍在持续，世界经济复苏动力不足，大宗商品价格高位波动，环境更趋复杂严峻和不确定。中国通过上下共同努力，统筹疫情防控和经济社会发展，"十四五"实现良好开局，但也面临需求收缩、供给冲击、预期转弱三重压力。特别是局部疫情时有发生，消费和投资恢复迟缓，稳出口难度增大，能源原材料供应仍然偏紧，关键领域创新支撑能力不强，一些地方财政收支矛盾加大，经济金融领域风险隐患较多。综合研判国内外形势，2022年中国发展面临的风险挑战明显增多，必须爬坡过坎。就行业讲，主要面临以下压力：

一是市场预期压力。美联储于2022年3月17日加息25个基点，为2018年以来首次加息，随着通货膨胀的加剧，美联储或加速加息对抗通胀。由此对国内外市场对有色金属价格的预期产生不利影响，企业盈利信心弱化，生产经营的心理压力加大。

二是能源保障压力。国内外市场石油、天然气、煤炭、电力等能源价格上涨和供应不足，不仅直接造成有色金属生产成本上升，而且导致电解铝、金属镁、多晶硅等电耗大的产品开工率下降，供应不足。

三是物流不畅压力。有色金属是世界贸易的大宗商品，物流是维持正常生产的重要保障。新冠肺炎疫情发生后，国内外物流一直不十分通畅，对行业运行造成重要影响。譬如，刚果（金）是中国铜钴原料的主要供应国，过去用三个月就可以完成一个物流过程，而现在需要六个月，大大影响了生产效率。

四是地缘政治压力。当前国际地缘政治环境十分复杂，已经直接影响有色金属企业的生产和投资活动。美国挥舞的"制裁"大棒，使中国一些有色金属企业的生产与投资无法正常进行，造成停产关闭，削弱了供给能力。近一个时期国际市场铝价上涨，其中就有俄罗斯与乌克兰争端的地缘政治因素。

二、国家支持工业经济平稳发展的政策

尽管产业运行面临下行压力，但是国家出台了一系列政策措施，为产业发展提供了有力支撑。特别是 2022 年 2 月 18 日，经国务院批准，国家发改委等 12 部门联合发布了《关于印发促进工业经济平稳增长的若干政策的通知》（发改产业〔2022〕273 号，以下简称《若干政策》），从财政税费、金融信贷、保供稳价、投资和外贸外资、用地用能和环境等五个方面出台 18 项政策举措。

深化减税降费。《若干政策》在延续实施部分到期的减税降费政策的前提下，提出延长阶段性税费缓缴政策，提出力度更大的结构性措施和量化指标，为减轻行业企业负担、稳定市场主体保驾护航。同时提出要"继续实施新能源汽车购置补贴、充电设施奖补、车船税减免优惠政策"，在稳定的政策支持下，有望发挥出四两拨千斤的作用，新能源产业将继续带动锂等有色金属生产加速发展，乘青海盐湖提锂和江西锂云母提锂技术突破的东风，再创新高。

加强信贷赋能。有色金属工业投资金额大、生产环节长、占用资金多，是典型的资金密集型产业，特别是铜、铝等有色金属加工企业，以中小民营企业占绝大多数，更加需要金融信贷的支持。资金是企业生存和发展的血液，是产业链供应链畅通运行的关键，《若干政策》聚焦有色金属行业的痛点，通过强化金融政策供给，引导金融系统向实体经济让利，经济资本向制造业倾斜，必将为行业企业注入资金活水，帮助企业渡过难关。特别是以中小有色金属加工企业新材料研发融资为突破口，争取尽早把《若干政策》提出的金融信贷政策落到实处。

做好保供稳价。《若干政策》提出坚持绿色发展，整合差别电价、阶梯电价、惩罚性电价等差别化电价政策，建立统一的高耗能行业阶梯电价制度。这是国家进一步完善绿色价格机制、充分发挥电价引导作用的具体落实。电解铝行业自 2004 年起执行差别电价政策，2013 年起执行阶梯电价政策，从执行效果看，一系列政策措施对于化解产业过剩产能、推动技术装备进步、提高综合能效水平等方面发挥了积极作用。平均吨铝铝锭综合交流电耗从 2004 年的 14795 千瓦时降至 2021 年的 13511 千瓦时，目前已处于全球先进水平。近期，国家有关部门进一步完善并提高了电解铝行业电价政策和能耗指标，将成为持续推动中国电解铝行业调整能源结构、提升能源利用效率、提前实现碳达峰的

积极举措。同时，《若干政策》继续强调重要原材料和初级产品保供稳价的重要性，明确要进一步强化大宗商品期现货市场监管，加强大宗商品价格监测预警，在开发国内铜等矿产资源、提升再生资源综合利用等方面提出了鼓励措施，为行业破解资源瓶颈、稳定产业链供应链提供了政策保障。

稳定投资和外贸基本盘。稳增长关键在于稳投资。《若干政策》注重盘活存量与优化增量并举，提出组织实施光伏产业创新发展专项行动，启动实施钢铁、有色、建材、石化等重点领域企业节能降碳技术改造工程，加强新型基础设施建设等方面进行系列部署，推动形成更多有效投资，同时加快培育一批先进制造业集群，加大"专精特新"中小企业培育力度，为有色金属产业发展注入新动能。在《若干政策》指引下，有色金属工业的投资活动将主要围绕"双碳"行动和关键新材料开发展开，促进产业的转型升级。在稳外贸方面，《若干政策》强调要进一步畅通国际运输，鼓励外贸企业与航运企业签订长期协议，引导企业通过中欧班列扩大向西出口，通过畅通物流，营造有利于有色金属国际大循环环境，稳定外贸基本盘，激发增长潜力。

保障要素供给。自 2021 年二季度起，各地区能耗双控与缺煤缺电问题频繁出现，极大影响了企业的正常经营和行业的平稳运行。《若干政策》指出要避免因能耗指标完成进度问题限制企业正常用能；落实好国家重大项目能耗单列政策；完善重污染天气应对分级分区管理等方面要更加精准施策，进一步增强了政策弹性，避免"一刀切"。同时落实好新增可再生能源和原料用能消费不纳入能源消费总量控制政策，保障重大项目土地供应，有利于新建铜矿、锂矿等"新能源矿产"项目的落地实施。

《若干政策》切合有色金属工业发展的现实需求，彰显了政府部门抓紧做好预调微调和跨周期调节，确保全年工业经济运行在合理区间，进一步巩固工业经济增长势头的信心和决心，为有色金属行业平稳运行和高质量发展营造出更加良好的政策环境。

三、聚焦重点、保持产业平稳发展需要关注的问题

坚持稳字当头，稳中求进，保持经济运行在合理区间，需要发挥工业经济的"压舱石"作用。就有色金属工业稳定运行来看，尤其要关注以下几个问题：

一是保供稳价。中国是世界最大的有色金属生产国，铜、铝、铅、锌等主要金属产品产量占全球的 50% 左右，稀土、钨、锑、金属镁等金属产量占全球80% 左右，而且是全球重要的镍、钴、锂等"新能源金属"生产国，在世界有

色金属供应链中占有重要位置。按照国家关于大宗初级原料性商品保供稳价，保障供应链安全，确保经济运行总体平稳的要求，有色金属工业要充分发挥"基石"作用，在做好产业自身资源安全保障能力的同时，努力实现国内外生产基地正常生产，增加有效供给。

价格稳则市场有序，风险可控。近一个时期，在多种因素作用下，主要有色金属价格一路攀升，创出历史新高，在一定程度上改善了企业经营，提升了行业盈利水平，提振了市场信心。但不能盲目乐观，要看到实体制造业是上下游相互关联的链条，价格高企也会刺激非理性投资，加大行业供给侧结构性改革的难度，催生下游替代，阻碍消费应用，对产业链形成伤害，潜伏较大的风险。行业企业一定要强化风险意识，充分熟悉市场规则，特别要关注突发事件下资金脱离基本面的蓄意炒作风险。可以说，保供稳价是近一个时期中国有色金属工业的重要任务之一。

二是节能降碳。有色金属工业是能源消费"大户"，电力消耗占国内消费量的7%以上，是国家"双碳"行动的重点领域。有序推进行业的碳达峰碳中和工作，要立足资源禀赋，坚持先立后破、通盘谋划，推进产业能源供给的低碳转型。要通过调整布局、电网储能等措施推进风光电等清洁能源消纳，推进绿色低碳技术研发和推广应用，建设绿色制造和服务体系，推进氧化铝、金属镁、工业硅、多晶硅、铜冶炼、铅锌冶炼等高耗能行业节能降碳。坚决遏制高耗能、高排放、低水平项目盲目发展，不搞"运动式"节能降碳，而是作为一项长期战略性任务。

三是创新驱动。当前新一轮技术革命和产业变革大潮正在不断推进，有色金属工业的变革性技术和颠覆性技术不断涌现，不仅改变着产业面貌，而且成为获得未来竞争优势的根基。在这种背景下，一些传统的技术、产品和生产方式面临新技术、新产品、新生产方式的竞争，必然被淘汰。特别是在电解铝、海绵钛等高耗能、高排放领域，新技术、新生产方式的端倪已经显现。为此，在新的一年里，需要组织全行业的力量，在国家政策的支持下，持续推进关键核心技术攻关，深化产学研用结合，加强知识产权保护和运用，争取尽快赶上国际先进水平。

四是夯实基础。促进有色金属产业平稳发展，关键在于不断消除产业链的堵点、痛点、盲点，保证产业链、供给链的循环畅通。特别要着眼未来长远发展，增强铜、镍、钴、锂、铂族金属短缺矿产，集成电路、航空材料、新能源材料等高端材料，关键技术装备及零部件等的供给保障，通过实施国家龙头企业保链稳链工程，维护产业链供应链安全稳定。依托现有基础，加快发展有色金属产业特色集群，构建以大型骨干企业为龙头，带动众多"专精特新"企业发展，促进传统产业转型升级和区域经济发展，推动产业向中高端迈进。

五是防范风险。随着国际竞争和地缘政治斗争的加剧，中国有色金属工业的生产经营风险陡然上升。2021年，美国拜登政府上台后，立即开展了半导体、高容量电池、关键矿产等领域的供应链安全评估，并采取了相应措施。2022年2月，美国白宫和国防部、国土安全部、商务部、能源部、农业部、交通部、卫生和公众服务部等7个机构各自发布报告，分析供应链弱点，并提出各自领域的战略计划。这些评估报告和战略计划都把供应链"去中国化"放在重要位置，试图打压中国。此外，针对有色金属具有市场化、国际化、金融化典型特征，要切实提高风险防范意识，树立底线思维，提高对风险管理工具的运用水平，规范经营，避免投机炒作，做好突发事件应对预案，避免被海外投机金融资本围猎绞杀。2022年境外期货市场镍逼仓事件就给我们带来了深刻的经验教训。

六是用活政策。为实现2022年保持经济平稳发展的目标，国家已经出台了相关支持政策，为产业平稳发展营造了良好的环境。行业企业要从产业发展的战略高度出发，抓住政策机遇，坚守战略定力，在稳字当头、稳中求进中主动担当、积极作为，用好用活这些政策，做好逆周期、跨周期调节，持续激发市场主体活力，畅通产业链、供给链循环，保持流动性合理充裕，实现产业平稳发展的目标。

2022年，是党的二十大召开之年，有色金属工业将立足新发展阶段，贯彻新发展理念，构建新发展格局，凝心聚力，共同开创产业发展新局面，为工业经济稳增长作出新贡献，以优异成绩迎接党的二十大胜利召开。

撰稿人：赵武壮、宋　超
审稿人：李明怡

专题篇

ZHUANTI PIAN

2021 年有色金属工业科技进步情况报告

2021 年，中国有色金属工业科技发展围绕加强行业自主创新、碳达峰碳中和、智能化建设等系列重大布局，聚焦国家重大需求和企业急需解决的关键技术难题，大力推动有色行业产业优化升级，加快有色金属工业领域低碳技术创新和数字化转型。2021 年有色金属行业通过产学研用联合攻关，取得了一批重大科技成果，行业重点骨干企业主体生产工艺技术达到国际先进水平，产业技术创新能力不断增强。

一、行业科技工作取得新进展

2021 年，行业科技工作着重围绕国家重点科技计划及项目推荐、行业科技成果评价、成果推广与奖励评审、国家科技奖励、重点领域标准制修订与质量提升、环境保护与节能减排及"双碳"任务落实等，组织行业企业、院所和高校开展行业重大技术攻关、新技术推广应用，持续推动行业科技进步，促进产业绿色低碳和智能化高质量发展。

（一）国家重点研发计划项目立项实施及平台建设取得新进展

积极参与国家科技部"十四五"科技规划和项目申报立项，征集向"一带一路"国家转移的可持续发展技术；积极配合国家发改委开展项目调研；完成工信部下达的行业短板长板征集等任务；加强行业"卡脖子"和"颠覆性"关键技术研究。

1. 积极推进"十四五"国家重点研发计划项目立项实施

按照科技部项目申报指南要求，中国有色金属工业协会积极组织行业相关单位开展 2021 年度科技项目申报工作。7 月，推荐稀土新材料、战略性矿产资源、先进结构与复合材料等 5 个重点专项共 28 个项目。有研金属复材技术有限公司"极端环境特种服役构件用构型化金属基复合材料"、矿冶科技集团有限公司"高磁性能高丰度稀土永磁铁氧体及制备科学问题研究"、北京科技大学"高端集成电路引线框架铜合金材料研发与应用"、河北雄安稀土功能材料创新中心有限公司"高端显示玻璃基板用稀土抛光材料及其应用关键技术"等 13 个项目获科技部批复立项。

2. 一批行业平台通过国家工程研究中心认定

按照国家关于科技创新基地优化整合的决策部署，国家发改委对原批准的国家工程研究中心和国家工程实验室进行整合并重新评估，2021年12月，国家发改委印发了纳入新序列管理的国家工程研究中心名单，有研科技集团有限公司"高品质有色金属绿色特种冶金国家工程研究中心"、有研稀土新材料股份有限公司"稀土国家工程研究中心"、有研半导体材料股份有限公司"集成电路关键材料国家工程研究中心"、矿冶科技集团有限公司"无污染有色金属提取及节能技术国家工程研究中心"、西北有色金属研究院"稀有金属材料加工国家工程研究中心"、中南大学"粉末冶金国家工程研究中心"和"低碳有色冶金国家工程研究中心"、昆明理工大学"真空冶金国家工程研究中心"、洛阳中硅高科技有限公司"硅基材料制备技术国家工程研究中心"、中国科学院过程工程研究所"战略金属资源绿色循环利用国家工程研究中心"及中国科学院金属研究所"高性能均质合金国家工程研究中心"11家有色金属国家平台入选。2021年8月，中国有色金属工业协会批复中国矿业大学（北京）成立有色金属行业三稀资源综合利用工程技术研究中心。

3. 一批企业技术中心和国家技术创新示范企业通过国家审定

2022年1月，发改委发布了2021年（第28批）新认定国家企业技术中心名单，西部金属材料股份有限公司技术中心通过认定；经绩效复核，有色行业通过评价的国家认定企业技术中心90家。2021年10月，工信部公布了国家技术创新示范企业拟认定名单，广东邦普循环科技有限公司、广东佳纳能源科技有限公司、亚洲硅业（青海）股份有限公司、包头市英思特稀磁新材料股份有限公司等4家有色金属行业单位上榜，至此，有色行业拥有国家技术创新示范企业46家。

4. 推动重点领域科技攻关，征集可持续发展关键技术

落实国家战略部署、立足行业发展需要，中国有色金属工业协会根据国家部委的相关要求，研究报送了"稀土高端功能材料"和"重点行业绿色低碳技术"项目推进工作方案、《适宜向"一带一路"国家转移的可持续发展技术清单》《有色金属行业实施产业基础再造工程的工作思路和重点工作建议》《有色金属科技创新引领，自主自立自强，助推行业高质量发展》等研究报告。

5. 加强行业科技领域军民融合，促进成果转化落地

为推动现代化建设与经济社会发展，中国有色金属工业协会向国防科工局推荐了"航空用高强高韧7050铝合金大规格锻件"等15项可民用转化的国防

工业科技成果。2021年7月，中国有色金属工业协会作为唯一受邀的全国性行业协会参加由国防科工局、江苏省政府等联合主办的首批意向转化先进技术成果发布会，协会推荐的西南铝业集团公司作为唯一受邀民口配套企业在大会上进行民用转化成果交流。

（二）一批重大科技成果和人才受到国家奖励表彰

有色金属行业6项成果荣获国家科学技术奖，2位行业专家当选为中国工程院院士，一批重大科技成果获得2021年度中国有色金属工业科学技术奖，多位行业专家荣获表彰。

1. 行业6项科技成果获得国家科技奖励

2021年11月3日，国家科学技术奖励大会在京召开，有色金属行业6项成果获奖。其中由郑州大学为主完成的"平板显示用高性能ITO靶材关键技术及工程化"、由中南大学为主完成的"锌冶炼过程智能控制与协同优化关键技术及应用"、由宁波江丰电子材料股份有限公司为主完成的"超高纯铝钛铜钽金属溅射靶材制备技术及应用"荣获国家技术发明奖二等奖。由哈尔滨工业大学为主完成的"高可靠长寿命锂离子电池关键技术及产业化应用"、由西北工业大学为主完成的"大型高质量铝合金铸件控压成型关键技术及应用"、由中国环境科学研究院为主完成的"锌电解典型重金属污染物源头削减关键共性技术与大型成套装备"荣获国家科学技术进步奖二等奖。

2. 一批科技成果被授予2021年度中国有色金属工业科学技术奖

2021年度中国有色金属工业科学技术奖评审会于12月在成都市召开，时逢"十三五"收官，行业成果丰硕，申报项目446项，数量达到了历年之最。经过网评和会评两轮评审及公示与异议处理后，有243项项目获奖，其中一等奖106项、二等奖77项、三等奖60项。为加强服务行业、服务企业，开展行业科技成果评价登记和成果推广工作，中国有色金属工业协会全年组织科技成果评价267项，登记入库国家科技成果网245项；此外先后在山东烟台、内蒙古包头、湖南衡阳等地组织行业院士、专家和有关企业开展科技成果推广会，推动先进技术扩大应用，取得良好效果。

3. 一批专利获得第二十二届中国专利奖

2021年12月28日，国家知识产权局和世界知识产权组织揭晓了第二十二届中国专利奖的获奖项目，有色金属行业共有38件专利获奖，其中：银奖4项，优秀奖34项。

4. 行业新增2位中国工程院院士，多位行业专家获得国家表彰

一批行业专家和优秀青年科技工作者分获何梁何利科技奖、专业技术人

才、青年人才托举工程、光华龙腾奖表彰。

（1）行业新增 2 位院士。2021 年 11 月 18 日，中国工程院正式公布了院士增选结果，矿冶科技集团有限公司首席科学家沈政昌教授和中南大学姜涛教授当选。

（2）一位科技工作者获何梁何利科学与技术创新奖。昆明理工大学王华教授荣获何梁何利区域创新奖。2021 年度何梁何利奖颁奖大会将在 2022 年举行。

（3）6 位专家和 3 个集体获专业技术人才、集体表彰。2021 年 10 月 28 日，第六届全国杰出专业技术人才表彰会在京召开，宁波江丰电子材料股份有限公司姚力军高级工程师、南昌航空大学罗胜联教授、河南科技大学魏世忠教授、湖南科技大学万步炎教授、昆明理工大学王华教授、西部超导材料科技股份有限公司刘向宏正高级工程师获全国杰出专业技术人才。云南钛业股份有限公司、宝钛新材料研发创新团队、有研科技集团有限公司有色金属材料制备加工国家重点实验室荣获全国专业技术人才先进集体。

（4）行业 13 位青年科技工作者入选第七届中国科协青年人才托举工程。中国有色金属学会推荐的昆明理工大学肖清泰、哈尔滨工业大学方虹泽、北京科技大学阮竹恩等 13 位入选中国科协第七届（2021~2023 年度）青年人才托举工程，其中 3 人获每年不低于 15 万元的国家科研项目经费资助，10 人自筹经费，连续资助 3 年。

（5）一位科技工作者获光华龙腾奖表彰。中铝郑州有色金属研究院有限公司总经理陈开斌获得第十七届（2021）光华龙腾奖·中国设计贡献奖银质奖章，用以表彰其为我国铝工业节能减排、提质降本作出的突出贡献。

（三）《中国工业史·有色金属工业卷》编纂工作圆满收官

按照中国工业经济联合会关于《中国工业史》编纂工作的统一安排，2015 年 7 月中国有色金属工业协会承担了《中国工业史·有色金属工业卷》（以下简称"有色工业史"）的编纂工作。编纂有色工业史是坚定文化自信和厚植价值观的铸魂工程，也是彰显建设世界有色金属工业强国宏图大志的创新工程。中国有色金属工业协会高度重视这项工作，成立了专门的组织机构，动员全行业的力量，历经 6 年时间，组织 150 余家单位、400 余位人员参编，完成了这部全面反映中国有色金属工业发展历程的宏大工程。2021 年 1 月，中国工业经济联合会分别与中国有色金属工业协会等 7 个行业卷编纂单位和中央党校出版社签订了三方出版合同。6 月，中国工业经济联合会在京举行了有色工业史等首批 7 个行业卷出版发布会。有色工业史全书分综合篇和金属品种篇，上、下两册，共 9 编 59 章及大事记，全书约 155 万字。

（四）稳步提高行业智能制造水平

1. 有序开展有色金属智能制造标准化工作

中国有色金属工业协会面向全行业征集了智能制造标准项目计划和工作组委员，编制《有色金属行业智能制造标准体系建设指南》等。11 月，正式成立了全国有色金属标准化技术委员会智能制造标准工作组，工作组成员共 81 人；审定通过《有色金属行业智能制造标准体系建设指南》（送审稿）；论证通过智能制造行业标准计划项目 15 项，团体标准计划项目 15 项。

2. 成功举办 2021 智能矿冶加工技术和装备高端论坛

2021 年 4 月，在工信部和中国科协的指导下，中国有色金属学会、全国有色金属智能制造联盟及山东省科学技术协会在山东省泰安市共同举办了"2021 智能矿冶加工技术和装备高端论坛"，在论坛开幕式上，力博重工科技股份有限公司与矿冶科技集团有限公司，力博重工科技股份有限公司、力博工业技术研究院（山东）有限公司分别与中南大学签订了企业战略合作协议。

（五）谋求突破、中国有色金属学会助力创新取得显著成效

根植有色领域的沃土，中国有色金属学会在中国科协和中国有色金属工业协会的关心支持下屡获殊荣。学会积极响应"科创中国"品牌活动号召，与各地开展联合活动，成立三个"科技服务团"，与"科创中国"试点城市政府、园区、企业对接，凝练企业技术需求 200 余项，服务企业 100 余家，助力地方有色产业升级，服务区域科技经济融合发展。举办了 25 期"云课堂"讲座，在线分享最新研究成果，全年观看直播人数 30 多万人次。2021 年学会荣获中国工程师联合体发起成员单位、重大科技问题难题征集发布 2018～2021 年度优秀组织单位、2021 年度科技公共服务优秀学会、2021 年全国学会期刊出版工作优秀单位、2021 年度科技自愿服务最具影响力组织等荣誉称号，并获得 2021 年中国科协中国特色一流学会建设项目，是全国 210 家学会中获批的 50 家学会之一。

二、企业技术装备水平不断提高，创新能力进一步增强

2021 年全行业始终以建设有色金属工业强国为目标，围绕推动有色金属工业高质量发展不断努力，在补齐短板、突破"卡脖子"等技术核心关键节点上实现不断突破，生产技术装备水平持续增强，技术创新能力不断提高，骨干企业综合效益再创新高。据 2021 年统计，2020 年规模以上全国有色金属工业企业 8854 个，企业研发机构 1844 个，同比增长 5.13%；研发人员 11.52 万

人，其中女性占 16.28%；规上企业利润总额 2290.52 亿元，研发经费投入447.90 亿元。企业专利权益显著增强，2020 年企业申请专利达 19584 件，同比增长 17.77%，其中申请发明专利 6255 件，同比增长 13.17%，有效发明专利 21965 件，同比增长 14.02%。新产品开发力度持续加大，2020 年企业新产品开发项目 14332 项，同比增长 16.79%；新产品开发经费支出 473.76 亿元，同比增长 7.98%。

中国铝业集团有限公司 2021 年全年实现营业收入同比增长 40.1%，利润总额同比增长 288.6%，均创历史最好水平。集团认真贯彻落实新发展理念，制定了"十四五"科技发展规划，围绕深地资源勘探开采、复杂资源高效综合利用、超低能耗铝电解、绿色低碳冶炼技术、大型高效节能稀土金属清洁生产、铝铜高端材料开发、熔铸关键技术与装备等方面积极布局一批重大项目，为提升科技引领力奠定了坚实基础。出台的《中国铝业集团有限公司关于新发展阶段加强科技创新工作的实施意见》，重塑创新体系，激发了人才活力。打造了一批专业领域技术中心，获批筹建全行业唯一的国家铝产业计量测试中心，构建了横纵向紧密联合的科技创新组织体系。牵头组建了中国有色金属绿色低碳发展创新联合体，联合行业 25 家骨干企业、科研院所和高等院校，攻关绿色低碳技术，为行业尽早实现"双碳"目标提供技术支撑。全年集团获省部级科技奖项 100 项以上，其中包括中国专利奖、中国有色金属工业科学技术奖等；开展标准制修订超过 150 项；全年共申请专利 1000 件以上，获得授权专利 1000 件以上。

中国五矿集团有限公司积极组织参与资源、海洋等领域国家"十四五"科技规划和重点专项实施方案编制，承担国家级科技项目近百项，科技成果转化收入超 300 亿元。大力推动产学研协作，组织开展低碳冶金、产业数字化、尾矿资源化、区域成矿等技术研讨，在深部超大规模采矿、固废资源化等一批关键核心技术取得突破。稳步推进科技平台建设，工业环保、硅基材料两个国家工程研究中心在激烈竞争态势下通过优化整合评估进入新序列，"金属冶炼重大事故防控技术支撑基地"获发改委批准建设。研究制定企业高价值专利评估体系，开展重点领域知识产权布局研究，有效专利总量超 4 万件、发明专利超 1.2 万件；制定发布 2 项国际标准。5 项重大成果荣获国家科学技术奖，9 项专利荣获中国专利奖。

中国有色矿业集团有限公司在深刻把握党中央关于科技创新工作要求的基础上，制定了"1+4"发展战略，把科技创新放在更加重要位置，切实发挥创新的全面引领作用。光学镀膜用平面铌靶材及旋转铌靶材制备技术纳入中央企业 2021 年度核心技术产品推广目录，大型水轮发电机组异型磁极铜排等 6 项成果入选央企科技创新成果推荐目录。2021 年国家自然科学基金、重点研发计划课题、军工配套科研项目等项目（课题）获批 7 项。全年完成 4 项军口攻关任务，5 项国家重点研发计划课题全部通过验收，成功加入中央企业"重大装备基础零部件"创新联合体。持续优化科技创新组织管理模式，实施了"科技创新军令状"行动，军令状项目总体进展顺利。立项实施了首批技术攻关"揭榜挂帅"项目，进一步激发了创新活力。西北稀有金属材料研究院参与完成的"平板显示用高性能 ITO 靶材关键技术及工程化"项目荣获国家技术发明奖二等奖；集团牵头完成的成果获 2021 年度中国有色金属工业科学技术奖一等奖 4 项。

江西铜业集团有限公司 2021 年实现营业收入 4552 亿元，位列世界 500 强第 225 位，较 2018 年前移 145 位。分别投资 1.8 亿元、2 亿元建成了建筑总面积 9666 平方米的江铜研发中心和 21464 平方米的中试基地，拥有先进的研发设备和检测仪器共 387 台（套）；用"筑巢引凤"的理念，吸引了更多的海内外高层次人才扎根江铜，构建起博士 56 位、硕士 71 位的高水平研发团队。2021 年围绕采、选、冶、加、新材料、智能化、双碳战略等领域重点攻关，进一步深化了与中科院各专业院所、中南大学、矿冶科技集团等大院大所、名校名企的产学研用合作，联合中科院金属研究所、宁波材料所组建了高端合金材料联合研发中心、金属基复合材料联合研发中心；牵头组建了江西省首家科技创新联合体——江西省铜产业科技创新联合体。"铜冶炼物质流智能优化关键技术及应用"等 4 个项目获得了中国有色金属工业科学技术奖；主持或参与制修订国家、行业标准 19 项；获得了授权专利 184 件。

铜陵有色金属集团控股有限公司克服了煤电价格大幅上涨、生产成本刚性增加及突发性限电压产等诸多挑战，创造了历史最好经营业绩，利润总额超过40 亿元，同比增长 298%。铜加工板块产品创新成果丰硕，金威铜业成为德国博世公司无氧铜带国内为数不多的供应商，微合金化无氧铜带产品性能国际领先。铜冠铜箔牵头与华为等联合中标工信部"2021 年高频高速 PCB 用极低轮廓电子铜箔"项目，体现公司在高端铜基新材料领域的先发优势。打造创新团队 25 个，其中省"115"创新创业团队 1 个，完成 262 项科技项目，解决技术难题 38 项。铜冠建安被国家发改委授予"大宗固废综合利用骨干企业"称号。优化创新体制机制，科技创新激励力度进一步加大。加大创新平台建设，组建了安徽铜冠产业技术研究院有限公司，安徽省有色金属新材料产业创新中心获省发改委批准组建。10 项科技成果获省部级科技奖，其中"锂电池用 4.5 微米双面光电子铜箔新产品开发及大电流电沉积技术研究"等2个项目获安徽省国资委科技创新表彰奖励；获得授权受理专利395件，其中发明专利203件。

陕西有色金属控股集团有限责任公司研发经费投入5.11亿元，承担省部级以上课题9项，课题到款额3956万元，开发新产品21项，实现销售收入14.7亿元。黄金集团"陕西省贵金属材料创新中心建设"完成了项目主体工程建设；9个平台入驻"秦创原陕西有色金属集团联合创新中心"。金钼集团"高世代线液晶面板用大规格钼铌合金靶材制备关键技术研究及应用"项目，成功制备出了3.4米×240毫米×21毫米的合格钼铌靶材产品；"航空发动机叶片等高精尖产业用关键钼材料的产业化研究及市场推广"项目，解决了凸模成型后板坯标志印记内易聚集浮粉的问题；"军工所需低氧钼板坯及钨钼合金产品的研发"项目烧结出低氧钼板坯小于0.003%低氧钼板坯；"陶瓷金属化用超细钼粉制备关键技术研究及应用"项目完成了180千克超细八钼酸铵的生产。宝钛集团"钛合金托板螺母用丝材研制"项目成功制备出了单重不小于50千克的产品，"汽车电池用钛带"项目成功签订了60吨产品合同。地矿集团"山阳秦鼎矿业尾矿无害化处理及综合利用研究"项目，总氰化物去除率达到了92.20%；"贵金属增材制造技术研究与应用示范"项目成功开发出了世界上首例贵金属增材制造产品，实现了贵金属增材制造领域"零"的突破。集团获得专利授权82件（其中发明专利21件）；主持或参加制定国家标准2项、行业标准3项、团体标准1项。

云南锡业集团（控股）有限责任公司全年实现营业总收入654亿元，同比增长27%；利润总额25亿元，经营性利润同比增长20倍。全年组织实施科技项目150余项，投入研发经费同比增长41%。顺利实施云南省重大专项"稀贵金属材料基因工程（一期）"项目。新增1个省级企业技术中心和1个云南省新型研发机构，国家级企业技术中心通过评价，"锡产业工业物联网平台关键技术研究与应用"被工信部列入"2021年度关键技术与平台创新类项目"，成为云南省唯一入选的工业企业项目。"复杂多金属锌精矿绿色高效冶炼新技术"和"锌精矿-硫铁矿焙烧联产烟气清洁治理与石膏资源化利用关键技术与应用"荣获中国有色金属工业科学技术奖一等奖。获授权专利86件（其中发明专利17件）；主持和参与《重金属冶炼企业单位产品能耗限额》等20项国家、行业及团体标准制修订。

广西华锡集团股份有限公司2021年主营业务收入51亿元，利润总额为3.48亿元。全年申报地方科研项目13项，获批自治区重点研发项目1项；企业内部自主研发科研项目31项，已完成10余项研究任务。与中国地质大学（北京）、昆明理工大学合作开展的国家重点研发计划"稀散金属成矿信息综合集成与深部探测技术示范"课题顺利通过验收。2021年9月与郑州大学联合成立研究中心，形成了以刘炯天、彭苏萍、邱冠周、邱爱慈等院士领衔的我国有色金属及深加工领域一流人才团队，建设了以3个国家级创新平台、6个省级创新平台、1个博士后科研工作站、1个设计研究院为一体的"3611"联动创新平台和成果转化推广应用体系，实现了人才聚集功能、影响力提升功能和科技创新功能，进一步推动企业高质量发展。

紫金矿业集团股份有限公司2021年实现母公司净利润约156亿元，同比增长139.67%。集团建成国内黄金行业唯一的国家重点实验室"低品位难处理黄金资源综合利用国家重点实验室"、国家级企业技术中心、院士科研工作站、博士后科研工作站、矿冶研究院等一批高层次研发平台和科研设计实体，形成了具有紫金特色的技术创新体系和一系列自主知识产权及科研成果。集团及权属企业获评"高新技术企业"达14家；全年科技立项142项，经费合计12.7亿元；获授权专利30件（其中发明专利23件）。2021年集团获中国有色金属工业科学技术奖一等奖1项、二等奖4项，获中国黄金协会科学技术奖一等奖1项。

浙江海亮股份有限公司基于原有的工业互联网布局，通过引进智能化控制系统，自主研发智能化工业装备，购置智能物流装备，建设智能仓储设施，海亮股份精密铜管低碳智造工业互联网平台成功通过了省级工业互联网平台验收。开展技术改造项目300余项。全年申请专利158件，其中发明专利38件；完成编制国家标准4项、行业标准4项，至此，公司已牵头参与起草制定国家及行业标准共58项，其中国家标准30项。

山东南山铝业股份有限公司2021年承担了山东省重大科技创新工程项目"基于铝基的交通轻量化科技示范工程"，承担了"交通用高性能铝合金板材制备关键技术研发及产业化示范"；承担了2021年国家重点研发计划"高端领域铜铝废材深度净化与循环再造关键技术"项目。持续做好山东省轻质合金材料制备与成形重点实验室、山东省高端铝合金材料制造业创新中心、山东省院士工作站等省部级科研平台维护管理工作，同期推进了山东省铝合金压力加工技术创新中心建设工作。全年主持或参与制修订国家标准21项、行业标准8项；申报专利39件，其中发明专利19件。

丛林铝业科技（山东）有限责任公司2021年全力推进技术创新，参与了山东省重点研发计划"新能源汽车全铝底盘车身制备关键技术研究与应用"，针对新能源汽车对轻量化材料的技术需求，研发应用新型轻量化铝合金结构材料取得新进展。利用公司在高端工业铝型材研发、生产和推广应用方面的技术和产业基础，研制出了新能源汽车用铝型材，成功应用于新能源汽车全铝底盘平台及全铝车身骨架等部件，提高了车身轻量化水平和新能源汽车的续航里程，降低了内高压成形件的生产成本和国产汽车生产成本。

辽宁忠旺集团有限公司在辽阳、天津建有忠旺研究院，在北京、重庆、深圳等地建有产品研发设计中心，集团秉持"高端化、特色化、绿色化"发展方向，围绕轨道交通、航空航天、汽车制造、船舶海工、电力工程、光伏太阳能等领域，广泛开展了高端铝合金材料成型、深加工技术开发及产业化工作。现有专职科研人员 300 余人，其中中高级职称占 40% 以上，硕士以上学历占 37%。公司先后荣获国家高新技术企业、国家技术创新示范企业、国家制造业单项冠军示范企业及国家知识产权示范企业等国家荣誉，荣获各级科技奖励 61 项；获国家授权专利 995 件，其中发明专利 159 件；参与制修订国家、行业及团体标准 108 项。

洛阳栾川钼业集团股份有限公司 2021 年被认定为"河南省头雁企业""河南省知识产权优势企业""大宗固体废弃物综合利用骨干企业""中国产学研百佳创新企业"。全年开展研发项目 22 项，研发投入 1.47 亿元，主营业务收入 43.58 亿元，研发投入占比 3.37%，科技人员比例 15.89%。实施的"钼尾矿中伴生低品位铁综合回收工艺研究及产业化"项目，实现了钼伴生超贫磁铁矿的高效回收；研发的"金属露天矿卡多点集群作业高效调度关键技术研究"项目，提高了配矿精准度和设备利用效率，年节约运输成本约 7000 万元；研发的"钼钨矿、钼铁矿成分测定—X 射线荧光光谱法的研究应用"项目，具有检测精密度和准确度高、分析速度快、运行成本低等特点；研发的"节能高效碎磨与浮选工艺应用研究"项目，提高了回收率及精矿品位。2021 年集团获省部级科技进步奖一等奖 3 项、二等奖 3 项；参与修订国标、行标 9 项，主持团标制修订 4 项。

宁波兴业盛泰集团有限公司 2021 年承担宁波市"科技创新 2025"重大专项"高精密蚀刻引线框架用铜合金板带研发与产业化"取得重大成果，"浙江省 STS 项目基于材料基因工程的高性能铜镍硅合金材料研发"顺利结题，成功申报宁波市 2025 重大专项"高性能环保型铜镍硅系合金带材技术研究及产业化"和"十四五"国家重点研发项目"高端集成电路引线框架铜合金材料研发与应用"；CFA 合金取得重大进展，成功在中试车间获得了质量合格的铸锭，并生产出合格带材成品。与中南大学签订协议开展"产学研"深度合作，发明专利"一种铜镁合金大规格扁锭半连续铸造方法"获得授权，获得中国有色金属工业科学技术奖一等奖 1 项。

三、行业科研院所综合实力稳步提升，推动高质量发展

在新冠肺炎疫情持续的影响下，有色金属行业科研院所通过体制机制创新，深化改革，对抗风险，年总收入超过预期，4 家院所收入过百亿元。云南省贵金属新材料控股集团有限公司实现营业收入 379 亿元，同比增长 18.88%；有研科技集团有限公司综合收入达到 202 亿元，同比增长 28%；西北有色金属研究院综合收入达到 169 亿元，同比增长 15%；矿冶科技集团有限公司综合收入 108.3 亿元，同比增长 106.6%；赣州有色冶金研究所有限公司收入达到 26.9 亿元，同比增长 79.33%；四川省有色科技集团有限责任公司综合收入达到 11.26 亿元，同比增长 2.4%。

有研科技集团有限公司 2021 年在职员工 4882 人，总资产 135 亿元，净资产 102 亿元，实现营业总收入 202 亿元，利润总额同比增长 62%；国家和地方政府科研经费收入 4.96 亿元；获授权专利 357 件，其中海外专利 29 件；制修订国际、国家、行业标准 81 项；获省部级及行业以上奖励 36 项，其中一等奖 18 项、中国专利奖银奖 1 项；8 项科技成果入选 2020 年度中央企业科技创新成果推荐目录，位列中央企业第二位；集团所属 3 个创新平台通过评估纳入首批新序列国家工程研究中心。军用特种铜合金材料创新团队入选国防科技创新团队、1 人入选国防科技青年拔尖人才等。牵头和参与承担国资委 "1025 专项" 等关键核心技术攻关任务 50 余项；突破 8~12 英寸高纯金属及合金靶材关键核心制备技术，解决了我国在集成电路关键配套材料领域的短板问题；实现低位错锗单晶材料的进口替代，成功应用于某型号卫星；黄小卫院士领军开发的稀土清洁冶金新技术，有效解决了我国稀土资源的环保开采问题。

矿冶科技集团有限公司 2021 年实现营业收入 108.3 亿元，同比增长 106.6%，利润总额同比增长 122.6%。"无污染有色金属提取及节能技术国家工程研究中心" 入选国家发改委首批新序列国家工程研究中心；获批工信部 "5G 应用安全创新示范中心"，为获批 12 家单位中唯一的工业企业；两家二级单位分别获批省级工程技术研究中心及工信部 "专精特新" 小巨人企业。全年获得各类科技奖励 80 项，其中省部级 8 项、社会力量设奖 39 项；1 项成果入选国家 "十三五" 科技创新成就展；5 项成果入选《中央企业科技创新成果推荐目录（2020 年版）》。负责或参与制修订并正式发布的标准共计 86 项，其中国家标准 19 项、行业标准 44 项；集团获批授权专利 258 件，其中国际专利 3 件；获准软件著作权登记 103 件；集团首席科学家沈政昌研究员当选中国工

程院院士，入站博士后 2 人，引进博士 12 人，109 人晋升职业发展通道等级。

长沙矿山研究院有限责任公司 2021 年新签合同总额 6.14 亿元，营业收入 3.68 亿元，研发投入 3462 万元。获纵向项目立项 22 项，其中国家、省部级任务 14 项；16 项纵向重点项目结题验收，自主研发的国内首台（套）小型化智能凿岩台车成功下线，参与研制的"多金属结核海底集矿车"获评"十三五"科技成就展年度十大科技成果。国家发改委和应急管理部批复建设的"金属非金属矿山重大灾害事故分析鉴定实验室"于 2021 年 4 月通过预验收。全年获得科技成果奖励 28 项，其中省科技进步奖 3 项，社会力量科学技术一等奖 4 项；专利授权 94 件，其中发明专利 24 件、国际发明专利 1 件。公司 1 人获批湖南省科技创新领军人才，1 人享受湖南省政府特殊津贴等。引进硕士研究生 56 人，新评定高级工程师及以上 25 人。

广东省科学院原 7 家有色金属行业研究所整合为 5 家。资源利用与稀土开发研究所成果转化效益超 1.1 亿元，新增纵向项目 18 项，与龙头企业共建研发平台 3 个；获省部级科技奖励 7 项；申请专利 49 件；授权发明专利 62 件，同比增长 53.5%；发布国家标准 5 项、行业标准 1 项。新材料研究所实现收入 3.3 亿元；完成现代材料表面工程技术国家工程实验室验收并持续开展优化整合；激光 3D 打印取得重要突破，相关研究成果发表于 *Science*；获省部级奖 9 项；领军人才周克崧院士入选 2021 年度美国金属学会热喷涂名人堂；修订国标 3 项、行标 1 项、团标 8 项，获"CSTM 团体标准贡献奖"1 项；获授权发明专利 76 件（含国际专利 1 件）。半导体研究所异构集成团队在功率器件技术开发取得显著进展，开发出的器件模组解决了相关器件国产化问题；以 AIN 为代表的氮化物半导体材料与器件性能持续提升，材料质量的关键指标位错密度被诺贝尔奖获得者中村修二评价为世界上最好的 3 个结果之一；获授权专利 25 件，其中发明专利 22 项。中乌焊接研究所在研项目 68 项，年度获批各类项目 11 项，纵向科研经费到账 1951 万元；与乌克兰稳固加强"一带一路"联合实验室建设工作，依托实验室，立项国家重点研发计划"中国—乌克兰材料连接与先进制造'一带一路'联合实验室建设与联合研究"；获授权专利 46 件，其中发明专利 23 件，美国专利 1 件；软件著作权 6 件；机器人搅拌摩擦焊高端装备及关键技术获得中国有色金属工业科学技术奖一等奖。工业分析检测中心总收入 3250 万元；"铝合金建筑型材标准体系构建及应用"获得 2021 年度中国有色金属工业科学技术奖一等奖；参与制修订国际标准、国家标准、行业和团体标准 67 项；获授权专利 6 件。

中国有色桂林矿产地质研究院有限公司将创新作为引领公司业务高质量发

展的战略支撑和动力源泉。通过完善科技创新体系建设，加大科技激励力度，持续提升科技创新能力，强化科技发展支撑，全年实现综合收入 3.64 亿元，利润总额 1500 万元，研发投入强度达 20.23%。公司拥有各类创新平台 11 个，其中 1 个国际组织平台（国际标准化电子探针分析技术委员会主席单位）、1 个国家级科研平台（国家特种矿物材料工程技术研究中心，为广西最早的国家级工程中心）、9 个省部级科研平台。全年获批 3 项国家重点研发项目，推进 1 项集团"揭榜挂帅"项目，验收 5 项自治区重大科技专项；获中国有色金属工业科学技术奖一等奖 2 项；广西技术发明奖一等奖 1 项已通过评审；荣获广西优秀工程勘察二等奖 1 项。获发明专利授权 19 件。主持或参与制定国际标准 1 项、国家和行业标准 16 项。

云南省贵金属新材料控股集团有限公司 2021 年实现营业收入 379.03 亿元，同比增长 18.88%；利润总额 4.36 亿元，同比增长 20.8%。2021 年立项科研项目 36 项。云南贵金属实验室获授牌建设，完成工商登记注册。稀贵金属材料基因工程项目累计到位经费 1.3 亿元，高水平建设使用高通量制备表征实验室、稀贵金属基因数据库，数据标准制定走在全国前列。加快推进了医用材料、靶材、粉体材料科技成果转化孵化进程，加快推进氢能项目孵化培育。"电子信息产业用稀贵金属功能材料关键技术研究""铂族金属环境治理与化工催化新材料关键技术开发"等项目获云南省重大科技专项立项。贵金属分析评价平台获批工信部"国家中小企业公共服务示范平台"；贵研资源入选工信部第三批专精特新"小巨人"企业。"国五/国六汽车催化剂关键技术及产业化"项目获省科技进步奖一等奖。全年获授权专利 36 件，制修订标准 16 项。

中铝郑州有色金属研究院有限公司 2021 年实现收入 5.09 亿元，利润 1937 万元，成功申报国家项目 2 项。研发平台"卓越技术中心"建设获批工信部 2021 大数据产业发展试点示范项目；与西南铝共同申报的"国家铝产业计量测试中心"批准筹建。湿法深度氧化脱硫脱碳技术产业化示范项目已稳定运行 20 个月以上；能效综合测试及 PFCs 测试先后在 10 余家企业开展；窑炉脱硝技术应用后烟气氮氧化物含量（标态）为 25 毫克/米³，远低于 50 毫克/米³ 的排放标准；赤泥堆场原位土壤化生态修复绿化技术，在绿化赤泥 27000 平方米场地中，实现植被覆盖率 95% 以上。获批立项国家、行业等各类标准、标样 40 个（含国际标准 1 项）；申请专利 94 件，其中发明专利 72 件，专利授权 34 件；获得省部级科技进步奖 8 项，其中一等奖 2 项、二等奖 5 项；荣获中铝股份 2021 年度质量提升总裁特别奖和环境保护先进单位；"易烧结氧化铝煅烧工序自动化、连续化生产工艺改造"荣获中铝集团"金点子"合理化建议，"单峰20氧化铝粉工艺技术开发"荣获中铝股份"银点子"合理化建议。

西北有色金属研究院2021年综合收入达到169亿元，同比增长15%，其中科技收入5.59亿元，产品产值163.4亿元，利润总额13.53亿元，均创历史新高。全年立项353项，立项经费3.23亿元，同比增长49%。获得省部级以上科技成果奖励13项，其中一等奖3项；制修订国家标准9项；获授权专利327件，同比增长47%，其中发明专利214件，同比增长59%。获批"西部材料国家企业技术中心""西安稀有金属材料创新中心"等国家级创新平台及15个省市级创新平台，稀有金属材料加工国家工程研究中心经过优化整合进入国家首批新序列工程中心。作为"探月工程"参研参试单位代表接受习近平等党和国家领导人会见；主办了"IFAM2021新材料国际发展趋势高层论坛"等学术活动4次。拥有西部之光访问学者、省创新人才推进计划、省青年科技新星、市地方级领军人才等各级人才称号18人；引进博士48人。

西北矿冶研究院2021年开展科研项目200余项，实现收入1.3亿元，经营利润3211万元。成立了新兴产业研发中心，形成稀散金属材料、铜铅锌合金材料、储能材料、凹凸棒石非金属材料、新型高效浮选药剂及工业节能减碳六个创新团队，着眼创新链，拓展新兴产业链，提升产业链、供应链稳定性和竞争力。依托该院建设的白银集团国家企业技术中心获得了"良好"的评价结果；院士专家工作站2021年度被评为优秀院士专家工作站。全年组织申报6项甘肃省科技计划项目，3项市科技计划项目，1项获省科技重大专项类项目立项。获各类科技奖项10项，其中甘肃省冶金有色工业科技进步奖一等奖4项。申请受理专利94件，其中发明专利47件；获授权专利63件，其中授权发明专利27件。

西北稀有金属材料研究院宁夏有限公司是国内唯一的铍材研究和生产基地，国家高新技术企业。2021年聚焦国家科技发展持续创新，加快推进承担的国家重大专项配套和省部级重点研发计划等科技项目研发，在"大尺寸铍镜材料研制""铍铝合金增材制造技术研究""特种铜合金新技术研发"等制备关键技术方面取得了多项突破性进展，为国内相关应用领域发展奠定了扎实基础。全年申请专利8件，获授权专利13件；获国家技术发明奖二等奖1项、中国有色金属工业科学技术奖二等奖1项。

北京矿产地质研究院有限责任公司2021年院本部实现营业收入3463万元。所属企业中色紫金公司主要承担紫金矿业境外权属矿山勘查技术服务，执行项目26项，经费4841万元，实现利润超过1200万元，新增铜金属量95万吨，金金属量49吨。全年组织实施项目30项，市场项目的数量、经费首次超过国家项目，17 项通过成果验收。以战略性紧缺型矿产资源调查勘查为重点，取得岩浆热液型锡多金属矿、MVT 型铅锌矿等成矿理论研究新认识；指导内蒙古白音诺尔、云南金顶、毛坪、会泽，青海牛苦头等重点矿山深边部找矿取得重要进展；集成宜昌、承德生态文明示范区综合地质调查成果，初步构建了资源环境一体、科研勘查融合的业务体系。"内蒙古赤峰有色金属基地综合地质调查"等成果获省部级奖励 5 项。顺利认证国家和中关村"高新技术企业"，获国家实用新型专利 1 件，软件著作权 2 件。

峨眉半导体材料研究所 2021 年营业收入 2200 万元。开展科研项目 6 项，其中省部级项目 3 项，突破了 7N5 超纯锑和 7N 超纯铟锡合金制备关键技术；研发了 4 种新产品，7N5 超纯锑和 7N 超纯铟锡合金均已通过用户单位验证；8N 超高纯碲和超高纯镉已经通过第三方检测机构验证。创新了碲镉汞降解回收、7N5 超纯锑制备和 7N 超纯铟锡合金制备。全年提交专利申请 6 件，其中发明专利 3 件，获发明专利授权 2 件。主导或参与国家、行业标准制修订 3 项，主导制定的 2 项行业标准经工信部发布实施生效。

沈阳有色金属研究院有限公司 2021 年综合收入 2.16 亿元，同比增长 30.87%，其中营业收入 2.00 亿元，同比增长 35.55%。全年获批纵向科技项目 5 项，批复专项经费 690 万元；实现科研收入 1306 万元，同比增长 6.30%；授权发明专利 3 件。牵头开展了集团公司低品位钴资源关键技术开发与产业示范工作，其中赞比亚硫化铜钴矿铜钴分离项目取得阶段性进展，通过自主创新的强化钴捕集技术和铜钴高效分离技术，闭路试验钴回收率提高了近 5 个百分点。完成了富邦铜业、大井子矿业、中色平桂、赞比亚 5 个选厂的流程考察工作，提供了相关工艺优化方案。承担的集团公司刚果（金）实验室建设项目基本完成，现已具备对外服务的能力。通过谋划产业链重大专项及"揭榜挂帅"项目，与东北大学、中南大学、中科院过程所等高校院所及相关企业构建了产学研创新团队，科技创新的模式进一步优化。

新疆有色金属研究所 2021 年申报国家、自治区、集团公司各类科研项目 35 项，获批科研经费 1535 万元，创历年来最好成绩。与昆仑蓝钻签订"和田大红柳滩锂铍多金属矿资源综合回收"横向项目合同；阿克陶科邦锰业制造有限公司委托的电解锰阳极泥资源化回收的项目进展顺利，锰的还原率平均在 92% 以上，初步达到工业生产的预期指标。"新疆有色稀有金属制造业创新中心"获批自治区"十四五"第一批自治区制造业创新中心。"核用氟化铍制取建设的研究和产业化项目"获得集团第八届技术贡献一等奖。高纯金属材料研发项目班组获得自治区第六次质量信得过班组称号。获授权发明专利 3 件。参与制定行业标准 4 项。

赣州有色冶金研究所有限公司 2021 年营业收入为 26.94 亿元，利润总额为 3401 万元，新增科研经费 3600 余万元，争取政府类科技奖励及补助近 500 万元。围绕钨、稀土等有色领域的技术难题和产业瓶颈，开展了资源安全高效开发利用、新材料及智能装备等关键核心技术研发，主持国家、省、市级等政府科技项目 26 项，江钨控股集团及技术服务项目 45 项。在钨渣无害化、重介质选矿、硬质合金等重点方向取得了阶段性进展；智能矿石分选机、细粒级钨资源综合回收等多项成果在企业推广应用获得显著经济效益。获批了高新技术企业和省科技型中小企业，代管的江西省有色金属学会入选省科技成果第三方评价机构目录。全年获省部级科技奖励 9 项，其中中国有色金属工业科学技术奖一等奖 1 项。新增标准立项 12 项，其中主持国标 9 项。获授权知识产权 35 件，其中发明专利 21 件。

四川省有色科技集团有限责任公司 2021 年实现营业收入 11.2 亿元，同比增长 2.4%。院士工作站开展"基于分子自组装可回收型功能化多孔磁性材料制备及对重金属污染土壤的修复研究"项目研究和联合省环境科学研究院实施德阳什邡市禾丰镇大田中试与产业转化取得进展，经检测水稻根茎叶中重金属镉降低约 30%。自主研发的新型高新技术产品"蓝保滤料"，已在云南中石化某公司油库储罐开展工业应用示范。省级院士（专家）创新工作站顺利通过绩效考评，3 家子公司成功进入 2021 年度成都市中小企业成长工程培育企业名单，3 家子公司被认定为科技型中小企业，1 家子公司获批成都市新经济种子企业，1 家子公司获批成都市 2021 年第一批研发准备金制度财政奖补，市级院士专家工作站获补助 5 万元，1 家子公司首次成功入库规上企业并获奖励 40 万元。全年推进重点纵向项目 4 项，开展横向技术服务咨询项目 11 项。专利申请 18 件，授权 24 件，其中发明 9 件。

湖南有色金属研究院 2021 年主营业务收入 7189 万元。研发的"低品位铅锌资源绿色高效开发及尾矿综合利用关键技术研究"项目，通过对湖南省花垣县低品位铅锌资源绿色高效开发及尾矿综合利用关键技术研究，实现预先抛尾率 70% 以上，原矿（Pb+Zn）入选品位从 1.2%～1.8% 提高至 4%～7%，选矿废水高效低成本处理后回用率达 100%，选矿尾矿梯级开发应用率 100%，达到无尾排放的目的。"微晶石墨的高效高值化利用关键技术研究与产业化"项目，攻克了微晶石墨解离和浮选提纯关键共性技术瓶颈，经浮选处理的微晶石墨碳含量达到 90%，新技术应用于南方石墨新材料有限公司建成了我国首条年产 20 万吨微晶石墨浮选提纯生产线，获得优异的浮选提纯效果和指标。选矿废水经过处理全部循环利用，尾矿用于建筑原料，实现无废水、无尾矿排放，建成了绿色石墨浮选企业，目前正在开展建设石墨烯生产示范线的相关工作。"复杂微细铅锌矿绿色高效利用新技术"获中国有色金属工业科学技术奖二等奖，获授权发明专利 15 件，参与编制并发布的国家标准 1 项，行业标准 4 项。

湖南稀土金属材料研究院 2021 年公司实现营业收入 3 亿元。科研投入 1017 万元，同比增长 65%；争取各类政府科研资金 1267 万元；完成 3 项纵向项目验收，新增获批纵向项目 2 项，控股公司湖南稀土新能源材料有限责任公司获批长沙市工业和信息化类"小巨人"企业。全年国内发明专利受理 10 件，国外（美国）专利受理 2 件，获授权发明专利 8 件，累计获授权发明专利 53 件；参与制订颁布实施的标准 14 项。获全国稀土标委会技术标准优秀奖一等奖 1 项。2021 年公司持续优化人才激励机制，扩大高素质人才队伍，初步建设形成了高纯稀土金属与靶材团队、稀土阴极材料团队、轻合金材料团队等 5 支学术团队。

湖南有色冶金劳动保护研究院 2021 年经营收入 4068 万元，营业利润 341 万元。研发投入 844 万元，增幅 20%。国家重点研发计划项目子课题"矿井灾变通风智能决策与应急控制关键技术研究"的研究工作顺利通过验收；省应急厅科技项目"危险化学品企业风险等级评估模型研究"工作进展顺利；省工信厅"湖南省中小企业绿色发展共享平台和重点实验室建设"项目结题验收；"应急条件下井下风量快速监测技术研究""深井高温热害人工制冷降温技术装备研发"项目正在市场应用推广。全年获授权专利 27 件，参与国家卫健委待颁布的《工作场所空气中粉尘浓度管理标准 矽尘》国家标准起草工作，该标准将替代 GB 16225—1996《车间空气中呼吸性矽尘卫生标准》。

有色金属技术经济研究院有限责任公司 2021 年承接各类咨询课题近 80 项，其中国开行项目在论证会上获得极高评分，发改委据此项目向两办所报材料得到国家领导人批示；中色矿业、陕西有色等央企、省企项目获国家、地方国资委高度评价；青海国投、日本三菱等项目获国内外客户高度评价，全年为工信部、发改委、自然资源部及中国有色金属工业协会提供了包括资源、对外战略、绿色低碳等方向十余项政策研究支撑。下达了国标、行标、国军标、协会标准总计近 300 项新计划；组建了全国有色标委会智能制造标准工作组和低碳标准工作组，发布了 5 项中国牵头研制的国际标准，成功立项中国牵头的国际标准项目 10 余项，创下历史新高。知识产权代理和科技查新业务量稳定增长，完成知识产权代理和科技查新近 700 件。2021 年度荣获中国有色金属工业科学技术奖一等奖 3 项、二等奖 1 项。

四、行业设计单位工程化技术开发能力不断提高

有色金属行业设计研究单位通过不断深化改革、加快发展，工程设计和技术开发能力持续增强。初步统计，2021年有色金属行业原8个直管设计研究院实现综合收入106.05亿元，4家单位收入超10亿元。中国恩菲工程技术有限公司综合收入51.83亿元，中国瑞林工程技术股份有限公司综合收入达到16.79亿元，长沙有色冶金设计研究院有限公司综合收入达到15.62亿元。

中国恩菲工程技术有限公司牵头申报的"镍钴钪清洁提取与高效利用关键技术"和"离子吸附型稀土矿绿色高效开发关键技术与装备"课题获得"十四五"国家重点研发计划立项；"高效短流程非高炉炼铁"和"回转窑—电炉工艺（RKEF）冶炼技术"获批中冶集团重大研发项目立项；"电解锰渣全组分高值资源化技术开发及应用""固体燃料电池用钪锆电解质材料的制备研究及应用""垃圾焚烧炉智能控制系统开发及应用"3个项目获批五矿集团科创基金项目。"危险废物逆流高效焚烧—高温熔融关键技术与装备"入选工信部《国家工业资源综合利用先进适用工艺技术设备目录（2021年版）》；"多源固废协同焚烧及烟气净化超低排放示范工程"获批住建部2021年科学技术计划；"氧气底吹连续炼铜技术"入选工信部原材料工业20大低碳技术。恩菲与北京科技大学共同申报的"金属冶炼重大事故防控技术支撑基地项目"通过国家发改委正式批复；依托公司建设的"中国中冶低碳技术研究院（有色）"获中冶集团批复。郭天宇入选中国科协青年人才托举工程。2项知识产权获第二十二届中国专利优秀奖，"生活垃圾智能化清洁焚烧关键技术及装备"等3项成果获中国有色金属工业科学技术奖一等奖，"低损耗光纤用高纯度四氯化硅制备关键技术及产业化应用"获中冶集团科技一等奖，"红土镍矿钪资源高效回收关键技术研发与应用"项目获得稀土科学技术奖一等奖。主导研制的国际标准ISO 24297顺利通过DIS投票阶段，国家标准《铟冶炼回收工艺设计标准》正式发布，《铜冶炼行业节能诊断技术规范》等4项行业标准获批立项。申请专利464件，其中发明专利281件（含海外专利申请34件）；申请计算机软件著作权16件。

中国瑞林工程技术股份有限公司2021年总收入16.8亿元，其中总包收入8.9亿元、设计收入5.4亿元，利润总额1.2亿元。开展的省级课题"矿山地下开采灾害预警、应急救援关键技术与示范"和"基于白银炼铜法智能化大型侧吹熔池熔炼成套装备研发及产业化"取得阶段性成果。参与金川集团牵头

组建的甘肃省镍钴资源高效利用及新产品开发创新联合体，加入省科技厅主导的江西省技术转移产业联盟，参与组建江西省铜产业创新联合体。中国瑞林装备公司参与完成的"锌电解典型重金属污染物源头削减关键共性技术与大型成套设备"项目获2020年度国家科技进步奖二等奖。主编行标《有色金属冶炼场地稳定化后土壤再利用技术标准》。申请发明专利36件，其中PCT-国家阶段发明2件（印度、智利）；获授权发明专利6件，其中PCT-国家阶段发明1件（印度）。

沈阳铝镁设计研究院有限公司2021年突出战略引领，科技赋能效果显著。潜心培育绿色低碳技术，完成"锂电池负极材料石墨化技术"项目研发；开发标准化氧化铝SysCAD模型、制定焙烧炉节能措施；为中铝股份、国电投、山东魏桥等提供节能降碳技术包，开展多个节能技术集成工业试验项目，合同总额约5000万元；开展数字化电解槽智能决策及控制系统研发，已在云南文山项目实施。公司"超大型绿色节能铝电解成套技术创新项目团队"被中铝集团授予杰出成就奖；5项科技成果获得2021年度中国有色金属工业科学技术奖一等奖，为历年之最；获得国际专利授权2件，国内授权专利26件，1件专利获得第二十二届中国专利优秀奖，参与完成行业标准制定2项。技术中心通过辽宁省工业和信息化厅的2021年度评价，评价结果为"优秀"。

贵阳铝镁设计研究院有限公司坚定科技引领不动摇，技术中心顺利通过国家发改委2021年国家企业技术中心评价，进一步稳固"3+3"技术创新平台建设；"炭块智能仓储系统""铝工业固态试样全自动制样检测集成技术""短流程智能管控一体化阳极组装技术"三项技术成果通过中国有色金属工业协会组织的专家评价；"基于管控一体化的阳极组装技术及装备"和"高效能铝电解槽多元物理场协同耦合优化及动态管控技术"获得中国有色金属工业科学技术奖二等奖；"基于精确感知和智能决策的铝电解MES开发及应用"项目获第六届全国职工优秀技术创新奖；云南神火5G+MEC项目获工信部"绽放杯"标杆赛金奖；申报专利43件，其中发明专利24件，获授权专利21件；编制国家和行业标准6项，颁布标准2项；通过校企合作培养博士研究生2名。

长沙有色冶金设计研究院有限公司2021年营业收入15.6亿元，职工总数1087人，其中高级职称327人，中级职称325人。2021年全年开展技术研发60余项，其中国家重点研发计划项目课题3项；在深地资源开采、有色清洁冶金等领域，取得6项关键核心技术的重大突破。"硫化铜精矿加压浸出铜冶炼及综合利用技术研究"项目，在蒙古国完成了工艺技术原型开发和中试连续实验。公司获湖南省发改委批准组建"有色金属资源循环高效利用公共技术服务平台";获批湖南省重点研发计划"矿山尾矿资源（大修渣）无害化资源化综合利用工艺与装备研究";入选省发改委"湖南省第二批先进制造业和现代服务业融合发展试点企业"。获省部级科技进步奖一等奖5项、二等奖1项，省部级优秀工程设计奖11项，省部级优秀工程咨询奖30项;"开发突发性水污染AI视觉监控系统"被湖南省工信厅授予"标志性创新产品"称号。获授权专利48件，其中发明专利22件。主编国标、团标各1项;参编国标6项、行团标各3项。

中色科技股份有限公司2021年营业收入为7.08亿元。公司重点围绕智能化工厂、智能技术与装备、工业互联网与制造业融合发展的关键技术开展攻关，成功地研制出了具有完全自主知识产权的国内首台（套）2800毫米宽幅六辊铝板带冷轧机，并在西南铝投入试生产，机组综合性能满足国防军工、航空航天等重点领域的高端铝合金带材生产装备需求。国家企业技术中心顺利通过评价;公司成功入选河南省创新龙头企业;有色金属加工工业互联网平台入选河南省工业互联网平台培育名单。承担了国家标准《有色金属加工工程项目规范》《铜及铜合金熔铸安全设计与生产规范》的编制工作。全年申请专利47件，其中发明专利17件，申请软件著作权6件;获授权专利39件，其中发明专利1件。

兰州有色冶金设计研究院2021年度分别在甘肃省科技厅、兰州市科技局获重大专项立项，获批科研经费330万元。获各类科学技术奖6项，其中省部级3项，省内及协会3项。全国有色金属行业设计大师、甘肃省工程勘察设计大师陈天镭获甘肃省政府专利发明人奖，全甘肃省仅有15位人选获此奖项。陈天镭及其团队主持编写的《生态型尾矿库修建技术规程》通过甘肃省标准化办公室立项和中国科技产业化促进会团体标准立项。

昆明有色冶金设计研究院股份公司加强及完善科技创新制度体系的建设，建立科技创新激励政策，不断加大科技创新研发投入及奖励力度，2021年科技创新研发投入占比为4.65%;在科技创新平台建设方面，与磷化集团合作的国家磷资源开发利用工程技术研究中心、与蒙自矿冶有限责任公司合作的绿色低碳循环链发展示范基地相继授牌建立;全年申请专利7件，其中发明专利2件，获授权实用新型专利19件，软件著作权17项;完成制修订标准7项，在编标准22项;获省部级咨询设计奖项28项，获国务院国资委第三届中央企业熠星创新创意大赛优秀奖1项;1人获评"全国有色金属行业设计大师";通过高级工程师职称25人。

五、行业高校发挥人才培养与基础研究多重优势，助力科技进步

行业高校不断发挥创新活力、人才培养和基础研究的独特优势，为行业不断输送新生力量，在共性技术研发、成果转化和人才培养等方面取得了卓越进展。

中南大学 2021 年获批国家重点研发计划首批"揭榜挂帅"项目 1 项；获批牵头国家重大专项项目 1 项，项目专项经费 1.4 亿元；获批国家社科基金重大项目 2 项、重点项目 2 项；首次获得教育部哲学社会科学研究后期资助重大项目 1 项；获批国家自然科学基金项目 566 项。粉末冶金、低碳有色冶金等 5 个平台入选新序列管理国家工程研究中心，轨道交通列车安全学科创新引智基地获批立项。荣获 2020 年度国家科学技术奖 3 项、高等学校科学研究优秀成果奖 6 项、高等学校十大科技进展 1 项和全国教育科学研究优秀成果奖一等奖 1 项。获授权专利 2613 件。科技成果转化合同总金额 4.3 亿元，同比增长 73.2%；转化专利 217 件，转化专利数增长 56.1%，全年成果转让费超过 2 亿元。

昆明理工大学 2021 年科研规模达 24.17 亿元，获国家自然科学基金 146 项，连续 10 年位列云南省第一，获省"双一流"创建科技专项经费 6 亿元。新增省部共建国家重点实验室 1 个，真空冶金国家工程实验室成功转设成为真空冶金国家工程研究中心。自主研发的复杂难处理铜精矿高效短流程冶炼清洁生产关键技术解决了低品位复杂难处理铜精矿冶炼所面临的杂质脱除难、能耗高、环保压力大等重大技术难题，相关成果应用于易门铜业，取得显著成效；高性能多元氧化物电极材料关键制备技术，攻克了镍基多元氧化物正极材料倍率性能不足、结构和热力学稳定性差等关键科学技术难题，实现了清洁生产，成果在多家企业推广应用；"复合生物质还原剂生产—矿热炉强化熔炼-高效复合炉外精炼"高品质工业硅清洁生产关键技术，首次成功应用于 25500 千伏安大容量矿热炉生产高品质工业硅，累计新增销售额 105.68 亿元。2021 年获云南省科学技术奖 6 项，获中国有色金属工业科学技术奖一等奖 7 项。全年获授权发明专利 1032 件，发明专利授权量、有效发明专利拥有量排名均进入全国 50 强。

江西理工大学 2021 年科研经费达 2.37 亿元，获批国家自然科学基金项目 60 项、国家社会科学基金项目 7 项；获批省级科技专项 65 项、江西省科技厅"揭榜挂帅"项目 2 项、江西省碳达峰碳中和科技创新项目 1 项，基础研究能力不断提升。学校深化加强与企业科技合作，全年签订横向合同 234 份。牵头

自主研发的永磁磁浮技术及应用成果转化取得突破性进展：牵头研发的中国首条永磁磁浮技术工程示范线列车——江西兴国永磁磁浮技术工程试验线的磁浮空中轨道列车"兴国号"在武汉下线，并在兴国成功挂线。获批牵头组建"国家市场监管重点实验室（稀土产品检测与溯源）"及江西省钨资源高效开发与利用重点实验室、江西省分子化学与先进材料重点实验室。学校获评2020年度江西省科学技术奖励14项，其中以第一完成单位获奖11项，获奖数量创历史新高，位居全省第二。获授权国内外发明专利279件，专利转让25件。

东北大学2021年立项启动了辽宁省"揭榜挂帅"重大专项项目"熔融铜渣无渣化资源化高值化直接利用技术与工程示范"；承担国家重点研发计划、国家自然科学基金重点项目、企业横向攻关等100多项。学校成立了镁及其合金连续清洁生产工程中心，解决金属镁冶炼过程不连续、生产周期长和劳动强度大而导致的能耗高、环保不达标等一系列难题。与中铝集团合作组建了中铝兴华科技共建省校合作基地。张廷安教授入选俄罗斯自然科学院外籍院士，吕国志教授入选"万人计划青年拔尖人才"计划，王坤博士后入选"青年托举人才"计划。"防弹及核用碳化硼超微粉非平衡态制备及其制品低成本制备技术"等4项成果获中国有色金属工业科学技术奖一等奖。全年获授权国家发明专利30多件，授权国际发明专利12件；出版国家重点图书专著3部；获省部级教学成果奖4项，2人获省部级优秀博士学位论文。

北方工业大学2021年继续传承学校"工业报国、工业兴国、工业强国"优良传统，投身于从传统工业到现代工业的科学研究。学校科研总经费到款1.66亿元，新增国家重点研发计划政府间国际科技创新合作重点专项1项，获批国家自然科学基金重点项目1项。全年学校承担理工类国家级科研项目71项，省部级科研项目45项；国家社科基金、北京社科基金、教育部人文社科项目等省部级以上社科类项目30余项。全年共发表论文694篇，其中检索论文237篇，SCI/SSCI期刊论文134篇，EI期刊论文32篇，CSSCI期刊论文19篇；学校教师获授权专利、软著共262项；参与制修订行业和地方标准17项、国家标准2项。2021年获得省部级奖16项，其中获得安徽省科学技术奖二等奖1项，教育部高等学校科学研究优秀成果奖二等奖1项。

桂林理工大学2021年到位科研经费2.17亿元，新增博士（含正高）83人；新增国家级人才5人、省部级人才8人。获国家级项目75项，立项数居自治区前列；获自治区科技项目85项。新增广西无机纳米粉体及应用工程研究中心、广西测绘激光雷达智能装备科技成果转化中试研究基地2个省级科研平台；广西光电材料与器件重点实验室、广西空间信息与测绘重点实验室在2021年自治区重点实验室三年绩效评估中被评为优秀。学校团队先后与多家企业签订了产学研合作协议，签订技术转让合同26份。获国内专利授权311件，16项成果进入广西科学技术奖会议评审。

北华大学2021年共获批科研项目238项，项目经费5507.5万元，同比增长75.7%。获批国家自然科学基金项目6项，其中1项为国家自然科学基金重点项目，实现了基金重点项目零的突破，成为吉林省省属院校中第四个获得此类项目的院校。全年获吉林省科技进步奖二等奖2项、三等奖6项，自然科学三等奖1项；梁希林业科技奖1项；长白山科技奖5项。

嘉兴学院被誉为"中国有色行业培养经济管理人才的摇篮""有色行业财会人才的黄埔军校"，拥有会计学、经济学2个国家级特色专业，建有国家级经济管理实验教学示范中心，全省两家之一，与有色金属行业长期合作开展经管人才订单式培养。2021年共获中国有色金属工业科学技术奖6项，与浙江晶科能源有限公司联合申报的"高效N型双面电池和组件关键技术开发及产业化"获一等奖，"铜合金自润滑轴承制造及检测关键技术及产业化应用"获二等奖。

重庆科技学院国家自然科学基金和重庆市基础研究计划项目获批数量整体处于市属高校前列，横向科研项目持续稳步增长，全年科研项目合同经费27281万元、到账经费22560万元，科研经费再创新高。高性能金属材料加工技术创新与应用研究团队获批重庆高校创新研究群体，学校科研创新创业团队（群体）总数达15个。获省部级科技奖励一等奖2项、二等奖10项、三等奖7项。参与编制国家标准2个、地方标准1个、企业标准3个。申请专利190件，其中发明164件。

撰稿人：张　龙、王怀国、赵婧琳、
张洪国
审稿人：贾明星

2021年有色金属国际交流与合作报告

有色金属是支撑中国经济和社会发展的重要物质基础之一，在新技术和产业变革进程中意义重大。有色金属工业国际交流与合作以习近平新时代中国特色社会主义思想为指导，贯彻党的十九大及十九届历次全会精神，应对国际复杂环境的挑战，助力中国有色金属工业实现高质量发展。

一、提升三服务水平，夯实国际合作基础

中国有色金属工业协会（以下简称协会）作为全国性行业协会，配合国家整体外交，代表中国有色金属工业开展对外交流与国际合作。中国有色金属工业与国际市场深度融合、相互依存，在2021年全球疫情仍未得到有效控制的情况下，协会开展国际交流与合作稳中求进，为政府、行业及企业做好服务。

（一）服务政府

完成国家发展和改革委员会、工业和信息化部、商务部及国务院国有资产监督管理委员会的课题研究及相关工作；积极沟通反映行业企业海外项目运营情况及困难，配合相关部委组织海外项目专题座谈会；组织参加《区域全面经济伙伴关系协定》（以下简称 RCEP）线上专题培训班，提高相关单位对 RCEP 有关政策和优惠措施的理解和利用能力。

（二）服务行业

1. 召开十二家行业协会外事交流会，积极适应脱钩改革

2月24日，协会组织12家行业协会召开外事交流会，来自中国物流与采购联合会、中国商业联合会、中国电力企业联合会、中国轻工业联合会、中国机械工业联合会、中国钢铁工业协会、中国煤炭工业协会、中国建筑材料联合会、中国石油和化学工业联合会、中国纺织工业联合会及中国工业经济联合会的相关人员参加会议。会上，各行业协会就协会脱钩改革后外事工作面临的挑战和机遇进行充分交流。

2. 举办中哈有色金属圆桌会议，推动中哈合作

为积极衔接践行中国"一带一路"倡议和哈萨克斯坦"光明之路"倡议，

促进中哈两国在有色金属矿业领域的投资合作，6月16日，协会和哈萨克斯坦"萨姆鲁克-卡兹纳"国家主权基金在哈萨克斯坦驻华大使馆共同举办"中哈企业家委员会框架——中哈有色金属矿业投资合作圆桌会议"。会议围绕哈萨克斯坦有色金属矿产资源开发、采矿勘探、项目推介、投资合作等领域的相关议题进行交流对接。来自江西铜业集团有限公司、五矿有色金属股份有限公司等11家单位代表参加会议，会后有企业与哈方达成初步合作意向。

3. 共同主办亚洲铜业周线上CEO首脑会议

11月18日，协会和智利铜与矿业研究中心（以下简称CESCO）联合主办"2021亚洲铜业周线上CEO首脑会议"，对后疫情时代背景下的全球铜工业发展进行了研讨和展望。中外知名大型矿业公司与会代表充分讨论和交流了有关全球铜工业发展现状、面临的挑战及对今后行业走势的展望。智利与中国是全球金属铜的产消大国，铜工业对疫情下全球铜市场高度关注，亚洲铜业周CEO首脑会议成为全球铜业界交流探讨的重要平台。

（三）服务企业

先后赴紫金矿业集团有限公司、浙江华友钴业股份有限公司、宁波力勤资源科技开发有限公司和北方矿业有限责任公司等企业调研。通过交流座谈，切实了解企业业务、海外项目运营情况及困难、未来投资规划、对产业政策诉求和协会工作的相关建议。

二、克服疫情影响，稳步开展外事相关工作

受疫情影响，有色金属工业对外交流工作仍未恢复到疫情前水平，部分外事活动采取线下线上相结合的方式有序开展。

4月12日，葛红林会长会见麦肯锡公司全球资深董事艾家瑞一行。双方就全球有色行业后疫情时代的发展趋势、中国有色企业数字化转型、低碳发展道路、国际化运营及潜在合作机会进行交流。

伦敦金属交易周（LME Week）前夕，葛红林会长接受路透社书面采访表示，暂时的电力短缺影响了中国的金属生产，尤其是在受干旱影响的水电集中地区云南，但这不会阻碍有色行业向清洁能源转型，更大比重的使用清洁能源仍是行业发展方向。对于2021年有色金属价格曾大幅上涨及中国国家储备局10多年来首次抛售铜、锌和铝库存，以增加市场供应，葛红林强调："我相信，如果大宗有色金属商品价格继续出现非理性高企，政府有关部门不会无动于衷和坐视不理。"10月11日，路透社发布新闻稿《限电不会阻碍中国金属行业的绿色发展》。

2021 年，协会还与刚果（金）驻华大使馆、智利驻华大使馆、澳大利亚驻华大使馆、印尼驻华大使馆、国际铜研究组、国际铅锌研究组、土耳其投资促进局、巴林王国经济发展委员会、国际铜业协会、国际铝业协会、国际镍协会、国际钴业协会、伦敦金属交易所、俄铝公司、巴西淡水河谷公司及德国矿业合作中心等保持交流，发挥行业协会国际交流作用，不断扩大协会国际影响。

三、中资有色金属行业企业 2021 年海外投资项目进展

近几年，中国有色金属工业企业积极落实中国"一带一路"倡议，推进境外有色金属矿产资源开发，取得一定成效。展望未来，中国有色金属需求依然强劲。在复杂多变的全球经济及矿业环境下，在全球新冠肺炎疫情尚未结束的困难下，企业坚持国际化、标准化、职业化，积极与国际矿业巨头开展合作，一批新的项目落地。

（一）矿冶类

1. 刚果（金）铜矿项目

1 月 15 日，金城信矿业管理股份有限公司（以下简称金诚信）与欧亚资源集团就位于刚果（金）的铜矿项目合作达成一致意向，并共同签署了正式合作协议。根据协议，金诚信以 3378 万美元获得欧亚资源集团旗下 Sky Pearl Exploration Limited 100%股权，获得其全资子公司 Sabwe Mining Sarl 持有的位于刚果（金）的 1 个铜矿采矿权及其周边 7 个探矿权。

该铜矿合计探明和控制级别资源量（矿石量）2633 万吨，铜品位 2.74%，折合铜金属 72 万吨，原露采坑底部保安矿柱保有铜金属 15 万吨，铜品位 3.29%。预计通过 2~2.5 年的复产建设期实现全面投产，达产后处理矿石能力预计超过 100 万吨/年；周边 7 个探矿权将开展进一步地质普查及详查地质工作。

2. 印度尼西亚镍钴冶炼项目

5 月 19 日，宁波力勤资源开发科技有限公司位于印度尼西亚 Obira 岛的氢氧化镍钴中间产品生产线正式投产。该项目位于北马鲁古省南哈马黑拉县奥比镇 Kawasi 矿区，总投资额 10.5 亿美元，2018 年启动建设，是印尼境内第一个采用 HPAL 湿法工艺（高压酸浸—镍钴沉淀工艺）开发红土镍矿的项目，预计两期项目投产后具备年产 24 万吨硫酸镍和 3 万吨硫酸钴产品的能力。

3. 印度尼西亚巴哈多比镍铁冶炼项目

6 月 24 日，淡水河谷印度尼西亚公司、太原钢铁（集团）有限公司（以

下简称太钢集团）与山东鑫海科技股份有限公司（以下简称鑫海科技）就印尼巴哈多比镍铁建设与运营项目签署项目合作框架协议。按照框架协议，太钢集团与鑫海科技组建的合资体将与淡水河谷印尼组建一家合资公司，以建设和运营位于印尼中苏拉威西省莫罗瓦利县的巴哈多比镍铁项目。

据悉，淡水河谷印尼与中方合资体将分别占股49%和51%。该项目将包括8条回转窑电炉（RKEF）镍铁冶炼生产线及其他配套设施，预计每年产镍7.3万吨。项目的一大亮点是其使用的电力将来自燃气发电厂，与传统的火力发电厂相比，燃气发电厂碳排放量更低。

4. 阿根廷锂盐湖项目

10月10日，紫金矿业集团股份有限公司以现金方式收购加拿大新锂公司，交易金额约为49.4亿元。该公司旗下高品位3Q锂盐湖项目位于阿根廷西北部卡塔马卡省，矿权面积总计353平方千米，总碳酸锂资源量约756.5万吨，平均锂浓度621毫克/升，高于全球盐湖平均水平，其中有168万吨高品位资源，平均锂浓度高达926毫克/升。体量在全球主要盐湖中排名前五，品位在全球主要盐湖中排名前三。

3Q项目规划年生产2万吨电池级碳酸锂，矿山寿命35年。同时，项目具备扩产条件，年生产碳酸锂可达4万~6万吨，具备建成世界级大型盐湖基地的条件。

5. 金星资源有限公司

赤峰吉隆黄金矿业股份有限公司于多伦多时间10月31日与金星资源有限公司（以下简称金星资源）签署《安排协议》，以现金方式收购金星资源全部已发行和流通的普通股的62%，交易对价约2.9亿美元，约合人民币18.6亿元。

金星资源是一家国际性的黄金勘探生产企业，核心资产是加纳的Wassa金矿，目前持有其90%股份，另外10%由加纳政府持有。项目位于加纳西部地区，是加纳最大黄金成矿带阿散蒂（Ashanti）金矿带上一座大型、年轻的黄金在产矿，矿山于2005年开始露天生产。根据金星资源NI43-101标准技术报告，截至2020年12月31日，矿山共有资源量1172万盎司（364.8吨），平均品位3.53克/吨，其中探明+控制的资源量为353.7万盎司（110吨）。

6. 津巴布韦萨比星锂钽矿项目

11月3日，盛新锂能集团股份有限公司全资子公司深圳盛新锂能有限责任公司、全资香港孙公司盛熠锂业国际有限公司（以下简称盛熠国际）与南非籍自然人LIUJUN及其全资持有的香港公司Max Mind Investment Limited（以下简称 Max Mind 香港或标的公司）签署了《关于 Max Mind Investment Limited 之股份转让协议》，盛熠国际拟以 7650 万美元（约合人民币 4.9 亿元）的价格购买 LIUJUN 持有的标的公司 51% 的股份。

Max Mind 津巴布韦拥有位于津巴布韦萨比星锂钽矿项目总计 40 个稀有金属矿块的采矿权证，矿块面积合计为 2637 公顷。其中 5 个采矿权区块（M4994BM、M690BM、M691BM、M1445BM、M1446BM，面积 116 公顷）累计查明矿石资源量 668.3 万吨，其中探明资源量 123.1 万吨，控制资源量 253.4 万吨，推断资源量 291.8 万吨。其中，主矿种二氧化锂金属氧化物 8.8 万吨，平均品位 1.98%；主矿种五氧化二钽金属氧化物 1251 吨，平均品位 0.02%；伴生二氧化锂金属氧化物 5191 吨，平均品位 0.24%。矿区未开采，全部为保有资源量。其他 35 个矿权目前尚未进行勘探。

7. 津巴布韦 Arcadia 锂矿项目

12 月 22 日，浙江华友钴业股份有限公司拟通过子公司华友国际矿业以 4.2 亿美元收购前景锂矿公司 100% 的股权，获得津巴布韦 Arcadia 锂矿 100% 权益，该矿标准资源量为 7270 万吨，氧化锂品位 1.06%。

（二）工程技术类

1. 中标《印尼国家铝业公司石油焦煅烧项目咨询服务合同》

4 月 9 日，沈阳铝镁设计研究院有限公司（以下简称沈阳铝镁院）成功签约印尼国际铝业公司（以下简称 INALUM）电解铝厂电解系列升级改造工程项目。总承包合同约 1 亿美元。该项目位于印度尼西亚北苏门答腊，建设规模为年产 10 万吨（后期可扩建至年产 20 万吨）。沈阳铝镁院将承担该项目的可行性研究、基本设计、前端工程设计三个阶段的设计咨询工作。

按照发展战略部署，INALUM 拟采用沈阳铝镁院先进的铝电解技术对其现有电解槽进行改造。改造后，产能将达到 300 千吨/年以上。该项目属于印尼国家战略项目，在印尼国企部是优先发展项目。INALUM 是印尼境内唯一一家从事铝冶炼的国企，目前在北苏门答腊拥有两个水电站和一个产能为 270 千吨/年电解铝厂。该电解铝厂现有三个电解系列，每个电解系列包括 170 台电解槽。

2. 签署自由港铜冶炼项目合作备忘录

4 月 12 日，中国恩菲工程技术有限公司（以下简称中国恩菲）与印尼投资协调部签署自由港铜冶炼项目合作备忘录。根据备忘录约定，中国恩菲将以自由港铜精矿为原料，为印尼东部铜冶炼项目的建设提供初步经济技术可行性评估，为下一步制定开发计划提供技术支持，为后续中资企业在印尼投资建设搭建桥梁。

3. 与德国巴符州轻量局签署战略合作协议

7月27日，山东魏桥创业集团有限公司与德国巴登-符腾堡州轻量局（以下简称巴符州轻量局）以线上线下融合的方式签署战略合作协议。双方将致力于打造一个基于轻量化科研、制造、融资、市场等的综合发展平台，系统地、深度地、全面地为中德乃至中欧轻量化领域小微企业服务。

巴符州轻量局是德国巴登-符腾堡州的一个商业和科学促进机构，致力于推动轻量化技术和知识的转移，以加强巴登-符腾堡州的竞争力。巴符州轻量局建立了全球最大的轻量化行业网络平台，包括300多个研究机构和2200多家德国中小型企业，帮助企业和研究机构成为世界轻量化领域的领军者。

4. 坦桑尼亚 ML553 金矿浮选厂正式建成投产

坦桑尼亚当地时间8月29日，河南省地质矿产勘查开发局（以下简称河南省地矿局）与河南省自然资源投资集团合资开发的坦桑尼亚 ML553 金矿浮选厂正式建成投产。ML553 金矿开发项目位于坦桑尼亚马拉省地区，以中原能矿东非矿业有限公司为载体，浮选厂设计生产能力日处理矿石500吨，矿山服务年限7年。

2006年以来，河南省地矿局在坦桑尼亚探明中型金矿床1处、小型金矿床3处，已建设金矿山2处，拟建石墨矿山1处，拥有各类矿权37处，并大力推动建设环维多利亚湖资源综合利用产业园。

5. 塔中职业技术培训中心

9月17日，西藏珠峰资源股份有限公司联合中塔职业教育机构在塔设立《合作共建塔中职业技术培训中心框架协议》签字仪式在杜尚别举行。本次签约标志着培训中心的建设工作将全面启动。培训中心建成后，将每年培养地质、测量、采矿、选矿、冶金、电力工程、机械工程、特色餐饮、宝玉石鉴定与加工、首饰设计与工艺等专业的当地高素质技术人才超过300人。

（三）部分现有项目进度更新

部分现有项目进度介绍如下：

（1）3月20日，中铝几内亚博法项目首艘30万吨级铝土矿船靠泊日照港。

（2）3月12日，北方矿业刚果（金）拉米卡股份有限公司钴系统顺利产出首批合格氢氧化钴产品。

（3）4月24日，国电投几内亚一期项目22万多吨铝土矿成功发运回国。

（4）5月6日，赣锋锂业全资子公司赣锋国际贸易（上海）有限公司（以下简称上海赣锋）以自有资金对墨西哥 Bacanora 公司所有已发行股份（上海赣锋已持有股份除外）进行要约收购，交易金额不超过 1.9 亿英镑（约合人民币 17 亿元）。本次项目收购为锂黏土项目，收购后，上海赣锋将持有 Bacanora 100% 的股权。

（5）5 月 26 日，紫金矿业刚果（金）卡莫阿-卡库拉铜矿一期建成投产，达产后年产铜 20 万吨，现已实现稳产高产，累计产铜超过 10 万吨；项目二期预计 2022 年二季度投产，矿产铜总量翻番至 40 万吨；全面开发后，高峰期年产铜超过 80 万吨，有望成为全球第二大铜矿。11 月卡莫阿铜业 50 万吨/年铜冶炼厂基础工程设计服务正式签约。

（6）6 月 16 日，紫金矿业塞尔维亚丘卡卢-佩吉铜金矿上部矿带采选项目进入试生产阶段，10 月正式投产；首采矿段为超高品位矿体，投产后预计年均产铜 9.1 万吨、产金 2.5 吨，其中年产量峰值预计产铜 13.5 万吨，产金 6.1 吨。下部矿带研究全面提速。

（7）6 月 16 日，赢联盟博法-博凯项目达圣铁路通车。来自中国的设计和建设单位承担了主要工程建设，几内亚当地分包商和服务商也参与了部分工作。铁路总长约 125 千米，设计时速 80 千米，横跨几内亚博凯和博法地区，连接赢联盟圣图-胡达矿区与达必隆港，建有 21 座桥梁、2 条隧道和 6 个车站，是几内亚自 20 世纪 70 年代以来建造的第一条现代化铁路。达圣铁路主要用于赢联盟铝土矿运输，也为沿途其他包括中资在内的铝土矿企业预留了运输功能。

（8）6 月 30 日，中铁资源华刚矿业铜钴矿项目二期工程成功产出首批阴极铜。本次投运的二期工程包含采、选、冶三个系统。全部采用中国现有现代化环保工艺技术。全部达产后，阴极铜年产量将达 25.4 万吨，氢氧化钴年产量达 5180 吨。

（9）10 月 5 日，厄瓜多尔米拉多铜矿（铜陵有色金属集团控股有限公司和中国铁建股份有限公司共同出资）完成选矿处理量 6.9 万吨，单日处理量创历史新高。2021 年 9 月以来，该铜矿每日选矿处理量都在 6 万吨以上，矿山已基本实现达产目标（2019 年投产）。

（10）10 月 15 日，中矿资源加拿大 TANCO 矿山锂辉石采选系统技改恢复项目正式投产。该生产线的投产，将补充中矿资源所属年产 2.5 万吨氢氧化锂和碳酸锂生产线的原料需求。TANCO 矿山位于加拿大曼尼托巴省省会温尼伯东北方向 100 千米，是目前全球已知规模最大的锂铯钽矿床，保有铯榴石资源量占全球的 80% 以上。该矿于 1987 年至 2009 年从事锂矿石采选运营，生产二氧化锂不小于 7% 的锂辉石精矿产品。按现有的坑采方案，TANCO 矿山保有探明类别+控制类别锂矿产资源量 460.3 万吨矿石量（二氧化锂不小于 1%），平均二氧化锂品位为 2.44%，二氧化锂含量 11.2 万吨，具有较高的开发利用价值。

（11）阿根廷当地时间 12 月 22 日，西藏珠峰在阿根廷萨尔塔省安赫莱斯湖区现场举行了锂盐湖项目开工仪式，中国电建正式进场，开展盐湖开发建设的施工作业。此次开工的两个项目分别为阿根廷锂钾有限公司年产 5 万吨碳酸锂盐湖提锂项目及其联合运营的 UT 项目扩产至年产 5000 吨碳酸锂产能。

（12）12 月 22 日，中矿资源全资子公司中矿资源赞比亚地质工程公司位于赞比亚首都卢萨卡省的卡希希铜金矿采选合作项目（一期工程）竣工投产。卡希希铜金矿采选合作项目是中矿资源与大冶开元工贸有限责任公司合作开发的第二个矿山项目。该项目于 2021 年 5 月正式开工建设，继一期工程投产后，双方计划新建一条日处理矿石量 700 吨的生产线，并于明年年底前投产，届时日处理矿石量约 1050 吨，年处理矿石量约 30 万吨。卡希希铜金矿位于赞比亚首都卢萨卡省卢萨卡市东北约 43 千米处，交通便利。矿区以近南北走向断裂为界，分为东、西两个矿体，经勘查验证：西部（50/59 号）矿体保有矿石量 197 万吨，铜平均品位 1.54%，铜金属量约 3.1 万吨；东部矿体（4/0/78 号）保有矿石量 125.4 万吨，铜平均品位 3.18%，铜金属量约 4 万吨。

数据来源：《中国有色金属报》公众号、相关公司公众号及公告。

撰稿人：刘　睿、李宇圣、曹明玥
审稿人：贾明星

2021年有色金属质量、标准和专利工作发展报告

2021年有色金属质量、标准和专利工作紧紧围绕国家的要求、行业的诉求、市场的需求，克服各种困难，全方位地为有色金属工业产业链循环畅通、增加市场话语权、提升风险防控能力、加快高质量发展提供有力支撑和保障，取得了较好成绩，实现了"十四五"良好开局。

一、2021年有色金属质量工作

（一）行业内多家企业获得第六批制造业单项冠军称号和全国质量标杆称号

受工信部委托，中国有色金属工业协会组织了第六批制造业单项冠军限定性条件论证工作，同时推荐行业专家参与评审，经过专家论证和网上公示等程序，工信部发布了第六批制造业单项冠军企业和单项冠军产品名单。新疆众和股份有限公司等3家企业和厦门钨业股份有限公司的仲钨酸铵产品等5个产品荣获第六批制造业单项冠军称号。

根据工信部委托中国质量协会开展的2021年全国质量标杆活动，中国有色金属工业协会推荐3家单位参与质量标杆评选，经评选河南豫光锌业有限公司的"实施绿色+循环生产模式下全面质量管理的实践经验"和索通发展有限公司的"全实施4×3面向全产业链的碳素材料高质量发展经验"获得2021年全国质量标杆称号。

（二）行业QC小组及班组建设活动继续蓬勃发展，并开始步入国际化

2021年，根据中国质量协会和中国有色金属工业协会有关文件的要求，在行业各级领导、QC推进者、广大员工的积极推动和共同努力下，7月在厦门顺利召开了行业QC小组成果及质量信得过班组典型经验交流大会。据不完全统计，2021年行业坚持开展活动的QC小组有3351个，累计登记注册的小组共计62090个，年创可计算的经济效益多达3.4亿元。

1. 行业QC小组及质量信得过班组活动呈现三大亮点

第一，2021年申报的QC小组及质量信得过班组数量再创历史新高，企业

申报积极性与日俱增，今年共有 196 个小组、41 个班组进行了申报，较去年多出 40 个成果。第二，往年行业质量管理小组成果基本都是问题解决型课题，创新型课题因要求高、难度大，数量受到局限。然而今年创新型课题明显增多，说明企业的创新意识在增强、员工的活动热情在增加。第三，行业交流大会参会人数再创新高，近 500 名来自中铝、中色、金川、铜陵、华锡、豫光等大型集团公司及山东南山、章源钨业等民营企业，以及其他中小企业的代表，齐聚一堂，大家交流分享质量改进活动经验，展示活动成果风采，也说明此项活动得到了企业的高度重视。

2. 推动行业 QC 小组活动步入国际化

2021 年 4 月，中国铝业广西分公司风帆 QC 小组代表有色金属行业参加了在印度海得拉巴举办的第 46 届国际质量管理小组会议 QC 成果发表大赛。因发表的"提高焙烧炉氧化铝灼碱合格率"课题程序严谨、创新性强，发表人现场表现精彩出色，在国际上获得金奖荣誉称号。这是行业有史以来第一次迈出国门的小组，成为有色金属行业 QC 小组活动发展史上的里程碑，为行业其他QC 小组树立了质量标杆，强有力地推动了有色金属行业 QC 小组迈上新台阶，在国际化舞台上留下有色质量人的身影。

（三）持续开展产品实物质量认定，不断加强行业质量品牌建设

有色金属产品实物质量认定活动是行业开展质量工作的重要平台和抓手，已持续开展了 19 年。在 2021 年度的有色金属产品实物认定活动中，共有 54 家企业 113 个产品进行了申报。按照中色协科字〔 2020 〕38 号文中《有色金属产品实物质量认定办法》的规定，经过对申请材料及相关证实性材料的初审、第三方用户满意度测评、企业质量现场核查等环节的工作，最终 49 家企业的 105 个产品通过专家评审，通过了有色金属产品实物质量认定。目前已有数千个铜、铝加工、冶炼、稀有、粉末、贵金属等产品相继通过该项认定，成为行业质量品牌标杆产品。

该项活动积极对标国际同类产品质量先进水平，在扎实推进行业技术进步、快速提高产品实物质量等方面取得了显著成效。同时也为增强有色金属产品的市场竞争力，培育具有国际竞争力的世界一流产品，打下了坚实牢固的基础。

（四）加强行业市场质量信用体系建设，促进行业健康有序发展

以"质量诚信"和"用户满意"作为双轮驱动，持续开展行业市场质量信用等级评价工作，旨在助力完善社会信用体系建设，为企业提供有效的市场质量信用分析服务，提高企业产品、服务等的社会信用水平和信用风险防范能力，引导企业更好、更主动地向社会公开产品质量状况和质量承诺信息，接受社会监督，提高企业的质量诚信意识和质量法制意识，推动企业牢固树立"质量诚信，用户满意"的经营理念，加强行业市场质量信用体系建设，促进行业健康有序发展，既是推动质量发展、建设质量强国的基础，也是优化营商环境的有效举措。2021年经行业推荐，崇义章源钨业股份有限公司获得"全国市场质量信用等级 AA 级企业"荣誉称号，安徽铜冠铜箔集团股份有限公司电解铜箔获得"全国市场质量信用等级 AA 级产品"荣誉称号。截至 2021 年底，行业共有 27 家企业、28 个产品、15 项服务获得全国市场质量信用等级 AA 级荣誉称号。

（五）推广先进的质量管理方法技术，全面提升行业质量活动水平

近年来，行业加大了对质量管理的培训力度，以点带面，积极推动行业各项质量管理活动。以解读《质量管理小组活动准则》及《质量信得过班组建设》等标准为抓手，开展有针对性、多层次的培训。截至 2021 年底，行业组织开展了 15 期质量管理小组活动及质量信得过班组创建工作的相关培训。经过培训的 QC 小组及班组骨干多达数千人，目前他们已成为企业中推进质量工作的中坚力量，和广大一线员工紧紧围绕"全面提升质量水平、降本增效、品牌培育、节能减排、安全环保"等企业广泛关注的热点、重点和难点问题，积极开展质量改进和创新，为企业提质增效、高质量发展作出贡献。

二、2021 年有色金属标准化工作（非工程建设类）

（一）标准化工作围绕各项政策在重点领域开展

2021 年度有色标委会结合《国民经济和社会发展第十四个五年规划和2035 年远景目标纲要》、国家标准委《2021 年全国标准化工作要点》、工信部《2021 年工业和信息化标准工作要点》等政策文件要求，共计下发了四次征集标准项目计划的文件，主要围绕"新材料、质量提升、绿色制造、智能制造、碳达峰碳中和"等主题开展工作。

1. 新材料专题

加强在先进结构材料、新型功能材料、液态金属、增材制造用材、民机铝材等"新材料"领域的标准化配套工作，继续进行先进基础材料、关键战略材料和前沿新材料的布局。一方面紧盯需求端重大工程对新材料标准的需求，如大飞机、高铁、核电、大规模集成电路等；另一方面也积极调研，及时了解生产端新材料企业规范生产的迫切需求。通过一批有色金属新材料标准的制定，大大丰富了传统标准体系的内涵，目前已经基本形成了独立的新材料标准体系，有效满足了国民经济和社会发展中对新材料的需求，有利于解决关键领域中关键材料"卡脖子"技术问题。

2. 绿色制造专题

基本构建完成有色金属"绿色制造"标准体系，实现了"绿色工厂"评价标准在有色金属行业的全覆盖，"绿色设计产品"评价标准也已经覆盖了重点有色金属产品，《有色金属工业绿色制造标准化三年行动计划（2018～2020）》实施以来取得了令人瞩目的成绩。为落实《2030年前碳达峰行动方案》和《"十四五"工业绿色发展规划》，有色标委会组织编制完成了《有色金属行业绿色低碳标准三年行动计划（2021～2023）》，已由中国有色金属工业协会发布。

3. 智能制造专题

全面启动有色金属"智能制造"标准化工作，有色标委会于2021年2月发文在全行业征集智能制造标准项目计划和智能制造标准工作组委员，启动了全国有色标委会智能制造标准工作组的筹建工作；5月在杭州召开了"智能制造"标准化专题会议，包括工作组成立筹备会、有色金属行业智能制造标准体系建设指南研讨及专家报告会、智能制造标准项目论证会；11月，成立全国有色标委会智能制造标准工作组，完成新标准计划项目的论证；12月完成《有色金属行业智能制造标准体系建设指南》审定，已由中国有色金属工业协会报工信部原材料司，待发布。

4. 碳达峰碳中和专题

正式启动有色金属行业"双碳"标准化工作。2021年4月，有色标委会发文在全行业公开征集有色金属行业双碳国家标准、行业标准、协会标准项目计划；7月，发文公开征集全国有色标委会双碳标准工作组委员；8月，举办了有色金属行业双碳研讨会，工信部节能司和有色协会科技部相关领导出席，会议邀请了来自中国有色金属工业技术开发交流中心、国家应对气候变化战略研究和国际合作中心、清华大学、中国标准化研究院、北京工业大学、国家轻金属质量监督检验中心等单位的多位专家作报告。11月，成立全国有色标委会低碳标准工作组，完成新标准计划项目的论证。

5. 节能与资源综合利用专题

稳步推进工业节能与资源综合利用相关标准，对已经下达整合修订计划的8项单位产品能耗限额类强制性国家标准，根据最新的政策要求，将原来的"先进值、新建准入值、限定值"分别修订为"一级、二级、三级"。目前有关的数据征集、现场调研和征求意见等工作已经全面铺开。另外，GB/T

13586—2021《回收铝》、GB/T 40382—2021《再生变形铝合金原料》、GB/T 40386—2021《再生纯铝原料》三项急需的国家标准已经发布，并于2022年3月1日实施。此三项标准充分考虑了口岸检验和企业对原料分级利用的需求，严格把握"严防固体废物入境、保障优质原料进口"的原则，为再生铝产品生产企业走绿色低碳、可持续发展道路创造条件。《再生钨原料》等其他品种的再生原料标准也正在加紧研制之中。

（二）国内有色金属标准项目分阶段进展有序

2021年共下达209项标准制修订计划，其中国家标准计划5批111项、行业标准计划4批77项（含1项外文版研制计划）、协会标准计划2批21项。

2021年共审定完成239项标准，其中国家标准77项（含国家标准外文版10项）、行业标准143项（含行业标准外文版2项）、协会标准19项。

2021年共报批448项标准，其中国家标准124项（含32项外文版）、行业标准298项（含6项外文版）、协会标准26项。

2021年共计发布302项标准，其中国家标准47项、行业标准199项、协会标准56项。

1. 标准计划下达情况

2021年度下达《航空用铝合金锻件通用技术规范》《宽幅钼板材》《增材制造用锆及锆合金粉》等111项国家标准计划，计划数量较2020年略有增加。下达《航空用铝合金铸锭》《电子薄膜用高纯铜环》《氯化银》等77项行业标准计划，相比2020年有较大减少。下达《铝加工行业清洁生产评价指标体系》《铜及铜合金加工产品制造生命周期评价技术规范》《绿色设计产品评价技术规范 镍钴酸锂》等21项协会标准计划。

2019～2021年下达标准制修订计划数量对比情况见图1。

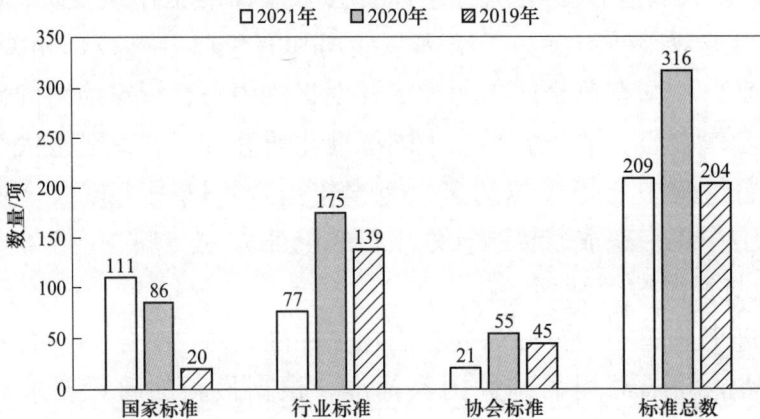

图1　2019～2021年下达标准制修订计划数量对比图

2. 标准审查讨论情况

2021年度共审定完成239项标准，其中国家标准77项，如《铝及铝合金拉（轧）制无缝管》《加工铜及铜合金牌号和化学成分》《铟二次资源》《硬质合金废料》《钌炭》等；行业标准143项，如《铝及铝合金成分添加剂》《节水型企业铅冶炼行业》《金属锂单位产品能源消耗限额》《水合三氯化铑》等；协会标准19项，包括《绿色设计产品评价技术规范金锭》《电解铝碳排放权交易技术指南》等。

2019~2021年审定完成标准数量对比情况见图2。

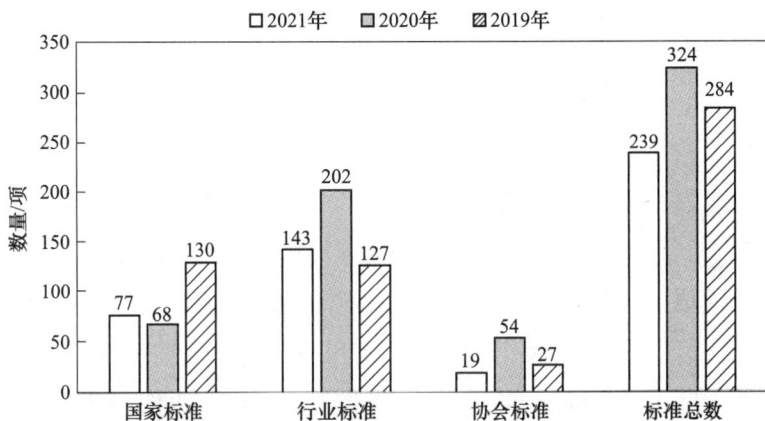

图2　2019~2021年审定标准数量对比图

3. 标准项目报批情况

2021年度共报批448项标准，其中国家标准124项（含46项外文版），如《铝及铝合金拉（轧）制管材》《加工铜及铜合金牌号和化学成分》《钛及钛合金板材》《烧结金属材料规范》等；行业标准298项（含6项外文版），包括《镓镁合金》《铜合金Y型拉链线》《铌铝合金》《铜包石墨复合粉》《银-钢复合板》等；协会标准26项，如《工业硅生产大气污染物排放标准》《锌湿法冶炼深度净化除杂技术规范》《有色金属加工产品质量分级评价镍钴锰酸锂》等。

2021年度在报批国标、协会标准方面数量基本持平，行业标准数量多于往年。

2019~2021年报批标准项目数量对比情况见图3。

4. 标准批准发布情况

2021年度共发布302项标准，其中国家标准47项，如《再生变形铝合金原料》《再生纯铝原料》《镓基液态金属》《金块矿取样和制样方法》《铜及铜

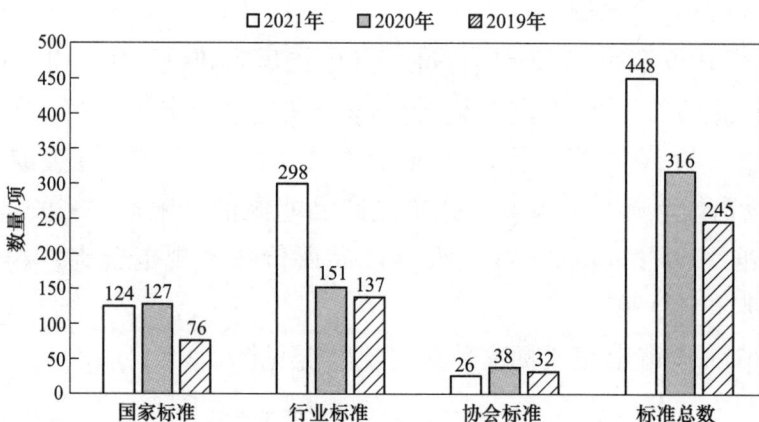

图3 2019~2021年报批标准数量对比图

合金箔材》等；行业标准199项（含3项外文版），如《重有色冶金炉窑余热回收利用技术规范》《电解铝行业绿色工厂评价要求》《锂盐单位产品能源消耗限额》《有色金属行业贵金属冶炼单位产品能源消耗限额》等，这些标准分布在下面六个领域：节能与综合利用26项、绿色制造12项、新材料21项、质量提升12项、基础通用86项、一般项目39项，另外还发布了3项行业标准外文版；协会标准56项，如《工业硅生产大气污染物排放标准》《重有色金属冶炼副产品石膏》《有色金属加工产品质量分级评价磷酸铁锂》等。

2019~2021年批准发布标准数量对比情况见图4，2021年发布行业标准分布领域情况见图5。

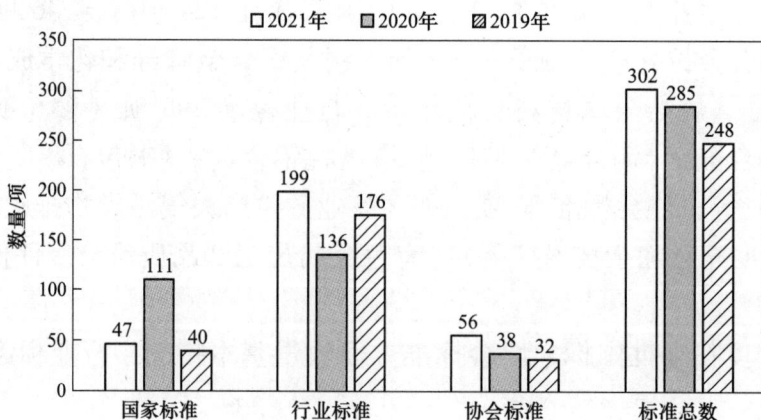

图4 2019~2021年批准发布标准数量对比图

2021年度发布的47项国家标准、199项行业标准及外文版、56项协会标准详见附表1及附表2。

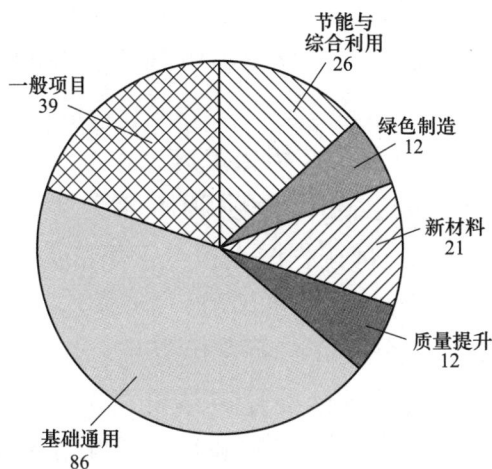

图 5　2021 年发布行业标准分布领域图

（三）有色金属国际标准化工作成效显著

2021 年，作为有色金属领域 5 个国际标准技术委员会、分技术委员会秘书处承担单位，以及 16 个国际标准技术委员会、分技术委员会国内对口单位，中国积极参与国际标准化活动，在国际标准化领域发出中国声音，取得显著成效。

1. 组织或参加了 9 次国际标准会议

秘书处组织召开了 ISO/TC79/SC5 镁及镁合金和 ISO/TC333 锂等 2 个国际标准技术委员会全体会议，并组织中方专家参加了 ISO/TC155 镍及镍合金、ISO/TC183 铜铅锌镍矿国际技术委员会的全体会议和工作组会议，共有约 70 人次中国专家参会，为企业实质性参与国际标准化活动、提出国际标准项目创造了条件。

2. 发布了 4 项中国牵头的国际标准

中国主导研制的 ISO 23156：2021《镍铁—电感耦合等离子体法测定磷、锰、铬、铜、钴含量》、ISO 23694：2021《变形镁及镁合金挤压棒材和管材》、ISO 23700：2021《变形镁及镁合金轧制板材》、ISO 8287：2021《镁及镁合金原生镁锭化学成分》发布。

3. 积极应对关键矿产领域国际标准挑战

2021 年 3 月，澳大利亚标准局向 ISO 提议并牵头成立了关键矿产战略咨询组（SAG），对关键矿产领域现有和潜在的标准化工作进行梳理，并将制定该领域国际标准优先研制清单，意图通过主导关键矿产领域国际标准化活动，加强其在关键矿产领域的优势地位。国标委指示有色标委会秘书处单位派专家代表中方参加 SAG 会议并跟踪相关进展，就关键矿产定义、涉及的领域范畴等问题表明中方立场，在关键矿产领域发出中国声音并为中国争取更多国际话语权。

（四）复审及在研计划清理工作积极推进

2020 年 12 月，有色标委会将 1460 项 2016 年（含 2016 年）以前发布的行业标准复审结论通过协会科技部按程序上报至工信部原材料司和节能司（中色协科字〔2020〕45 号、中色协科字〔2020〕46 号）。节能与综合利用领域的 91 项行业标准复审结论尚未公示（5 项直接废止、16 项拟修订、70 项继续有效）；原材料领域的 1369 项行业标准复审结论（34 项直接废止、245 项拟修订、1090 项继续有效（含 2 项视情况废止））于 2021 年 4 月由工信部科技司予以公示。公示期间，考虑到贵金属分析方法系列标准正在由贵金属分标委会组织力量进行整合研究，有色标委会已申请将其中的 8 项拟修订修改为继续有效。

2021 年，工信部为了优化完善"工业和信息化标准信息服务平台"，加大了标龄过长存量行业标准及在研计划的清理工作力度。8 月，科技司印发了 2021 年行业标准复审项目计划（工科函〔2021〕329 号），其中涉及有色标委会归口管理的有 25 项。鉴于此 25 项标准有 24 项都是已经被代替的标准，或是在 2009 年复审时已被确定为视情况废止但未被下达复审结论，本次复审在征求标委会总会全体委员意见的基础上，形成了"24 项废止、1 项拟修订"的复审结论。还与相关单位配合对 180 余项工信部制修订系统内的标准计划数据进行了核实确认，其中有 15 项需要终止、3 项需要延期。以上行业标准复审结论及在研计划清理工作结果已经按程序上报至工信部。

（五）标准宣贯与培训持续强化

1. 举办再生铜、再生铝原料国家标准宣贯会

GB/T 38470—2019《再生黄铜原料》、GB/T 38471—2019《再生铜原料》、GB/T 38472—2019《再生铸造铝合金原料》等三项国家标准于 2020 年 7 月 1 日正式实施，为规范和提升再生铜、铝资源回收利用水平，保障和支撑高品质铜、铝战略资源的进口，发挥了显著作用。但在实施过程中，仍存在各相关方对标准的理解、认识和执行不统一的问题，为有效支撑高品质再生原料的规范化回收和进口，促进资源节约和高效利用，推动有色金属行业高质量绿色可持续发展，有色标委会于 2021 年 4 月在广州组织了专题会议，发布了秘书处精心组织力量编著的《再生铜、铝原料标准实施指引》，并由专家进行了详细解读。会议对三项标准进行了系统宣贯，还邀请了行业权威专家为与会者作了

《再生铜铝产业现状及未来发展》《再生金属原料固废鉴别案例分析》《鉴别标准和再生铜铝进口关注重点》等技术报告。此外，根据各相关反馈的意见，有色标委会于 12 月又完成了《再生铜、铝原料标准实施指引 2.0》的编制，并召开了宣贯会与发布会。

2. 举办有色金属行业"碳达峰碳中和"线上培训会

根据有色金属行业碳达峰实施方案的相关要求，为加速推动有色金属行业双碳标准化工作，构建和完善有色行业双碳标准体系，2021 年 8 月举办了有色金属行业"碳达峰碳中和"线上培训会，来自国内外有色金属生产、使用、贸易及科研机构、检测机构等近 200 家单位的 423 个终端用户的 500 余人参加了会议。会议邀请多位专家作了报告，并介绍了有色金属行业双碳标准体系。此次培训会对下一步有色金属行业双碳标准化工作有很好的启发和指引作用。

3. 举办《工业硅生产大气污染物排放标准》宣贯会

为解决工业硅生产过程中大气污染物排放无标可依的状况，有色标委会组织制定了协会标准 T/CNIA 0123-2021《工业硅生产大气污染物排放标准》，为帮助工业硅企业提高对该标准的理解与认识，于 2021 年 6 月在新疆召开了该标准的宣贯会，为研制相关国家标准并加强工业硅领域标准体系建设、促进工业硅行业健康发展打下了良好基础。

4. 深入地方与企业，进行标准相关知识培训

针对重点地区或大型企业举办了标准培训会。2021 年 5 月和 7 月，秘书处人员应府谷县人民政府和江西铜业集团的邀请，赴当地进行了标准化培训。重点围绕标准化的历史作用与地位、标准制修订程序及要求、标准体系建设、标准国际化战略等内容进行了宣讲。

（六）秘书处为标委会有效运行提供强力支撑

有色标委会自 2019 年换届以来，第五届标委会高效运行，委员与会员单位尽职尽责，为顺利完成各项标准化工作任务付出了巨大努力。但由于人员调动和退休等原因，部分委员已经无法履职，同时，还有一批对标准化工作抱有极大热情的同志想要加入委员队伍，鉴于此，秘书处通过协会向国家标准委申请对总标委会及五个分标委会进行了委员调整，已于 8 月得到正式批复。同时，根据工作需要，成立了智能制造标准工作组和低碳标准工作组，分别有 81 名和 68 名委员。

为庆祝中国共产党建党 100 周年，4 月，国家标准委发文决定开展"建党百年话标准"活动，选取 100 项标准化事件和重要标准，讲好 100 个标准化故事，秘书处积极响应，精心组织力量撰写了相关备选主题，在激烈竞争中有两

个"故事"被国家标准委选用刊登,分别是《建党百年话标准(20):从产业支撑到国际贡献——铝合金建筑型材标准腾飞之路》《建党百年话标准(53):"标准国际化"战略助力中国有色行业走出去》。

秘书处继续与广大委员和会员单位一起,科学研判,有效应对疫情影响,确保防疫工作与标准化业务工作均不懈怠,通过线上线下相结合的方式,创新会议模式和举办形式,线下会议优先采用各分标委会分别异地召开标准会议的形式,高度重视会议期间的防护措施,确保会议顺利进行,完成了本年度标准制修订任务。

三、2021 年有色金属工程建设标准化工作

2021 年有色金属行业工程建设标准化工作重点落实住房和城乡建设部、工业和信息化部年度标准化工作安排,结合有色金属行业工程建设实际,组织有色金属行业国家工程建设规范编制工作,征集智能制造工程建设专题标准项目,落实在编国家标准、行业标准、团体标准的制修订工作,提高标准编写质量,发挥有色金属工程建设标准对行业高质量发展的技术支撑作用。

(一)工程建设标准总体情况

1. 现行工程建设标准数量

截至 2021 年 12 月 31 日,现行工程建设国家标准 79 项、行业标准 71 项、团体标准 2 项。各分领域现行工程建设标准数量见表 1。

表 1 现行工程建设标准数量

序号	专业类别	现行国家标准/项	现行行业标准/项	现行团体标准/项
1	测量与工程勘察	5	27	
2	矿山工程	22	4	
3	有色金属冶炼与加工工程	27	5	2
4	公用工程	25	35	
合计		79	71	2

2. 2021 年批准发布的工程建设标准

2021 年发布工程建设标准 4 项。其中:国家标准 2 项,为《锑冶炼厂工艺设计标准》和《铟冶炼回收工艺设计标准》;行业标准 2 项,为《抽水试验规程》和《注水试验规程》。

3. 2021 年报批的工程建设标准

2021 年报批 2 项国家标准和 5 项行业标准。2 项国家标准为公用工程和冶

炼与加工工程领域的修订项目，标准名称为《有色金属企业总图规划及运输设计标准》《氧化铝厂工艺设计标准》；5项行业标准为测量和工程勘察领域的修订项目，标准名称为《工程测量作业规程》《地面与楼面工程施工操作规程》《门窗安装工程施工操作规程》《屋面工程施工操作规程》《有色金属工业建筑工程绿色施工评价标准》。在有色标准处及主编单位的共同努力下，完成时间为2020年的国家标准及行业标准全部完成报批。

（二）工程建设标准编制及管理工作有序开展

1. 工程建设标准立项工作

2021年，有色行业根据住房和城乡建设部标准化改革精神，重点制修订国家工程建设规范，以及促进产业结构调整和优化升级的社会公益性行业标准项目，积极引导制定能够促进技术成果转化的团体标准。

国家标准方面，2021年国家标准制修订任务重点为全文强制性工程建设规范，其中有色行业共有10项规范下达了立项计划。

行业标准方面，根据工信部印发的《2021年工业通信业标准化工作要点》，扎实做好基础和重点领域标准研制，做好工业低碳和绿色制造等标准制定，加快工业领域工程建设行业标准制修订。2021年从"基础公益""生态文明建设"和"智能制造"角度组织11项标准申报，其中《金属矿山深竖井工程技术标准》《赤泥堆场原位生态修复工程技术标准》2项已下达立项计划，《赤泥堆场岩土工程勘察标准》《有色金属矿山边坡地质环境治理技术标准》等9项已通过工信部规划司预答辩。

为保证申报项目符合国家政策导向，标准处对立项环节严格把关，坚持以科学性、先进性和适用性作为指导原则，统筹兼顾。从标准范围上，优先制定覆盖面广、工艺过程全面、跨专业甚至跨行业的综合性和骨干性的标准；从标准技术内容上，优先制定涉及节能减排、资源节约利用、工程质量安全、环境保护等方面的标准，鼓励申报上述重点领域的项目，增强标准与市场的关联度，提升行业技术水平。

2. 重点工程建设标准制修订工作

截至2021年底，在编工程建设标准28项（不含已报批）。其中：国家标准16项，含制定11项、修订4项、中译英1项。如《有色金属工业工程术语标准》《铅锌冶炼厂工艺设计规范（局修）》《有色金属冶炼厂电力设计规范（局修）》《炭素厂工艺设计规范（局修）》《尾矿库安全监测技术规范（中译英）》等。

行业标准5项，均为制定。如《有色金属矿山工程项目可行性研究报告编制标准》《金属矿山深竖井工程技术标准》《赤泥堆场原位生态修复工程技术标准》等。

团体标准7项，均为制定。如《有色金属矿山渗漏尾矿库治理工程技术标准》《自然崩落采矿法技术规程》等。

3. 国家工程建设规范编制工作

根据住房和城乡建设部印发的《关于深化工程建设标准化工作改革的意见》（建标〔2016〕166号），明确提出构建强制性标准体系，加快制定全文强制性标准，逐步用全文强制工程建设规范取代现行标准中分散的强制性条文。国家工程建设规范是落实标准化改革的重要标准，是工程建设活动过程的"底线要求"，具有强制约束力，是保障人民生命财产安全、人身健康、工程安全、生态环境安全、公众权益和公共利益，以及促进能源资源节约利用、满足社会经济管理等方面监管的技术依据。

有色金属行业10项国家工程建设规范全部启动并完成征求意见，其中项目规范7项、通用规范3项。项目规范以工程建设项目整体为对象，以项目的规模、布局、功能、性能和关键技术措施等五大要素为主要内容。通用规范以实现工程建设项目功能性能要求的各专业通用技术为对象，以勘察、设计、施工、维修、养护等通用技术要求为主要内容。在全文强制性工程建设规范体系中，项目规范为主干，通用规范是对各类项目共性的、通用的专业性关键技术措施的规定。

在有色工程建设标准体系矿山工程分领域，3项强制性规范为《金属非金属矿山工程通用规范》《有色金属矿山工程项目规范》《索道工程项目规范》。其中《金属非金属矿山工程通用规范》是将有色、冶金、化工、建材等4个相关行业的采矿、选矿和尾矿工程共性技术内容整合而成的一项通用技术法规。该规范将覆盖4个行业的矿山工程项目规范的通用技术内容，形成"1+4"的矿山标准规范体系，覆盖了金属非金属矿山行业的全生命周期，以保证金属非金属矿山行业有序、安全、环保、健康和可持续发展。

冶炼与加工工程分领域，5项强制性规范分别为《重有色金属冶炼工程项目规范》《稀有金属及贵金属冶炼工程项目规范》《有色轻金属冶炼工程项目规范》《硅材料工程项目规范》《有色金属加工工程项目规范》。

公用工程分领域，2项强制性规范为《工业建筑供暖通风与空气调节通用规范》和《建筑防护通用规范》适用于各类工业行业，为"大通用"规范。

4. 国际标准工作

国家《深化标准化工作改革方案》指出，要鼓励社会组织积极参与国际标准化活动，增强话语权，加大国际标准跟踪、评估和转化力度，加强中国标准外文版翻译出版工作，推动与主要贸易国之间的标准互认，推进优势、特色领域标准国际化，创建中国标准品牌，结合海外工程承包、重大装备出口和对外援建，推广中国标准，以中国标准走出去带动中国技术和服务走出去。

国际标准制修订方面，有色行业积极参与国际标准化工作，由有色行业牵头的《垃圾焚烧渗滤液处理及回用技术导则》（ISO 24297）顺利通过 DIS 阶段国际投票，正式进入 FDIS（最终国际标准版草案）阶段。

国家标准外文版方面，2021 年，《尾矿库在线安全监测系统工程技术规范》国家标准英文版翻译项目完成征求意见。

中国工程建设标准推广应用方面，有色行业结合海外工程承包、重大装备设备出口和对外援建，推广中国标准，以中国标准"走出去"带动中国产品、技术、装备、服务"走出去"。厄瓜多尔第一个大型露天固体矿米拉多铜矿项目总投资超过 120 亿元，除环保、安全和消防方面采用厄瓜多尔标准或世行标准外，工程整体设计积极推广采用中国标准。米拉多铜矿项目团队在设计过程中，采用《有色金属选矿厂工艺设计规范》（GB 50782—2012）、《尾矿设施设计规范》（GB 50863—2013）、《尾矿设施施工及验收规范》（GB 50864—2013）、《尾矿库在线安全监测系统工程技术规范》（GB 51108—2015）等多项规范，成功克服各项设计难点，通过国外专家审查，有力推动了中国标准国际化。

5. 工程建设标准复审情况

根据住房和城乡建设部《关于印发<2021 年工程建设规范标准编制及相关工作计划>的通知》（建标函〔2021〕11 号，以下简称《计划》）要求，对有色金属工程领域 2021 年 12 月 31 日以前批准发布的工程建设国家标准，组织 18 家主编单位，对 77 项工程建设国家标准进行了逐项复审。审议结论为继续有效 62 项（含正在修订中 9 项），修订 15 项（含局部修订 1 项），废止 0 项。

根据工业和信息化部科技司《关于印发 2021 年行业标准复审项目计划的通知》（工科函〔2021〕329 号），2021 年组织了 2 项行业标准复审工作，复审结论为《有色金属选矿术语标准》（YS/T 5028—1996）继续有效，《轻金属冶炼术语标准》（YS/T 5026—1995）废止。目前复审报告已报送工业和信息化部规划司。

四、2021 年有色金属专利工作

（一）有色金属行业专利申请情况

1. 中国专利申请量持续上涨

有色金属行业中国专利申请量始终保持上涨态势（见图6），根据已公开专利数据统计❶，2021年有色金属行业公开的专利总量为179174件，较2020年增长28.4%。其中，发明68322件，占比38.1%；实用新型98831件，占比55.2%；外观设计12021件，占比6.7%。从创新主体来看，有色金属行业的创新主力军以企业为主，大专院校为辅。创新主体占比情况见图7，其中，企业占比70.37%，大专院校占比15.08%，个人占比11.10%，其他占比3.45%。

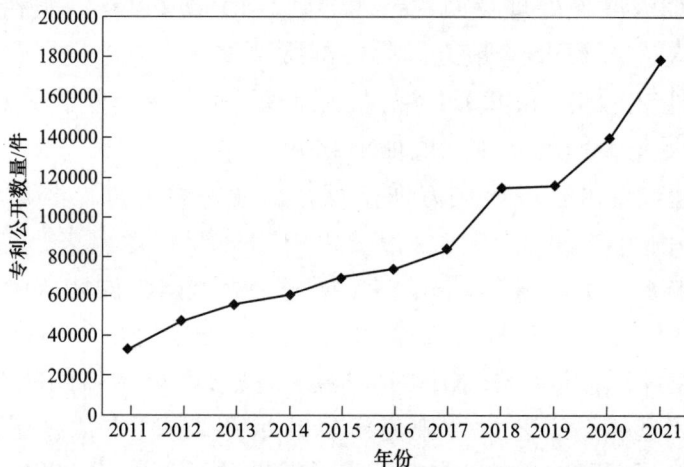

图6　有色金属行业中国专利申请趋势图

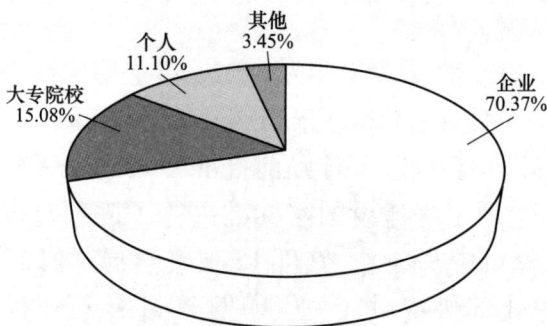

图7　创新主体占比情况

2. 发明专利授权率略高于全国平均值

2021年有色金属行业专利授权总量为114477件，同比增长7.2%。其中，含金量最高的发明专利授权量为15646件。与全国平均授权率相比，2014~2018年有色金属行业发明专利授权率高出全国平均授权率3~5个百分点（见表2）。

---

❶　本报告专利数据统计自万象云数据库，且与时间相关的数据均以公开日进行统计。

表2 2014~2018 年发明专利授权情况❶

序号	申请年	有色行业结案量/件	有色行业授权率/%	全国平均授权率/%
1	2014 年	38156	55.34	49.51
2	2015 年	40649	48.13	44.36
3	2016 年	47957	45.41	42.21
4	2017 年	47493	41.6	38.03
5	2018 年	43951	47.27	44.69

3. 技术领域覆盖面较广

2021 年公开专利中热点技术领域分别是有色金属合金（对应国际分类号 C22C），占比 4.91%；其次为有色金属加工（对应国际分类号 B21D），占比 4.62%。此外，焊接技术、分析检测方法、分离技术、粉末冶金和加工设备等领域也有大量申请。表3 列出了有色金属行业 2021 年公开专利排名前十的技术领域。

表3 有色金属行业 2021 年公开专利排名前十的技术领域

序号	分类号	专利数量/件	分类号含义
1	C22C	8797	合金
2	B21D	8275	金属板或管、棒或型材的基本无切削加工或处理，冲压金属
3	B01D	7034	分离
4	B23Q	6918	机床的零件、部件或附件
5	B24B	6679	用于磨削或抛光的机床、装置或工艺
6	B08B	6673	一般清洁，一般污垢的防除
7	B23K	6562	钎焊或脱焊，焊接，用钎焊或焊接方法包覆或镀敷
8	G01N	5989	借助于测定材料的化学或物理性质来测试或分析材料
9	C23C	5873	对金属材料的镀覆，用金属材料对材料的镀覆，表面扩散法、化学转化或置换法的金属材料表面处理，真空蒸发法溅射法、离子注入法或化学气相沿程法的一般镀覆
10	C22B	5194	金属的生产或精炼

---

❶ 2018 年以前的绝大多数专利申请已结案，故选取 2018 年以前 5 年的数据进行分析。

4. 海外专利申请量稳步上升

有色金属企业通过 PCT 条约向海外申请的专利数量持续上涨（见图 8），2021 年，有色金属行业公开的 PCT 国际专利申请达到 1215 件，同比增长 24.8%。

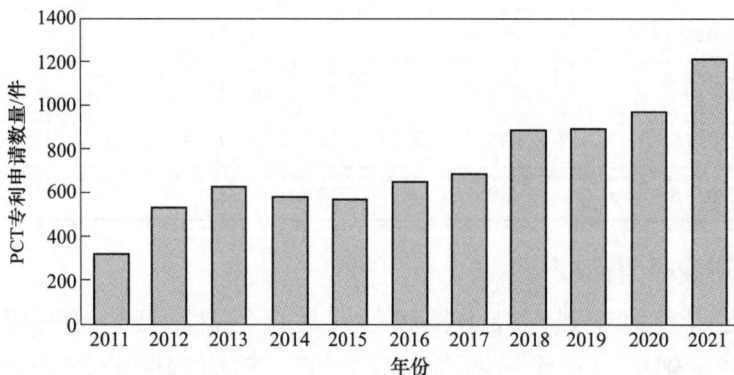

图 8　有色金属行业 PCT 国际申请趋势

（二）有色金属行业专利转让、许可情况❶

1. 专利转让量不断攀升

近年来，有色金属行业专利转让件数不断攀升（见图 9），2021 年专利转让量达到 12383 件，同比增长 14.0%。从专利转让涉及的专利类型占比情况来看，发生转让的发明专利件数最多，占专利转让总量的 66.2%，实用新型和外观设计占比分别为 31.1% 和 2.7%。从图 10 可以看出，2019~2021 年专利转让最活跃的技术领域主要为有色金属合金、金属生产或精炼、表面处理及金属粉末加工等领域（对应国际专利分类号分别是 C22C、C22B、C23C、B22F）。

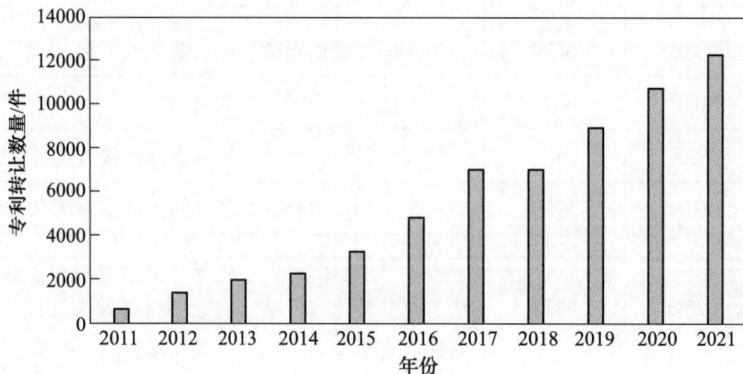

图 9　有色金属行业专利转让趋势

---

❶　基于已在国家知识产权局备案的数据，未备案专利转让或许可未统计在内。

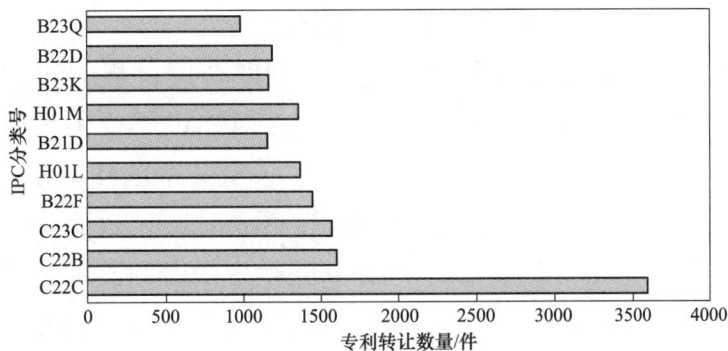

图 10　2019~2021 年有色金属行业专利转让的技术领域

2. 专利许可量呈波动态势

有色金属行业专利许可无明显单边趋势（见图 11），但总体看，2014 年达到顶峰后有所下滑，2018 年起有所回升，2021 年专利许可数量为 510 件。2019~2021 年来发生许可的专利主要集中在有色金属合金、金属粉末的加工等领域（对应国际专利分类号 C22C、C04B、B22F）（见图 12）。

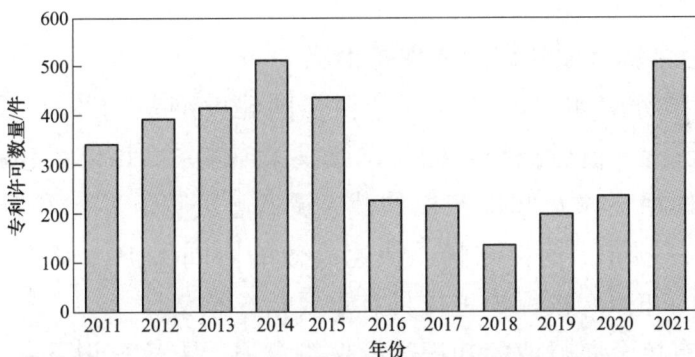

图 11　有色金属行业专利许可趋势

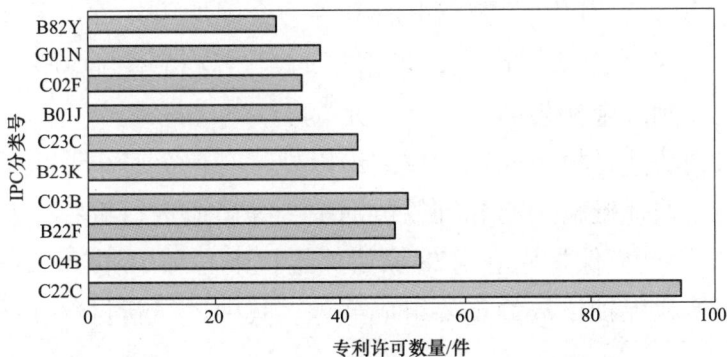

图 12　2019~2021 年有色金属行业专利许可的技术领域

（三）有色金属行业荣获中国专利奖情况

中国专利奖是国家最高的专利奖项，得到联合国世界知识产权组织的认可。以高质量发展为导向，由国务院各有关部门知识产权工作管理机构、各省（区、市）知识产权局（以下简称省局）、各有关全国性行业协会组织及两院院士推荐。

2021年，有色金属行业共有37项专利获得中国专利奖（获奖名单见附表8），其中，中国专利银奖3项、专利优秀奖34项。获得中国专利银奖的专利分别是北京有色金属研究总院、有研稀土新材料股份有限公司的"氮化物荧光粉、其制备方法及包括其的发光装置（ZL201310248660.7）"、长沙微纳坤宸新材料有限公司"一种碳化钛强化细晶钨材料的制备方法（ZL201610558972.1）"和北京航星机器制造有限公司的"一种铝合金曲面加强筋板热压成形方法（ZL201710161854.1）"。获奖的专利主要集中在锂离子电池、高性能铝合金、新材料等领域，涉及锂离子电池领域获奖专利有7项、高性能铝合金领域获奖专利有7项、新材料领域有5项、找矿选矿领域4项、废水废液处理领域3项、铅锌领域2项，铜冶炼领域2项、半导体用硅材料领域2项、材料加工领域1项、电解烟气净化领域1项。

（四）有色金属行业知识产权保护情况

2021年由国务院印发的《知识产权强国建设纲要（2021～2035年)》提出，建设支撑国际一流营商环境的知识产权保护体系。该体系包括司法保护体系、行政保护体系，以及知识产权仲裁、调解、公证、鉴定和维权援助体系，目的是形成统一领导、衔接顺畅、快速高效的协同保护格局。该《纲要》对有色金属行业的知识产权保护工作具有重要指导意义。

近年来，有色金属行业的知识产权保护意识、维权意识不断增强，一部分企业开始拿起法律武器维护自身合法权益。2021年，有色金属行业的知识产权诉讼案件近70件，其中，侵权纠纷40件、合同纠纷4件、不正当竞争纠纷13件、权属纠纷4件。知识产权诉讼案件的判赔支持率约56%，诉讼金额最高达500万元，判决金额最高为100万元❶。

除了通过司法途径解决知识产权纠纷以外，有色金属企业也可以通过知识产权保护中心、快速维权中心和维权援助中心等渠道进行维权。目前，全国共建设了53家知识产权保护中心、28家快速维权中心和76家维权援助中心，成为多元化知识产权保护格局的重要组成部分。其中，与新材料相关的知识产权

---

❶ 数据统计自知产宝（www.iphouse.cn）。

保护中心有 13 家（见附表 9），相关有色金属企业可以重点关注。

（五）有色金属行业专利信息公共服务情况

2021 年中国有色金属工业协会入选国家知识产权信息公共服务网点（全国共 88 个网点），成为首批入选的 3 家全国性行业组织之一。中国有色金属工业协会将逐步整合知识产权服务资源，完善知识产权公共信息服务内容，支撑有色金属行业创新能力提升。

有色金属行业的专利信息公共资源还包括铝行业专利检索和分析平台、稀土永磁材料专利检索和分析平台、国家重点产业专利信息服务平台、中国国家知识产权局专利检索及分析平台等，具体网址见附表 10。其中，云南省稀贵金属知识产权与标准信息平台是 2021 年新增的平台，该平台提供锡、铟领域标准查询、专利检索、专利导航和专利预警等功能。

撰稿人：马存真、李　兵、杨　鹏、
赵永善、金丽君、李子健、
张　蕴、汪玲玲

审稿人：贾明星

附表

附表 1　2021 年有色金属国家标准、行业标准发布情况汇总表

附表 2　2021 年中国有色金属工业协会、中国有色金属学会联合发布的团体标准汇总表

附表 3　2020~2021 年度有色金属行业优秀质量管理小组名单

附表 4　2020~2021 年度有色金属行业质量信得过班组名单

附表 5　2020~2021 年度有色金属行业质量管理小组活动优秀推进者名单

附表 6　2020~2021 年度有色金属行业质量信得过班组建设先进个人名单

附表 7　2020~2021 年度有色金属产品实物质量认定名单

附表 8　2021 年有色金属行业获中国专利奖名单

附表 9　新材料领域知识产权保护中心

附表 10　有色金属行业专利信息公共服务平台

附表1 2021年有色金属国家标准、行业标准发布情况汇总表

序号	标准编号	标准名称
		有色金属国家标准
1	GB/T 1425—2021	贵金属及其合金熔化温度范围的测定 热分析试验方法
2	GB/T 2076—2021	切削刀具用可转位刀片 型号表示规则
3	GB/T 3488.3—2021	硬质合金 显微组织的金相测定 第3部分：Ti（C，N）和WC立方碳化物基硬质合金显微组织的金相测定
4	GB/T 5121.28—2021	铜及铜合金化学分析方法 第28部分：铬、铁、锰、钴、镍、锌、砷、硒、银、镉、锡、锑、碲、铅和铋含量的测定 电感耦合等离子体质谱法
5	GB/T 5162—2021	金属粉末 振实密度的测定
6	GB/T 5187—2021	铜及铜合金箔材
7	GB/T 5235—2021	加工镍及镍合金牌号和化学成分
8	GB/T 8013.4—2021	铝及铝合金阳极氧化膜与有机聚合物膜 第4部分：纹理膜
9	GB/T 8013.5—2021	铝及铝合金阳极氧化膜与有机聚合物膜 第5部分：功能膜
10	GB/T 8152.15—2021	铅精矿化学分析方法 第15部分：可溶性铅含量的测定 火焰原子吸收光谱法
11	GB/T 8151.24—2021	锌精矿化学分析方法 第24部分：可溶性锌含量的测定 火焰原子吸收光谱法
12	GB/T 11066.11—2021	金化学分析方法 第11部分：镁、铬、锰、铁、镍、铜、钯、银、锡、锑、铅和铋含量的测定 电感耦合等离子体质谱法
13	GB/T 13449—2021	金块矿取样和制样方法
14	GB/T 13586—2021	回收铝
15	GB/T 15078—2021	贵金属电触点材料接触电阻的测量方法
16	GB/T 24488—2021	镁合金牺牲阳极电化学性能测试方法
17	GB/T 26016—2021	高纯镍
18	GB/T 26018—2021	高纯钴
19	GB/T 26024—2021	空调与制冷系统阀件用铜及铜合金无缝管
20	GB/T 26495—2021	镁合金压铸转向盘骨架坯料
21	GB/T 29502—2021	硫铁矿烧渣
22	GB/T 39799—2021	钛及钛合金棒材和丝材尺寸、外形、重量及允许偏差
23	GB/T 39810—2021	高纯银锭
24	GB/T 39816—2021	钛及钛合金铸造母合金电极
25	GB/T 39856—2021	热轧钛及钛合金无缝管材
26	GB/T 39859—2021	镓基液态金属

序号	标准编号	标准名称
27	GB/T 39861—2021	锰酸锂电化学性能测试 放电平台容量比率及循环寿命测试方法
28	GB/T 39864—2021	锰酸锂电化学性能测试 首次放电比容量及首次充放电效率测试方法
29	GB/T 39985—2021	钛镍形状记忆合金板材
30	GB/T 39987—2021	钯锭
31	GB/T 39989—2021	超弹性钛镍形状记忆合金棒材和丝材
32	GB/T 40004—2021	铜银合金扁线
33	GB/T 40067—2021	碳化钨粉末微观组织及缺陷检测方法
34	GB/T 40123—2021	高纯净细晶铝及铝合金圆铸锭
35	GB/T 40319—2021	拉深罐用铝合金板、带、箔材
36	GB/T 40320—2021	铝合金力学熔点测试方法
37	GB/T 40321—2021	高强高韧型 Al-Zn-Mg-Cu 系铝合金板材
38	GB/T 40374—2021	硬质合金化学分析方法 铅量和镉量的测定 火焰原子吸收光谱法和电感耦合等离子体原子发射光谱法
39	GB/T 40380.1—2021	金属粉末 高温时松装密度和流速的测定 第1部分：高温时松装密度的测定
40	GB/T 40380.2—2021	金属粉末 高温时松装密度和流速的测定 第2部分：高温时流速的测定
41	GB/T 40382—2021	再生变形铝合金原料
42	GB/T 40386—2021	再生纯铝原料
43	GB/T 40389—2021	烧结金属材料（不包括硬质合金） 表面粗糙度的测定
44	GB/T 40391—2021	铝基复合圆片
45	GB/T 41079.1—2021	液态金属物理性能测定方法 第1部分：密度的测定
46	GB/T 41080—2021	钼及钼合金金相检验方法
47	GB/T 41155—2021	烧结金属材料（不包括硬质合金） 疲劳试样
有色金属行业标准		
1	YS/T 63.19—2021	铝用炭素材料检测方法 第19部分：灰分含量的测定
2	YS/T 87—2021	铜、铅阳极泥取制样方法
3	YS/T 96—2021	散装浮选铜精矿中金、银分析取制样方法
4	YS/T 92—2021	铝及铝合金花格网

续附表1

序号	标准编号	标准名称
5	YS/T 218—2021	超细羰基镍粉
6	YS/T 237—2021	选矿药剂产品分类、牌号、命名
7	YS/T 310—2021	热镀用锌合金锭
8	YS/T 337—2021	硫精矿
9	YS/T 408.3—2021	贵金属器皿制品 第3部分：金器皿制品
10	YS/T 426.5—2021	锑铍芯块化学分析方法 第5部分：硅含量的测定 电感耦合等离子体原子发射光谱法
11	YS/T 426.6—2021	锑铍芯块化学分析方法 第6部分：氧化铍含量的测定 电感耦合等离子体原子发射光谱法
12	YS/T 445.17—2021	银精矿化学分析方法 第17部分：二氧化硅含量的测定 钼蓝分光光度法
13	YS/T 445.18—2021	银精矿化学分析方法 第18部分：铁含量的测定 Na₂EDTA滴定法
14	YS/T 457—2021	铝箔用冷轧带材
15	YS/T 461.11—2021	混合铅锌精矿化学分析方法 第11部分：砷、铋、镉、钴、铜、镍和锑含量的测定 电感耦合等离子体原子发射光谱法
16	YS/T 474—2021	高纯镓化学分析方法 痕量元素的测定 电感耦合等离子体质谱法
17	YS/T 492—2021	铝及铝合金成分添加剂
18	YS/T 546—2021	高纯碳酸锂
19	YS/T 553—2021	重型刀具用硬质合金刀片毛坯
20	YS/T 575.19—2021	铝土矿石化学分析方法 第19部分：灼减量的测定 重量法
21	YS/T 575.20—2021	铝土矿石化学分析方法 第20部分：预先干燥试样的制备
22	YS/T 575.22—2021	铝土矿石化学分析方法 第22部分：湿存水含量的测定 重量法
23	YS/T 575.23—2021	铝土矿石化学分析方法 第23部分：元素含量的测定 X射线荧光光谱法
24	YS/T 575.28—2021	铝土矿石化学分析方法 第28部分：氧化锂含量的测定 火焰原子吸收光谱法
25	YS/T 576—2021	工业流体用钛及钛合金管
26	YS/T 581.3—2021	氟化铝化学分析方法和物理性能测定方法 第3部分：氟含量的测定

序号	标准编号	标准名称
27	YS/T 581.15—2021	氟化铝化学分析方法和物理性能测定方法　第 15 部分：游离氧化铝含量的测定
28	YS/T 619—2021	精细氧化铝分类及牌号命名
29	YS/T 621—2021	百叶窗用铝合金带、箔材
30	YS/T 623—2021	铝电解用石墨质阴极炭块
31	YS/T 670—2021	空调器连接用保温铜管
32	YS/T 709—2021	锡精矿单位产品能源消耗限额
33	YS/T 717—2021	雾化镍粉
34	YS/T 727—2021	电容器外壳用铝及铝合金带材
35	YS/T 739.4—2021	铝电解质化学分析方法　第 4 部分：氧化铝含量的测定　重量法
36	YS/T 852—2021	家用铝及铝合金箔
37	YS/T 987—2021	氯硅烷中碳含量的测定　气相色谱质谱联用法
38	YS/T 1161.4—2021	拟薄水铝石分析方法　第 4 部分：氧化钠含量的测定
39	YS/T 1171.12—2021	再生锌原料化学分析方法　第 12 部分：铟含量的测定　火焰原子吸收光谱法
40	YS/T 1171.13—2021	再生锌原料化学分析方法　第 13 部分：铊含量的测定　电感耦合等离子体质谱法和电感耦合等离子体原子发射光谱法
41	YS/T 1314.6—2021	铜冶炼分银渣化学分析方法　第 6 部分：铜含量的测定　碘量法
42	YS/T 1314.7—2021	铜冶炼分银渣化学分析方法　第 7 部分：锑含量的测定　硫酸铈滴定法
43	YS/T 1314.8—2021	铜冶炼分银渣化学分析方法　第 8 部分：铋含量的测定　Na_2EDTA 滴定法
44	YS/T 1345.7—2021	高铋铅化学分析方法　第 7 部分：铜、铁、镍、镉、砷、锑、铋含量的测定　电感耦合等离子体原子发射光谱法
45	YS/T 1348.7—2021	铅冶炼分银渣化学分析方法　第 7 部分：砷含量的测定　电感耦合等离子体原子发射光谱法
46	YS/T 1406—2021	铅冶炼行业绿色工厂评价要求
47	YS/T 1407—2021	铜冶炼行业绿色工厂评价要求
48	YS/T 1408—2021	锌冶炼行业绿色工厂评价要求
49	YS/T 1409—2021	废液晶显示屏中有色金属回收技术规范

续附表1

序号	标准编号	标准名称
50	YS/T 1410—2021	重有色冶金炉窑余热回收利用技术规范
51	YS/T 1411—2021	有色金属冶炼企业能源管理中心技术规范
52	YS/T 1412—2021	钴冶炼企业 单位产品能源消耗限额
53	YS/T 1413—2021	超高纯铟
54	YS/T 1414—2021	镍铬合金粉末
55	YS/T 1415—2021	湿法炼锌浸出液中酸度的测定 络合掩蔽—中和滴定法
56	YS/T 1416—2021	氧化亚镍化学分析方法 铜、铁、锌、钙、镁、钠、钴、镉、锰和硫含量的测定 电感耦合等离子体原子发射光谱法
57	YS/T 1417—2021	镍锌铁氧体复合箔材
58	YS/T 1418—2021	电解铝行业节能监察技术规范
59	YS/T 1419—2021	电解铝行业绿色工厂评价要求
60	YS/T 1420—2021	铝电解废耐火材料资源化利用规范
61	YS/T 1421—2021	铝用炭素焙烧能耗测试方法
62	YS/T 1422—2021	铝用炭素行业烟气脱硝技术规范
63	YS/T 1423—2021	铅锌矿采选业绿色工厂评价要求
64	YS/T 1424—2021	铜矿采选业绿色工厂评价要求
65	YS/T 1425—2021	铜及铜合金加工行业绿色工厂评价导则
66	YS/T 1426—2021	有色金属采选业绿色工厂评价导则
67	YS/T 1427—2021	锡冶炼行业绿色工厂评价要求
68	YS/T 1428—2021	锑冶炼行业绿色工厂评价要求
69	YS/T 1429—2021	镍冶炼行业绿色工厂评价要求
70	YS/T 1430—2021	钴冶炼行业绿色工厂评价要求
71	YS/T 1431—2021	钼酸盐单位产品能源消耗限额
72	YS/T 1432—2021	锂盐单位产品能源消耗限额
73	YS/T 1433—2021	有色金属行业贵金属冶炼单位产品能源消耗限额
74	YS/T 1434—2021	六氯乙硅烷组分含量的测定 气相色谱法
75	YS/T 1435—2021	电磁屏蔽用压延铜箔
76	YS/T 1436—2021	冷却设备用锻轧厚铜板
77	YS/T 1437—2021	单向走丝电火花加工用镀锌黄铜线
78	YS/T 1438—2021	海洋工程管道系统用铜镍合金焊接管
79	YS/T 1439—2021	锌及锌合金牺牲阳极

序号	标准编号	标准名称
80	YS/T 1440—2021	碲化铋
81	YS/T 1441—2021	掺杂型四氧化三钴
82	YS/T 1442—2021	镍钴二元素复合氧化物
83	YS/T 1443—2021	镍钴二元素复合氢氧化物
84	YS/T 1444—2021	镍钴钛三元素复合氢氧化物
85	YS/T 1445.1—2021	镍钴铝三元素复合氢氧化物化学分析方法　第1部分：镍含量的测定　丁二酮肟重量法
86	YS/T 1445.2—2021	镍钴铝三元素复合氢氧化物化学分析方法　第2部分：钴含量的测定　电位滴定法
87	YS/T 1445.3—2021	镍钴铝三元素复合氢氧化物化学分析方法　第3部分：铝、铜、铁、锌、钙、镁、钠、锰含量的测定　电感耦合等离子体原子发射光谱法
88	YS/T 1445.4—2021	镍钴铝三元素复合氢氧化物化学分析方法　第4部分：氯离子含量的测定　氯化银比浊法
89	YS/T 1445.5—2021	镍钴铝三元素复合氢氧化物化学分析方法　第5部分：硫酸根离子含量的测定　硫酸钡比浊法
90	YS/T 1446—2021	焊管用锆带
91	YS/T 1447—2021	氙灯钨阴极
92	YS/T 1448—2021	包覆型镍钴锰酸锂
93	YS/T 1449—2021	镍钴锰锆复合氢氧化物
94	YS/T 1450—2021	铜及铜合金板、带材杯突试验方法
95	YS/T 1451—2021	电器开关用 T 型铜材
96	YS/T 1452—2021	铜合金 D 型棒
97	YS/T 1453—2021	压延铜箔带坯
98	YS/T 1454—2021	乙基黄原酸甲酸乙酯
99	YS/T 1455—2021	汽车天窗导轨用铝合金型材
100	YS/T 1456—2021	铜及铜合金屋面瓦
101	YS/T 1457—2021	铅冰铜
102	YS/T 1458—2021	粗锑
103	YS/T 1459—2021	铜冶炼副产品锑酸钠
104	YS/T 1460—2021	粗氢氧化镍钴

续附表1

序号	标准编号	标准名称
105	YS/T 1461—2021	铋黄化学分析方法 铋含量的测定 Na$_2$EDTA 容量法
106	YS/T 1462.1—2021	粗锡化学分析方法 第1部分：锡含量的测定 碘酸钾滴定法
107	YS/T 1462.2—2021	粗锡化学分析方法 第2部分：铅含量的测定 火焰原子吸收光谱法和 Na$_2$EDTA 滴定法
108	YS/T 1462.3—2021	粗锡化学分析方法 第3部分：铜含量的测定 火焰原子吸收光谱法和碘量法
109	YS/T 1462.4—2021	粗锡化学分析方法 第4部分：铋含量的测定 火焰原子吸收光谱法和 Na$_2$EDTA 滴定法
110	YS/T 1462.5—2021	粗锡化学分析方法 第5部分：锑含量的测定 火焰原子吸收光谱法和硫酸铈滴定法
111	YS/T 1463—2021	锆合金管材内压蠕变试验方法
112	YS/T 1464—2021	铌钨合金化学分析方法 钨、钼、锆、钽、硅、铁、铝、钛、铜量的测定
113	YS/T 1465—2021	钛及钛合金加工产品外观缺陷术语及图谱
114	YS/T 1466—2021	锆及锆合金化学成分分析取制样方法
115	YS/T 1467.1—2021	铪化学分析方法 第1部分：铅量的测定
116	YS/T 1467.2—2021	铪化学分析方法 第2部分：铀量的测定
117	YS/T 1467.3—2021	铪化学分析方法 第3部分：硼量的测定
118	YS/T 1467.4—2021	铪化学分析方法 第4部分：氯量的测定
119	YS/T 1467.5—2021	铪化学分析方法 第5部分：镉量的测定
120	YS/T 1467.6—2021	铪化学分析方法 第6部分：磷量的测定
121	YS/T 1467.7—2021	铪化学分析方法 第7部分：硅量的测定
122	YS/T 1467.8—2021	铪化学分析方法 第8部分：钠量的测定
123	YS/T 1467.9—2021	铪化学分析方法 第9部分：氢量的测定
124	YS/T 1467.10—2021	铪化学分析方法 第10部分：氧量、氮量的测定
125	YS/T 1467.11—2021	铪化学分析方法 第11部分：碳量的测定
126	YS/T 1467.12—2021	铪化学分析方法 第12部分：痕量杂质元素的测定
127	YS/T 1468—2021	餐饮器具用钛及钛合金板带材
128	YS/T 1469—2021	餐饮器具用钛及钛合金层状复合板带材
129	YS/T 1470—2021	餐饮器具用钛及钛合金管材
130	YS/T 1471—2021	磷酸钒

序号	标准编号	标准名称
131	YS/T 1472.1—2021	富锂锰基正极材料化学分析方法　第 1 部分：锰含量的测定　电位滴定法
132	YS/T 1472.2—2021	富锂锰基正极材料化学分析方法　第 2 部分：钴含量的测定　电位滴定法
133	YS/T 1472.3—2021	富锂锰基正极材料化学分析方法　第 3 部分：镍含量的测定　丁二酮肟重量法
134	YS/T 1472.4—2021	富锂锰基正极材料化学分析方法　第 4 部分：锂、镍、钴、钠、钾、铜、钙、铁、镁、锌、铝、硅含量的测定　电感耦合等离子体原子发射光谱法
135	YS/T 1472.5—2021	富锂锰基正极材料化学分析方法　第 5 部分：氯含量的测定　氯化银比浊法
136	YS/T 1472.6—2021	富锂锰基正极材料化学分析方法　第 6 部分：硫酸根含量的测定　离子色谱法
137	YS/T 1473—2021	高纯钼化学分析方法　痕量杂质元素的测定　辉光放电质谱法
138	YS/T 1474—2021	锆合金管材高温内压爆破试验方法
139	YS/T 1475—2021	锆及锆合金高低倍组织检验方法
140	YS/T 1476—2021	锆英砂化学分析方法　钡含量的测定　电感耦合等离子体原子发射光谱法
141	YS/T 1477—2021	辊压机用硬质合金齿
142	YS/T 1478—2021	铝基碳化硼中子吸收材料
143	YS/T 1479—2021	镍铬铝复合粉
144	YS/T 1480—2021	镍铝金属间化合物烧结多孔材料管状过滤元件
145	YS/T 1481—2021	镍锰二元素氢氧化物
146	YS/T 1482—2021	烧结金属多孔材料　管状压坯强度的测定
147	YS/T 1483—2021	烧结金属多孔材料　硫化腐蚀性能的测定
148	YS/T 1484—2021	羰基镍丸
149	YS/T 1485—2021	铁硅铝基复合吸波材料
150	YS/T 1486—2021	铜镍复合导电泡棉
151	YS/T 1487—2021	硬质合金螺纹喷嘴
152	YS/T 1488—2021	硬质合金砧头
153	YS/T 1489.1—2021	钴铬钨系合金粉末化学分析方法　第 1 部分：钴含量的测定　电位滴定法

序号	标准编号	标准名称
154	YS/T 1489.2—2021	钴铬钨系合金粉末化学分析方法　第2部分：铬含量的测定　硫酸亚铁铵滴定法
155	YS/T 1489.3—2021	钴铬钨系合金粉末化学分析方法　第3部分：钨含量的测定　电感耦合等离子体原子发射光谱法
156	YS/T 1489.4—2021	钴铬钨系合金粉末化学分析方法　第4部分：镍含量的测定　丁二酮肟分光光度法
157	YS/T 1489.5—2021	钴铬钨系合金粉末化学分析方法　第5部分：硅含量的测定　钼蓝分光光度法
158	YS/T 1489.6—2021	钴铬钨系合金粉末化学分析方法　第6部分：铁、锰含量的测定　电感耦合等离子体原子发射光谱法
159	YS/T 1489.7—2021	钴铬钨系合金粉末化学分析方法　第7部分：碳含量的测定　高频燃烧红外吸收法
160	YS/T 1489.8—2021	钴铬钨系合金粉末化学分析方法　第8部分：氧含量的测定　脉冲加热惰气熔融-红外吸收法
161	YS/T 1490—2021	镍基高温合金粉末夹杂物含量检测方法
162	YS/T 1491—2021	镍基高温合金粉末球形率测定方法　扫描电镜法
163	YS/T 1492—2021	铂/二氧化钛
164	YS/T 1493—2021	高纯铂化学分析方法　杂质元素含量的测定　辉光放电质谱法
165	YS/T 1494—2021	高纯金化学分析方法　杂质元素含量的测定　辉光放电质谱法
166	YS/T 1495—2021	高纯铑化学分析方法　杂质元素含量的测定　辉光放电质谱法
167	YS/T 1496—2021	钯化合物分析方法　杂质阴离子含量测定　离子色谱法
168	YS/T 1497—2021	铂化合物分析方法　杂质阴离子含量测定　离子色谱法
169	YS/T 1498—2021	醋酸铑
170	YS/T 1499—2021	醋酸四氨铂
171	YS/T 1500—2021	多晶硅制备炉衬用银板材
172	YS/T 1501—2021	含铜贵金属材料氧化亚铜金相检验方法
173	YS/T 1502—2021	钌化合物化学分析方法　铂、钯、铑、铱、金、银、铜、铁、镍、镁、锰、铅、锌、钙、钠含量的测定　电感耦合等离子体原子发射光谱法
174	YS/T 1503—2021	六羟基合铂酸二（乙醇铵）溶液
175	YS/T 1504—2021	高纯钯化学分析方法　杂质元素含量的测定　辉光放电质谱法
176	YS/T 1505—2021	高纯钌化学分析方法　杂质元素含量的测定　辉光放电质谱法

序号	标准编号	标准名称
177	YS/T 1506—2021	高纯铱化学分析方法　杂质元素含量的测定　辉光放电质谱法
178	YS/T 1507—2021	贵金属材料　压缩蠕变试验方法
179	YS/T 1508—2021	钯蒸发料
180	YS/T 1509.1—2021	硅碳复合负极材料化学分析方法　第1部分：硅含量的测定　重量法和分光光度法
181	YS/T 1509.2—2021	硅碳复合负极材料化学分析方法　第2部分：碳含量的测定　高频加热红外吸收法
182	YS/T 1509.3—2021	硅碳复合负极材料化学分析方法　第3部分：铁、镍、锆、钙、铅、铝、铪含量的测定　电感耦合等离子体原子发射光谱法
183	YS/T 1510—2021	高纯锗粉
184	YS/T 1511—2021	铝电解烟气石灰石-石膏法脱硫脱氟除尘技术规范
185	YS/T 1512.1—2021	铜冶炼烟尘化学分析方法　第1部分：铜含量的测定　火焰原子吸收光谱法和碘量法
186	YS/T 1512.2—2021	铜冶炼烟尘化学分析方法　第2部分：铅含量的测定　火焰原子吸收光谱法和Na$_2$EDTA滴定法
187	YS/T 1512.3—2021	铜冶炼烟尘化学分析方法　第3部分：锌含量的测定　火焰原子吸收光谱法和Na$_2$EDTA滴定法
188	YS/T 1512.4—2021	铜冶炼烟尘化学分析方法　第4部分：铋含量的测定　火焰原子吸收光谱法和Na$_2$EDTA滴定法
189	YS/T 1512.5—2021	铜冶炼烟尘化学分析方法　第5部分：砷含量的测定　硫酸亚铁铵滴定法
190	YS/T 1512.6—2021	铜冶炼烟尘化学分析方法　第6部分：铟含量的测定　火焰原子吸收光谱法
191	YS/T 1512.7—2021	铜冶炼烟尘化学分析方法　第7部分：镉含量的测定　火焰原子吸收光谱法和滴定法
192	YS/T 1512.8—2021	铜冶炼烟尘化学分析方法　第8部分：银和金含量的测定　火焰原子吸收光谱法和火试金法
193	YS/T 1512.9—2021	铜冶炼烟尘化学分析方法　第9部分：锑含量的测定　火焰原子吸收光谱法
194	YS/T 1513—2021	铅锌冶炼烟气氮氧化物处理技术规范
195	YS/T 1514—2021	锌湿法冶炼蒸汽净化及回用规范
196	YS/T 1515—2021	铝—空燃料电池用铝合金电极材料

序号	标准编号	标准名称
		行业标准外文版
197	YS/T 261—2011	锂辉石精矿 Spodumene concentrate
198	YS/T 582—2013	电池级碳酸锂 Battery grade lithium carbonate
199	YS/T 677—2016	锰酸锂 Lithium manganese oxide

附表 2 2021 年中国有色金属工业协会、中国有色金属学会联合发布的团体标准汇总表

序号	标准编号	标准名称	实施日期
1	T/CNIA 0074.1—2021	航空用铝合金板材 第1部分：通用技术规范	2021-9-1
2	T/CNIA 0074.2—2021	航空用铝合金板材 第2部分：7050T7451板材	2021-9-1
3	T/CNIA 0075—2021	绿色设计产品评价技术规范 电解铝	2021-9-1
4	T/CNIA 0076—2021	绿色设计产品评价技术规范 精细氧化铝	2021-9-1
5	T/CNIA 0077—2021	绿色设计产品评价技术规范 刚性导电汇流排铝型材	2021-9-1
6	T/CNIA 0078—2021	绿色设计产品评价技术规范 三氧化二锑	2021-9-1
7	T/CNIA 0079—2021	绿色设计产品评价技术规范 乙二醇锑	2021-9-1
8	T/CNIA 0080—2021	绿色设计产品评价技术规范 硫醇甲基锡	2021-9-1
9	T/CNIA 0081—2021	绿色设计产品评价技术规范 无铅锡基焊料	2021-9-1
10	T/CNIA 0082—2021	绿色设计产品评价技术规范 锡锭	2021-9-1
11	T/CNIA 0083—2021	绿色设计产品评价技术规范 锌锭	2021-9-1
12	T/CNIA 0084—2021	绿色设计产品评价技术规范 钛锭	2021-9-1
13	T/CNIA 0085—2021	绿色设计产品评价技术规范 焙烧钼精矿	2021-9-1
14	T/CNIA 0086—2021	绿色设计产品评价技术规范 钼精矿	2021-9-1
15	T/CNIA 0087—2021	绿色设计产品评价技术规范 碳酸锂	2021-9-1
16	T/CNIA 0088—2021	绿色设计产品评价技术规范 氢氧化锂	2021-9-1
17	T/CNIA 0089—2021	绿色设计产品评价技术规范 锂	2021-9-1
18	T/CNIA 0090—2021	废锂离子电池破碎分选集成设备	2021-9-1
19	T/CNIA 0091—2021	绿色设计产品评价技术规范 锆锭	2021-9-1
20	T/CNIA 0092—2021	绿色设计产品评价技术规范 镍钴铝酸锂	2021-9-1
21	T/CNIA 0093—2021	绿色设计产品评价技术规范 镍钴铝三元素复合氢氧化物	2021-9-1
22	T/CNIA 0094—2021	绿色设计产品评价技术规范 烧结金属间化合物多孔过滤材料	2021-9-1
23	T/CNIA 0095—2021	绿色设计产品评价技术规范 硬质合金产品	2021-9-1
24	T/CNIA 0096—2021	绿色设计产品评价技术规范 泡沫镍	2021-9-1
25	T/CNIA 0097—2021	绿色设计产品评价技术规范 贵金属炭载催化剂	2021-9-1
26	T/CNIA 0098—2021	银再生绿色回收技术规范	2021-9-1
27	T/CNIA 0099—2021	绿色设计产品评价技术规范 氧化铝负载贵金属催化剂	2021-9-1
28	T/CNIA 0100—2021	绿色设计产品评价技术规范 区熔锗锭	2021-9-1

序号	标准编号	标准名称	实施日期
29	T/CNIA 0101—2021	绿色设计产品评价技术规范 碳化硅单晶抛光片	2021-9-1
30	T/CNIA 0102—2021	绿色设计产品评价技术规范 氮化硅粉体	2021-9-1
31	T/CNIA 0103—2021	绿色设计产品评价技术规范 电子级氯硅烷	2021-9-1
32	T/CNIA 0104—2021	绿色设计产品评价技术规范 高纯氧化铝	2021-9-1
33	T/CNIA 0105—2021	氧化铝生产过程中草酸根离子含量的测定 离子色谱法	2021-9-1
34	T/CNIA 0106—2021	绿色设计产品评价技术规范 电解铜箔	2021-9-1
35	T/CNIA 0107.1—2021	铜及铜合金显微组织及断口图谱 第1部分：高铜系列	2021-9-1
36	T/CNIA 0108.1—2021	废电路板化学分析方法 第1部分：铜含量的测定 碘量法	2021-9-1
37	T/CNIA 0108.2—2021	废电路板化学分析方法 第2部分：金和银含量的测定 火试金法	2021-9-1
38	T/CNIA 0109—2021	有色金属材料分析方法 激光诱导击穿光谱应用通则	2021-9-1
39	T/CNIA 0110—2021	重有色金属冶炼副产品石膏	2021-9-1
40	T/CNIA 0111—2021	铜冶炼行业节能监察技术规范	2021-9-1
41	T/CNIA 0112—2021	废电路板取样、制样方法	2021-9-1
42	T/CNIA 0113—2021	粗亚碲酸钠	2021-9-1
43	T/CNIA 0114—2021	改良西门子法多晶硅副产品 六氯乙硅烷	2021-9-1
44	T/CNIA 0115—2021	多晶硅生产尾气净化用活性炭	2021-9-1
45	T/CNIA 0116—2021	多晶硅生产尾气净化用活性炭中杂质含量的测定 电感耦合等离子体原子发射光谱法	2021-9-1
46	T/CNIA 0117—2021	电子工业用高纯氢氟酸中痕量阴离子含量的测定 离子色谱法	2021-9-1
47	T/CNIA 0118—2021	电子工业用高纯氢氟酸中痕量杂质元素含量的测定 电感耦合等离子体质谱法	2021-9-1
48	T/CNIA 0119—2021	电子工业用高纯硝酸中痕量阴离子含量的测定 离子色谱法	2021-9-1
49	T/CNIA 0120—2021	电子工业用高纯硝酸中痕量杂质元素含量的测定 电感耦合等离子体质谱法	2021-9-1
50	T/CNIA 0121—2021	电子工业用高纯硫酸	2021-9-1
51	T/CNIA 0122—2021	汽车仪表盘支架用镁合金压铸坯料	2021-9-1

续附表 2

序号	标准编号	标准名称	实施日期
52	T/CNIA 0123—2021	工业硅生产大气污染物排放标准	2021-6-1
53	T/CNIA 0124—2021	绿色设计产品评价技术规范　热镀用锌合金锭	2021-12-1
54	T/CNIA 0125—2021	锌湿法冶炼深度净化除杂技术规范	2021-12-1
55	T/CNIA 0126—2021	有色金属加工产品质量分级评价　镍钴锰酸锂	2022-4-18
56	T/CNIA 0127—2021	有色金属加工产品质量分级评价　磷酸铁锂	2022-4-18

附表3 2020～2021年度有色金属行业优秀质量管理小组名单

序号	企业名称	小组名称
特级 QC 小组		
1	楚雄滇中有色金属有限责任公司	制氧 QC 小组
2	广西高峰矿业有限责任公司	坑口技改 QC 小组
3	江西铜业股份有限公司贵溪冶炼厂	硫酸车间 QC 小组
4	中国铝业股份有限公司广西分公司	红磨坊 QC 小组
5	云南锡业股份有限公司锡业分公司	沸腾炉 QC 小组
6	宁夏东方钽业股份有限公司	烧结 QC 小组
7	河南豫光锌业有限公司	锌业五厂锌窗口 QC 小组
8	中铝山西新材料有限公司	计控信息中心斤斤计较 QC 小组
9	铜陵有色金属集团股份有限公司铜冠冶化分公司	球团车间绿色 QC 小组
10	中铝山东有限公司	研究院"博迈特"QC 小组
11	云南驰宏锌锗股份有限公司	电铅精益求精 QC 小组
12	株洲冶炼集团股份有限公司	小蜜蜂 QC 小组
13	北方铜业股份有限公司铜矿峪矿	雄鹰 QC 小组
14	厦门金鹭特种合金有限公司	完好无缺 QC 小组
一级 QC 小组		
1	云南铜业股份有限公司西南铜业分公司	青山绿水 QC 小组
2	楚雄滇中有色金属有限责任公司	蓝天 QC 小组
3	楚雄滇中有色金属有限责任公司	污水处理 QC 小组
4	金川集团股份有限公司三矿区	充填工区第二 QC 小组
5	金川集团股份有限公司镍冶炼厂	镍电解二车间第二 QC 小组
6	金川集团镍盐有限公司	原料分厂萃取 QC 小组
7	金川集团化工新材料有限责任公司	第一增效 QC 小组
8	广西华锡矿业有限公司铜坑矿业分公司	选矿二车间锡锡相关 QC 小组
9	来宾华锡冶炼有限公司	锡分厂精炼 QC 小组
10	来宾华锡冶炼有限公司	锡分厂野火 QC 小组
11	江西铜业股份有限公司贵溪冶炼厂	选矿车间 QC 小组
12	江西铜业股份有限公司德兴铜矿	采矿场铲装工段 QC 小组
13	江西铜业股份有限公司德兴铜矿	检化中心化验 QC 小组
14	江西铜业加工事业部	漆包线厂 QC 小组
15	浙江华友钴业股份有限公司	开拓者队 QC 小组

续附表3

序号	企业名称	小组名称
16	中国铝业股份有限公司广西分公司	黑金刚 QC 小组
17	中国铝业股份有限公司广西分公司	铁牛 QC 小组
18	广西中铝工业服务有限公司	智慧 QC 小组
19	云南锡业股份有限公司锡业分公司	设备管理部攻关 QC 小组
20	云南锡业股份有限公司铜业分公司	铜业电解出装联合 QC 小组
21	云南锡业股份有限公司铜业分公司	铜业熔炼沉降电炉 QC 小组
22	河南豫光合金有限公司	扬帆 QC 小组
23	河南豫光冶金机械制造有限公司	创新动力 QC 小组
24	河南豫光金铅股份有限公司	再生铅厂塑造未来 QC 小组
25	云南迪庆有色金属有限责任公司	锚铢必较 QC 小组
26	中国铝业股份有限公司青海分公司	电解厂数控保障部 QC 小组
27	山东南山铝业股份有限公司	冲锋 QC 小组
28	山东南山铝业股份有限公司	雷霆 QC 小组
29	中铝山西新材料有限公司	第一氧化铝厂焙烧工区优化小纵队 QC 小组
30	中铝山西新材料有限公司	技术研发中心青鸟 QC 小组
31	中铝山西新材料有限公司	热电分厂燃化输煤 QC 小组
32	金隆铜业有限公司	渣选课"春风"QC 小组
33	铜陵有色金属集团铜冠建筑安装股份有限公司	建安钢构"蓝弧"QC 小组
34	铜陵有色金属集团股份有限公司金威铜业分公司	"卓越"QC 小组
35	张家港联合铜业有限公司	挑战 QC 小组
36	中铝山东新材料有限公司	原料二区 QC 小组
37	中铝山东有限公司	第二氧化铝厂分解南车间 QC 小组
38	云南锌锗股份有限公司	跃进坑技术组 QC 小组
39	云南云铜锌业股份有限公司	火麒麟 QC 小组
40	云南云铜锌业股份有限公司	小聪聪 QC 小组
41	中铝中州铝业有限公司	物理分析 QC 小组
42	大冶有色金属集团控股有限公司	冶炼厂澳炉 QC 小组
43	大冶有色金属集团控股有限公司	冶炼厂飞跃 QC 小组
44	大冶有色金属集团控股有限公司	冶炼厂精碲班 QC 小组
45	中国铝业股份有限公司贵州分公司	急先锋 QC 小组

续附表3

序号	企业名称	小组名称
46	中国铝业股份有限公司贵州分公司	腾飞 QC 小组
47	广西华磊新材料有限公司	黄绿红 QC 小组
48	新乡市金龙精密铜管制造有限公司	争先的蜗牛 QC 小组
49	株洲冶炼集团股份有限公司	锌湿冶厂开拓者 QC 小组
50	中铝郑州有色金属研究院有限公司	电工填料 QC 小组
51	白银有色集团股份有限公司铜业公司	化验 QC 小组
52	白银有色集团股份有限公司铜业公司	铸魂 QC 小组
53	东北轻合金有限责任公司	熔铸厂制造部生产技术组 QC 小组
54	北方铜业股份有限公司铜矿峪矿	电气自动化控制科 QC 小组
55	广西华银铝业有限公司	雷雨 QC 小组
56	西南铝业（集团）有限责任公司	攻坚克难 QC 小组
57	中铝矿业有限公司	新安项目部采矿 QC 小组
58	厦门金鹭特种合金有限公司	精益求精 QC 小组
59	厦门金鹭特种合金有限公司	事半功倍 QC 小组
60	西北铝业有限责任公司	扬帆起航 QC 小组
61	包头铝业有限公司	精密创新 QC 小组
62	山西华兴铝业有限公司	安全环保科 QC 小组
63	金堆城钼业股份有限公司	开创未来 QC 小组
64	金堆城钼业股份有限公司	降本增效智慧 QC 小组
65	金堆城钼业股份有限公司	焙烧 QC 小组
66	阿克陶科邦锰业制造有限公司	技术中心卓越 QC 小组
二级 QC 小组		
1	青海桥头铝电股份有限公司	电解厂电解一车间四工区 QC 小组
2	青海桥头铝电股份有限公司	电解厂电解一车间槽维班 QC 小组
3	云南铜业股份有限公司西南铜业分公司	硫酸分厂仪电 QC 小组
4	云南铜业股份有限公司西南铜业分公司	亮眼睛 QC 小组
5	云南铜业股份有限公司西南铜业分公司	飞跃 QC 小组
6	金川集团铜业有限公司	提纯 QC 小组
7	金川集团股份有限公司选矿厂	全胜 QC 小组
8	广西华锡矿业有限公司铜坑矿业分公司	选矿一车间点锌 QC 小组
9	广西佛子矿业有限公司	机电创优攻关 QC 小组

序号	企业名称	小组名称
10	浙江华友钴业股份有限公司	合成稳定攻坚 QC 小组
11	浙江华友钴业股份有限公司	勇"锰"之队 QC 小组
12	浙江华友钴业股份有限公司	华友萃取生产攻坚队 QC 小组
13	浙江华友钴业股份有限公司	华友碳酸锂队 QC 小组
14	中国铝业股份有限公司广西分公司	晨光 QC 小组
15	中国铝业股份有限公司广西分公司	槐枫 QC 小组
16	云锡股份有限公司老厂分公司	综合服务车间 J-QC 小组
17	云南锡业股份有限公司大屯锡矿	选矿车间生产技术股 QC 小组
18	云南华联锌铟股份有限公司	浮选工序 QC 小组
19	宁夏东方钽业股份有限公司	分离组 QC 小组
20	宁夏中色金辉新能源有限公司	合力 QC 小组
21	西北稀有金属材料研究院宁夏有限公司	化学 QC 小组
22	晋能控股山西电力股份有限公司河津发电分公司	设备维护部仪控三班 QC 小组
23	晋能控股山西电力股份有限公司河津发电分公司	设备维护部继仪班 QC 小组
24	河南豫光锌业有限公司	锌业四厂锌之火 QC 小组
25	中国铝业股份有限公司青海分公司	铸造厂第二 QC 小组
26	中国铝业股份有限公司青海分公司	炭素厂设备管理部生产技术 QC 小组
27	安徽港口物流有限公司	拓进 QC 小组
28	青海中铝铝板带有限公司	生产部 QC 小组
29	兰州有色冶金设计研究院有限公司	团结拼搏 QC 小组
30	兰州有色冶金设计研究院有限公司	冶炼 QC 小组
31	甘肃蓝野建设监理有限公司	市民公园外幕墙监理 QC 小组
32	甘肃蓝野建设监理有限公司	西固人家三期项目部 QC 小组
33	山东南山铝业股份有限公司	征途 QC 小组
34	山东南山铝业股份有限公司	尖刀 QC 小组
35	山东南山铝业股份有限公司	梦在铝途 QC 小组
36	山东南山铝业股份有限公司	熔古铸今 QC 小组
37	山东南山铝业股份有限公司	铝战铝胜 QC 小组
38	龙口东海氧化铝有限公司	品牌精创 QC 小组
39	矿冶科技集团有限公司	北京安期生-同心协力 QC 小组

序号	企业名称	小组名称
40	中铝山西新材料有限公司	电解厂供电车间 QC 小组
41	中色科技股份有限公司	提升六辊缸块凸块质量 QC 小组
42	铜陵有色金属集团股份有限公司安庆铜矿	选矿车间 QC 小组
43	铜陵有色金属集团股份有限公司金冠铜业分公司	铜心铸梦 QC 小组
44	中铝山东有限公司	氧化铝厂长缨 QC 小组
45	中铝山东有限公司	功能材料厂吸附工区絮凝攻关 QC 小组
46	中铝山东有限公司	动力厂煤气站 QC 小组
47	新巴尔虎右旗荣达矿业有限责任公司	拼命三郎 QC 小组
48	中铝中州铝业有限公司	飞虎队 QC 小组
49	中铝中州铝业有限公司	分析二站 QC 小组
50	中铝中州铝业有限公司	挑战者 QC 小组
51	中铝洛阳铜加工有限公司	"降本增效" QC 小组
52	中铝洛阳铜加工有限公司	IC 框架炉 QC 小组
53	中国长城铝业有限公司	长兴实业伏枥 QC 小组
54	中国长城铝业有限公司	银建地产 QC 小组
55	中国长城铝业有限公司	生产保障 QC 小组
56	中国长城铝业有限公司	保卫消防中心拓路者 QC 小组
57	大冶有色金属集团控股有限公司	冶炼厂净化 QC 小组
58	大冶有色金属集团控股有限公司	冶炼厂铂钯班 QC 小组
59	大冶有色金属集团控股有限公司	冶炼厂守护蓝天 QC 小组
60	中国铝业股份有限公司贵州分公司	麦坝铝矿 QC 小组
61	北方铜业股份有限公司垣曲冶炼厂	硫酸车间 QC 小组
62	中国铝业股份有限公司连城分公司	质量检验中心光谱分析 QC 小组
63	中铝山西铝业有限公司	山西中铝工业服务有限公司吊装运输分公司 QC 小组
64	重庆龙煜精密铜管有限公司	成型攻坚 QC 小组
65	株洲冶炼集团股份有限公司	锌电解厂技术 QC 小组
66	株洲冶炼集团股份有限公司	氧化锌厂 QC 小组
67	广东凤铝铝业有限公司	提高水冷板型材成品率 QC 小组
68	广东凤铝铝业有限公司	降低模具异常报废率 QC 小组

序号	企业名称	小组名称
69	佛山市三水凤铝铝业有限公司	降低漆膜膜低返工率 QC 小组
70	佛山市三水凤铝铝业有限公司	改善粉末喷涂金属色颜色偏差 QC 小组
71	玉溪矿业有限公司	度分秒 QC 小组
72	云南铜业股份有限公司矿山研究院	KY—扬帆 QC 小组
73	甘肃厂坝有色金属有限责任公司成州锌冶炼厂	综合车间质量提升 QC 小组
74	兰州铝业有限公司	慧建未来 QC 小组
75	广西柳州银海铝业股份有限公司	"银龙" QC 小组
76	白银有色集团股份有限公司铜业公司	烈焰 QC 小组
77	东北轻合金有限责任公司	中厚板厂制造部 QC 小组
78	广西南南铝加工有限公司	铝模板免整形团队 QC 小组
79	广西华银铝业有限公司	启航 QC 小组
80	崇义章源钨业股份有限公司	稳质增效 QC 小组
81	厦门金鹭特种合金有限公司	新纪元 QC 小组
82	云南金鼎锌业有限公司	阳光不锈 QC 小组
83	西北铝业有限责任公司	精益求精 QC 小组
84	包头铝业有限公司	生产模块工艺 QC 小组
85	包头铝业有限公司	炉控攻坚 QC 小组
86	青铜峡铝业股份有限公司青铜峡铝业分公司	焙烧一车间 QC 小组
87	紫金矿业集团黄金冶炼有限公司	金提纯 QC 小组
88	山西华兴铝业有限公司	蒸发 QC 小组
89	山西中铝华润有限公司	动力绿叶号 QC 小组
90	金堆城钼业股份有限公司	金钼汝阳 QC 小组
91	金堆城钼业股份有限公司	纯三氧化钼生产 QC 小组
92	赤峰金通铜业有限公司	电解厂运转 QC 小组
93	广西来宾银海铝业有限责任公司	小铁锤 QC 小组
三级 QC 小组		
1	江铜耶兹铜箔有限公司	设备管理部 QC 小组
2	四川江铜稀土有限责任公司	漫水湾冶分厂 QC 小组
3	广亚铝业有限公司	缺陷改善 QC 小组
4	河南豫光金铅股份有限公司	股份化验室铅真万确 QC 小组

序号	企业名称	小组名称
5	洛阳有色金属加工设计研究院有限公司	技术开发部 QC 小组
6	中国铝业股份有限公司连城分公司	电解厂电解区域 QC 小组
7	中国铝业股份有限公司连城分公司	动力厂动力区域 QC 小组
8	新乡市金龙精密铜管制造有限公司	红太阳 QC 小组
9	中铝郑州有色金属研究院有限公司	勃姆石生产 QC 小组
10	自贡硬质合金有限责任公司	精密零件事业部自动化线 QC 小组
11	四川三星新材料科技股份有限公司	三星膜厚控制 QC 小组
12	白银有色集团股份有限公司西北铅锌冶炼厂	"锌动" QC 小组
13	云南浩鑫铝箔有限公司	微米加工 QC 小组
14	云南云铝绿源慧邦工程技术有限公司	熔古铸今 QC 小组
15	云南云铝润鑫铝业有限公司	固废资源化 QC 小组
16	中铝西南铝板带有限公司	亮饰带生产优化 QC 小组
17	崇义章源钨业股份有限公司	模具厂 QC 小组
18	广西百色银海铝业有限责任公司	磐石 QC 小组
19	广西百色银海铝业有限责任公司	运输腾飞 QC 小组
20	中铝矿业有限公司	高纯分析 QC 小组
21	中铝矿业有限公司	质量攻关 QC 小组
22	中铝矿业有限公司	飞跃动力攻关 QC 小组
23	云南金鼎锌业有限公司	全"锌"全力 QC 小组

附表4 2020~2021年度有色金属行业质量信得过班组名单

序号	企业名称	班组名称
	特级班组	
1	浙江华友钴业股份有限公司	萃取班组
2	中国铝业股份有限公司广西分公司	阳极制造车间煅烧甲班
3	宁夏东方钽业股份有限公司	分析检测中心光谱班组
4	河南豫光金铅股份有限公司	再生铅厂自动分离班组
5	铜陵有色金属集团铜冠建筑安装股份有限公司	铜陵有色金属集团铜冠建安钢构公司生产车间铆焊班
6	广西华锡矿业有限公司铜坑矿业分公司	生产技术中心选矿技术组
7	云南驰宏锌锗股份有限公司	新材料厂锌粉工序
8	中铝中州铝业有限公司	分析一室成品矿石组
9	山西华兴铝业有限公司	质量计量部化验车间固料仪器班组
	一级班组	
1	中国铝业股份有限公司广西分公司	镓车间精制班
2	西北稀有金属材料研究院宁夏有限公司	铍材研究所制粉组
3	河南豫光锌业有限公司	锌业二厂焙砂中浸班
4	中国铝业股份有限公司青海分公司	电解厂净化保障部供料班
5	安徽港口物流有限公司	098乘务班
6	铜陵有色金属集团股份有限公司铜冠冶化分公司	球团车间生产三班
7	中铝山东有限公司	第二氧化铝厂除杂车间乙班
8	云南驰宏锌锗股份有限公司	熔炼厂熔炼班
9	大冶有色金属集团控股有限公司	冶炼厂熔炼车间澳炉一班
10	株洲冶炼集团股份有限公司	锌湿冶厂砷盐净化二班
11	广西南南铝加工有限公司	力学检测组
12	晋能控股山西电力股份有限公司河津发电分公司	燃化运行部燃运五班
	二级班组	
1	云南铜业股份有限公司西南铜业分公司	精炼分厂生产运行作业区一班
2	云南锡业锡化工材料有限责任公司	丁基氧化锡班组
3	云南锡业锡材有限公司	焊化车间锡丝班组
4	中国铝业股份有限公司青海分公司	炭素厂生产管理二部一期焙烧大班组
5	中国铝业股份有限公司青海分公司	铸造厂作业一区维修班

续附表4

序号	企业名称	班组名称
6	中铝山东有限公司	工业服务中心新材料事业部特氧特三检修班
7	云南驰宏锌锗股份有限公司	彝良驰宏矿业有限公司毛坪矿充填站
8	云南驰宏锌锗股份有限公司	会泽矿业分公司跃进坑运输工区3号竖井队
9	中国长城铝业有限公司	保卫消防中心消防队战斗一班班组
10	大冶有色金属集团控股有限公司	冶炼厂电解车间PC班
11	中铝山西铝业有限公司	山西中铝工业服务有限公司安装二工区
12	株洲冶炼集团股份有限公司	锌焙烧厂制酸酸库班
13	玉溪矿业有限公司	测量班组
14	白银有色集团股份有限公司铜业公司	物流中心叉车班组
15	广西南南铝加工有限公司	熔铸234号铸造班
16	广西南南铝加工有限公司	热轧质检班组
17	赤峰金通铜业有限公司	冶炼厂阳极炉二班
三级班组		
1	广西银亿新材料有限公司	品管部化验室中心班组
2	中铝矿业有限公司	热电厂电力运行部区域配
3	紫金矿业集团黄金冶炼有限公司	金提纯班组

附表 5　2020～2021 年度有色金属行业质量管理小组活动优秀推进者名单

序号	企业名称	优秀推进者名单
1	青海桥头铝电股份有限公司	卜祥敏
2	广西华锡集团股份有限公司	刘永松
3	华友新能源科技（衢州）有限公司	丁群儒
4	浙江华友钴业股份有限公司	赵建军
5	浙江华友钴业股份有限公司	惠升
6	中国铝业股份有限公司广西分公司	黄建丽
7	中国铝业股份有限公司广西分公司	姜潮阳
8	云南锡业锡化工材料有限责任公司	汪莹
9	云南锡业股份有限公司	汤粉兰
10	中色（宁夏）东方集团有限公司	马淑珍
11	宁夏东方钽业股份有限公司	赵勇刚
12	宁夏中色新材料有限公司	徐玉红
13	晋能控股山西电力股份有限公司河津发电分公司	王倩
14	河南豫光金铅集团有限责任公司	常改竹
15	河南豫光锌业有限公司	车拥霞
16	云南迪庆有色金属有限责任公司	龚丽
17	中国铝业股份有限公司青海分公司	王振丰
18	青海中铝铝板带有限公司	熊增彩
19	中铝山西新材料有限公司	王素刚
20	中铝山西新材料有限公司	李娇
21	中铝山东有限公司	钱记泽
22	中国长城铝业有限公司	段岩
23	大冶有色金属集团控股有限公司	李飞燕
24	大冶有色金属集团控股有限公司	张颖
25	中国铝业股份有限公司贵州分公司	夏井平
26	株洲冶炼集团股份有限公司	刘志祥
27	兰州铝业有限公司	韩加龙
28	青铜峡铝业股份有限公司青铜峡分公司	乔捷
29	广西南南铝加工有限公司	周晶晶
30	广西百色银海铝业有限责任公司	全兰荣
31	紫金矿业集团黄金冶炼有限公司	梁正霖

序号	企业名称	优秀推进者名单
32	金堆城钼业股份有限公司	王丽丽
33	山西华兴铝业有限公司	马新亮
34	阿克陶科邦锰业制造有限公司	马晓磊
35	北方铜业股份有限公司	李国琴
36	北方铜业股份有限公司铜矿峪矿	冯斌
37	新巴尔虎右旗荣达矿业有限责任公司	陈秋妍

附表6　2020~2021年度有色金属行业质量信得过班组建设先进个人名单

序号	企业名称	先进个人名单
1	衢州华友钴新材料有限公司	焦　静
2	中国铝业股份有限公司广西分公司	李梅霄
3	云锡股份有限责任公司老厂分公司	余俊奇
4	云南华联锌铟股份有限公司	洪永华
5	河南豫光金铅股份有限公司	高冬生
6	河南豫光金铅集团有限责任公司	杨海波
7	中国铝业股份有限公司青海分公司	王俊逸
8	中铝山西新材料有限公司	贾小军
9	中铝山东有限公司	王　磊
10	株洲冶炼集团股份有限公司	龙　云
11	株洲冶炼集团股份有限公司	蒋墩坚
12	广西南南铝加工有限公司	廖海彪
13	紫金矿业集团黄金冶炼有限公司	邱杭新
14	北方铜业股份有限公司	李国琴
15	山西华兴铝业有限公司	杨凯龙

附表7 2020~2021年度有色金属产品实物质量认定名单

证书编号	单 位 名 称	产 品 名 称	牌号或规格
		新评企业和产品	
2021—01	兰州金川新材料科技股份有限公司	钴	Co9995
2021—02	西南铝业（集团）有限责任公司	7050T7451铝合金板材	7050
2021—03	中铝西南铝板带有限公司	易拉罐罐体用铝合金带材	3104
2021—04	云南驰宏国际锗业有限公司	高纯二氧化锗	GeO_2-06
2021—05	云南驰宏国际锗业有限公司	区熔锗锭	ZGe-1
2021—06	山西华兴铝业有限公司	冶金级氧化铝	YAO-1、YAO-2
2021—07	肇庆市大正铝业有限公司	再生铸造铝合金锭	383Y.3、380Y.2、380A.1、360A.1
2021—08	宁夏中色金航钛业有限公司	钛合金棒材	TC4
2021—09	宁夏中色新材料有限公司	电子工业用银粉	AgSC-1
2021—10	中色（宁夏）东方集团有限公司特种材料分公司	钒氮合金	VN12、VN16
2021—11	宁夏东方钽业股份有限公司	电容器用钽粉	FTW、FTP、FTD系列
2021—12	宁夏东方钽业股份有限公司	电容器用钽丝	DTa1（纯钽丝）、DTa2（掺杂钽丝）
2021—13	崇义章源钨业股份有限公司	碳化钨粉	WC02-300
2021—14	楚雄滇中有色金属有限责任公司	阳极铜	
2021—15	铭帝集团有限公司	铝合金建筑型材（基材）	6063
2021—16	铭帝集团有限公司	铝合金建筑型材（阳极氧化型材）	6063
2021—17	铭帝集团有限公司	铝合金建筑型材（喷粉型材）	6063
2021—18	广西晶联光电材料有限责任公司	氧化铟锡靶材	RD99.7

证书编号	单位名称	产品名称	牌号或规格
		复评企业和产品	
2021—19	金川集团粉体材料有限公司	电解镍粉	FND3
2021—20	金川集团粉体材料有限公司	球形氢氧化镍	Zn3Co1.5
2021—21	金川集团粉体材料有限公司	雾化镍粉	FNW2、FNW3、FNW4
2021—22	金川集团粉体材料有限公司	氧化铜粉	CuO980
2021—23	金川集团镍盐有限公司	工业硫酸镍	优等品
2021—24	金川集团镍盐有限公司	电镀用氯化镍	优等品
2021—25	金川集团股份有限公司	电解镍	Ni9996
2021—26	金川镍都实业有限公司	微晶磷铜制品（微晶磷铜球、微晶磷铜角、微晶磷铜排）	TPW0.05
2021—27	金川集团铜业有限公司	阴极铜	Cu-CATH-1
2021—28	金川集团铜业有限公司	电镀用硫酸铜	一等品
2021—29	金川集团铜业有限公司	金锭	IC-Au99.99
2021—30	金川集团铜业有限公司	银锭	IC-Ag99.99
2021—31	张家港联合铜业有限公司	阴极铜	Cu-CATH-1
2021—32	广东季华铝业有限公司	铝合金建筑型材（阳极氧化型材）	6063
2021—33	广东季华铝业有限公司	铝合金建筑型材（喷粉型材）	6063
2021—34	广东季华铝业有限公司	铝合金建筑型材（隔热型材）	6063
2021—35	佛山市华鸿铜管有限公司	空调与制冷设备用铜及铜合金无缝管	TP2
2021—36	佛山市华鸿铜管有限公司	无缝内螺纹铜管	TP2
2021—37	佛山市华鸿铜管有限公司	无缝铜水管和铜气管	TP2
2021—38	佛山市华鸿铜管有限公司	电工用铜和铝及其合金母线：第1部分 铜和铜合金母线	T2
2021—39	云南云铜锌业股份有限公司	锌锭	Zn99.995

续附表7

证书编号	单 位 名 称	产 品 名 称	牌号或规格
2021—40	河南豫光金铅股份有限公司	铅合金锭	ZSPbSb1、ZSPbCa
2021—41	河南豫光金铅股份有限公司	阴极铜	Cu-CATH-1
2021—42	河南豫光金铅股份有限公司	银锭	IC-Ag99.99
2021—43	河南豫光锌业有限公司	工业硫酸	浓硫酸 优等品（98%）
2021—44	四川三星新材料科技股份有限公司	铝合金建筑型材（阳极氧化型材）	6063
2021—45	四川三星新材料科技股份有限公司	铝合金建筑型材（电泳涂漆型材）	6063
2021—46	四川三星新材料科技股份有限公司	铝合金建筑型材（喷粉型材）	6063
2021—47	四川三星新材料科技股份有限公司	铝合金建筑型材（喷漆型材）	6063
2021—48	四川三星新材料科技股份有限公司	铝合金建筑型材（隔热型材）	6063
2021—49	四川三星新材料科技股份有限公司	一般工业用铝及铝合金挤压型材	6061
2021—50	福建省南铝板带加工有限公司	铝及铝合金彩色涂层板、带材	3105
2021—51	福建省南铝板带加工有限公司	有机聚合物喷涂铝单板	3003
2021—52	福建省南铝板带加工有限公司	一般工业用铝及铝合金板、带材	1060
2021—53	广东华昌集团有限公司	铝合金建筑型材（阳极氧化型材）	6063
2021—54	广东华昌集团有限公司	铝合金建筑型材（电泳涂漆型材）	6063
2021—55	广东华昌集团有限公司	铝合金建筑型材（喷粉型材）	6063
2021—56	广东华昌集团有限公司	铝合金建筑型材（喷漆型材）	6063

证书编号	单 位 名 称	产 品 名 称	牌号或规格
2021—57	广东华昌集团有限公司	铝合金建筑型材（隔热型材）	6063
2021—58	广东华昌集团有限公司	一般工业用铝及铝合金挤压型材	6063
2021—59	广东坚美铝型材厂（集团）有限公司	一般工业用铝及铝合金挤压型材	6061
2021—60	广东坚美铝型材厂（集团）有限公司	铝合金建筑型材（电泳涂漆型材）	6063
2021—61	广东坚美铝型材厂（集团）有限公司	铝合金建筑型材（喷粉型材）	6063
2021—62	常熟中佳新材料有限公司	空调及制冷设备用铜及铜合金无缝管	TP2
2021—63	山东中佳电子科技有限公司	空调及制冷设备用铜及铜合金无缝管	TP2
2021—64	上海五星铜业股份有限公司	服饰金属附件用铜合金带材	H62、H65、H68
2021—65	山东南山铝业股份有限公司	铸造铝合金锭	A356.2
2021—66	山东南山铝业股份有限公司	铝及铝合金——用于焊接制作储存和运输用危险品容器的轧制产品	5454
2021—67	烟台东海铝箔有限公司	锂离子电池用铝及铝合金箔	1100
2021—68	龙口南山铝压延新材料有限公司	一般工业用铝及铝合金板、带材	8079
2021—69	安徽铜冠铜箔集团股份有限公司	超低轮廓电解铜箔	HTE-VLP
2021—70	安徽铜冠铜箔集团股份有限公司	光面粗化电解铜箔	HTE-RTF
2021—71	铜陵有色铜冠铜箔有限公司	锂离子电池用双面光电解铜箔	LB
2021—72	新乡市龙翔精密铜管有限公司	热交换器用铜及铜合金无缝翅片管	TP2
2021—73	广东耀银山铝业有限公司	铝合金建筑型材（阳极氧化型材）	6063

证书编号	单 位 名 称	产 品 名 称	牌号或规格
2021—74	广东耀银山铝业有限公司	铝合金建筑型材（电泳涂漆型材）	6063
2021—75	广东耀银山铝业有限公司	铝合金建筑型材（喷粉型材）	6063
2021—76	广东新合铝业新兴有限公司	铝合金建筑型材（阳极氧化型材）	6063
2021—77	广东新合铝业新兴有限公司	铝合金建筑型材（电泳涂漆型材）	6063
2021—78	广东新合铝业新兴有限公司	铝合金建筑型材（喷粉型材）	6063
2021—79	广东新合铝业新兴有限公司	铝合金建筑型材（喷漆型材）	6063
2021—80	广东新合铝业新兴有限公司	铝合金建筑型材（隔热型材）	6063
2021—81	新乡市金龙精密铜管制造有限公司	空调与制冷设备用铜及铜合金无缝管	TP2
2021—82	新乡市金龙精密铜管制造有限公司	无缝内螺纹铜管	TP2
2021—83	河南金利金铅集团有限公司	铋	Bi99.99
2021—84	河南金利金铅集团有限公司	铅锭	Pb99.994
2021—85	河南金利金铅集团有限公司	银锭	IC-Ag99.99
2021—86	无锡金龙川村精管有限公司	铜及铜合金毛细管	TP2
2021—87	广东兴发铝业有限公司	铝合金建筑型材（阳极氧化型材）	6063
2021—88	广东兴发铝业有限公司	铝合金建筑型材（喷粉型材）	6063
2021—89	云南锡业股份有限公司	锡锭	Sn99.90A、Sn99.90AA、Sn99.95AA、Sn99.99A
2021—90	云南锡业股份有限公司	阴极铜	Cu-CATH-1

证书编号	单 位 名 称	产 品 名 称	牌号或规格
2021—91	云南锡业股份有限公司	无铅锡基焊料	SnAg3Cu0.5、 SnCu0.7、 SnAg0.3Cu0.7、 SnAg3.0、 SnAg0.3
2021—92	云南锡业股份有限公司	铸造锡铅焊料	Sn60PbA、Sn63PbA
2021—93	云南锡业股份有限公司	铸造轴承合金锭	SnSb11Cu6、SnSb8Cu4
2021—94	白银有色集团股份有限公司	金锭	IC-Au99.995、IC-Au99.99
2021—95	白银有色集团股份有限公司	银锭	IC-Ag99.99
2021—96	白银有色集团股份有限公司铜业公司	工业硫酸	浓硫酸（优等品 98%、92.5%）、发烟硫酸（优等品）
2021—97	浙江力博实业股份有限公司	磁极线圈用铜型材	TU1
2021—98	辽宁托田铝业有限公司	铝合金建筑型材（阳极氧化型材）	6063
2021—99	辽宁托田铝业有限公司	铝合金建筑型材（电泳涂漆型材）	6063
2021—100	辽宁托田铝业有限公司	铝合金建筑型材（喷粉型材）	6063
2021—101	辽宁托田铝业有限公司	铝合金建筑型材（隔热型材（穿条式））	6063
2021—102	广亚铝业有限公司	铝合金建筑型材（喷粉型材）	6063
2021—103	广亚铝业有限公司	铝合金建筑型材（喷漆型材）	6063
2021—104	广亚铝业有限公司	铝合金建筑型材（隔热型材）	6063
2021—105	广亚铝业有限公司	一般工业用铝及铝合金挤压型材	6061

附表8 2021年有色金属行业获中国专利奖名单

序号	专利号	专利名称	专利权人	发明人
中国专利银奖项目（3项）				
1	ZL201310248660.7	氮化物荧光粉、其制备方法及包括其的发光装置	北京有色金属研究总院、有研稀土新材料股份有限公司	刘荣辉、刘元红、徐会兵、何华强、高慰、何涛、陈观通、夏天
2	ZL201610558972.1	一种碳化钛强化细晶钨材料的制备方法	长沙微纳坤宸新材料有限公司	范景莲、章曼、李鹏飞、韩勇、田家敏
3	ZL201710161854.1	一种铝合金曲面加强筋板热压成形方法	北京航星机器制造有限公司	秦中环、李保永、刘奇、徐凯、刘伟、李信
中国专利优秀奖项目（34项）				
1	ZL201610743207.7	带有剔板补板及阴极板转运功能的锌片剥离系统	北矿机电科技有限责任公司	石峰、郭鑫、李恒通、姜勇、战凯、梁殿印、赵继平、龙智卓、李建国、杨文旺、武涛、李强、范凌霄、连晓圆、刘利敏、李阳、宁媛松
2	ZL200610113798.6	一种采用氧气底吹炉连续炼铜的工艺及其装置	中国恩菲工程技术有限公司	蒋继穆、尉克俭、张振民、史学谦、林晓芳
3	ZL201610321896.2	喷吹富氧空气和粉煤的侧吹浸没燃烧熔池熔炼装置	中国恩菲工程技术有限公司	陈学刚、黎敏、邬传谷、曹珂菲、张清、林屹、冯双杰
4	ZL201610158338.9	一种包括了强磁选预先抛除金铁氧化矿中细泥的强化浸金方法	广东省科学院资源综合利用研究所、云南黄金矿业集团股份有限公司	邱显扬、王建强、符德贵、胡真、高起方、王成行、刘志斌、汪泰、宋登学、李汉文、杨德生、李沛伦、邹坚坚、汤玉和

续附表8

序号	专利号	专利名称	专利权人	发明人
5	ZL201310084650.4	一种锂离子电池正极材料及其制备方法	昆明理工大学	张英杰、夏书标、董鹏、张雁南、闫宇星
6	ZL201310501529.7	重金属污酸废水资源化回收方法及装置	中南大学、赛恩斯环保股份有限公司	柴立元、王庆伟、李青竹、蒋国民、杨志辉、柴承志
7	ZL200810031069.5	一种全区电偶源频率域磁测深方法及装置	湖南继善高科技有限公司	何继善
8	ZL200810121120.1	一种制备钴氧化物、镍氧化物、铜氧化物的方法	浙江华友钴业股份有限公司	陈雪华、刘秀庆、向波、徐伟
9	ZL200810150363.8	一种紧固件用β钛合金及制备方法	西安西工大超晶科技发展有限责任公司、西北工业大学	李金山、常辉、寇宏超、周中波、唐斌、薛祥义、王一川、周廉
10	ZL200910219825.1	电解烟气干法净化系统	沈阳铝镁科技有限公司	杨晓东、刘雅锋、宋海琛、汪林、王富强、周东方
11	ZL201010505574.6	一种 Al_2O_3 纳米颗粒增强铝基复合材料的制备方法	江苏大学	赵玉涛、李桂荣、王宏明、陈刚、陈登斌
12	ZL201210294046.X	锂离子电池阳极极片及包含该阳极极的锂离子电池	东莞新能源科技有限公司	李白清、张盛武、陶泽天、李吉蓉、宋学文、张柏清
13	ZL201310138761.9	一种由硫酸铜废液制备高纯球形氧化铜的方法	广东致卓环保科技有限公司	范小玲、王振文、谢金平、李宁
14	ZL201310705905.4	一种低氧超细钴粉的合成方法	荆门市格林美新材料有限公司	苏陶贵、张云河、李涛、郭苗苗

序号	专利号	专利名称	专利权人	发明人
15	ZL201410043294.6	一种钴酸锂正极材料的制备方法	厦门厦钨新能源材料股份有限公司、三明厦钨新能源材料有限公司	曾雷英、罗小成、杨盛广、詹威
16	ZL201410256646.6	生产电解电容器阳极铝箔用的高纯铝板锭及阳极铝箔、电解电容器	新疆众和股份有限公司	王海丽、左宏
17	ZL201410542948.X	一种大直径6063铝合金圆铸锭坯的生产方法	云南云铝润鑫铝业有限公司	张春生、邢大庆、杨万章、周金全、潘建国、杨吉斌、陈本松、江俊
18	ZL201410802298.8	一种铝合金车轮液态模锻及旋压加工系统	天津立中集团股份有限公司	计国富、王纪刚、邱立宝、张晓光、李连松、臧进、杨海泉、唐云峰
19	ZL201410836709.5	钎焊用铝箔材料及其制造方法	江苏鼎胜新能源材料股份有限公司	张莉、黎勇、吴保剑、刘时群、王超新、杨海燕
20	ZL201510056575.X	一种深部金矿阶梯式找矿方法	山东省物化探勘查院	宋明春、曹春国、崔书学、徐军祥、张丕建、焦秀美、胡弘、李世勇、曹佳、宋英昕
21	ZL201510270191.8	电解电容器用低压阳极铝箔阶梯非正弦波变频腐蚀方法	厦门大学、广东华锋新能源科技股份有限公司、肇庆市高要区华锋电子铝箔有限公司	林昌健、钱国庆、陈宇峰、程永刚、王文宝、孙岚、谭帼英
22	ZL201510550781.6	多晶硅的生产工艺	中国化学工程第六建设有限公司	李宁、李海军、陈乾坤、王三妹
23	ZL201510684748.2	智能电网用高强耐热铝合金单线、导线及其加工工艺	远东电缆有限公司、新远东电缆有限公司、远东复合技术有限公司	徐静、夏霏霏、杨伯其、田崇军

序号	专利号	专利名称	专利权人	发明人
24	ZL201510928911.5	一种从钼冶炼废酸中回收铼的方法	中国地质科学院郑州矿产综合利用研究所、洛阳栾川钼业集团股份有限公司	刘红召、张五兴、张博、刘玲、高照国、范小祥、王威、温炎森、曹耀华、刘元旗、肖华、蔡朝辉、符向东
25	ZL201580002027.7	一种含 W 的 R-Fe-B-Cu 系烧结磁铁及急冷合金	厦门钨业股份有限公司、福建省长汀金龙稀土有限公司	永田浩、喻荣、蓝琴
26	ZL201610357854.4	一种含铁化合物涂层锰酸锂正极材料的制备方法	广西师范大学	王红强、赖飞燕、张晓辉、韦晓璐、吴强、黄有国、李庆余
27	ZL201610421916.3	一种低密度高熵合金材料及其制备方法	广东兴发铝业有限公司、华南理工大学	朱德智、罗铭强、丁霞、张卫文、戚龙飞
28	ZL201610433068.8	一种处理废铅酸蓄电池细铅栅的铅针、铅泥分离机	江苏新春兴再生资源有限责任公司	杨春明
29	ZL201611241222.8	一种预成型纳米银膜	广州汉源新材料股份有限公司	何天贤、李志豪
30	ZL201710236865.1	一种在线回收冷氢化反应尾气中硅粉的方法及系统	四川永祥多晶硅有限公司	彭中、甘居富、段雍、罗周、李寿琴、王亚萍
31	ZL201710461633.6	立环高梯度磁选机	山东华特磁电科技股份有限公司	王兆连、贾洪利、刘凤亮、吴海双
32	ZL201710887146.6	一种 6 系铝合金型材及其制备方法	辽宁忠旺集团有限公司	顾维明、赵芳、庞俊铭、马青梅

序号	专利号	专利名称	专利权人	发明人
33	ZL201711328709.4	一种粗颗粒、低水不溶物硫酸钴的连续结晶系统及其工艺	清远佳致新材料研究院有限公司、广东佳纳能源科技有限公司	梁伟华、付海阔、吴理觉、林春明、万承平
34	ZL201810749266.4	一种大型高温合金高筒形锻件分段轧制方法	无锡派克新材料科技股份有限公司	李姚君、刘其源、刘智、王俊、陈翠、吴久喜、何方有、许亮、何涛、连忠礼、许志成

附表 9　新材料领域知识产权保护中心

序号	中心名称	领域	所在地（详细地址）	联系方式
1	中国（中关村）知识产权保护中心	新材料、生物医药	北京市海淀区成府路45号中关村智造大街A座	010-83454118
2	中国（天津）知识产权保护中心	新一代信息技术、新材料	天津市滨海新区高新区华苑产业区开华道22号普天创新园2号楼	022-23768809
3	中国（苏州）知识产权保护中心	新材料、生物制品制造	江苏省苏州市工业园区金鸡湖大道1355号国际科技园3期8楼	0512-88182714
4	中国（广州）知识产权保护中心	高端装备制造、新材料产业	广东省广州市天河区天河北路892号12楼	020-38217376
5	中国（克拉玛依）知识产权保护中心	石油开采加工、新材料产业	新疆维吾尔自治区克拉玛依市银河路51号	19909909119 0990-6260812
6	中国（成都）知识产权保护中心（筹建中）	成都生物医药、新材料产业	待定	待定
7	中国（赣州）知识产权保护中心（筹建中）	新型功能材料和装备制造产业	待定	待定
8	中国（辽宁）知识产权保护中心（筹建中）	新材料和新一代信息技术产业	待定	待定
9	中国（内蒙古）知识产权保护中心（筹建中）	生物和新材料	待定	待定
10	中国（江苏）知识产权保护中心（筹建中）	高端装备、新型功能和结构材料产业	待定	待定
11	中国（淄博）知识产权保护中心（筹建中）	新材料	待定	待定
12	中国（德州）知识产权保护中心（筹建中）	新材料和生物医药	待定	待定
13	中国（广州）知识产权保护中心（筹建中）	高端装备制造和新材料产业	广州市天河区天河北路892号12楼	020-38217376

附表10 有色金属行业专利信息公共服务平台

序号	平台名称	网　址
1	有色金属行业知识产权服务平台	www. youseip. com
2	稀土专利检索平台	http：//xt. youseip. com
3	云南省稀贵金属知识产权与标准信息平台	http：//114. 55. 56. 85/app
4	国家重点产业专利信息服务平台	http：//chinaip. cnipa. gov. cn/
5	专利信息服务平台	http：//search. cnipr. com/
6	中外专利数据库—万方数据知识服务平台	http：//c. et. wanfangdata. com. cn/PatentIndex. aspx
7	专利检索及分析	http：//pss-system. cnipa. gov. cn/sipopublicsearch/ portal/uilogin-forwardLogin. shtml

2021年有色金属工业节能减排发展报告

习近平总书记在第75届联合国一般性辩论上宣布：中国将提高国家自主贡献力度，采取更加有利的政策和措施，二氧化碳排放力争于2030年前达到峰值，努力争取2060年前实现碳中和。"十四五"时期，中国生态文明建设进入以降碳为重点、推动减污降碳协同增效、推动经济社会发展全面绿色转型、实现生态环境质量由量变到质变的关键时期。有色金属工业作为中国工业领域碳达峰行动的重要组成，更需要完善、准确、全面贯彻新发展理念，扎实做好碳达峰碳中和工作，努力争取实现碳达峰。

一、有色金属工业节能取得新的进展

（一）主要产品能耗稳中有降

2021年，中国十种有色金属产量达到6477万吨，同比增长4.7%。有色金属行业单位产品能耗指标水平进一步提高，接近或达到了世界先进水平。2021年，原铝综合交流电耗为13511千瓦时/吨，同比降低32千瓦时/吨。铜冶炼综合能耗（以标煤计）为215.3千克/吨，铅冶炼综合能耗（以标煤计）为325.4千克/吨，电解锌冶炼综合能耗（以标煤计）为886.4千克/吨。有色金属行业主要产品的技术经济指标接近或达到世界先进水平。2016~2021年主要有色金属产品能耗指标见表1。

表1　2016~2021年主要有色金属产品能耗指标

指标	单位	2016年	2017年	2018年	2019年	2020年	2021年
铜冶炼综合能耗	千克/吨	269.4	299.1	285.8	286.4	270.8	215.3
氧化铝综合能耗	千克/吨	406.6	410	415.34	388.9	370.4	341.7
电解铝综合交流电耗	千瓦时/吨	13600	13579	13532.7	13524.9	13518.5	13511.3
铅冶炼综合能耗	千克/吨	386.4	367.2	335.9	331.75	330.97	325.4
电解锌综合能耗	千克/吨	839.7	875.98	872.4	804.4	818.8	886.4
锡冶炼综合能耗	千克/吨	1531.7	1371.9	1324	1410	1318.5	1494.3
铜加工材综合能耗	千克/吨	199.0	228.5	193.15	179.5	179.09	—
铝加工材综合能耗	千克/吨	307.3	298.61	268.41	246.8	203.18	—

数据来源：中国有色金属工业协会；2021年能耗数据为初步统计数，同比数据为同期初步统计数相比。

（二）部分技术经济指标进一步提升

2021年，有色金属工业主要技术经济指标进一步提升，部分关键指标再创最好水平，铜选矿回收率等技术经济指标已接近或达到世界先进水平，大大提高了有色金属工业的国际竞争力。2016~2021年有色金属工业主要技术经济指标见表2。

表2　2016~2021年有色金属工业主要技术经济指标

技术经济指标		单位	2016年	2017年	2018年	2019年	2020年	2021年
1. 选矿回收率	铜选矿回收率	%	85.2	86.4	86.1	86.0	86.2	86.81
	铅选矿回收率	%	86.7	86.1	86.0	86.1	86.5	85.60
	锌选矿回收率	%	89.7	91.0	91.5	91.8	91.0	90.85
	镍选矿回收率	%	84.6	85.1	84.1	83.5	83.3	83.41
	锡选矿回收率	%	67.6	68.1	69.5	70.0	68.6	71.90
	锑选矿回收率	%	87.0	86.8	87.3	86.9	87.1	86.27
	钨选矿回收率	%	79.3	78.6	78.9	79.1	80.1	77.23
	钼选矿回收率	%	85.9	86.1	84.0	85.2	85.8	88.08
2. 铜冶炼回收率		%	98.2	98.4	98.5	98.9	98.6	98.68
3. 铝冶炼	氧化铝碱耗	千克/吨	137.7	162.9	172.3	158.9	141.9	132.46
	氧化铝总回收率	%	81.8	79.4	78.3	79.4	80.2	78.91
	原铝氧化铝单耗	千克/吨	1912.8	1913.1	1911.8	1911.9	1914.1	1914.78
	原铝消耗炭阳极（毛耗）	千克/吨	480.9	479.5	477.6	476.9	475.21	—
	原铝氟化盐单耗	千克/吨	17.7	18.0	18.4	18.4	17.51	—
4. 铅冶炼总回收率		%	96.7	97.2	97.0	97.1	97.2	97.26
5. 电锌冶炼总回收率		%	95.0	95.5	96.2	96.1	97.0	96.42
6. 镍冶炼总回收率		%	94.3	94.1	94.1	94.4	94.4	94.19
7. 锡冶炼总回收率		%	97.6	97.5	97.7	97.6	98.1	97.96
8. 铜材综合成品率		%	77.2	73.0	77.2	78.2	79.6	79.64
9. 铝材综合成品率		%	70.8	74.6	73.4	75.9	78.6	67.88

数据来源：中国有色金属工业协会；2021年数据为初步统计数。

二、国家推动有色金属工业节能环保的主要政策

（一）碳达峰碳中和政策

2021年10月，中共中央、国务院发布了《中共中央 国务院关于完整准确

全面贯彻新发展理念 做好碳达峰碳中和工作的意见》，对碳达峰碳中和工作作出了系统谋划，围绕"十四五"时期及 2030 年、2060 年两个重要时间节点，提出了碳达峰碳中和工作的总体要求、主要目标和重大举措，明确了中国实现碳达峰、碳中和的时间表、路线图，是碳达峰碳中和工作的纲领性文件。

2021 年 10 月，国务院发布《2030 年前碳达峰行动方案》。该行动方案与《中共中央 国务院关于完整准确全面贯彻新发展理念 做好碳达峰碳中和工作的意见》构建出碳达峰碳中和"1+N"政策体系。《方案》提出了碳达峰十大行动，其中工业领域碳达峰行动中对有色金属行业提出具体要求，提出了制定《有色金属行业碳达峰实施方案》，明确有色金属行业碳达峰的时间表和路线图。

（二）节能政策

2022 年 1 月，国务院印发《"十四五"节能减排综合性工作方案》（国发〔2021〕33 号），提出了到 2025 年，单位国内生产总值能源消耗比 2020 年下降 13.5%，能源消费总量得到合理控制，化学需氧量、氨氮、氮氧化物、挥发性有机物排放总量比 2020 年分别下降 8%、8%、10%、10%以上的主要目标。重点行业实施绿色升级工程，以钢铁、有色金属、建材、石化化工等行业为重点，推进节能改造和污染物深度治理。

2021 年 10 月，国家发改委印发《关于严格能效约束推动重点领域节能降碳的若干意见》（发改产业〔2021〕1464 号）制定了冶金、建材行业的具体行动方案，提出了到 2025 年，通过实施节能降碳行动，电解铝等重点行业能效达到标杆水平的产能比例超过 30%，行业整体能效水平明显提升，碳排放强度明显下降，绿色低碳发展能力显著增强的工作目标，同时提出了十大重点任务，文件对于推动行业实施节能改造、推动重点行业碳减排具有重要意义。

2021 年 11 月，国家发改委印发《关于发布〈高耗能行业重点领域能效标杆水平和基准水平（2021 年版）〉的通知》（发改产业〔2021〕1609 号，以下简称《通知》）科学界定了有色金属等五大重点领域能效标杆水平和基准水平。其中有色金属行业制定了铜、铝、铅锌冶炼单位产品能效标杆值和基准值。《通知》提出了两个"力争达到标杆水平"：对拟建、在建项目，应对照能效标杆水平建设实施，推动能效水平应提尽提，力争全面达到标杆水平；对能效低于本行业基准水平的存量项目，应合理设置政策实施过渡期，确定改造升级和淘汰时限，制定年度改造计划，在规定时限内将能效改造升级到基准水平以上，力争达到能效标杆水平。《通知》为科学、有序、分类推进节能降碳工作提供了关键参考指标，有利于推进行业整体能效水平不断提升。

2022年2月，国家发改委印发《高耗能行业重点领域节能降碳改造升级实施指南（2022年版）》（发改产业〔2022〕200号），明确了有色金属行业重点领域电解铝、铜、铅、锌冶炼节能改造升级的具体工作方向和技术选择的参考建议，进一步量化了"十四五"节能降碳技术改造的实施目标。到2025年，电解铝能效标杆水平以上产能占比达到30%，铜、铅、锌冶炼能效标杆水平以上产能比例达到50%，4个行业能效基准水平以下产能基本清零。《指南》的发布对推动重点行业转型升级和高质量发展，提升能源资源利用效率，降低碳排放具有重要的指导作用。

（三）环保政策

2021年11月，《中共中央 国务院关于深入打好污染防治攻坚战的意见》在加快推动绿色低碳发展，深入打好蓝天、碧水、净土保卫战等方面作出具体部署。《意见》提出，以能源、工业、城乡建设、交通运输等领域和钢铁、有色金属、建材、石化化工等行业为重点，深入开展碳达峰行动。深入打好蓝天保卫战，提出着力打好重污染天气消除攻坚战，钢铁、有色金属、化工等行业参照重点区域执行重污染天气应急减排措施。

2021年6月，生态环境部印发《关于加强高耗能、高排放建设项目生态环境源头防控的指导意见》（环环评〔2021〕45号）。《指导意见》立足区域环评、规划环评、项目环评、排污许可、监督执法、督察问责"六位一体"全过程环境管理框架，明确环境管理要求，对"两高"项目环评审批、排污许可证强化监管执法、减污降碳协同等方面提出了具体措施，引导"两高"项目低碳绿色转型发展。"两高"项目暂按煤电、石化、化工、钢铁、有色金属冶炼、建材等六个行业类别统计。

2021年11月，生态环境部印发《环境保护综合名录（2021年版）》，分为"高污染"，"高环境风险" "高污染、高环境风险"产品三类。铅属于"高污染、高环境风险"产品。铜、再生铅（不规范回收）、锌（富氧常压直接浸出炼锌工艺除外）、镍、粗锡（富氧熔池熔炼工艺除外）、金属锑、氧化铝（拜耳法工艺除外）、电解铝、镁、金（重选法提金工艺除外）、钼铁（钼精矿无碳焙烧工艺除外）、工业氧化钼（钼焙砂）（无碳焙烧法除外）属于"高污染"产品。

2022年3月，生态环境部《关于进一步加强重金属污染防控的意见》（环固体〔2022〕17号），进一步强化重金属污染物排放控制，有效防控涉重金属环境风险。《意见》确定重点重金属污染物：铅、汞、镉、铬、砷、铊、锑。实施污染物排放量总量控制的重金属：铅、汞、镉、铬、砷，明确了重金属污染防控工作的重点和目标任务，对改善生态环境质量、防范生态环境风险具有重要的意义。

（四）碳市场政策

生态环境部发布《碳排放交易权管理办法（试行）》。《管理办法》定位于规范全国碳市场交易相关活动，规定了参与主体的相关权利和义务，以及全国碳市场运行的关键环节和管理要求。为进一步规范全国碳排放权登记、交易、结算活动，根据《管理办法》，生态环境部印发了《碳排放权登记管理规定（试行）》《碳排放权交易管理规定（试行）》《碳排放结算管理规定（试行）》。

7月16日，全国碳排放权交易市场启动上线交易，发电行业成为首个纳入全国碳市场的行业，12月31日，全国碳排放权交易市场第一个履约周期顺利结束，共纳入发电行业重点排放单位2162家，年覆盖温室气体排放量约45亿吨二氧化碳，是全球规模最大的碳市场。碳排放配额累计成交量1.79亿吨，累计成交额76.61亿元。电解铝行业有望第二批纳入全国统一碳市场。

三、有色金属工业节能降碳工作扎实推进

（一）制定有色金属行业碳达峰实施方案

一是摸清有色金属行业碳排放现状。据测算，中国有色金属行业二氧化碳排放量约6.7亿吨，其中铝工业约5亿吨。铝冶炼行业是中国有色金属行业二氧化碳排放的主要领域。

二是科学制定碳达峰目标。《有色金属行业碳达峰实施方案》明确了有色金属行业实现碳达峰的时间表、路线图，提出了到2030年前，电解铝清洁能源消费占比30%以上，绿色低碳、循环发展的产业体系基本建立，确保2030年前有色金属行业实现碳达峰的绿色低碳主要目标。

三是研究提出降碳路径。研究提出了有色金属行业实现降碳的主要途径，为整个行业实现碳达峰目标奠定了基础。第一，控制有色金属冶炼规模；第二，优化产业布局，改善能源结构；第三，调整产品结构，循环再生降碳；第四，提升工艺技术装备水平，技术降碳；第五，多产业耦合发展，突破行业内卷降碳。

四是明确碳达峰保障措施。通过系统研究和全面分析，提出了加强统筹协调、严格政策执行、加大财税扶持、强化金融支持、完善标准体系和加强宣传引导等六个方面的保障措施，为实现碳达峰碳中和目标保驾护航。

（二）配合发改委产业司制定节能降碳相关政策

受发改委产业司委托，研究推进电解铝行业能效限额标准及节能降碳技术改造有关事宜，研究制定相关能耗指标，确定标杆值和基准值，以此作为企业节能技改的标准。积极推动重点领域节能降碳工作，研究制定了有色行业重点品种节能减碳改造升级实施方案。实施方案中明确了企业技术改造的主要目标，通过实施3年技术改造，有色行业重点产品能效大幅度提升，达到或接近世界先进水平。

（三）绿色低碳标准体系建设

按照低碳先行、源头预防、过程控制、末端治理、绿色引导的原则，完善工业节能与绿色标准体系，支撑行业绿色发展。到2023年，在低碳、二次资源分类及产品、固废综合处理、能源节约、水资源利用、废气废渣处理、清洁生产和绿色评价等领域制修订238项标准，组织编制了《有色金属行业绿色低碳标准化三年行动计划（2021~2023)》。

（四）积极推进有色金属行业碳排放权交易

根据碳达峰目标与碳中和愿景要求，积极推进有色金属行业碳交易体系建设，做好与全国碳排放权交易市场的衔接。依据生态环境部气候变化司《关于委托中国有色金属工业协会开展有色金属行业碳排放权交易相关工作的函》要求，组织完成《电解铝行业纳入全国碳排放权交易工作实施方案》，初步研究制定了《2022年度全国电解铝行业碳排放权交易配额总量设定与分配方案（建议稿)》，积极组织有色行业碳市场能力建设。

（五）研究制定淘汰工艺设备名录

中国有色金属工业协会配合工信部节能司研究制定《限期淘汰产生严重污染环境的工业固体废物的落后生产工艺设备名录》。组织探讨相关有色行业产生严重污染环境的工业固体废物的落后的工艺设备优缺点，形成了淘汰工艺设备名录。目前《限期淘汰产生严重污染环境的工业固体废物的落后生产工艺设备名录》（工信部公告2021年第25号）已发布。

撰稿人：李　丹、邵朱强、王建雷
审稿人：贾明星

2021 年再生有色金属工业发展报告

2021 年是"十四五"开局之年,《2030 年前碳达峰行动方案》《"十四五"循环经济发展规划》《"十四五"工业绿色发展规划》《"十四五"原材料工业发展规划》、税收政策调整等系列政策规划陆续出台,均利好再生有色金属产业发展,中国再生有色金属产量增幅创近四年新高,国内外原料保障取得积极进展,产业规模化、规范化程度进一步提升,产业链融合发展持续深化,项目投资快速增长,整体呈现良好发展态势。

一、2021 年中国再生有色金属产业发展现状

(一)产量快速增长

据中国有色金属工业协会再生金属分会统计,2021 年再生有色金属产量达到 1572 万吨,同比增长 8.41%。其中再生铜 365 万吨,同比增长 12.31%;再生铝 800 万吨,同比增长 8.11%;再生铅 270 万吨,同比增长 12.50%;再生锌 137 万吨,同比下降 5.52%。全年实现产品产值近 5000 亿元。2011~2021年中国再生有色金属产量持续增长,见图 1。

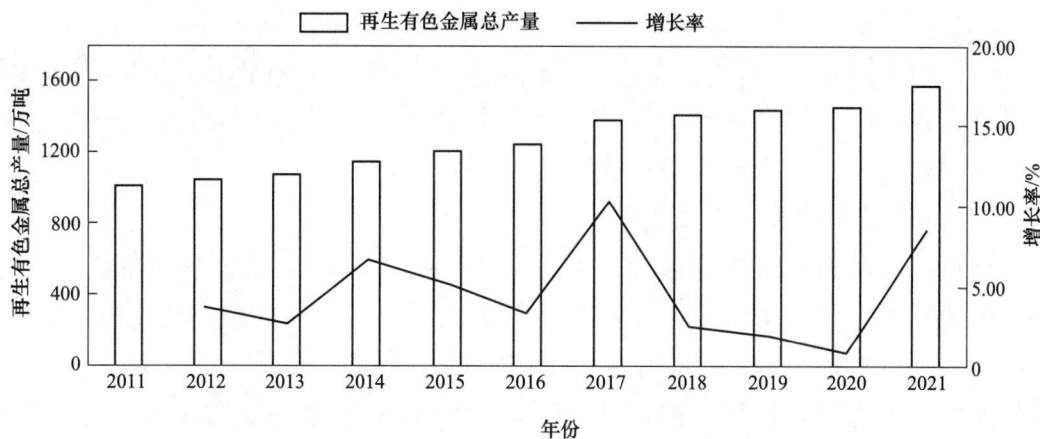

图 1 2011~2021 年中国再生有色金属产量

数据来源:中国有色金属工业协会再生金属分会(以下简称"再生金属分会")

（二）原料供应能力不断提升

随着有色金属社会报废量的快速增长、回收体系的逐步规范、再生铜铝原料进口政策的实施，再生有色金属原料形成以"国内为主，进口补充"的格局。

一是国内回收量稳步增加。2021年国内废铜回收量241万吨（金属量），同比增长2.55%；废铝回收量700万吨（金属量），同比增长6%；废铅蓄电池的回收量达到415万吨（含铅金属量270万吨）；废锌同比小幅下降。近年国内原料情况见图2。从主要回收市场看，山东临沂华东有色金属城回收交易废铜65万吨、废铝120万吨；河南长葛大周废铝回收利用量超过100万吨；江西丰城市循环经济园区废铜、废铝回收利用量均超过60万吨；江西省鹰潭（贵溪）铜产业循环经济基地废铜加工利用量约为120万吨（以国内原料为主）。

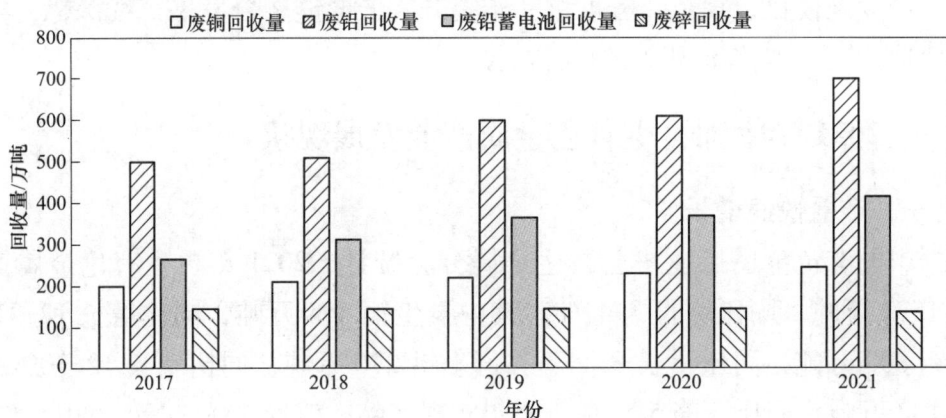

图2　2017~2021年国内原料情况

数据来源：再生金属分会

二是再生铜铝原料进口呈现恢复式增长。据海关总署统计，2021年中国进口再生铜原料、再生黄铜原料共计169.32万吨，同比增长79.46%；进口再生铸造铝合金原料102.86万吨，同比增长24.93%。

（三）产业集中度明显提升

近年，在政策和市场双重推动下，再生有色金属新建项目持续落地，产业规模迅速扩大，产业集中度明显提升。江西是再生铜产业的最大集聚地，再生铜产能占全国总产能的30%以上；河南、广东、江苏、重庆、山东是再生铝产业集聚地，五省市合计再生铝产能占总产能的60%以上；安徽、河南、江苏、江西、内蒙古五省区废铅蓄电池处理能力合计占全国总量的60%。

（四）产业链融合发展持续深化

在双碳战略下，越来越多原生金属生产企业和加工企业向再生有色金属领域延伸，形成"原生+再生"的融合发展新格局。例如，中国铝业集团、中国有色集团等中央企业已经把发展再生有色金属上升到集团战略统筹规划；山东魏桥、河南神火等大型原生冶炼企业分别与顺尔茨、帅翼驰等再生企业合作发展再生有色金属产业；河南明泰铝业、山东创新集团等加工企业计划在 5 年内把再生铝规模从现在的 68 万吨、50 万吨分别提升至 140 万吨、200 万吨。

（五）新建项目产能快速增长

据不完全统计，2021 年取得环评批复的再生有色金属项目产能超过 1000 万吨。其中，再生铜项目产能 165 万吨，主要分布在江西省；再生铝项目产能 768 万吨，分布在广西、江西、福建、贵州、湖北、山东、河南、浙江等省区；再生铅项目产能超 100 万吨，分布在河北、江苏、内蒙古、河南、山东等省区。

二、2021 年中国再生有色金属产业经济运行状况

（一）经营形势分析

1. 总体情况

2021 年上半年，随着全球疫情好转、铜铝等大宗商品价格走势上扬，以及《关于规范再生黄铜原料、再生铜原料和再生铸造铝合金原料进口管理有关事项的公告》（生态环境部 海关总署 商务部 工业和信息化部公告 2020 年第 43 号）稳步实施，再生铜铝原料进口量呈现恢复式增长。再生有色金属产业供需两旺，企业整体生产经营较上年同期明显好转。进入下半年，受原材料价格上涨过快利润空间不断压缩、船期和集装箱紧张、海外疫情反复及国内新增产能释放等多重因素影响，部分企业经营出现困难。但行业龙头企业通过加强国内原料采购、拓宽产品销售渠道、降低生产经营成本等多种措施，依然保持了良好的经营水平，产量及收入保持增长。

2. 市场与价格

2021 年，再生铜铝原料价格不断上涨，涨幅同比接近 40%。再生铜原料价格的变化，以江浙沪地区为例，光亮铜 2021 年的均价为 62256 元/吨，同比增长 39.77%；黄杂铜 2021 年的均价为 43156 元/吨，同比增长 35.65%。再生铝原料价格的变化，以江苏地区为例，破碎熟铝（90%~92%）2021 年的均价为 14262 元/吨，同比增长 39.71%；破碎生铝（91%~93%）2021 年的均价为 15159 元/吨，同比增长 38.77%。废铅蓄电池的价格变化，以安徽、浙江为例，两省的废铅蓄电池 2021 年的均价分别为 8205 元/吨和 7776 元/吨，同比分别增长 7.26% 和 3.40%。再生锌原料的价格变化，以浙江为例，5 号锌合金 2021 年的均价为 20333 元/吨，同比增长 22.29%；破碎锌（85%~86%）2021 年的均价为 16827 元/吨，同比增长 25.11%。具体价格变化见图 3。

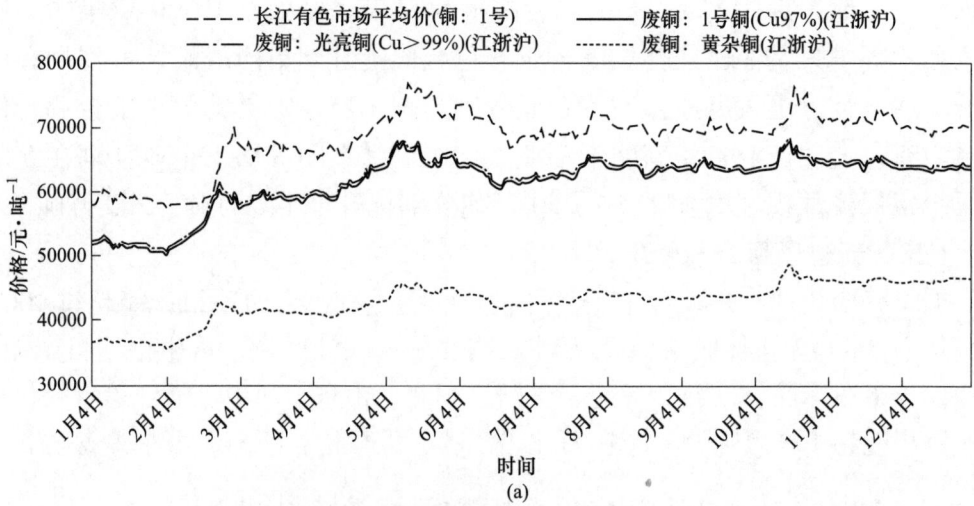

(a)

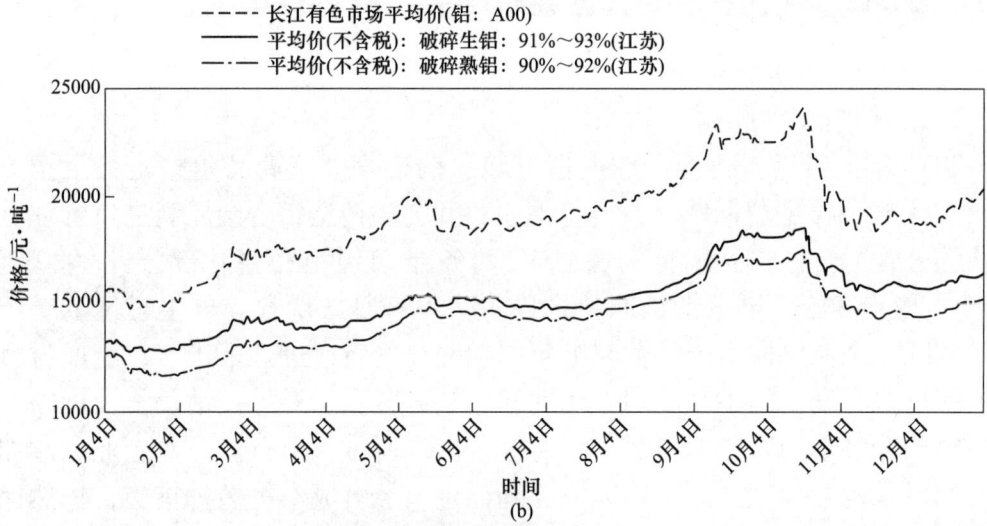

(b)

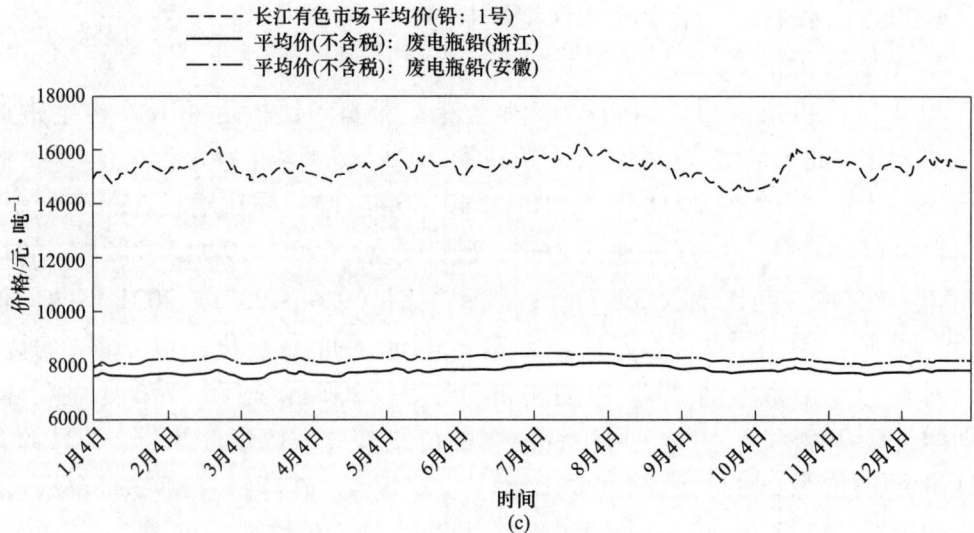

(c)

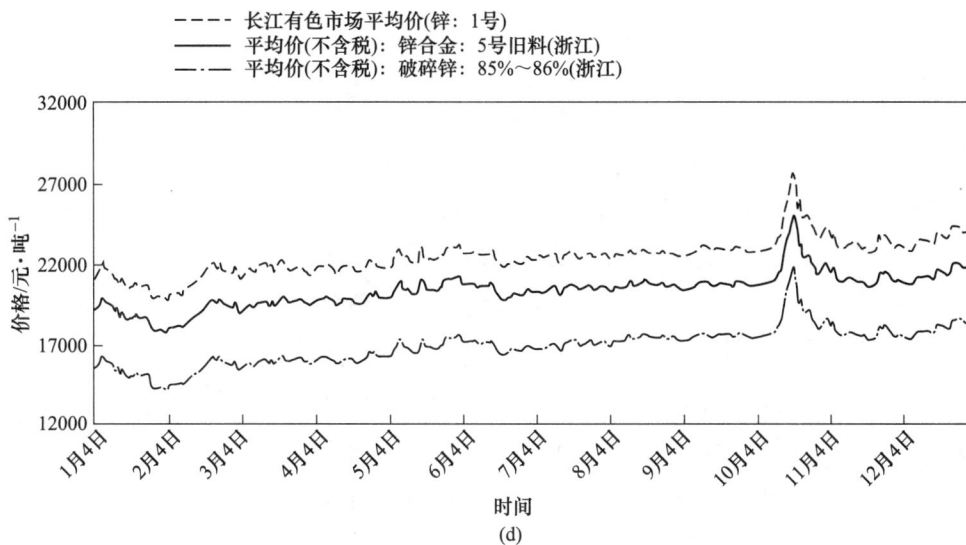

图3　2021年铜、铝、铅、锌及其再生原料价格走势
（a）2021年铜及再生铜原料价格；（b）2021年铝及再生铝原料价格；
（c）2021年铅及废铅蓄电池价格；（d）2021年锌及再生锌原料价格
数据来源：万得数据

3. 典型企业情况

2021年，再生有色金属企业总体经营较为稳定，受有色金属价格上涨影响，再生有色金属企业盈利情况普遍好于上年。以顺博合金为例，公开数据显示，该企业2021年全年营业总收入99.8亿元，同比增加105%；净利润3.7亿元，同比增长74.7%。此外，金田铜业等企业2021年全年营业收入和净利润同比也有大幅度增长。

（二）再生有色金属企业进入资本市场步伐加快

2021年，上市公司加快进入再生有色金属领域，已经上市的再生有色金属企业也在逐步扩大规模。以再生铝为例，3月上海永茂泰汽车科技股份有限公司在上海证券交易所挂牌上市，该企业主要以废铝、硅、铜等为主要材料，从事铸造铝合金全产业链；中国宏桥有限公司公告称，将加大绿色铝和再生铝项目，环能国际称将购买位于香港的铝废料加工厂。此外，立中集团再生铸造铝合金业务在国内18家合金工厂基础上，加快泰国和墨西哥的再生铝回收和产能建设。

同时，还有多家再生有色金属企业正在筹划上市，或与上市公司合作，拓展融资渠道。预计随着中国绿色低碳循环发展进程加快，碳减排持续推进，针对再生有色金属企业和项目的投资和并购将继续呈现增长趋势。

三、中国再生有色金属产业政策环境

在"碳达峰、碳中和"的战略引领下，中国加快建立健全绿色低碳循环发展的经济体系，再生有色金属产业进入高质量发展新阶段。2021年相关产业政策密集出台，为再生有色金属产业持续健康高质量发展指明了方向。

（一）明确再生有色金属产业发展目标相关政策

《2030年前碳达峰行动方案》中指出：到2025年，废铜、废铝、废铅、废锌等9种主要再生资源循环利用量达到4.5亿吨，到2030年达到5.1亿吨。《"十四五"循环经济发展规划》中指出：到2025年，再生有色金属产量达到2000万吨，其中再生铜、再生铝和再生铅产量分别达到400万吨、1150万吨、290万吨。《"十四五"原材料工业发展规划》中指出：到2025年，再生铜、铝产量比例分别达到35%、20%。

（二）鼓励配送中心建设的相关政策

《"十四五"原材料工业发展规划》提出拓展多元化资源供给渠道，支持优势企业建立大型再生铝、铜、锂、镍、钴、钨、钼等回收基地和产业集聚区，推进再生金属回收、拆解、加工、分类、配送一体化发展。在《"十四五"时期"无废城市"建设工作方案》中提出：支持金属冶炼、造纸、汽车制造等龙头企业与再生资源回收加工企业合作，建设一体化废有色金属等绿色分拣加工配送中心和废旧动力电池回收中心。

（三）规范回收利用体系的税收政策

《关于完善资源综合利用增值税政策的公告》（财政部 税务总局公告2021年第40号）、《资源综合利用企业所得税优惠目录（2021年版）》（财政部 税务总局 发展改革委 生态环境部公告2021年第36号）均于2021年底发布，对再生有色金属产业涉及的增值税和所得税政策进行了调整。根据40号公告，"废旧电池及其拆解物"中扩大了金属盐的种类，新增相应技术标准，新增再生利用企业和修复工艺的材料回收率和废水循环利用率要求，退税比例由30%提高至50%。从事再生资源回收的增值税一般纳税人销售其收购的再生资源，可以选择适用简易计税方法依照3%征收率计算缴纳增值税，或适用一般计税方法计算缴纳增值税。所得税优惠目录增加了"社会回收的废金属（废钢铁、废铜、废铝等）生产金属（含稀贵金属）、铁合金料及其衍生产品，产品原料70%以上来自所列资源，产品符合国家和行业标准"、并将废旧电池产品原料比例由100%调整为90%。修订后的税收政策一如既往地体现了支持和鼓励再生有色金属产业发展的政策导向，对推进产业规范发展产生深远影响。

（四）提升危险废物管理能力的相关政策

再生铝产业产生的铝灰及再生铅产业的原料废铅蓄电池都是危险废物，2021 年 11 月 30 日发布的《危险废物转移管理办法》提出危险废物转移应当遵循就近原则，以降低运输过程带来的环境风险。明确危险废物转移相关方的一般责任，增加了移出人、承运人、接受人、托运人责任，细化了从移出到接受各环节的转移管理要求。明确加强信息化监管，全面运行危险废物电子转移联单。大幅提高危险废物跨省转移审批效率，将危险废物跨省转移审批时限控制在 20 个工作日。为鼓励开展区域合作的省份之间简化危险废物审批流程，正在推进危险废物跨省转移"白名单"制度，即对于长三角、珠三角、京津冀和长江经济带其他地区，鼓励开展区域合作的省份之间，探索以"白名单"方式对危险废物跨省转移审批实行简化许可。

（五）再生铜铝原料标准制修订取得积极进展

2021 年，再生铝原料新标准相继发布，包括《回收铝》（GB/T 13586—2021）、《再生变形铝合金原料》（GB/T 40382—2021）、《再生纯铝原料》（GB/T 40386—2021），《再生铜合金原料》标准启动修订。

针对《再生黄铜原料》（GB/T 38470—2019）、《再生铜原料》（GB/T 38471—2019）、《再生铸造铝合金原料》（GB/T 38472—2019）等三项标准在实施过程中出现的各类问题，全国有色金属标准化技术委员会联合部分地方海关及再生铜铝原料生产、使用企业于 2021 年 4 月发布了《再生铜、铝原料标准实施指引》，初步统一了各相关方对标准的理解和认识，对促进高品质原料进口发挥了积极作用。

四、中国再生有色金属产业发展趋势

（一）供需快速增长

需求端：新能源汽车、光伏、风电等产业快速发展，带动有色金属消费量增长。如交通运输领域汽车轻量化已成为必然趋势，根据国际铝协预测，2030 年全球单车用铝量将超过 280 千克，目前国内汽车制造业单车耗铝约 70% 是铸造铝合金；根据国际铜业协会统计，新能源汽车铜使用量较传统内燃机汽车显著增加，初步预测 2025 年新能源汽车用铜量将超过 50 万吨。根据国际可再生能源署的数据，预计未来光伏领域每年新增铝消费量超过 100 万吨、铜消费量超过 20 万吨。在产业链上下游均面临减碳压力的形势下，再生有色金属消费量将快速增长。

供应端：随着社会有色金属制品报废量进入快速增长期，废铜、废铝、废铅蓄电池和废动力电池产生量将逐年增长，预计"十四五"期间中国年均产生废有色金属 1500 万吨左右；同时随着进口再生有色金属原料品种增加，再生有色金属原料供应量将明显提升，对再生有色金属产量形成有力支撑。

考虑到国内外市场对再生有色金属产品的需求进入快速增长阶段，尽管原料供应稳中有升，预计 2022 年国内再生有色金属原料供需总体延续紧平衡状态。

（二）配送中心建设加快，原料集聚提升

通过建设配送中心，完善废弃有色金属资源回收、分选和加工网络，已成为再生有色金属产业发展的重点。目前不少地方政府和企业已经将配送中心建设列入"十四五"发展规划，或开始编制实施方案，相关建设工作正在有序推进。随着下一步相关规范条件的发布和实施，将培育一批规模化的加工配送企业或基地，促进废有色金属就近集聚、分选，再生有色金属原料回收逐步规范化、规模化、标准化，国内回收配送网络将初具雏形。

（三）技术创新持续增强

一是分选精细化加强。在预处理方面，破碎、磁选、涡选、重介质分选等技术已经得到广泛应用，X 射线分选技术逐步替代传统涡选工艺，激光诱导分选有望得到更多的应用，今后此类分选技术将进一步普及，更先进的分选技术研发被提上日程。

二是节能环保技术装备提升。受政策和环保要求双重影响，再生有色金属企业针对废弃物资源化、无害化处置利用相关的配套工艺装备科技研发投入持续增加。中国第一条铝灰渣回收—盐渣工艺技术路线于 2021 年试运行成功并取得危废处理资质，预计"十四五"期间铝灰综合利用项目将快速增加。

三是有色金属产品中再生金属原料比例增加。以铝为例，受国家层面和企业自身碳减排目标影响，越来越多的企业开始对供应商使用再生铝、低碳铝的比例提出要求，欧盟多个企业已经要求所有投标企业提供产品碳足迹和低碳铝，倒逼有色金属产品提高再生金属原料占比，推动相关技术工艺的研发全面展开，从而促进废旧有色金属保级利用和高值化利用。

四是企业加快数字化智能化建设。头部企业正加快向智慧工厂方向发展，通过信息化、自动化、大数据、先进过程控制等技术应用，促进生产方式精细化、柔性化、智能化管控，挖潜增效，有望带动再生有色金属产业整体效益提升。

撰稿人：张　琳、张　华、顾　斌
审稿人：王　健、王吉位

2021 年铜加工工业发展报告

一、2021 年中国铜加工发展现状

（一）经济运行情况概述

1. 铜加工材及各分品种产量增长情况

2021 年，中国铜加工企业妥善应对"能耗双控"、暴雨袭击、新冠肺炎疫情等各种困难局面，谋定而后动，厚积而薄发，显示了强大的韧性。传统行业需求不减，新兴产业如新能源汽车、储能、光伏、风电、电子信息等继续带动消费，2021 年仍是铜加工产业近五年经营较好的年份，实现产量、出口、利润三增长。

据中国有色金属加工工业协会统计，2021 年，中国实现铜加工材综合产量（包括铜排板、铜带材、铜管材、铜棒材、铜箔材、铜线材、铸造铜合金、其他）1990 万吨，同比增长 4.90%。图 1 为 2006~2021 年中国铜加工材产量

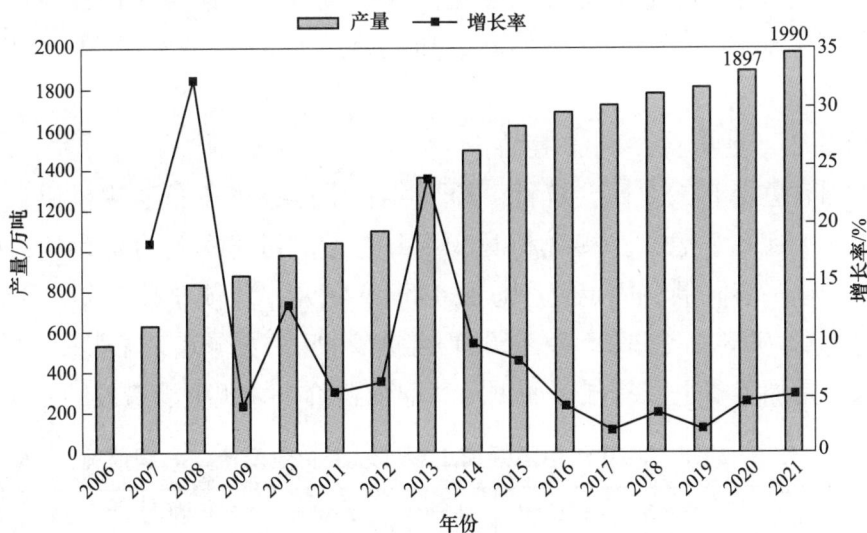

图 1   2006~2021 年中国铜加工材产量及增幅图

数据来源：中国有色金属工业协会、中国有色金属加工工业协会

及增幅图,从图中可以看出,中国铜加工材产量每年稳步增长。2020年改变过去三年低于3%的增长速度,达到4.46%的增长率,2021年增幅进一步扩大到4.90%。

表1为2021年中国铜加工材分品种产量。其中铜排板122万吨,同比增加1.7%;铜带材228万吨,同比增加15.7%;铜管材214万吨,同比增加4.4%;铜棒材210万吨,同比增加5.0%;铜箔材62万吨,同比增加31.9%;铜线材1005万吨,同比增加2.6%;铸造铜合金80万吨,其他69万吨。所有品种均保持产量增长态势。

表1 2021年中国铜加工材分品种产量

品种	铜排板	铜带材	铜管材	铜棒材	铜箔材	铜线材	铸造铜合金	其他	合计
产量/万吨	122	228	214	210	62	1005	80	69	1990
增幅/%	1.7	15.7	4.4	5.0	31.9	2.6	0	1.5	4.9

数据来源:中国有色金属加工工业协会。

对细分品种来说,铜箔方面,由于新能源车2021年产量增长1.69倍,电动两轮车、电动工具、无线吸尘器、便携式储能电源等产品均出现超预期增长,铜箔在2021年是典型的卖方市场,产品供不应求,加工费上涨;铜板带是少有的产销两旺状态,龙头企业产量跨入世界一流阵营,国有铜板带企业全面达产并盈利,中小铜板带企业大多也实现产量增长;铜棒和铜杆线市场也较好,但高铜价影响下,中小企业资金压力大,受影响大。铜管2020年弱,2021年复苏很快。

2. 铜加工产业资产、利润情况

据中国有色金属工业协会统计,2021年,中国铜加工行业规模以上企业主营业务收入14456.3亿元,实现利润236.4亿元,利润率仅为1.64%,比2020年的1.76%进一步降低;固定资产总额4459.9亿元,负债总额3077.1亿元,资产负债率为68.99%,比2020年的66.0%增加2.99个百分点,见表2。利润率低的主要原因是加工费上涨有限,而铜及其他辅料价格大幅上涨造成的。

表2 2015~2020年中国铜加工规模以上企业资产、利润情况

项目	2015年	2016年	2017年	2018年	2019年	2020年	2021年
总资产/亿元	3875	3753	3730	3203	3626.5	3658.6	4459.9
主营业务收入/亿元	9883	8201	9554	8548	10686.4	10726.8	14456.3
利润/亿元	377	244	288	193	194.6	188.6	236.4

项目	2015 年	2016 年	2017 年	2018 年	2019 年	2020 年	2021 年
利润率/%	3.81	2.98	3.01	2.26	1.98	1.76	1.64
资产负债/亿元	2343	2306	2248	1986	2360.4	2415.4	3077.1
资产负债率/%	60.46	61.44	60.27	62	65.08	66.0	68.99

数据来源：中国有色金属工业协会。

（二）产业结构

中国铜加工材生产仍主要以江西、浙江、江苏、安徽、广东等五个省份为引领，自 2010 年以来五省产量一直占到全国铜加工材生产总量的 70%以上，是中国铜加工材生产的主要供应基地，未来若干年还将继续主导中国铜加工材的生产格局。除此五个大省，山东、甘肃、河南、湖南、湖北、天津、重庆铜材产量在 30 万~70 万吨之间。图 2 为 2013~2021 年五个铜加工材大省产量的变化情况，从图中可以看出，江西铜加工材产量从 2017 年开始超过浙江成为全国第一，2021 年更是跃升到 500 万吨以上。江苏省近 3 年为全国第二，浙江铜材产量为全国第三。广东铜加工材产量一直稳步增长，安徽铜加工材产量近两年略降。

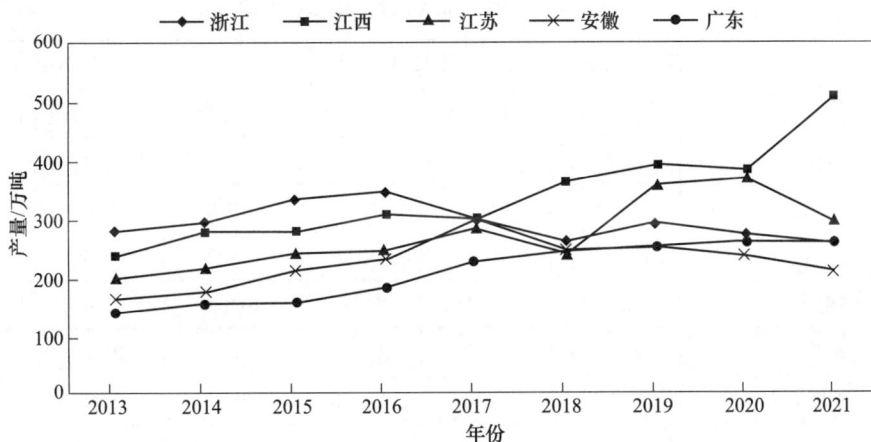

图 2　2013~2021 年中国主要五个铜加工材大省铜加工材产量对比

数据来源：中国有色金属工业协会，中国有色金属加工工业协会

（三）进出口贸易

图 3 为 2006~2021 年中国铜材进出口情况，表 3 为 2021 年铜加工材各分品种进出口情况。2021 年，中国铜材进口 56.51 万吨，同比增加 7.8%，出口 66.62 万吨，同比增加 24.5%，净出口 10.11 万吨，实现连续 3 年净出口，但所有细分品种中，除铜管和管子附件外，其余品种均为净进口。2021 年铜管

和管子附件净出口 32.82 万吨，是导致 2021 年铜加工材净出口达到 10.11 万吨的主要贡献者。除铜箔和铜粉外，其余品种出口均实现 2 位数增长。除铜管外，其余品种进口也同比增长。这显示中国铜加工材进出口贸易量在逐渐扩大。出口增速大于进口增速，一定程度上也表明中国铜加工材创新能力在逐步提高。

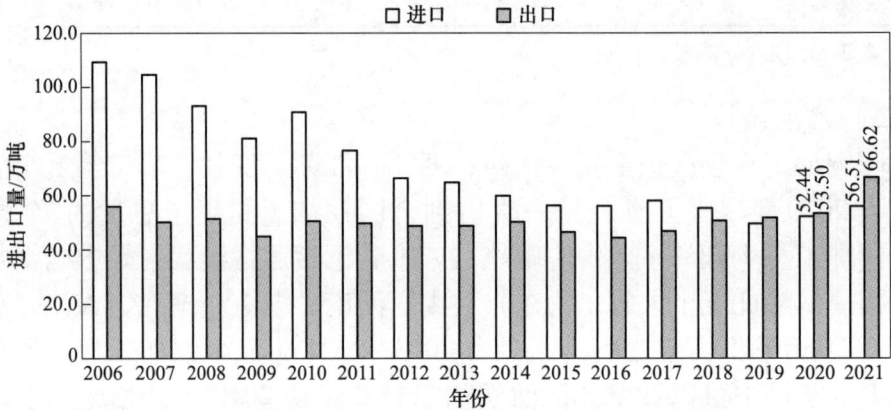

图 3　2006~2021 年中国铜材进出口情况

数据来源：海关总署，中国有色金属加工工业协会

表 3　2021 年铜加工材各分品种进出口情况

品种	2021 年				2020 年	
	进口/万吨	同比/%	出口/万吨	同比/%	进口/万吨	出口/万吨
铜粉	0.40		0.34		9.10	0.30
铜条杆型材	7.55	0.7	1.51	40.0	7.49	1.08
铜丝	11.09	2.7	7.72	15.2	10.80	6.70
铜板带	12.78	11.6	8.04	64.5	11.45	4.89
铜箔	21.81	10.7	13.30	3.9	19.70	12.80
铜管	2.36	-9.0	23.08	28.2	2.60	18.00
管子附件	0.52	30.1	12.63	25.0	0.40	10.10
合计（2020 年不含铜粉）	56.51	7.8	66.62	24.5	52.44	53.50

数据来源：海关总署，中国有色金属加工工业协会。

（四）投建项目情况

1. 新能源、电子信息产业异军突起，带动铜板带和铜箔产业加速扩张

铜板带在高端领域市场需求增幅较快，2021 年全年铜带产量增幅 15.7%。板带全行业现有年产能约 300 万吨，在建产能约 30 万吨，2021 年主要铜板带企业投建情况见表 4。

表4 主要铜板带企业投建情况

企业	设计年产能	建设情况
博威合金	5万吨	2021年已投产
五星铜业	5万吨	2021年已全线贯通
紫金铜业	技改扩产2万吨	已完工
江铜铜板带	技改扩产1万吨	已完工
广州铜材厂	技改扩产0.5万吨	已完工
金田铜业	8万吨	建设中
宁波兴业	5万吨	建设中
楚江新材	5万吨	启动建设中
山西北铜	5万吨	建设中
广西鑫科	3万吨	建设中
铜陵鑫科	年产1万吨镀锡线	分两期推进项目
江西鑫科	年产1.8万吨电子精密铜带	启动建设中
云南红塔特铜	铬锆铜带和钛青铜带	建设中
江西地区企业	温州地区铜板带企业搬迁扩建	

数据来源：中国有色金属加工工业协会。

2020年底，中国电子铜箔总产能（含台资、港资、日资）达到61万吨，占全球总产能（94万吨）的65%。2021年，电子铜箔新建、扩建项目进入新一轮高潮。根据公开报道统计：2021年国内立项、签约的电子铜箔新项目总量达到112万吨，其中27万吨实现当年签约当年投建。2021年国内投建（奠基、开工、在建）的铜箔项目总量高达81万吨。2021年宣布投产企业主要项目见表5。

表5 2021年主要铜箔企业投建情况（部分）

企业	地点	设计年产能	建设计划	预计投产时间
海亮股份	甘肃兰州	15万吨，其中锂电12万吨，标箔3万吨	分三期，每期5万吨	一期一段2.5万吨2022年四季度，二段2.5万吨2023年二季度
江铜集团	江西上饶	10万吨锂电	一期一段2.5万吨	一期一段2023年前

续表5

企业	地点	设计年产能	建设计划	预计投产时间
华创新材	广西玉林	10万吨	分五期，每期2万吨	正建设二期，二期2022年11月
	江西上饶	与亿纬锂能合资，10万吨	一期2万吨	开工
江西麦德豪	江西丰城	5万吨	一期2万吨	一期2022年一季度投产
安徽慧儒	安徽潜山	8万吨	分三期	一期4万吨，2022年11月
江西中旋	江西吉安	4万吨	分三期	2021年10月签约
超华科技	广西玉林	10万吨	分期建设	一期2022年
	广东梅州	2万吨		建设中
安徽又东	安徽滁州	5万吨		2021年11月签约
山东合盛	山东东营	3万吨	分三期	二期0.5万吨投产，三期2万吨投建
宝鑫电子	河南灵宝	2万吨		开工
远东股份	四川宜宾	5万吨		2021年10月签约
广西惠铜	广西北海	4万吨		开工
海南梓靖	云南曲靖	5万吨		开工
盈华电子	广东梅州	4万吨	分两期	一期2万吨开工
嘉元科技	广东梅州	二期1.6万吨		2022年底投产
	福建宁德	与宁德时代合资，10万吨	分两期	一期一段1.5万吨
	山东聊城	二期1.5万吨	建设中	
	江西赣州	2万吨	建设中	
	收购山东信力源			
甘肃德福	甘肃兰州	与白银有色合作，20万吨	二期1.8万吨	2021年底
			三期4万吨	2022年底
			后续13万吨	2025年

数据来源：中国有色金属加工工业协会。

2. 铜管棒杆线产业集中度进一步提高，竞争更加激烈

2021年铜管行业主要项目有：5月8日，海亮与奥博特成立合资公司，海亮股份占70%，奥博特占30%；11月1日，山东海亮奥博特铜业有限公司正式运营。润来科技新投产4条铜管生产线，计划2022年再投产4条生产线，达到30万吨年产能。宁波金田铜业年产6万吨小直径薄壁高效散热铜管项目

已完工，年产 1 万吨大盘重内螺纹铜管生产线技改正在安装调试。

2021 年铜棒行业主要项目有：宁波长振铜业"年产 20 万吨再生环保高精度铜材生产线技术改造"项目进入尾声。金田铜业年产 5 万吨高强高导铜合金棒线项目正在建设中。江西贵溪力博有色智造工业园一期项目 2021 年投产。宁波博威合金在越南建设年产 3.18 万吨特种合金棒、线制造生产线项目。

2021 年铜杆主要项目在建和投产情况为：安徽天大铜业新增年产 22 万吨铜杆生产线投产，湖州久立电气年产 18 万吨电磁线用铜杆及 1 万吨特种铜杆生产线实现竣工生产，宝胜精密导体年产 22.5 万吨连铸连轧铜杆生产线投产，金田铜业年产 35 万吨高导高韧铜线项目已完工投产，楚江新材正在建设年产 30 万吨绿色智能制造高精高导铜基材料项目（一期）。

此外，相关签约投建的项目有：7 月 15 日，江铜（上饶）工业园区项目签约，江铜将建设年产 10 万吨锂电铜箔、22 万吨铜杆、3 万吨铸造材料三个项目。7 月 29 日，金田集团广东一期项目正式投产，包括年产 2 万吨异型精密铜排、年产 35 万吨高精度铜线、年产 2 万吨新能源汽车专用电磁线；二期项目也在加快建设中，主要生产高精度铜基合金棒材、高强高韧高导电子铜带和异型精密铜排。

从以上数据可以看出，资金实力较强的大企业扩张速度明显大于小企业，产业集中度将进一步提高。

（五）下游消费市场

中国铜消费方面：

（1）电力行业年均耗铜量占全国铜消费量的 50% 左右，是中国最大的铜消费行业。制作电线电缆耗铜量约占电力行业的 80%~85%，其余的用于制造发电设备、电动机、变压器、电工器件等。

（2）电子通信年均耗铜量占全国铜消费量的 15% 左右，是中国第二大铜消费行业。电子通信是中国新兴产业，包括广播通信、电视、电子计算机、雷达、电子元器件、手机等行业，使用大量精细的铜、铜合金及加工材，耗铜量增长迅速。

（3）日用消费品年均耗铜量占全国铜消费量的 14% 左右，是中国第三大铜消费行业。应用于冰箱、空调、洗衣机、电风扇及小家电等家用电器制造；炊具、门锁、水具、文教体育用品、工艺美术品、衡器、小工具等家用五金制造；玩具制造；家具制造；自行车及其零配件制造；服饰装饰制造等。

（4）机械制造业年均耗铜量占全国铜消费量的 10%，是中国第四大铜消费行业。包括工程机械、仪器仪表、石油化工、机械、机床工具、通用基础件、食品及包装机械、民用机械等行业。应用形式有常用的铜合金、铸造用铜合金及各种铜加工材。

（5）交通运输业年均耗铜量占全国铜消费量的7%左右。尤以汽车工业最为突出，中国汽车产量增长速度很快，耗铜量也相对增加；铁路、船舶、航空等部门也是耗铜大户。

（6）建筑用水管、装饰材料、结构材料等年均耗铜量占中国铜消费量的3%左右，远低于美国和日本。

（7）其他，如铜的化合物也广泛用于农牧业、工业、人体保健等领域。

1. 电力行业带动铜材需求增长

表6为2021年电力行业主要产量或投资情况。从表中可以看出，全国电源工程投资、电网工程投资增幅分别达到4.5%、1.1%。其中太阳能、风电增幅很大，光伏电池产量增幅达42.1%。全国电源投资、电网工程投资对铜排、铜线拉动幅度较大。

表6 2021年电力行业主要产量或投资情况

类　别	2021年产量或投资/亿元	同比/%
全国电源工程投资完成额	5530	4.5
其中，水电	988	−7.4
风电	3332	27.3
火电	672	18.3
核电	538	41.8
全国电网工程	4951	1.1
光伏电池产量	23405.4万千瓦	42.1

数据来源：国家能源局，国家统计局。

2. 电子通信领域对铜材产品需求增幅扩大

在半导体市场需求旺盛的引领下，2021年全球半导体市场高速增长。根据世界半导体贸易统计组织统计，2021年全球半导体销售达到5559亿美元，同比增长26.2%。中国仍然是最大的半导体市场，2021年的销售额总额为1925亿美元，同比增长27.1%。

2021年，中国电子信息制造业增加值和出口交货值实现两位数增长；实现利润高速增长；固定资产投资增速明显加快。2021年，主要产品中，手机产量16.6亿台，同比增长7%，其中智能手机产量12.7亿台，同比增长9%；微型计算机设备产量4.85亿台，同比增长22.3%；集成电路产量3594.3亿块，同比增长33.3%（见表7）。

表7   2021年电子通信行业主要产品产量

类　别	2021年产量	同比/%
集成电路	3594.3亿块	33.3
电子计算机	4.85亿台	22.3
移动通信设备基站设备	541.9万信道	−39.4
手机	166151.6万台	7

数据来源：国家工信部。

电子通信行业的高速增长，对铜板带、覆铜板需求增加明显。2021年电子电路铜箔、铜板带需求较好。

3. 家用电器领域对铜材需求仍在拉动

2021年，家用电冰箱（家用冷冻冷藏箱）产量8992.1万台，家用冷柜（家用冷冻箱）产量2906万台，房间空气调节器产量21835.7万台，家用洗衣机产量8618.5万台，彩色电视机产量18496.5万台，同比分别增长−0.4%、7.9%、9.4%、9.5%、−3.6%（见表8）。2021年全年，家用电器出口387341万台，出口额约987.2亿美元，同比分别增长10.1%、22.3%。家用电器领域出口占产量比例较大。家电产量增加对铜管、电动机用铜线等需求拉动较大。

表8   2021年家电行业产量和增幅

类　别	2021年产量/万台	同比/%
电冰箱	8992.1	−0.4
家用冷柜	2906	7.9
空调	21835.7	9.4
洗衣机	8618.5	9.5
彩电	18496.5	−3.6

数据来源：国家发改委。

4. 机械制造对铜材需求仍在拉动

近年来，中国工程机械行业持续发展，工程机械产品销量持续增加。2021年全年挖掘机销量实现同比增长4.63%，装载机同比增长7.11%，推土机、平地机分别实现了17%~60%的增长幅度。2021年，中国工程机械出口金额达到340亿美元，同比增长62.3%，出口额创下了历史新高。其中大型挖掘机、履带起重机、电动叉车、大型非公路自卸车等高端工程机械出口增长较快。其中，对

"一带一路"沿线国家出口额占全部出口额的42.4%，同比增长达60.4%。

近年来全国电工仪器仪表产量下降较多，但2019年及2021年出现增长。2021年全国电工仪器仪表产量为27822.8万台，同比增长10.2%，产量恢复增长（见表9）。

表9 2021年挖掘机和电工仪器仪表产量和增幅

类　别	2021年产量/万台	同比/%
挖掘机	36.2	5.4
电工仪器仪表	27822.8	10.2

数据来源：国家统计局。

工程机械和仪器仪表对铜材需求拉动较大。

5. 交通运输领域中，新能源汽车产量增长是最大亮点，拉动铜材消费增长

2021年，交通运输行业增长较快，汽车产量2652.8万辆，同比增长4.80%；铁路机车产量1105万辆，同比增加8.80%；民用钢质船舶产量同比增加8.00%（见表10）。其中的亮点是新能源汽车，产量同比增长169.20%，大幅带动了铜板带、铜箔产量的增长。

表10 交通运输行业产品产销量和增速情况

类　别	2021年产销量/万辆	同比/%
汽车产量	2652.8	4.80
其中狭义乘用车零售销量	2007.1	4.05
新能源汽车销量	299.08	169.20
铁路机车产量	1105	8.80
民用钢质船舶产量	3354.3万载重吨	8.00

数据来源：国家统计局、中国汽车工业协会。

6. 房地产对铜材产业拉动不容乐观

2021年，全国房地产开发投资147602亿元，同比增长4.4%，其中，住宅投资111173亿元，增长6.4%。2021年，房地产开发企业房屋施工面积975387万平方米，同比增长5.2%，新开工面积同比下降（见表11）。新开工面积最能够体现对电线、家电的消费需求，未来房地产对铜材的拉动力不容乐观。

表 11　2021 年中国房地产行业投资和施工、新开和竣工面积

类别	投资		房屋施工面积		房屋新开工面积		房屋竣工面积	
	投资 /亿元	同比 /%	施工面积 /万平方米	同比/%	新开工面积 /万平方米	同比 /%	竣工面积 /万平方米	同比 /%
合计	147602	4.4	975387	5.2	198895	−11.4	101412	11.2
其中：住宅	111173	6.4	690319	5.3	146379	−10.9	73016	10.8
办公楼	5974	−8.0	37730	1.7	5224	−20.9	3376	11.0
商业营业用房	12445	−4.8	90677	−2.7	14106	−21.7	8718	1.1

数据来源：国家统计局。

二、2021 年中国铜加工工业经济运行情况分析

（一）政策环境分析

1. 铜加工行业迎来更为公平的市场竞争环境

2021 年 12 月 31 日，财政部发布《关于完善资源综合利用增值税政策的公告》（财税〔2021〕40 号，以下简称《公告》），自 2022 年 3 月 1 日起执行。财税〔2015〕78 号、财税〔2019〕90 号文中除"技术标准和相关条件"外同时废止。

《公告》进一步细化了享受政策的条件，强化了公示、核实、复查等监管程序，兼顾了回收环节简易征收和区域执行尺度统一，指出，从事再生资源回收的一般纳税人可选择适用简易计税方法依照 3% 征收率计算缴纳增值税，或适用一般计税方法计算缴纳增值税；各级部门存在违法违规给予从事再生资源回收业务的纳税人财政返还、奖补行为的，依法追究相应责任，地方政府返还增值税可能成为历史。

在财税〔2015〕78 号文执行过程中，存在退税界定不清的情况，严重扰乱了铜加工行业公平竞争，加剧了产能过剩，尤其是铜杆铜棒行业更甚，此公告执行之后，长期困扰铜加工行业不公平竞争现象有望得到改善，有助于铜加工行业高质量发展。

2. 2021 年铜价创十年新高，大幅提升了铜加工企业资金成本

在经过 2020 年恢复性上涨以后，2021 年铜价继续大幅上涨，并创新高，其中沪铜主力合约 5 月 10 日创下 2006 年以来新高至 78270 元/吨，较年初

57750 元/吨大幅上涨 35.5%。11 月 30 日，LME、SHFE 和 Comex 铜库存三大交易所库存合计为 17.1 万吨，是 2008 年 7 月以来最低水平。同时，国内现货库存也大幅下降，现货电解铜升水一度超过 2000 元/吨，严重影响企业生产经营节奏。

为稳定铜价，2021 年，国家粮食和物资储备局分四批投放国家储备铜 11 万吨。

对于以加工费为主要利润来源的铜加工企业，铜价大幅上涨导致企业资金占用量增大，终端产品价格上涨，同时铜价大幅波动和期现价差大也给企业生产经营带来较大困扰。

3. 铜加工企业积极应对贸易摩擦，开始取得突破

2021 年 11 月 12 日，澳大利亚发布对中国铜管产品反倾销反补贴调查终裁裁定：因中国出口商在调查期内不存在倾销行为，收到的补贴幅度微量可忽略不计，自即日起整体终止对中国的双反调查。

2021 年 4 月 16 日，印度对中国等国的铜和铜合金扁轧制品做出反倾销终裁，建议征收 5 年的反倾销税，对宁波兴业盛泰、宁波兴业鑫泰具体征税 42 美元/吨，是除韩国丰山之外最低的，中国其他生产商/出口商为 618 美元/吨。

（二）产业结构调整情况和经营形势分析

1. 高端产品比例增大，产业集中度不断提高

2021 年随着国内外环境发生的深刻变化，电力、电子通信、家用电器、机械制造、交通领域等产品产量增加，带动相应高端铜材需求增多。产量统计结果也表明，铜板带中高端的白铜、高铜、青铜产量增加，铜箔中的高性能铜箔比例增加。

2021 年全行业领军企业及铜板带、铜杆、铜管、铜棒等细分品种行业前四家和前八家企业市场占有率进一步提升，龙头企业的头雁作用和引领作用更加明显，在国际上竞争力进一步增强。

2. 科技创新继续发力

（1）新产品、新装备和工艺突破明显。新产品方面，铜铁合金新材料实现批量产品销售，铜钛合金板带小批量试用，蚀刻引线框架带材批量销售，半蚀刻小批量试用，4.5 微米锂电铜箔实现批量应用，低轮廓电解铜箔技术有所进步，部分高端 B30 管件实现进口替代。新装备和工艺方面，热轧机、辊底式连续退火炉、带材自动清洗线、气垫式退火炉等进口替代加快，铜管竖炉及连

续轧制实现全球首创。

（2）技术创新成效显著。20 项铜加工行业项目获 2021 年度中国有色金属工业科学技术奖。其中一等奖 12 项，二等奖 2 项，三等奖 6 项（见表 12）。

表 12　铜加工行业项目获 2021 年度中国有色金属工业科学技术奖情况

获奖等级	序号	题　　目	获奖单位
一等奖 （12 项）	1	高密度、高强度铁-铜系粉末冶金材料关键技术及产业化应用	昆明理工大学、东睦新材料、中南大学、安泰科技
	2	新型高强高弹铜合金设计及带材加工关键技术与应用	博威合金、北京科技大学、大连理工大学
	3	新能源锂离子电池铜铝极柱材料关键技术研究及产业化	洛阳铜一金属、河南科技大学
	4	集成电路用超高纯铜及其合金互连材料的关键技术与产业化	有研亿金、有研科技
	5	高性能铜基制动摩擦材料制备技术及其应用（发明）	北京科技大学、北京天宜上佳
	6	异型铜芯多功能预警电缆关键技术开发与产业化	渝丰科技、西南大学、重庆大学等
	7	新基建用高性能铜合金带材关键技术开发及产业化	宁波兴业盛泰、有研工程院、宁波兴业鑫泰
	8	高速铁路接触网用铜合金制备加工关键技术及规模化应用	上海理工大学、信承瑞、有研工程院、中国铁道科学院、云南铜业、河南科技大学、浙江力博、中铜（昆明）铜业
	9	高导热铜/金刚石复合材料及其功率模块的研究与应用	有研工程院、中国电子科技集团第十四研究所
	10	高效换热用复杂结构精密铜管的研发及应用	金龙铜管、上海交通大学、北京科技大学、中科院金属所、珠海格力电器
	11	铜粉绿色自动化制备技术及产业化	有研粉末、重庆有研重冶
	12	有机涂层铜基废材高效热解与高质利用技术及装备	湖南顶立科技、北京工业大学、中科院广州能源所、中南大学
二等奖 （2 项）	1	铜合金自润滑轴承制造及检测关键技术及产业化应用	嘉兴学院、浙江长盛滑动轴承、嘉兴南湖学院等
	2	铜及铜合金板带产品系列国家标准研制	中铝洛铜、宁波兴业、安徽楚江、安徽鑫科、铜陵金威、菏泽广源、山西春雷、浙江力博、中色奥博特等

续表12

获奖等级	序号	题 目	获奖单位
三等奖 （6项）	1	高精度富氧铜压延箔母材关键技术研究	中色奥博特
	2	高强铝铜合金材料开发及一次性成型铸件应用	威海万丰镁业、绍兴文理学院、浙江工业职业技术学院
	3	多形态纳米碳覆铝/铜的设计开发与推广应用	嘉兴学院、嘉兴南湖学院、怀化市科捷铝业
	4	高效 LED 灯具材料集成制造关键技术及产业化	嘉兴学院、浙江海洋大学等
	5	板带箔轧机工作辊边部电磁感应加热系统	中色科技、中南大学、河南中孚
	6	连续行星轧制工艺及设备研发与应用	浙江海亮、广东海亮

数据来源：中国有色金属工业协会。

3. 绿色制造、智能制造成果丰硕

2021 年 12 月，宁波长振铜业股份有限公司"高性能高精密铜合金端面型材"入选工信部第六批单项冠军示范企业，有研粉末新材料股份有限公司"先进铜基金属粉体材料"入选工信部第六批制造业单项冠军产品。

2 家铜加工企业获工信部 2021 年第五批绿色制造绿色工厂称号：江西省江铜台意特种电工材料有限公司、甘肃德福新材料有限公司。

海亮股份、金田铜业、博威合金等铜加工行业智能制造模式正在形成，为行业高质量发展注入新活力。2021 年 10 月 27~28 日，"博威有色合金新材料数字化研发平台启动暨新材料数字化国际论坛"召开，启动了有色合金新材料数字化研发平台。12 月 20 日，海亮（安徽）铜业有限公司精密铜管低碳智能制造技术改造项目开工，打造具有世界领先的空调制冷精密铜管数字低碳高效制造技术，全方位实现智能制造。

4. 铜加工企业投融资活跃

3 月 17 日，有研粉末新材料股份有限公司（简称"有研粉材"）登陆科创板。4 月 30 日，陕西斯瑞新材料股份有限公司（简称"斯瑞新材"）获科创板上市委成功过会。8 月 19 日，安徽铜冠铜箔集团股份有限公司（简称"铜冠铜箔"）首发申请获创业板上市委通过。10 月 29 日，湖北中一科技股份有限公司（简称"中一科技"）在深交所创业板顺利过会。通过上市，铜加工企业能够有效拓宽融资渠道、降低融资成本，改善公司治理结构，提升品牌影响力,有更多的资金加大研发投入和科技创新力度,推动铜加工行业高质量发展。

三、当前中国铜加工工业发展中存在的突出问题和对策建议

(一)存在的突出问题

1. 能耗双控压力显著增加

2021 年 9 月中旬到 10 月底,江苏、浙江、广东、云南等省的几千家企业被限产,甚至停产。企业生产节奏受到严重破坏,产业链供需出现严重错配,价格出现剧烈波动,部分相关产品价格屡创新高,破坏了企业生产秩序,对企业产量和盈利水平也有较大影响。

"能耗双控"以及"碳达峰、碳中和"作为推进中国生态文明建设的重要措施,是一项长期的、艰巨的任务。企业与其被动接受,不如主动适应。要制定具体的碳减排路径,在能源供给侧,采用清洁能源替代,或清洁能源输送和存储;在能源需求侧,提高能源利用效率,生产运营低碳化,并加快产业结构、能源结构优化升级,促进绿色低碳技术创新应用,助力实现碳达峰、碳中和目标,推动高质量发展取得更大进步。

2. 原辅料等各种要素成本增加

2021 年,铜价触及十年内高位,且大幅波动,不仅占用企业流动资金,增加运营成本及风险,甚至出现因原料价格疯涨,成本高企传导至终端,造成企业亏损,延期交货、毁约等现象,其他各种辅料、能源价格同时也在上升。面对各种要素成本快速上升,企业盈利越发艰难。此外,高铝价和铜价长期盘整,抑制下游需求,也会引发其他材料竞争。

合理而稳定的铜价有利于整个铜产业链行稳致远,建议国家通过联合约谈相关重点企业,查处违法,投放国家储备等方式稳定价格。企业也应做好精准的套期保值工作,密切跟踪市场需求,缩短回款周期,规避铜价大幅波动风险。

3. 自主创新有待加强,行业国际生态圈尚未形成

自主创新能力不足,高端铜材上下游协同创新发展机制尚未形成。如第三代、第四代引线框架铜合金带材,高端压延铜箔,超高纯单晶铜,高频高速电解铜箔,纳米多孔铜及铜合金等方面制备技术尚存弱项,高质量产品保障供给能力不足。此外,目前高端市场的供应链主要被欧、美、日、韩把控,中国产品难以进入其供应链系统。新冠肺炎疫情以来有所好转,但问题依然存在。

4. 国内缺少高端应用场景，国外高端产品供应链难以进入

一些新产品在国内缺少高端应用场景，以铜铁合金为例：铜铁合金带材应用于韩国、日本 OLED 屏，丝材在国外用于屏蔽效能，但未在中国 OLED、电磁屏蔽上应用，主要原因在于 OLED 领域基本被韩国垄断。在诸多高端制造业领域中国均弱于国外，如：数控机床、芯片、光刻机、医疗器械、高端传感器、折叠屏、OLED 等。只有中国的高端制造业全面赶超，中国铜加工产业才会随同全面赶超。中国下游企业还没有充分认识到构建高端产业链的重要性。

5. 行业整体负债率偏高，利润率偏低，集约化程度仍有待提高

2021 年中国铜加工产业规模以上企业整体利润率仅为 1.64%，主要原因除了铜价上涨以外，还有：

（1）产能过剩、产品同质化。存在一定的恶性竞争现象，如低价竞争、低品质竞争、延长放款周期等。

（2）处于产业链弱势地位。上游要求现款，下游给付承兑汇票拖欠账期。

（3）不能很好地适应市场需求变化。

据中国有色金属工业协会统计，2021 年中国规模以上铜加工企业数量为 1368 家，铜材产量 1990 万吨，企业年均产量 1.45 万吨，很多企业产品没有特色，同质化现象严重。高质量发展需要持续的投入和持续的创新，目前集约化水平无法保证企业持续有效的投入，以及开展持续性、富有成果的创新活动，也无法保证企业持续改进环保治理水平、持续提高职工福利等。

（二）对策建议

1. 有效创新

首先是打破高端产品受制于人的自主创新：聚焦国家战略（5G、大飞机、军工产品等），针对性创新（课题、研发、产学研），在高端电子通信材料、高精尖国防军工材料上实现自给自足。其次是实现进口替代：与下游客户共同研发，满足需求，实现优质优价，高质量发展。再次是实现市场、销售、产品创新和细分市场的创新：符合优质优价，高质量发展，提高占有率，提高性价比。另外应进行渠道变革，保持产业链供应链安全稳定，增加话语权。研究消费市场，创造适应不同场景的产品，扩应用，挖潜力。

2. 主动融入国家战略，开创铜加工行业双循环的新局面

以满足国内需求为主，继续扩大应用。积极应对贸易摩擦，稳住出口基本盘。加强国际合作，尤其是与国际优势产能和国际高端铜加工产业链生态圈合作，提高铜加工外循环质量。融入国际高端制造业产业链：生产出质量过硬的产品，进入国际高端制造业产业链，与国际高端制造业企业联合创新新产品。

"一带一路"走出去，主动将中国装备、中国技术、中国标准推向世界。

3. 企业要打造适合自己的生存模式

企业家要做好企业传承，打造百年老店：接班问题（职业经理人和后代接班）；企业文化（股权激励、合伙人制等）；要守正出奇，进行精益管理，对营销模式创新等。不断挖掘潜能，提高产能利用率到100%，满产达产。调整产品结构，增加适应市场、利润率偏高的产品比例，以适应复杂多变、此消彼长的市场需求变化。

4. 防范风险

防范铜价高企给企业带来的经营风险，高标准严要求地处理好铜加工产业发展与双碳、生态环境的关系。注意企业家道德风险，企业传承风险，安全生产与疫情防控风险。控制金融风险：一要谨慎担保、杜绝互保；二要控制负债风险，降低资产负债率；三要防范铜价波动风险，开展套期保值；四要加大回款力度，加强应收账款清收。

5. 加强行业自律，走"专精特新"之路

企业间要避免恶性竞争尤其低于成本的恶性价格竞争。多交流多合作，产业链可相互衔接，相互利用。形成高端铜材料上下游协同创新发展机制，打造产业链命运共同体。坚持差异化发展，做好自己的事情，走"专精特新"之路。

撰稿人：靳海明、吴　琼、胡　亮
审稿人：范顺科

2021年铝加工工业发展报告

2021年，中国铝加工行业以习近平新时代中国特色社会主义思想为指导，沉着应对百年变局和世纪疫情，努力统筹疫情防控与产业发展，取得了产量、利润和出口"三增长"超预期成绩，实现了"十四五"良好开局。

一、2021年中国铝加工工业发展现状

（一）铝材产量持续增长

2021年中国铝材产量为6105万吨（初步统计数），比上年增长7.40%（见图1）。

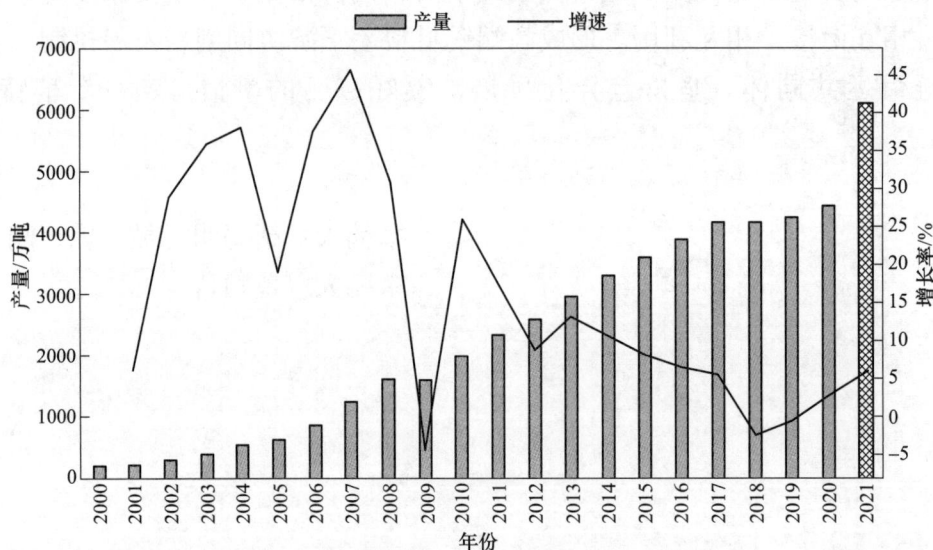

图1　2000~2021年中国铝材产量

数据来源：国家统计局、中国有色金属工业协会

21世纪以来，除2009年受金融危机影响，产量小幅下降之外，中国铝材产量总体保持了正增长发展态势，但自2015年后增幅明显放缓，2018年增幅更是降至0.05%，此后增幅连续3年回升（见图1）。2021年铝材产量增长，一是由于海外疫情没有得到有效控制，导致国外地区铝加工企业开工不足，铝

材产量有所下降，国际市场铝材需求增加；二是国内市场对光伏型材、新能源汽车型材、汽车车身薄板、动力电池箔等产品需求量增加，根据加工协会和安泰科联合发布的铝材产量统计，光伏型材、汽车车身薄板和电池箔分别比上年增长 40.8%、100% 和 100%。

从产量分布来看，2021 年铝材产量超过 100 万吨的省区市有 15 个，合计产量为 5387 万吨，占全国铝材产量的 88.24%。2021 年铝材产量排名前 10 位的省区市依次是山东、河南、广东、江苏、浙江、广西、内蒙古、重庆、新疆和四川，合计产量为 4648 万吨，占全国铝材产量的 76.13%，前 10 的省区市合计产量占全国产量比例较上年的 75.89% 略有增加（见图 2）。

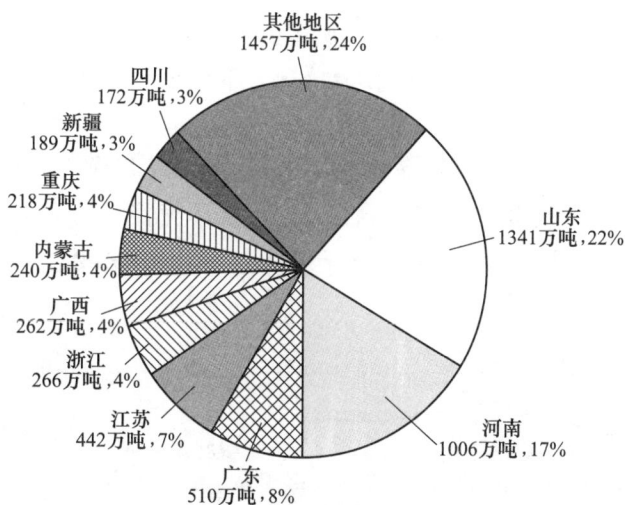

图 2　2021 年中国铝材产量分布

数据来源：国家统计局、中国有色金属工业协会

从产能及产能利用率看，根据国家统计局和中国有色金属工业协会数据显示，截至 2020 年底，中国铝加工材产能为 5193 万吨，超过全球总产能的 60%，2020 年产能利用率为 81.07%，比上年提高 3.71 个百分点，其中铝挤压材、铝板带、铝箔产能分别为 2901.6 万吨、1548.0 万吨、511.7 万吨，产能利用率分别为 73.7%、76.6%、81.1%。从图 3 可以看出，近五年中国铝加工材产能利用率在 75% 上下波动，整体呈现上升趋势。

从铝加工材成品率来看，2021 年铝材综合平均成品率为 66.95%，其中，熔铸环节成品率为 89.10%，加工环节成品率为 74.39%。

（二）行业效益大幅提高

2021 年，铝压延加工行业实现营业收入 13903 亿元，比上年增长 32.69%；

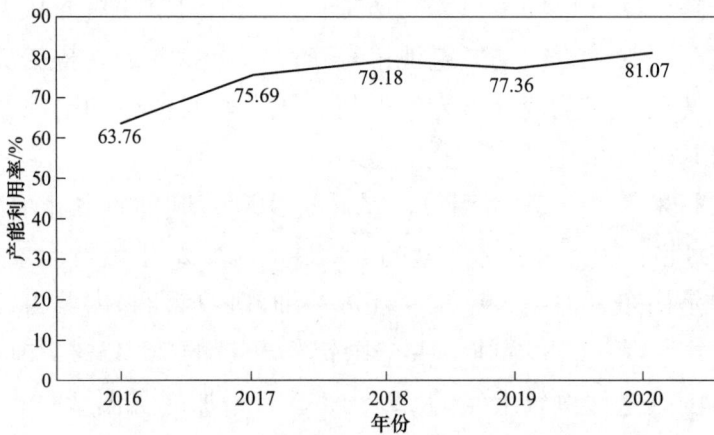

图3 2016~2020年中国铝加工材产能利用率

数据来源：国家统计局、中国有色金属工业协会

利润总额497亿元，比上年大幅增长98.23%；利润率3.57%，比上年提高1.18个百分点，行业利润率连续2年实现回升（见图4）；负债率59.09%，比上年提高1.2个百分点，主要财务指标整体好于上年水平，行业发展效益大幅提高。

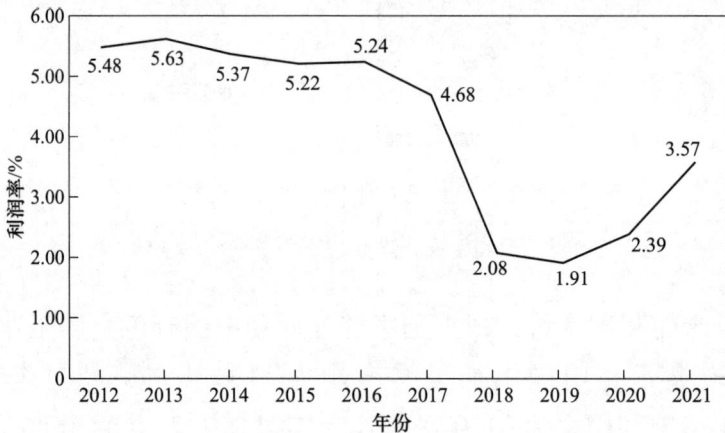

图4 2012~2021年中国铝加工行业利润率

数据来源：国家统计局、中国有色金属工业协会

（三）创新能力持续增强

1. 22个项目获2021年度中国有色金属工业科学技术奖

2021年12月20日，中国有色金属工业协会公布了2021年度中国有色金属工业科学技术奖获奖名单，铝加工行业共有8个项目获一等奖（见表1），

另有 14 个项目分获二、三等奖。

表 1 2021 年度中国有色金属工业科学技术奖一等奖获奖项目

序号	项目名称	完成单位
1	航空用高性能 7050 铝合金大规格锻件工业化制造技术	西南铝业（集团）有限责任公司、有研科技集团有限公司等
2	高质子迁移数材料研制及在铝熔体在线、快速测氢中的应用（发明）	东北大学、辽宁忠旺集团有限公司
3	微纳颗粒增强铝基复合材料原位合成及成形技术（发明）	上海交通大学、安徽相邦复合材料有限公司
4	高强韧轻量化铝合金车轮铸旋关键技术及产业化	中信戴卡股份有限公司、中南大学等
5	高性能航空铝合金超宽幅预拉伸板材工业化制造技术	西南铝业（集团）有限责任公司、中国航空工业集团公司成都飞机设计研究所等
6	航空动环用高强韧碳化硅颗粒增强铝基复合材料研制及应用	有研金属复材技术有限公司
7	智能化搅拌摩擦焊接装备技术与应用	广东省科学院中乌焊接研究所、中船黄埔文冲船舶有限公司等
8	铝合金建筑型材标准体系构建及应用	广东省科学院工业分析检测中心、广东坚美铝型材厂（集团）有限公司等

数据来源：中国有色金属工业协会。

2. 国产装备取得新突破

2021 年 10 月 21 日，由中色科技股份有限公司自主研发的国产首台（套）2800 毫米六辊铝带冷轧机组顺利通过验收。该机组是迄今为止国内自主设计制造、装配集成的最宽规格的六辊不可逆铝带冷轧机，打破了国外在该领域的技术垄断，填补了中国在国产宽幅铝带冷轧设备领域空白。

9 月 15 日，由中信重工为宝武铝业制造的 125 兆牛热负荷试车顺利完成，该拉伸机由活动夹头、固定夹头、主拉伸缸等核心部件组成，是中国首次研发，拥有自主知识产权。该拉伸机将用于年产 60 万吨铝合金精深加工生产线，生产汽车、航天航空、轨道交通、船舶及电子等重点领域急需的高、精、尖铝板带产品，部分产品将填补国内市场空白，助力中国打破国外航空级铝合金厚板生产技术"卡脖子"的局面。

3. 国家重大战略项目保障能力不断增强

2021 年，中铝高端制造股份有限公司旗下西南铝业（集团）有限责任公司、东北轻合金有限责任公司和西北铝业有限责任公司先后为"神舟十二号"

"神舟十三号""天舟二号""天舟三号""天问一号"和"羲和号"等重点项目提供高端铝材，国家重大战略项目高端铝合金材料保障能力进一步增强。

（四）绿色发展水平再上新台阶

2022年1月15日，工业和信息化部办公厅发布《关于公布2021年度绿色制造名单的通知》（工信厅节函〔2022〕7号），鞍钢实业微细铝粉有限公司、福建奋安铝业有限公司、山东宏桥新型材料有限公司、中铝萨帕特种铝材（重庆）有限公司、贵州贵材创新科技股份有限公司、陇西西北铝铝箔有限公司等6家铝加工企业获得国家绿色工厂称号。截至目前，全行业共有32家铝加工企业获得国家绿色工厂称号。

（五）专业化能力与水平进一步提高

2021年11月24日，工业和信息化部、中国工业经济联合会发布《关于印发第六批制造业单项冠军及通过复核的第三批制造业单项冠军企业（产品）名单的通知》（工信部联政法函〔2021〕326号），新疆众和股份有限公司成功入选工信部第六批制造业单项冠军示范企业名单，东北轻合金有限责任公司"航空航天用7×××系铝合金预拉伸板"、西南铝业（集团）有限责任公司"高精铝锂合金材"获第六批制造业单项冠军产品称号。

（六）轻量化、电池箔、光伏等项目异军突起

2021年铝加工产业投资热度不减，据不完全统计，2021年，中国铝加工重点投产或建设（含拟建）项目20余个，尤其是汽车轻量化、电池箔、光伏等铝加工项目异军突起。

在汽车轻量化领域，魏桥轻量化基地首台全铝车身10月19日正式下线；山东丛林铝业、福建南平铝业、山东华建铝业的轻量化进入发展快车道；广东豪美新材、江苏亚太科技、广东澳美铝业、广东和胜股份、台山金桥铝业等企业的轻量化铝材项目快速发展；西南铝、山东南山铝业、中铝瑞闽乘用车车身板生产不断取得新突破，产品质量及稳定性、成品率等关键指标持续向好，进一步得到奔驰、宝马、特斯拉、比亚迪、蔚来等汽车品牌的认可，供货量持续攀升。在动力电池箔领域，受新能源汽车高速发展带动，市场需求迅猛增长，江苏鼎胜新材、华北铝、山东南山铝业、厦门厦顺铝箔、东阳光等纷纷扩大生产规模，安徽中基、神隆宝鼎等不断加入阵营。在光伏用铝领域，受"双碳"目标驱动，能源结构调整的带动，光伏用铝成为中国铝材应用增长最快的细分领域，预计到2025年光伏年用铝量有望翻番。此外，还有一系列项目列入拟建计划（见表2）。

表 2　2021 年部分重点铝加工建设项目

公司及项目名称	项目地点	新增装备	主要产品	新增产能	项目状态
佛山市三水凤铝铝业有限公司	广东佛山	125 兆牛铝挤压机	航空航天、轨道交通、核电军工、能源化工等领域工业型材		投产
广东华昌新型铝材有限公司	广东四会	38 条挤压生产线	新能源、通信设备、精密仪器、轨道交通等领域工业型材	年产 25 万吨高端工业型材	建设中
江苏伟业铝材有限公司扩产 20 万吨铝型材项目	江苏新沂	新建 50 余条挤压生产线及 20 余条表面处理生产线	高端建材	20 万吨/年	建设中
南山铝业 2.1 万吨高性能动力电池箔项目	山东龙口	新增铝箔轧机、分卷机、合卷机、薄剪机和轧辊磨床等设备 53 台（套）	动力电池箔	年产 2.1 万吨高性能动力电池箔	投产
南山铝业汽车轻量化铝板带生产线	山东龙口		汽车铝板	年产 20 万吨汽车铝板	拟建
常铝股份年产 3 万吨动力电池专用铝箔项目	江苏常熟		动力电池箔	年产 3 万吨动力电池箔	拟建
栋梁铝业有限公司年产 35 万吨新型高强度铝合金材料智能化工厂建设项目	浙江湖州	15 条挤压生产线	铝合金模板、汽车轻量化材料等	年产 35 万吨新型高强度铝合金材料	投产
诺贝丽斯汽车轻量化铝板带项目	江苏镇江		汽车板冷轧铝卷	年产轻量化高端汽车板冷轧铝卷 23 万吨	建设中
西南铝汽车轻量化生产线	重庆九龙坡	2800 毫米六辊不可逆全油润滑冷轧机	乘用车身板	年产 10 万吨	投产
铭帝集团有限公司	陕西铜川	75 兆牛卧式短行程挤压机			投产

续表2

公司及项目名称	项目地点	新增装备	主要产品	新增产能	项目状态
陕西建工铭铝环保科技有限公司	陕西铜川		建筑铝模板	年产30万平方米铝合金建筑模板	建设中
华北铝业新能源电池箔项目	河北保定		新能源电池箔	年产6万吨	建设中
河南明泰义瑞新材年产70万吨高性能铝板带箔项目	河南巩义		铝板带箔	年产70万吨高性能铝板带箔	建设中
东阳光低碳高端电池铝箔及相关材料项目	湖北宜都		低碳高端电池铝箔	年产10万吨低碳高端电池铝箔	拟建
永臻年产36万吨低碳再生铝质新材料光伏边框项目	安徽芜湖		光伏边框	年产36万吨低碳再生铝质新材料光伏边框	拟建
鑫铂股份年产10万吨光伏铝部件项目	安徽天长		光伏铝部件	年产10万吨光伏铝部件	拟建
山东凯米特年产5万吨高端铝材智能制造项目	山东费县		建筑铝型材	年产5万吨高端铝材	拟建
和胜新能源汽车高端部件项目	安徽马鞍山		电池箱体、铝壳、电芯、模组零件、车身部件等	年产100万套新能源汽车高端部件	拟建
安徽生信新材料股份有限公司年产4万吨铝合金工业型材项目	安徽宣城	8条挤压生产线、1条卧式氧化电泳生产线	工业型材	年产4万吨铝合金工业型材	拟建
中信渤海铝业科技（滁州）有限公司一期年产4万吨光伏铝边框深加工项目	安徽滁州	14条挤压生产线、2条立式氧化生产线等	光伏铝边框	年产4万吨光伏铝边框	建设中

数据来源：中国有色金属加工工业协会整理。

（七）资本市场再添新成员

资本市场方面，安徽鑫铂铝业股份有限公司于2021年2月15日在深圳证券交易所成功上市。截至目前，涉铝加工业务的主要上市公司达到25家左右，通过上市，铝加工企业能够有效扩宽融资渠道、降低融资成本、完善治理水平、提升品牌影响力、加大研发投入与科技创新力度，对提升行业整体的竞争实力和高质量发展水平具有积极作用。

（八）铝材进出口双增长，出口创历史新高

1. 铝材进口连续两年增长

2021年，中国进口铝材47.94万吨，同比增加18.02%；其中，铝挤压材进口3.69万吨，占7.70%，同比下降4.65%；铝板带进口32.84万吨，占68.50%，同比增加18.60%；铝箔进口9.32万吨，占19.44%，同比增加20.88%（见图5和图6）。进口量增加主要原因是国内铝价高于国外铝价，部分下游用户通过进口增加收益导致，此外，2021年中国进口未锻轧铝273.3万吨，同比增长18.9%；铝废碎料进口103.3万吨，同比增长24.9%。

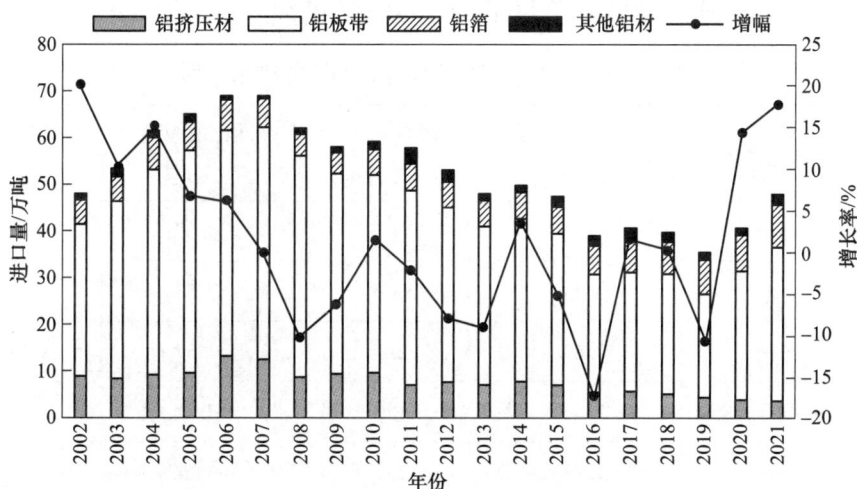

图5　2002~2021年中国铝材进口量

数据来源：海关总署

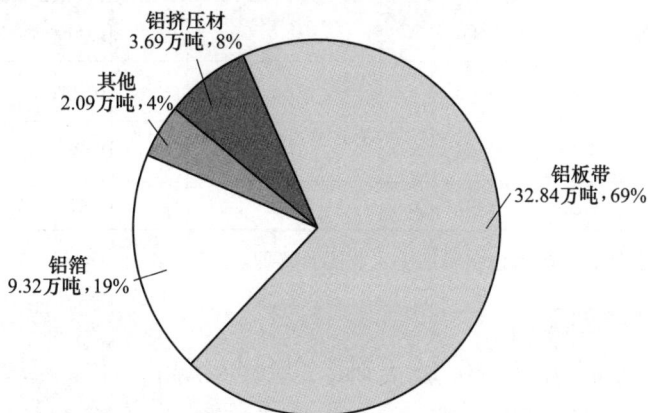

图6　2021年中国进口铝材产品结构

数据来源：海关总署

从进口数量来看，中国铝材进口量自 2007 年后，总体呈现出下降趋势，2019 年进口量达到最低值，此后 2 年实现回升（详见图 5）。根据此前工业和信息化部对全国 30 多家大型企业 130 多种关键基础材料调研结果显示，目前中国铝材进口主要集中于航空铝材、汽车板坯料及乘用车车身板、动力电池铝箔、电子零部件配套铝材等产品。

从进口来源来看，2021 年中国铝材进口来源国家和地区共有 73 个，其中韩国、日本、德国、中国台湾、美国分列前五位；前 10 个国家和地区铝材进口量合计为 43.97 万吨，占铝材进口总量的 91.72%；自韩国和日本进口量双双超过 10 万吨，遥遥领先其他国家和地区，自日本和韩国合计进口量达到 34.03 万吨，占中国铝材进口总量的 70.98%（见表 3）。

表3　2021 年中国铝材进口重点国家和地区

排名	国家或地区	2021 年进口量/万吨	2020 年进口量/万吨	同比增减量/万吨	同比增幅/%
1	韩国	18.37	14.3	4.07	28.49
2	日本	15.66	13.1	2.56	19.54
3	德国	2.67	2.1	0.57	27.23
4	中国台湾	1.81	1.9	-0.09	-4.78
5	美国	1.68	2.3	-0.62	-27.11
6	比利时	1.41	1.3	0.11	8.21
7	法国	0.79	0.8	-0.01	-1.54
8	奥地利	0.66	0.6	0.06	10.46
9	俄罗斯	0.46	0.7	-0.24	-34.17
10	瑞士	0.46	0.4	0.06	14.43
	其他国家及地区	3.97	3.1	0.87	28.06

数据来源：海关总署，中国有色金属加工工业协会整理。

2. 铝材出口量创新高

2021 年中国铝材出口 546.16 万吨，创历年新高，比上年增长 17.80%，其中，铝挤压材出口 108.93 万吨，占 19.94%，同比增长 8.40%；铝板带出口 295.75 万吨，占 54.15%，同比增长 26.57%；铝箔出口 133.49 万吨，占 24.44%，同比增长 8.21%（见图 7 和图 8）。

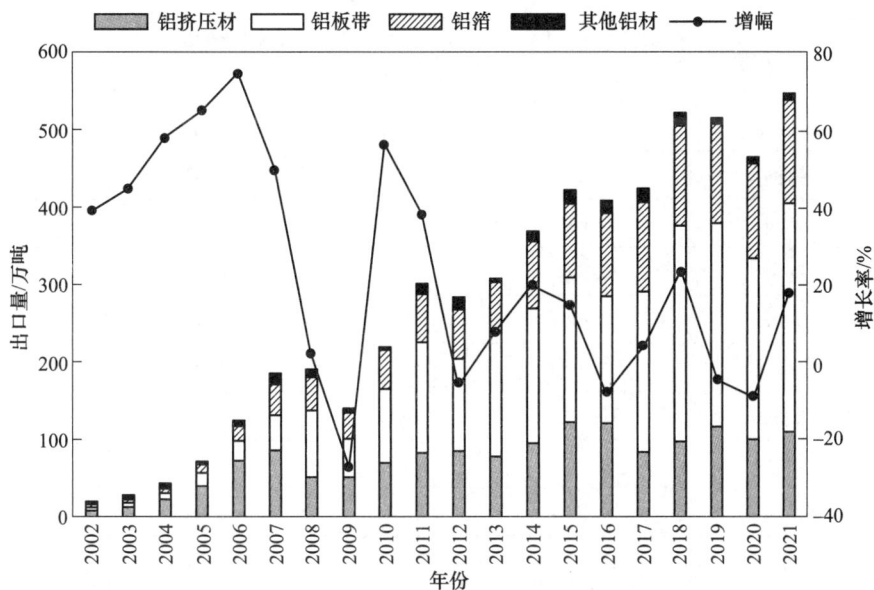

图 7   2002~2021 年中国铝材出口量

数据来源：海关总署

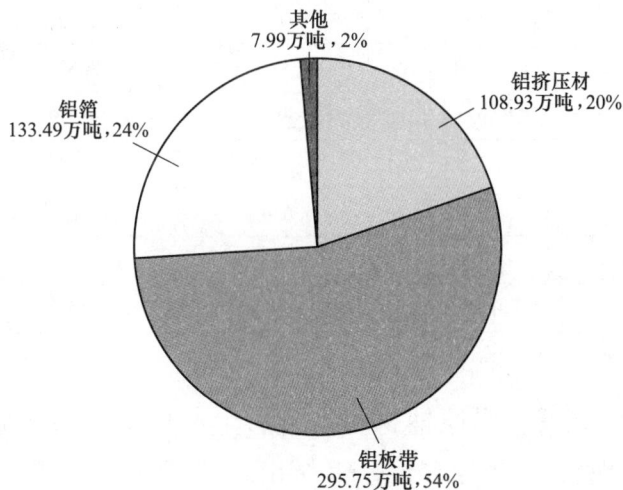

图 8   2021 年中国铝材出口产品结构

数据来源：海关总署

  从出口分布来看，2021 年中国铝材出口目的地国家和地区达 213 个。墨西哥、韩国、泰国、越南、美国等国家分列出口前 20 位（见表 4）。前 20 个国家出口量合计 390.90 万吨，占铝材出口总量的 71.57%。

表4　2021年中国铝材出口重点国家和地区

排名	国家或地区	2021年出口量/万吨	2020年出口量/万吨	同比增减量/万吨	同比增幅/%
1	墨西哥	48.24	36.5	11.74	32.17
2	韩国	35.23	31.6	3.63	11.47
3	泰国	33.81	24.9	8.91	35.79
4	越南	30.27	25.5	4.77	18.70
5	美国	27.44	20.8	6.64	31.94
6	加拿大	24.49	17.4	7.09	40.75
7	尼日利亚	21.10	18.9	2.20	11.65
8	印度	20.78	17	3.78	22.23
9	澳大利亚	19.94	15.4	4.54	29.47
10	马来西亚	19.91	13.4	6.51	48.56
11	印度尼西亚	16.15	15.4	0.75	4.88
12	日本	15.39	12.6	2.79	22.15
13	阿联酋	14.63	14	0.63	4.49
14	英国	12.54	6.7	5.84	87.10
15	菲律宾	10.55	7.9	2.65	33.57
16	巴西	9.92	9.4	0.52	5.57
17	沙特阿拉伯	9.11	9.5	−0.39	−4.09
18	新加坡	7.43	5.92	1.51	25.51
19	南非	7.23	6.42	0.81	12.67
20	柬埔寨	6.73	3.68	3.05	82.87
	其他国家和地区	155.26	150.72	4.54	3.01

数据来源：海关总署，中国有色金属加工工业协会整理。

从进出口均价来看，受原辅材料涨价、生产成本上升影响，2021年中国铝材出口均价实现较大幅度增长，铝材出口均价为22531元/吨，同比增长25.32%，其中，铝挤压材、铝板带、铝箔分别为23787元/吨、20404元/吨和24902元/吨。而中国铝材进口均价为39310元/吨，铝挤压材、铝板带和铝箔平均进口价格分别为48258元/吨、24645元/吨和84180元/吨（见图9）。

（九）贸易摩擦官司连赢两场

铝加工材出口贸易摩擦近年来愈演愈烈，仅2019年以来全行业新增贸易救济案件就多达19起，占20年来总案件数近一半，应诉结果以失败居多，严

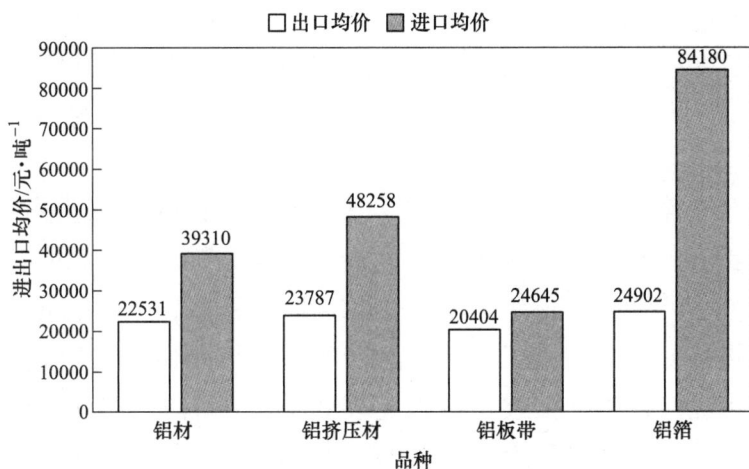

图 9 2021 年中国铝材进出口均价对比

数据来源：海关总署，中国有色金属加工工业协会整理

重影响了广大企业应诉的积极性。

2021 年 6 月 16 日，哥伦比亚商务、工业和旅游部发布第 162 号决议，决定对进口自中国的铝型材不征收反倾销关税；9 月 3 日，泰国政府发布正式裁决公报，决定对自中国进口铝箔终止保障措施调查。

在当前全球经贸形势日趋严峻、大国地缘政治博弈加剧、贸易保护盛行的复杂情况下，以上两案的胜诉不仅有效避免了中国铝材对两国出口受阻，积累了应诉经验，更重要的是扭转了中国铝加工行业一直以来出口应诉的被动局面，极大地鼓舞并振奋了企业应对贸易摩擦的信心和决心。

二、2021 年中国铝加工工业运行状况分析

（一）政策环境分析

1. 铝加工行业去除"两高"属性取得重大进展

近年来，中国有色金属加工工业协会（以下简称"加工协会"）积极配合工信部原材料司、中国有色金属工业协会推动铝压延加工行业去除"两高"属性工作，不断取得新进展。

2021 年 5 月 30 日，生态环境部发布《关于加强高耗能、高排放建设项目生态环境源头防控的指导意见》（环环评〔2021〕45 号），明确指出："两高"项目暂按煤电、石化、化工、钢铁、有色金属冶炼、建材等六个行业类别统计，后续对"两高"范围国家如有明确规定的，从其规定。11 月 15 日，国家发改委等五部门联合发布《关于发布〈高耗能行业重点领域能效标杆水平和

基准水平（2021年版）〉的通知》（发改产业〔2021〕1609号），明确列出了高耗能行业的具体范围。在上述两个国家权威部门的红头文件中，铝压延加工业均未被列入"两高"范围。

2. 新版危险废物名录实施，危废处置压力陡增

《国家危险废物名录（2021年版）》自2021年1月1日起施行。铝加工熔铸铝灰渣，铝灰热回收铝过程烟气处理集（除）尘装置收集的粉尘，废矿物油再生净化过程中产生的沉淀残渣、过滤残渣、废过滤吸附介质等三类废物被列为危险废物，其中，铝加工熔铸铝灰渣和铝灰热回收铝过程烟气处理集（除）尘装置收集的粉尘被新纳入危废名录，对铝加工企业产生巨大影响。尤其是铝灰渣由以前可以对外出售实现一定收益，变为需要支付高昂的处置费，甚至往往无处处置，企业压力陡增。

3. 铝合金熔铸安全生产标准趋严

2021年，应急管理部组织修订《工贸行业重大生产安全事故隐患判定标准（2021年版）》，从3月5日发布的"征求意见稿"看，对现有铝合金熔铸生产工艺和装备提出了严格，甚至颠覆性要求，行业反响强烈。为此，加工协会多次召开重点企业征求意见会，将行业实际情况向应急管理部反映，希望新的标准在确保安全生产前提下，更多考虑行业现实情况。从长远看，坚持绿色发展，持续改进安全生产是高质量发展的基本要求，广大企业必须正确对待，久久为功。

4. 再生变形铝合金原料国家标准发布，畅通高品质再生铝原料进口

2021年8月20日，《再生变形铝合金原料》（GB/T 40382—2021）国家标准发布，自2022年3月1日起实施。此前，2018年12月25日，生态环境部等四部委联合发布了《关于调整〈进口废物管理目录〉的公告》（2018年第68号），将原非限制类进口铝废碎料调入限制类进口目录。2020年11月25日，生态环境部等四部委联合发布《关于全面禁止进口固体废物有关事项的公告》（2020年第53号），进一步规定自2021年1月1日起禁止以任何方式进口固体废物。两项政策的出台在有效阻止洋垃圾流入国内的同时，也使包括国内铝加工企业出口至国外客户产生的边角余料等优质再生铝原料无法回流到国内。该标准的发布及时畅通了再生变形铝合金原料进口渠道，为促进再生铝在铝加工行业应用，实现节能减碳提供了有力支撑。

5. 增值税政策不断完善，进一步推进废铝循环使用

2021年12月31日，财政部发布了《关于完善资源综合利用增值税政策的公告》（财政部税务总局公告2021年第40号），为积极引导资源综合利用行

业健康发展,通过给予再生资源回收企业简易计税选择权;新增退税条件以强化再生资源即征即退管理;调整资源综合利用项目及退税比例;放宽停止退税条件及时间,进一步完善了资源综合利用增值税政策,对推进企业废铝循环使用将起到十分积极的作用,同时有利于国家"双碳"目标的达成。

6. 多地区实施限电措施,部分企业暂停生产

2021 年 6~9 月,广东、江苏、云南、四川、内蒙古、吉林等多省区实施有序用电、临时停电、拉闸限电等限电措施。导致部分中小企业生产线暂时停产,产能利用率降低,国内工业原材料产品价格被持续推高,给部分铝加工企业生产经营带来巨大影响。

(二)经营形势分析

1. 铝价创近十五年新高,流动资金占用及经营风险加大

2021 年,铝价呈现大幅上涨,沪铝主力合约由年初的 14600 元/吨攀升至 10 月的 24765 元/吨,创近十五年新高,距 2006 年的历史最高点仅一步之遥,波动幅度达到 70%,10 月后在 20000 元/吨左右大幅震荡(见图 10)。铝价大幅波动,给企业经营带来巨大风险。而铝价过高,占用企业流动资金,增加运营成本及风险,遏制下游消费,给铝加工行业带来巨大挑战。

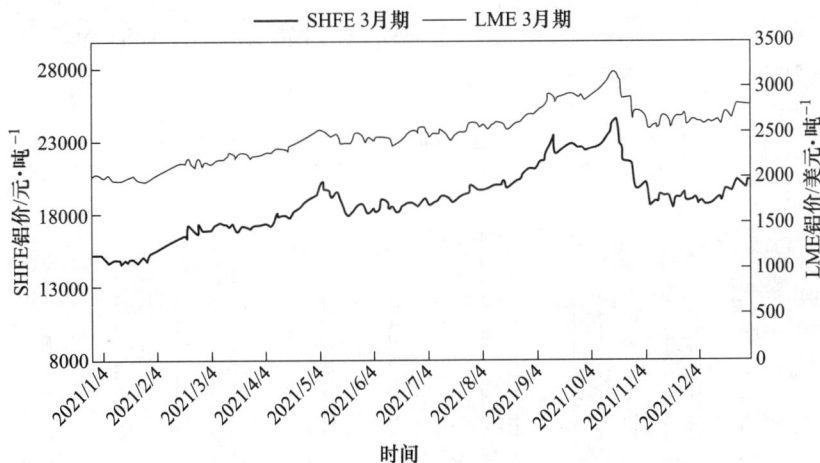

图 10 2021 年 SHFE 和 LME 铝价走势图
数据来源:SHFE、LME

2. 铝板带箔加工费普遍提高,铝挤压领域竞争更加激烈

2021 年铝加工产业不同细分领域加工费出现分化,由于国内铝板带箔需求量增加,原辅材料涨价,国外地区受到疫情影响造成铝板带箔市场缺口扩大等因素影响,铝板带箔加工费普遍较上年有所提高。而铝挤压领域一是受房地

产行业降温影响，建筑铝型材需求减少；二是部分企业为抢占市场份额，在一段时间内有意控制加工费涨价，导致铝挤压企业加工费基本未能实现涨价，恶性竞争使企业效益受到损失（见图11）。

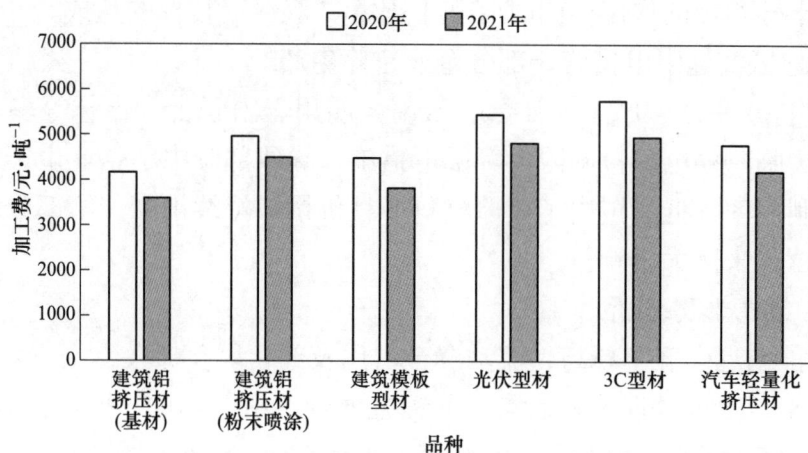

图11　2020年与2021年部分铝挤压材产品加工费对比

数据来源：中国有色金属加工工业协会整理

据加工协会初步调查，与2016年相比，易拉罐罐体料、罐盖料（光铝）、罐盖料（涂层）、单零箔、双零箔、空调箔、钎焊箔、亲水箔等产品加工费均实现较大幅度提高（见图12）。

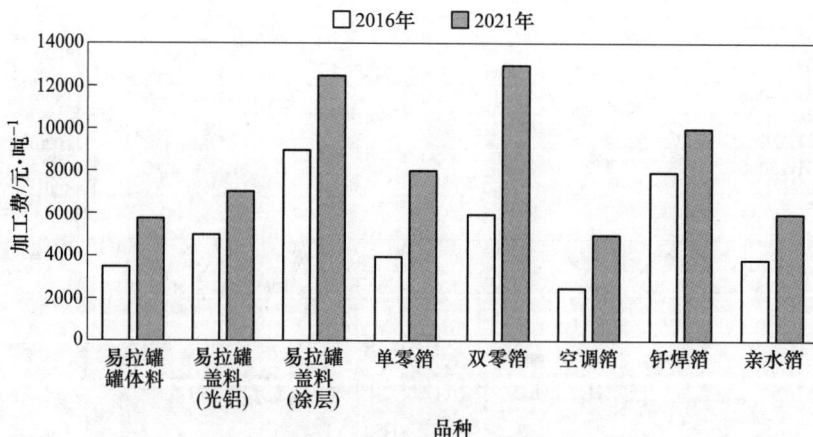

图12　2016年与2021年部分铝材产品加工费对比

数据来源：中国有色金属加工工业协会整理

3. "双碳目标"带来铝消费增长新机遇

随着国家提出"3060"双碳目标，给铝材消费带来了新机遇。铝具有质量轻、强度高、延展性高、导电性好、导热性佳、耐腐蚀性等一系列优点，且可以多次重复循环利用，是国民经济中的重要基础原材料，被应用到各个领域。铝材应用于车辆轻量化、光伏等终端消费领域，不仅可以助力节能减排，也为铝材带来更多新的需求增长点。

目前中国铝四大消费行业分别为建筑、交通运输、电力和包装行业，消费量占比分别为32%、22%、12%和11%左右，2021年几大铝消费行业整体表现较为强劲，各项指标整体表现稳定（见表5）。

表5　2021年中国重点铝消费行业主要指标完成情况

指标	单位	数值	比上年增长/%
房屋竣工面积	万平方米	101412	11.2
汽车产量	万辆	2608.2	3.4
电网基本建设投资完成额	亿元	4951	1.1
社会消费品零售总额	亿元	440823	12.5
空调产量	万台	21835.7	9.4
洗衣机产量	万台	8618.5	9.5
冰箱产量	万台	8992.1	−0.4
彩电产量	万台	18496.5	−3.6
手机产量	亿台	16.6	7
电脑产量	万台	48546.4	22

数据来源：国家统计局、国家能源局、中国汽车工业协会。

4. 贸易保护盛行，出口压力仍在

2021年，铝加工行业新增贸易救济案件4起，申诉国家包括韩国、巴西、英国、泰国等；涉及范围包括铝挤压材、铝板、PS版基等主要产品（见表6）。此外，除铝材产品外，中国铝制梯子等铝制品也遭受到国外贸易救济案件，国际贸易保护依然盛行，中国铝材出口依然面对外部压力。

表6　2021年中国铝加工行业新增贸易救济案件

序号	日期	申诉国家	案件概要
1	2021-4-26	韩国	对华铝制双涂层预涂感光板产品启动反倾销立案调查
2	2021-6-21	巴西	对华铝板产品启动反补贴立案调查
3	2021-6-21	英国	对华铝挤压材发起反倾销立案调查
4	2021-12-3	泰国	对华铝挤压产品启动反倾销立案调查

数据来源：国家商务部。

三、当前中国铝加工工业发展中需要关注的问题

（一）技术短板犹在，自主创新仍需增强

中国铝加工产业经过近三十年快速发展，创新能力已经显著增强，时至今日，中国铝加工产业整体已处于与美欧发达国家并行阶段，部分领域甚至已经处于世界领先，但与美国、德国、日本等发达国家相比，我们的自主创新仍待加强，主要表现在：

（1）铝挤压方面。航空、核电等少数领域具有特殊性能及特殊认证要求的高端铝挤压材，在质量稳定性和成品率等方面与欧美发达国家仍有不小差距。

（2）铝板带箔方面。汽车车身薄板和电池箔在成品率、质量一致性和稳定性方面与美国、德国、日本等国家差距明显。

（二）铝价高企叠加大幅波动，行业面临巨大挑战

2021年铝价不仅创下近15年新高，波动幅度更是达到70%，为近年罕见。铝价过高，带来了一系列不利影响：占用企业流动资金，增加运营成本及风险；下游客户订单主要围绕铝价进行下单，订单波动性增大；遏制下游消费，甚至引发其他材料替代风险，都给铝加工行业带来巨大挑战。而铝价一旦出现大幅跌落，库存产品价值大跌，将给企业经营带来巨大风险。

（三）低价恶性竞争，严重损害行业利益

2021年铝板带箔产品加工费普遍提高，大部分铝板带箔产品加工费超过5年前水平，但建筑铝型材领域低价竞争及内卷化严重，为抢占市场份额，部分铝挤压企业一段时间内仍有意控制加工费上涨，与5年前相比，大部分铝挤压材产品加工费出现明显下降，部分品种降幅高达15%~20%。低价恶性竞争严重损害了行业整体利益，对中国铝加工产业高质量发展带来消极影响。

（四）产品同质化严重，"专精特新"亟待培育

造成恶性竞争的主要原因是产能过剩和产品同质化严重。铝挤压投资金额是铝加工细分领域最为灵活的，可大可小，铝挤压低端产能重复建设严重，截至2020年底，中国铝挤压材生产能力已经达到2901.6万吨，产能利用率为73.7%。

此外，铝挤压技术扩散和渗透较快，新产品研发不足，部分企业仍采取粗放型经营模式，真正形成"专精特新"的企业凤毛麟角，导致产品同质化严重，陷入了价格"肉搏战"，并呈低端向高端、内销向出口蔓延趋势。

四、对中国铝加工工业发展的建议

（一）贯彻新发展理念，坚持创新发展

加强对"卡脖子"关键技术的自主创新。聚焦国家需求、国家战略（军工产品、救灾应急响应、新基建等），针对性创新（基础理论研究、新牌号研发、政产学研用）；坚持需求导向和问题导向，与下游客户共同研发，进行有效创新，实现优质优价、高质量发展；整合优化科技资源配置，创新企业间合作机制。

（二）突出产品特色，做好"三个坚持"

铝加工企业在深耕细分市场，争做单项冠军，打造品牌优势的同时，要做好"三个坚持"：坚持升级改造、智能化发展方向；坚持向深加工延伸不动摇，提高产品附加值，提升企业盈利能力和核心竞争力；坚持绿色低碳环保路线，提高产业绿色发展水平。

（三）主动融入国家战略，开创铝加工双循环新格局

面向未来，深刻领会新变局，发挥中国作为世界最大市场的潜力和作用，调整产品结构、努力挖掘内需、推广铝新应用、加强国产替代、稳住出口基本盘、积极应对贸易摩擦，逐步形成以国内大循环为主体、国内国际双循环相互促进的新发展格局。

（四）努力防范各类风险，推动产业平稳发展

一要积极参与套期保值，防范铝价大幅波动风险；二要防范环境保护、安全生产等风险；三要注意企业资金链、担保链等经营风险。

撰稿人： 章吉林、卢　建、李谦锋、
　　　　　　周　飞
审稿人： 范顺科

品种篇

PINZHONG PIAN

2021 年铜工业发展报告

2021 年是党和国家历史上具有里程碑意义的一年。铜行业认真贯彻落实党中央、国务院的宏观政策，行业整体运行情况良好，产量稳步增加，经济效益显著提升，同时在科技创新、智能制造和绿色发展等方面迈上了新的台阶，为实现行业高质量发展奠定了坚实基础。

一、2021 年世界铜工业发展概述

（一）生产

2021 年世界铜产品生产保持平稳增长。根据国际铜研究组（以下简称为ICSG）统计，2021 年 1～11 月，世界铜矿产能为 2375.4 万吨，同比增长4.3%，增幅有所扩大；铜矿产量为 1924.3 万吨，同比增长 2.4%，其中铜精矿产量 1571.4 万吨，同比增长 3.9%，湿法铜产量 352.9 万吨，同比下降3.7%；产能利用率为 81.0%，同比下降 1.5 个百分点。从产量分布来看，智利和秘鲁两国是最主要的铜矿生产国，2021 年 1～11 月合计产量占世界总产量的 37.5%，前十个铜矿生产国合计产量占世界总产量的 79.4%，世界铜矿生产相对集中，其中湿法铜主要集中在智利、刚果（金）和美国，合计产量占比达 83.4%（见表 1）。

表 1 2021 年 1~11 月世界铜矿分国别产量统计　　　　（万吨）

序号	国家	2020 年 1～11 月			2021 年 1～11 月		
		合计	铜精矿	湿法铜	合计	铜精矿	湿法铜
1	智利	523.3	389.7	133.6	512.7	384.6	128.1
2	秘鲁	192.8	187.0	5.9	208.9	202.0	6.9
3	中国	157.1	152.5	4.6	172.5	167.4	5.0
4	刚果（金）	134.8	29.2	105.6	150.4	35.8	114.6
5	美国	112.6	61.5	51.1	113.7	62.1	51.6
6	俄罗斯	79.6	79.4	0.1	79.3	79.2	0.1
7	澳大利亚	81.0	78.7	2.3	77.5	75.2	2.4

续表1

序号	国家	2020 年 1~11 月			2021 年 1~11 月		
		合计	铜精矿	湿法铜	合计	铜精矿	湿法铜
8	赞比亚	77.8	64.6	13.3	77.3	64.4	12.9
9	印度尼西亚	45.3	44.8	0.5	68.0	66.2	1.7
10	墨西哥	66.9	50.4	16.6	67.4	50.7	16.7
世界合计		1878.8	1512.5	366.3	1924.3	1571.4	352.9

数据来源：ICSG。

根据 ICSG 统计，2021 年 1~11 月世界精炼铜产能 2757.1 万吨，同比增长 1.1%，增幅回落；世界精炼铜产量 2269.2 万吨，同比增长 1.3%，增幅回落，其中矿产精炼铜 1897.1 万吨，同比仅增长 0.7%，再生精炼铜 372.1 万吨，同比增长 4.7%，再生精炼铜占比提高到 16.4%；产能利用率 82.3%，与 2020 年基本持平。从产量分布来看，中国是最大的精炼铜生产国，2021 年 1~11 月产量占世界总产量的 42.0%，其他精炼铜主要生产国还有智利、日本、刚果（金）等，前十个精炼铜生产国合计产量占世界总产量的 79.5%，世界精炼铜生产同样相对集中（见表2）。

表2　2021 年 1~11 月世界精炼铜分国别产量统计　　　　（万吨）

序号	国家	2020 年 1~11 月				2021 年 1~11 月			
		合计	电积铜	电解铜	再生铜	合计	电积铜	电解铜	再生铜
1	中国	916.1	4.6	730.0	181.6	952.6	5.0	749.4	198.1
2	智利	212.1	133.6	78.5	0.0	207.1	128.1	79.0	0.0
3	日本	144.8	0.0	113.9	31.0	138.5	0.0	107.5	31.0
4	刚果（金）	108.8	105.6	3.2	0.0	117.9	114.6	3.3	0.0
5	美国	83.6	51.1	28.5	4.0	93.1	51.6	37.0	4.5
6	俄罗斯	95.2	0.1	73.2	21.9	86.4	0.1	65.7	20.5
7	韩国	61.9	0.0	45.1	16.8	59.3	0.0	43.7	15.5
8	德国	59.3	0.0	33.2	26.1	56.3	0.0	30.9	25.4
9	波兰	51.1	0.0	39.0	12.1	53.6	0.0	41.9	11.7
10	墨西哥	39.0	16.6	21.9	0.5	39.2	16.7	22.0	0.5
世界合计		2239.8	366.3	1518.2	355.3	2269.2	352.9	1544.2	372.1

数据来源：ICSG。

（二）消费

根据 ICSG 统计，2021 年 1~11 月世界精炼铜表观消费量 2303.1 万吨，同比略增 0.6%，增幅回落两个百分点。中国仍然是铜消费第一大国，2021 年 1~11 月精炼铜表观消费量为 1249.7 万吨，占比达到 54.3%；美国位居全球铜消费第二，精炼铜消费量 165.1 万吨，占比为 7.2%，其他国家和地区精炼铜消费均不超过百万吨（见表 3）。

表 3　2021 年 1~11 月世界铜消费国家和地区统计　　　　　　（万吨）

序号	国家和地区	2018 年	2019 年	2020 年	2020 年 1~11 月	2021 年 1~11 月
1	中国大陆	1254.3	1275.0	1442.8	1323.9	1249.7
2	美国	181.1	183.8	171.0	157.0	165.1
3	日本	101.0	97.1	83.8	75.2	85.0
4	韩国	70.0	64.7	64.0	58.5	58.6
5	中国台湾	38.2	37.1	37.9	35.6	37.4
6	印度	49.7	52.9	41.0	37.0	40.5
7	土耳其	48.4	45.1	45.5	41.7	43.5
8	阿拉伯	45.5	42.6	39.8	36.2	34.6
9	俄罗斯	34.7	35.5	30.5	28.5	44.5
10	墨西哥	38.5	39.0	35.6	32.4	34.8
	世界合计	2448.0	2440.5	2498.9	2288.5	2303.1

数据来源：ICSG。

二、2021 年中国铜工业发展现状

（一）经济运行情况

1. 产量与经济效益

2021 年中国铜产品产量和经济效益保持增长，增幅较 2020 年同期均有所扩大。根据中国有色金属工业协会初步统计数据显示，2021 年中国铜工业规模以上企业实现营业收入同比增长 36.2%，实现利润同比增长 70.2%。从产业链来看，采选、冶炼、加工各环节产品产量、实现营业收入和利润均有不同程度增长。2021 年中国铜精矿含铜产量同比增长 7.3%，增幅较同期扩大 4 个百分点，实现营业收入同比增长 33.4%，实现利润同比增长 156.9%；2021 年中国精炼铜产量达 1048.7 万吨，同比增长 7.4%，增幅与同期持平，实现营业收入同比增长 37.0%，实现利润同比增长 61.9%；2021 年中国铜材产量 2123.5 万吨，同比增长 0.27%，铜压延加工业实现营业收入同比增长 35.8%，实现利润同比增长 38.7%（见图 1 和图 2）。

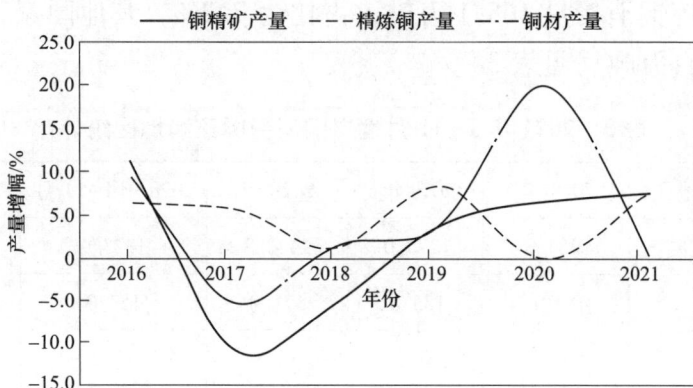

图 1　2016~2021 年中国铜产品产量增幅变化图

数据来源：中国有色金属工业协会

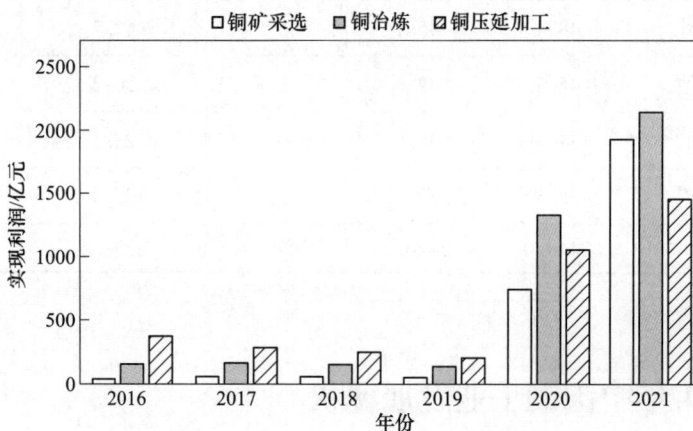

图 2　2016~2021 年中国铜工业实现利润变化图

数据来源：中国有色金属工业协会

2. 主要技术经济指标

2021 年铜矿出矿品位较 2020 年继续下降 0.03 个百分点，到 0.64%，从长期来看，2006~2021 年铜矿品位共下降了 0.27%，优质资源不断减少，可开采的矿石品质下降明显。与此同时，有赖于选矿工艺技术的不断提高，选矿回收率和精矿品位等指标并没有明显下滑（见表 4）。

表4　2016~2021 年中国铜矿采选主要技术经济指标变化

指标	单位	2016 年	2017 年	2018 年	2019 年	2020 年	2021 年
出矿品位	%	0.79	0.74	0.74	0.71	0.67	0.64
精矿品位	%	21.84	21.93	21.88	22.08	21.93	22.05
选矿回收率	%	87.02	86.77	86.1	86.22	86.35	86.81

数据来源：中国有色金属工业协会。

在"双碳"目标的背景下，环保政策日趋严格，铜冶炼技术和装备也不断升级，铜冶炼相关技术指标不断提升。2021 年铜冶炼总回收率 98.68%、精炼铜回收率 99.55%，基本与 2020 年指标持平；铜冶炼综合能耗（以标煤计）215.32 千克/吨，虽然较 2020 年有小幅的增长，但低于 2019 年同期水平，总体呈下降趋势（见表5）。

表5　2019~2021 年中国铜冶炼主要技术经济指标变化

指标名称	单位	2019 年	2020 年	2021 年
铜冶炼总回收率	%	98.55	98.72	98.68
精炼铜回收率	%	99.63	99.66	99.55
粗铜回收率	%	98.98	99.09	99.10
电铜直流电耗	千瓦时/吨	322.18	322.32	322.33
粗铜电耗	千瓦时/吨	723.90	715.02	717.54
粗铜煤耗	千克/吨	166.63	140.89	129.32
铜冶炼综合能耗（以标煤计）	千克/吨	226.05	211.59	215.32

数据来源：中国有色金属工业协会。

（二）产业结构

根据中国有色金属工业协会统计，铜精矿产量主要集中在江西、云南、黑龙江、西藏、甘肃、新疆、陕西、内蒙古、安徽和福建等地，上述十省区合计产量占全国总产量的 85%，生产相对集中，其中西藏产量增量较大，带动了全国产量的增速（见图3）。

根据国家统计局初步统计数据，精炼铜产量排名前十的省区合计产量为857.0 万吨，占总产量的 81.7%，其中江西、安徽产量超过 100 万吨，山东产量受个别企业影响下降明显，除上述三个传统的铜冶炼大省外，广西产量已连续两年接近百万吨，福建和内蒙古继续保持了较快的产量增长幅度，成为铜冶炼重要产区（见表6）。根据国家统计局初步统计数据，铜加工材产量排名前

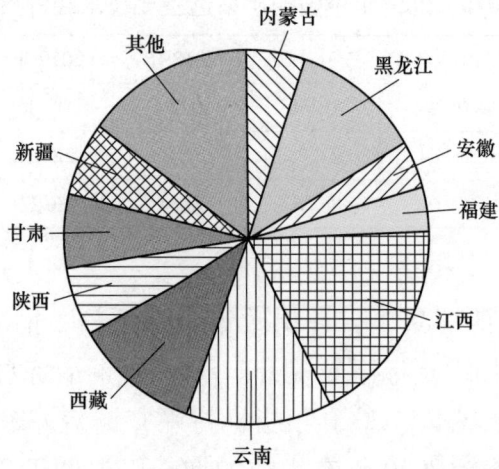

图 3　2021 年中国铜精矿产量分布图

数据来源：中国有色金属工业协会

十的省区合计产量为 1870.3 万吨，占全国总产量的 88.1%，其中江西、江苏、浙江、广东和安徽五个省份仍然保持着龙头地位，合计产量占总产量的 72%，但受 2021 年高铜价影响，各省铜加工材产量普遍下降，前十省中仅江西、河南、湖南保持较快增长，江西省铜加工材产量占比由 2020 年 18.8% 提升至 2021 年的 24.2%（见表 7）。

表 6　2021 年中国精炼铜产量统计

序号	地区名称	精炼铜产量/万吨	同比/%	占比/%
1	江西	160.4	11.6	15.3
2	安徽	110.0	4.0	10.5
3	广西	96.5	0.2	9.2
4	山东	87.8	−0.5	8.4
5	福建	82.2	23.0	7.8
6	内蒙古	72.0	29.8	6.9
7	甘肃	67.4	1.6	6.4
8	云南	65.2	−6.8	6.2
9	河南	59.9	10.4	5.7
10	湖北	55.6	8.5	5.3
11	其他	191.7		18.3
	合计	1048.7	7.4	100.0

数据来源：国家统计局。

表7　2021年中国铜加工材产量统计

序号	地区名称	铜材产量/万吨	同比/%	占比/%
1	江西	514.3	10.7	24.2
2	江苏	297.5	−9.8	14.0
3	浙江	257.6	−5.1	12.1
4	广东	256.4	1.0	12.1
5	安徽	210.9	−10.8	9.9
6	河南	86.7	22.2	4.1
7	山东	69.3	−11.6	3.3
8	甘肃	66.4	−9.4	3.1
9	天津	57.2	−4.8	2.7
10	湖南	54.0	7.8	2.5
11	其他	253.2		11.9
	合计	2123.5	0.3	100.0

数据来源：国家统计局。

（三）市场与价格

2021年铜价呈现先扬后抑趋势。上半年铜价强势上涨，5月10日伦铜刷新上市以来新高，随后铜价从高位逐步回落，10月由于国内电力供应紧张影响，推动铜价再度突破1万美元，随着国内生产恢复正常，铜价迅速回落并持续高位震荡（见图4）。

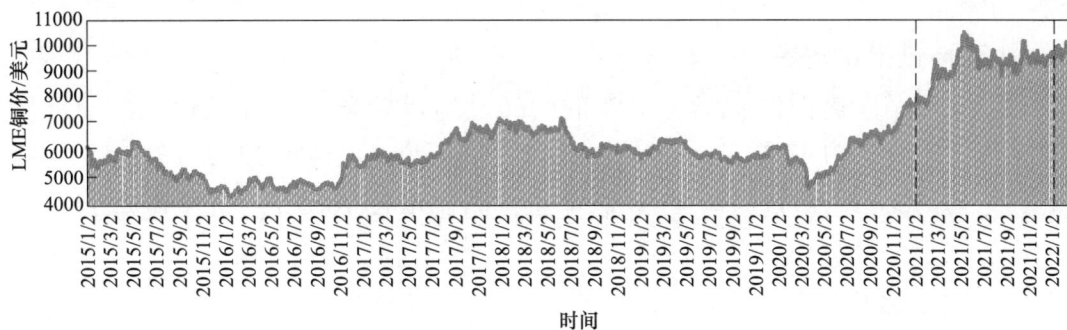

图4　2015~2021年LME铜价走势图
数据来源：LME

2021年LME当月期铜和三月期铜均价分别为9314美元/吨和9290美元/吨，同比分别增长51.0%和50.3%；SHFE当月期铜和三月期铜均价分别为

68442元/吨和68512元/吨，同比分别增长40.4%和40.7%（见表8）。

表8 2016~2021年LME、SHFE铜价统计

年份	LME/美元·吨$^{-1}$		SHFE/元·吨$^{-1}$	
	当月期铜	三个月期铜	当月期铜	三个月期铜
2016年	4863	4867	38152	38203
2017年	6162	6190	49361	49309
2018年	6525	6544	50531	50760
2019年	6005	6019	47701	47735
2020年	6168	6180	48742	48699
2021年	9314	9290	68442	68512

数据来源：LME、SHFE。

（四）市场消费

2021年中国精炼铜消费平稳增长，表观消费量1384.7万吨。从铜消费结构看，电力行业仍是主要消费领域，其次是电子通信和日用消费领域。根据中国电力企业联合会初步数据，2021年中国电源和电网完成投资均实现同比增长，主要发电企业电源工程完成投资5530亿元，同比增长4.5%；电网工程完成投资4951亿元，同比增长1.1%；发电装机容量约23.8亿千瓦，同比增长7.9%。空调制冷行业，2021年家用空调生产1.6亿台，同比增长7.0%。交通运输行业，2021年中国乘用车产销2140.8万辆和2148.2万辆，同比分别增长7.1%和6.5%。建筑业，2021年全国房地产开发投资14.8万亿元，同比增长4.4%。

（五）进出口贸易

2021年，受高铜价影响，中国铜产品进出口贸易额大幅增长，其中进出口贸易总额1309.1亿美元，同比增长47.2%；进口贸易额1215.5亿美元，同比增长47.7%；出口贸易额93.6亿美元，同比增长70.5%。贸易逆差1121.9亿美元。

1. 进口情况

2021年，中国铜产品进口量整体呈下降态势。进口未锻轧铜、铜材、粗铜均有大幅下降；海外矿山生产受新冠肺炎疫情的影响逐渐下降，进口铜矿恢复增长；再生铜原料政策稳步实施，废铜进口出现大幅增长。根据海关总署统计数据，2021年中国进口未锻轧铜401.0万吨，同比下降20.1%，其中进口精炼铜362.7万吨，同比下降22.3%；进口铜材56.5万吨，同比下降8.3%，

其中进口铜粉下降最为明显，降幅达 95.6%；进口粗铜 93.7 万吨，同比下降 9.0%；进口铜矿 2340.4 万吨，同比增长 7.6%；进口铜废碎料 169.3 万吨，同比增长 79.4%（见表 9）。

2. 出口情况

2021 年，中国铜产品出口整体呈增长态势。除铜矿和铜废碎料以外，其他产品均有不同程度的增长，其中铜合金和粗铜出口增长明显，但本身基数较小出口量不大；加工材出口则继续保持增长，增幅较同期扩大 22 个百分点。根据海关总署统计数据，2021 年中国出口未锻轧铜 26.7 万吨，同比增长 25.6%；出口铜材 66.6 万吨，同比增长 23.6%；出口粗铜 171 吨，同比增长 160.0%；出口铜矿 473 吨，同比下降 47.5%；出口铜废碎料 126 吨，同比下降 23.1%（见表 9）。

表 9 2021 年中国铜产品进出口情况变化

品种	进口量/吨	同比/%	出口量/吨	同比/%
未锻轧铜	4009965	−20.1	266561	25.6
其中：精炼铜	3627204	−22.3	266496	25.5
铜合金	382761	10.9	66	337.4
铜材	564627	−8.3	665710	23.6
其中：铜粉	3966	−95.6	3401	26.6
铜条杆型材	75458	0.8	15115	39.4
铜丝	110902	2.3	77184	15.3
铜板带	127837	11.6	80439	64.3
铜箔	217614	10.3	132576	3.3
铜管	23647	−9.1	230791	28.3
铜制管子附件	5202	26.6	126204	25.1
粗铜	937422	−9.0	171	160.0
铜矿	23404370	7.6	473	−47.5
铜废碎料	1692731	79.4	126	−23.1

数据来源：海关总署。

（六）投资情况

根据国家统计局初步统计数据，2021 年中国有色金属工业固定资产投资同比增长 4.1%，为近 7 年来最大增幅（见图 5）。其中，铜工业固定资产投资整体增幅不明显，铜矿采选环节投资下降 14.7%，铜冶炼环节投资增长 8.7%，铜压延加工投资增长 36%。

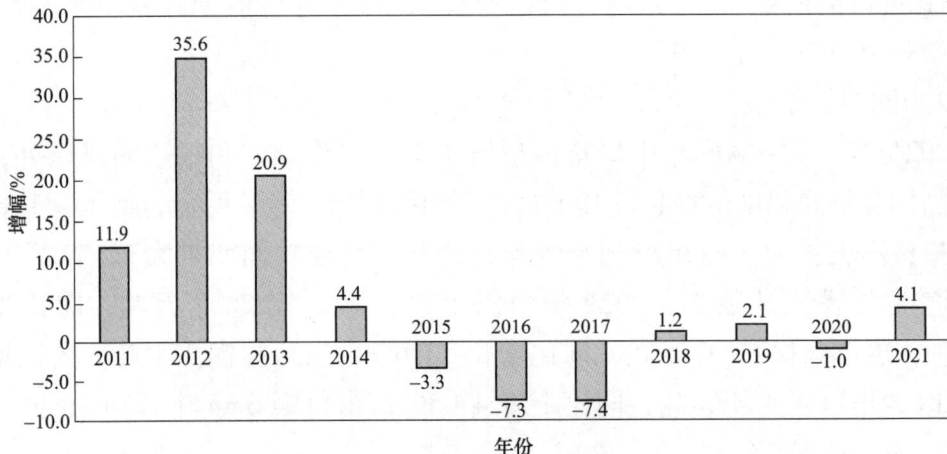

图 5   2011~2021 年中国有色金属工业固定资产投资变化图

数据来源：中国有色金属工业协会

从铜矿采选方面来看，新建、扩建项目主要还是 2020 年开始建设的项目，有西藏玉龙铜业股份有限公司玉龙铜矿二期扩能工程、江西铜业股份有限公司城门山铜矿三期扩能工程和西藏巨龙铜业有限公司驱龙铜矿基建工程等；从铜冶炼方面来看，受铜冶炼产能相对过剩以及各项环保要求的限值，中国铜冶炼产能增速明显放缓，2021 年没有新增粗炼产能、精炼产能新增也很有限，在建的项目主要有中条山有色金属集团有限公司侯马冶炼厂改扩建项目、大冶有色金属集团控股有限公司阴极铜新建项目、烟台国兴铜业有限公司搬迁改造项目等，预计这三个项目都将在 2022 年投产；从铜加工方面来看，受新能源、电子通信等高端产业的带动，中国铜加工产业投资热情高涨，投资方向主要集中在铜板带和铜箔生产线，如宁波博威合金材料股份有限公司在宁波 5 万吨铜板带项目、宁波兴业在慈溪的 6 万吨铜板带项目、五星铜业在池州的 5 万吨铜板带项目，海亮集团在兰州 15 万吨电解铜箔项目、白银有色在兰州 10 万吨电解铜箔项目、江西铜业在上饶 10 万吨电解铜箔等。铜管和铜杆生产线的投资建设项目相对较少，比较受关注的项目有常州润来科技新建的 3 条铜管生产线和江西铜业在上饶新建 20 万吨铜杆项目。

三、2021 年中国铜工业经济运行状况分析

（一）政策环境分析

1. 工业和信息化部等三部委联合印发《“十四五”原材料工业发展规划》

2021年12月21日，工业和信息化部等三部委联合印发了《"十四五"原材料工业发展规划》（以下简称《规划》），明确"原材料工业包括石化化工、钢铁、有色金属、建材等行业"。《规划》从机遇和挑战两个维度，阐述了"十四五"时期原材料工业的发展环境，按"创新引领、市场主导、供需协调、绿色安全"基本原则，提出"到2025年，原材料工业保障和引领制造业高质量发展的能力明显增强；增加值增速保持合理水平，在制造业中比重基本稳定；新材料产业规模持续提升，占原材料工业比重明显提高；初步形成更高质量、更好效益、更优布局、更加绿色、更为安全的产业发展格局"的发展目标。"十四五"时期，有色金属行业进入了高质量发展新阶段，机遇和挑战将呈现许多新变化。面对新形势、新要求，有色金属行业应以宣贯落实《规划》为契机，坚持系统观念、保持战略定力，遵循发展规律、强化本质安全，尊重市场规律、增强底线思维，着力固根基、扬优势、补短板、强弱项，注重防范化解重大风险挑战，努力实现发展质量、结构、规模、速度、效益、安全相统一。

2. 国务院印发《2030年前碳达峰行动方案》

为深入贯彻落实党中央、国务院关于碳达峰、碳中和的重大战略决策，扎实推进碳达峰行动，2021年10月26日国务院印发了《2030年前碳达峰行动方案》（以下简称《方案》），《中共中央国务院关于完整准确全面贯彻新发展理念做好碳达峰碳中和工作的意见》同时发布，标志着"双碳"顶层设计部署基本明晰。《方案》提出的重点任务之一"工业领域碳达峰行动"中指出，工业是产生碳排放的主要领域之一，对全国整体实现碳达峰具有重要影响。工业领域要加快绿色低碳转型和高质量发展，力争率先实现碳达峰。其中，在推动有色金属行业碳达峰中提出优化产业结构、加快退出落后产能、推进清洁能源替代、加快再生有色金属产业发展、加快推广应用先进适用绿色低碳技术等要求。

3. 工业和信息化部开展新一轮规范企业公告申报工作

根据《铜冶炼行业规范条件（2019）》，工业和信息化部2021年开展了规范企业公告申报和动态调整工作。经企业申报、专家评审、现场核查等工作流程，工业和信息化部于2022年1月17日对第二批铜冶炼规范企业和拟撤销规范企业名单进行了公示，共10家铜冶炼企业进入符合《铜冶炼行业规范条件》公示名单。

4. 国家粮食和物资储备局投放四批国家储备铜

2021年上半年，在需求和流动性的叠加作用下，国内外市场铜等主要有色金属价格出现一轮上涨行情，5 月沪铜和 LME 铜价均创历史新高。铜价高幅震荡不仅使我国遭受巨大的经济损失，同时宏观经济的稳定性也有可能受到严重影响，国务院常务会议中提出要做好大宗商品保供稳价工作，保持经济平稳运行，在此背景下，国储局于 2021 年 6~9 月分四批合计投放国家储备铜 11 万吨。持续的抛储体现了明确的政策调控信号，市场有效供应增加，下游加工企业原料采购压力得到缓解，市场情绪降温，对市场价格形成压力。

5.《国家发展改革委等部门关于发布〈高耗能行业重点领域能效标杆水平和基准水平（2021 年版）〉的通知》（以下简称《通知》）

为实现碳达峰、碳中和的目标，指导各地科学有序做好高耗能行业节能降碳技术改造，国家发展改革委等五部门联合发布了《高耗能行业重点领域能效标杆水平和基准水平（2021 年版）》。《通知》中明确"对拟建、在建项目，应对照能效标杆水平建设实施，推动能效水平应提尽提，力争全面达到标杆水平。对能效低于本行业基准水平的存量项目，合理设置政策实施过渡期，引导企业有序开展节能降碳技术改造，提高生产运行能效，坚决依法依规淘汰落后产能、落后工艺、落后产品。"同时完善相关配套支持政策，通过阶梯电价、国家工业专项节能监察、环保监督执法等手段，加大节能降碳市场调节和督促落实力度。

6. 财政部、税务总局印发《关于完善资源综合利用增值税政策的公告》

为推动资源综合利用行业持续健康发展，财政部、税务总局印发了《关于完善资源综合利用增值税政策的公告》（以下简称《公告》），明确自 2022 年 3 月 1 日起执行新的资源综合利用增值税政策。与原资源综合利用增值税政策相比，《公告》明确了再生资源的定义，增加了再生资源回收纳税人计税方法的选择，调整了资源综合利用产品和劳务的优惠目录，资源综合利用退税条件有增有减，污水处理和垃圾处理可选择退税或免税，管理要求更加具体化。该《公告》于 2022 年 3 月 1 日起执行，企业在执行过程中应注意新旧政策的衔接问题，如注意选择计税方式和优惠方式相关时限规定，相关税收优惠办理要求，原有的"技术标准和相关条件"有关规定可继续执行至 2022 年 12 月 31日止等。

（二）产业结构调整情况分析

1. 原料供应结构

中国铜冶炼企业生产原料主要为原生铜矿和废杂铜，受原料依赖程度高和下游铜消费放缓的影响，中国原生铜冶炼产能增速放缓，与此同时，再生铜产业稳步发展。2021 年矿产精炼铜和再生精炼铜占比分别为 75.7% 和 24.3%，再生精炼铜占比较同期增长一个百分点。矿产精炼铜原料来源为国产铜矿、进口铜矿和进口粗铜，其中 2021 年国产铜矿产量有一定的增长，增速达到近五年来最高，但原料占比仍然较低，进口铜矿依然是原料主要来源，2021 年海外铜矿生产从 2020 年疫情影响中逐渐恢复，虽然在运输上仍受到一定程度影响，但国内进口铜矿还是恢复了以往的增长水平；再生铜原料来源为国产废杂铜和进口废杂铜，近年来，国内再生铜产业稳步发展，特别是在"双碳"背景下，国家加快推动再生回收体系完善的步伐，再生铜产量将持续稳步增长；进口再生铜原料随着 2020 年以来再生铜原料政策的落地到稳步实施，2021 年进口再生铜原料大幅增长（见图 6）。

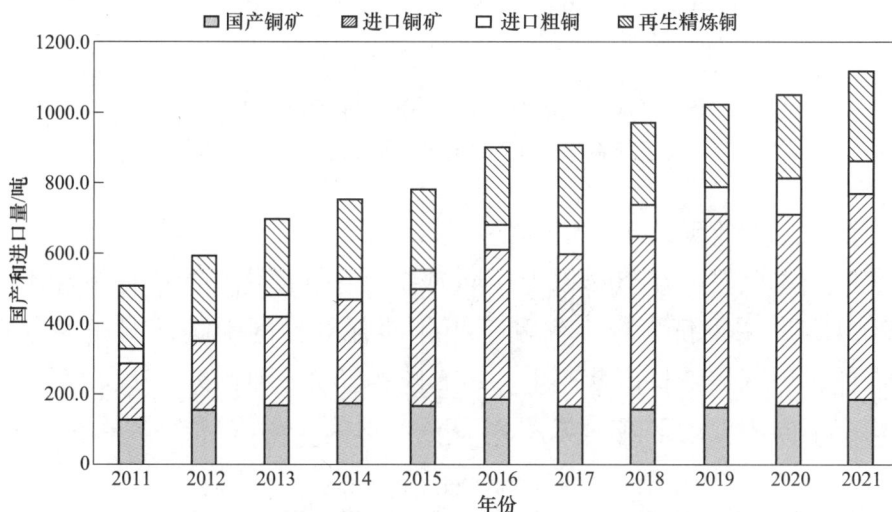

图 6　2011～2021 年中国铜冶炼原料结构图
数据来源：海关总署、中国有色金属工业协会、中国有色金属工业协会铜业分会

2. 产业布局结构

近年来，中国铜冶炼产业布局发生了较大的变化，在环保和原料的区位优势推动下，新增铜冶炼产能不再局限于江西、山东、安徽等传统铜冶炼基地，而是转向区位优势更加明显的地区布局。其中，江西和安徽保持了其依托自有铜矿原料建立起的铜冶炼基地地位，近五年产量稳步增长；广西、福建和内蒙古三个省区，近五年的精炼铜产量均实现了翻倍，成为新的铜冶炼重要省区，且是未来企业新建铜冶炼项目重点布局区域；山东省近五年精炼铜产量大幅下降，2021 年较 2017 年下降了 57.5%，除受环保等政策性影响外，主要还是由于山东省内铜企业经营业务相对单一，市场抗风险能力较差，企业资金压力较

大对生产经营造成影响（见图7）。

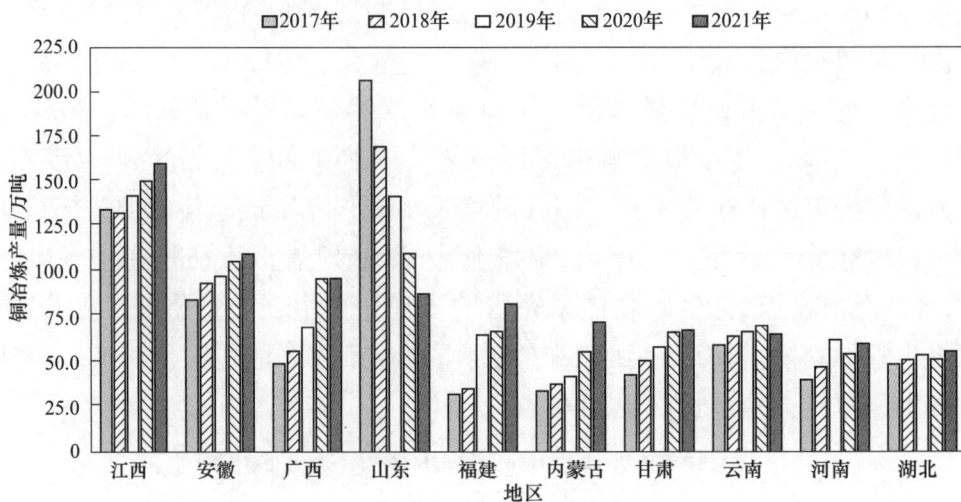

图7　2017~2021年中国铜冶炼产量分布图

数据来源：中国有色金属工业协会铜业分会

中国铜加工产业延续地区集群化发展的特点，江西、江苏、浙江、广东和安徽五省产量占比保持在70%以上，同时在原有规模优势的前提下逐步向高端发展。2021年，受铜价大幅上涨和下半年能耗双控的影响，铜加工业开工率阶段性走低，对铜加工材产量产生一定影响，江苏、浙江、广东、安徽四个省份产量均有不同程度的下降（见图8）。

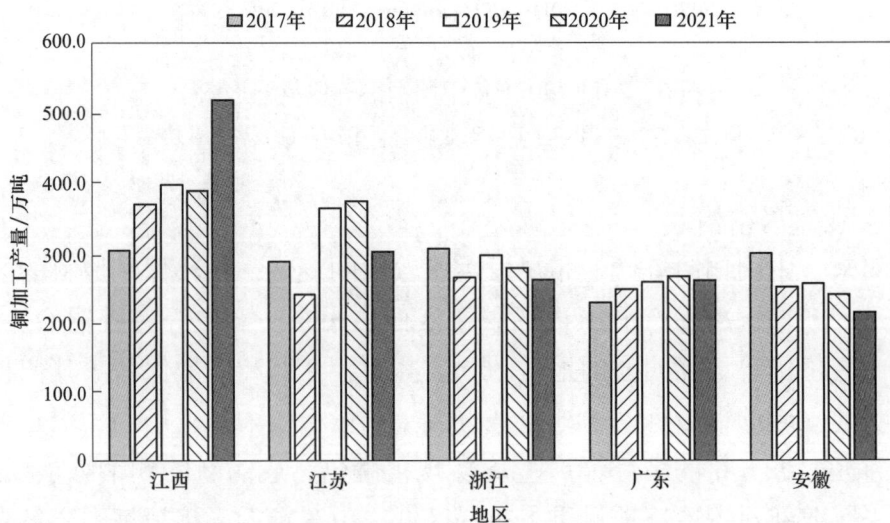

图8　2017~2021年中国铜加工产量分布图

数据来源：中国有色金属工业协会铜业分会

（三）经营形势分析

2020 年初新冠肺炎疫情暴发对全球乃至中国铜行业企业生产经营造成巨大影响，国内生产企业除了要面对环保和铜精矿冶炼加工费持续走低压力外，因疫情引发的硫酸阶段性销售困难、原辅材料运输和融资难等问题更加突出，虽然中国铜企业有力有序统筹推进疫情防控和生产经营，但行业经营效益萎缩明显。进入 2021 年，在铜价快速上涨、铜精矿加工费和硫酸价格回暖的背景下，铜矿采选和冶炼行业的生产经营环境得到极大改善。

铜精矿加工费（TC）触底反弹。现货加工费由年初平均约 40 美元/吨，回升至年底 60 美元/吨水平，其中三季度最高达到 70 美元/吨。2021 年 12 月达成的长单加工费也从 2020 年的 59.5 美元/吨升至 65 美元/吨，止住了 2016 年以来冶炼加工费连续下滑趋势（见图 9）。铜精矿加工费反弹，一方面有全球矿山产量逐渐恢复，供需矛盾得到缓解的因素，更重要的是国内冶炼企业在行业协会倡导下，积极调整铜冶炼原料结构，扩大粗铜、废杂铜等原料使用的结果。

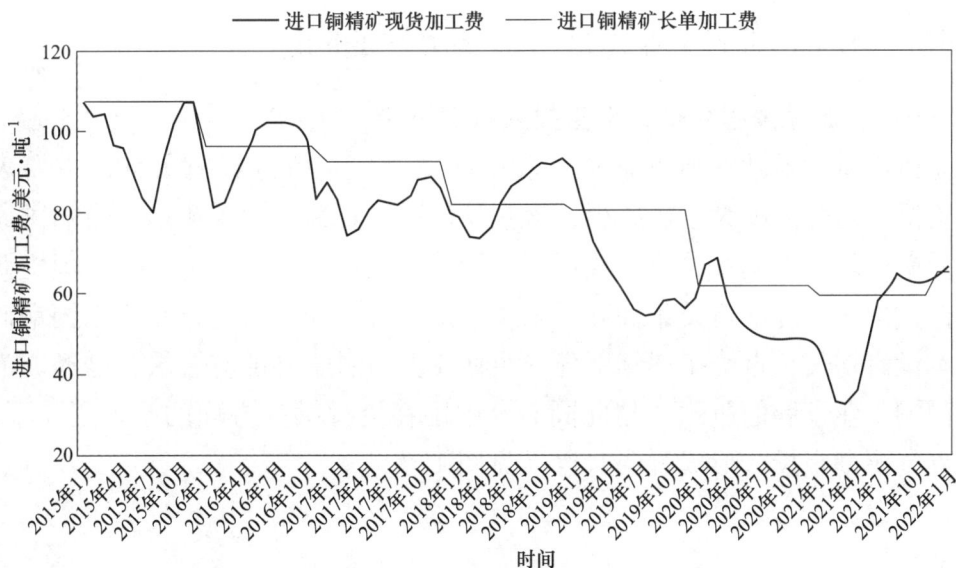

图 9　2015~2021 年中国进口铜精矿加工费变化图

数据来源：中国有色金属工业协会铜业分会

副产硫酸价格大幅回升。2021 年受进口硫黄价格走高、局地限电、需求回暖等多重因素影响，国内硫酸价格出现大幅回升，8~10 月的硫酸平均价格一度涨至 700 元以上，年底虽有所回调，但仍维持在 500 元以上。2021 年国内硫酸均价为 511 元/吨，较上年的 141 元/吨大幅上涨了 262%（见图 10）。

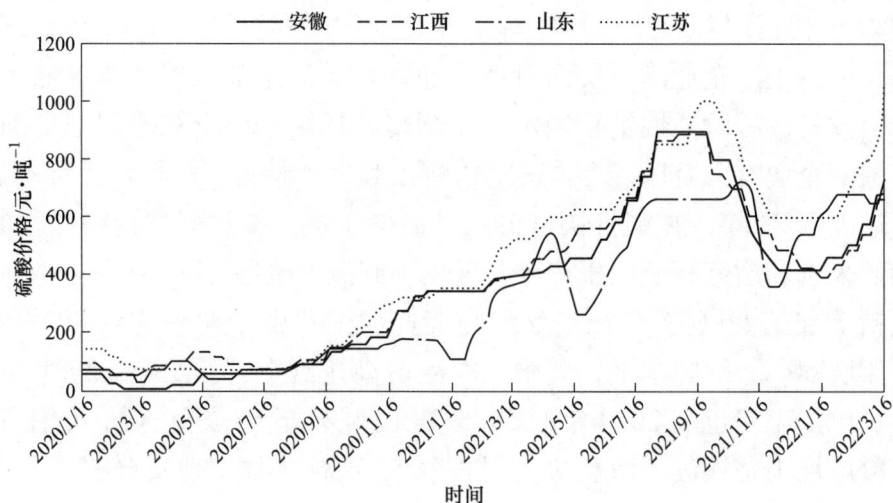

图 10   2020~2022 年中国硫酸价格变化图

数据来源：隆众咨询

四、当前中国铜工业发展中需要关注的问题

（一）资源保障程度低，勘查投入持续下降

总体上看，虽然中国铜矿储量相对丰富，但是资源禀赋欠佳，主要表现为：资源相对分散，大型矿床少，含铜品位低，且适合地采矿多。虽然国家通过开展矿产资源大调查、找矿战略突破行动，发现了一批大型矿床，但主要集中在西藏地区，外部建设条件和开采技术条件均不佳，因此近年来中国铜矿产量基本没有增长，自给率逐年下降（见图 11）。铜原料供应短缺，已经成为制约中国铜工业发展的瓶颈。与此同时，中国在资源勘查方面的投入逐年下降，与世界资源勘查投入形成鲜明对比（见图 12）。

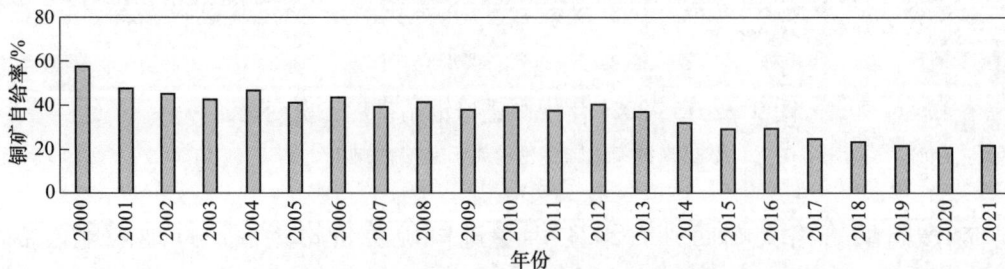

图 11   2000~2021 年中国铜矿自给率变化图

数据来源：中国有色金属工业协会铜业分会

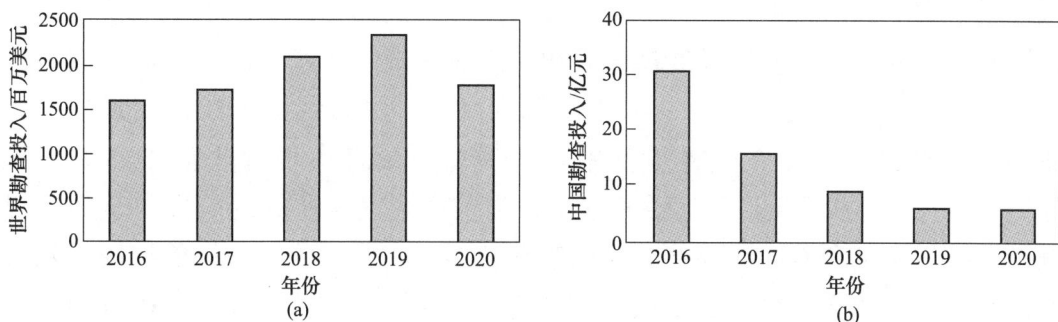

图 12　2016~2020 年世界（a）及中国（b）勘查投入变化图

数据来源：中国有色金属工业协会铜业分会

（二）不稳定因素增多，结构性问题仍然突出

2021 年以来，由于铜价高涨、铜精矿加工费和硫酸价格维持在较好水平、铜冶炼产能扩张放缓等诸多因素的作用下，铜行业企业生产经营状况明显好转，但值得注意的是，铜行业长期以来存在的问题并没有实质性的改变，原料、环保、能源、物流等方面的制约因素仍然突出。一是海外开发不确定因素增加，例如 2021 年刚果（金）政府要求对中国的矿山项目进行重新评估；五矿资源（MMG）因社区架设路障，被迫逐步关闭 Las Bambas 矿山运营等，另外铜价快速攀升也导致资源所在国资源民粹主义抬头，纷纷提出调整税费的计划和措施。二是能耗双控政策趋严，叠加能源端供应短缺，各省市严控高耗能企业用电，不仅矿业和冶炼业受到影响，下游铜加工企业也受到广泛波及。三是原料、物流、人员等成本快速增长，2021 年 1~10 月中国铜冶炼和加工的成本分别增加了 40% 和 41%。四是物流环节仍存在堵点，例如疫情防控导致进口铜矿在港口积压严重，7 月下旬以来交通运输部推出了严格的疫情防控措施，造成了长江口引航员严重不足、长江沿线铜冶炼企业进口铜矿海轮引航极为困难等问题。

五、中国铜工业发展建议

当前，百年未有之大变局正加速演进，疫情迁延反复，短期内难以根除，外部环境日益复杂，不稳定性、不确定性明显增加，因此，铜行业企业要站在新的历史方位，充分认识当前产业发展所处的阶段，转变经营发展理念，积极谋变，在高质量发展中赢得主动。

（一）充分认识当前产业发展所处的阶段，转变发展理念

改革开放以来，中国铜工业取得了巨大成就，建成了全球最完整的工业体

系，成为世界第一大铜生产、消费、贸易国。最近几年，中国铜工业消费、生产增速明显放缓，工业化发展规律表明，随着中国经济发展水平提高，铜单位GDP生产与消费强度会经历一个"由低到高、再由高到低"的量变过程，产业发展水平也有可能在这种量变中发生质变，最终实现行业整体"由大到强"。因此，中国铜行业企业要充分认识当前产业发展所处的阶段，全面审视铜产业链的短板和弱项，要着力绿色低碳转型，实现低碳发展；要加快国际合作，实现全球化产业布局；要积极参与全球产业链供应链再调整，争取国际市场话语权；要深化铜产业链的原始创新、集成创新和协同创新，实现全产业链协调发展。

（二）准确认识和把握产业发展的新挑战，争取发展主动

实施能源消耗总量和强度双控是落实习近平生态文明思想的重要举措，是加强生态文明建设、加快推动绿色低碳发展、强化能源资源高效利用的重要制度安排，对实现碳达峰及碳中和具有重要意义。今年以来，国家有关部委陆续出台了多项相关政策，其中包括《关于严格能效约束推动重点领域节能减碳的若干意见》（发改产业〔2021〕1464号）、《关于发布〈高耗能行业重点领域能效标杆和基准水平（2021年版）〉的通知》（发改产业〔2021〕1609号）、《关于进一步加强重金属污染防控的意见》（环固体〔2022〕17号）等。低碳环保的发展路线已经成为铜业界共识。铜企业尤其是冶炼企业，未来发展一定要紧紧围绕绿色、低碳、减排主旋律，积极响应"碳达峰碳中和"的目标要求，推进转炉吹炼工艺提升改造及节能减碳技术推广与应用，在发展中赢得主动。

（三）积极把握新发展机遇，准确识变积极谋变

当前，铜产业正在走向新时代高质量协同升级发展的突破期，准确识变积极谋变是突破"瓶颈"的最佳路径。铜产业要抓住助力终端应用领域减排、新能源领域形成新赛道的机遇，着力提高供给质量，激活消费潜力，进一步畅通国内大循环，从主要满足普通制造业需要，转向支撑战略性新兴产业发展。

撰稿人：张　楠、刘若曦
审稿人：王　健、段绍甫

2021 年铝工业发展报告

2021 年，中国铝工业克服了能耗双控、限电限产、突发水灾、贸易摩擦等多重困难，实现了生产和效益双提升，在产业结构优化、节能环保等方面取得积极进展。

一、2021 年国外铝工业发展状况

受疫情反复、能源危机、地缘政治等因素影响，国外铝产品供给增速不及消费，电解铝库存创新低、价格创新高。2021 年，国外氧化铝、电解铝产量分别为 6298 万吨和 2840 万吨，较上年分别增长 1.5% 和 1.5%；国外氧化铝、伦铝年度均价为 326 美元/吨和 2486 美元/吨，同比分别上涨 19.8% 和 43.6%。2017~2021 年国外氧化铝和电解铝产量见图 1 和图 2。

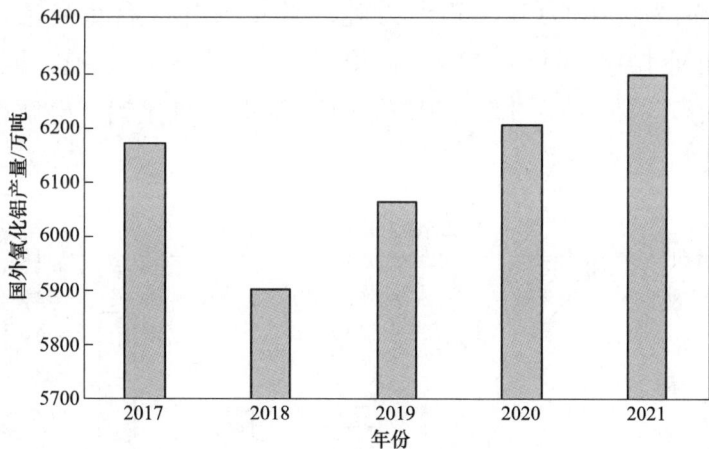

图 1　2017~2021 年国外氧化铝产量

数据来源：国际铝业协会

二、2021 年中国铝工业发展状况

2021 年中国铝工业总体运行稳中向好，呈现出铝产品产量平稳增长，电解铝进口创新高、铝材出口强劲恢复，冶炼产品价格创新高，行业利润大幅提升等特点。

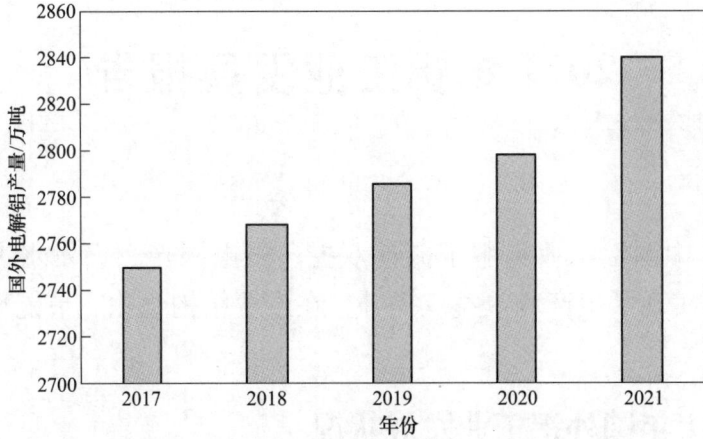

图 2　2017～2021 年国外电解铝产量

数据来源：国际铝业协会

（一）产品产量稳中有增

2021 年中国铝工业克服能耗双控、限电限产、自然灾害等不利因素的影响，主要产品产能和产量均稳中有增。2021 年中国氧化铝、电解铝、铝材和再生铝产量分别为 7748 万吨、3850 万吨、6105 万吨（含重复统计，据中国有色金属加工工业协会统计产量为 4470 万吨）和 800 万吨，同比分别增长 5.0%、4.8%、7.4% 和 10.3%。2017～2021 年中国氧化铝、电解铝、铝材及再生铝产量见图 3~图 6。

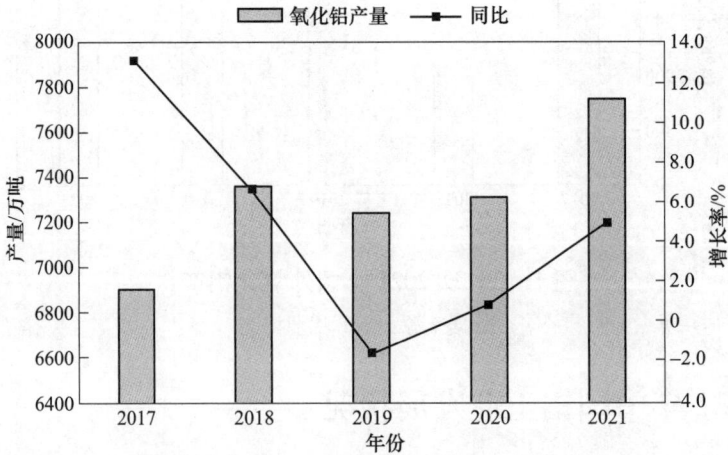

图 3　2017～2021 年中国氧化铝产量

数据来源：国家统计局

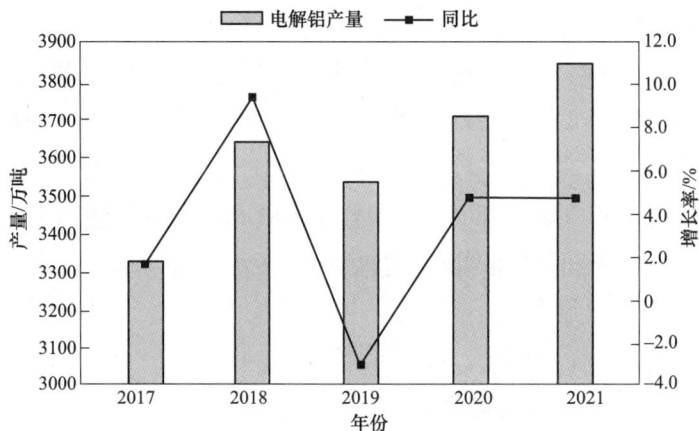

图 4　2017~2021 年中国电解铝产量

数据来源：国家统计局

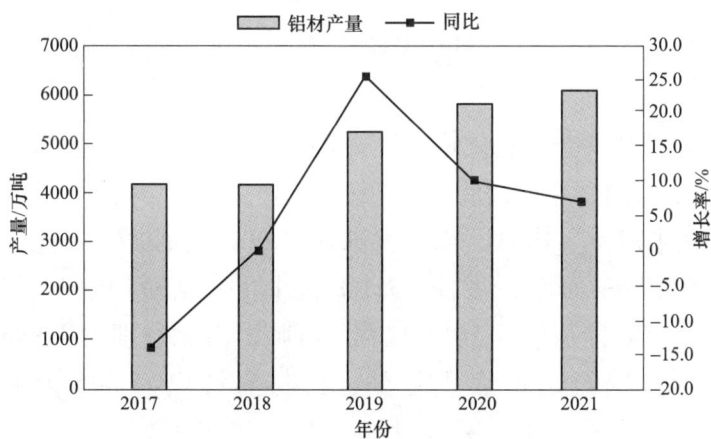

图 5　2017~2021 年中国铝材产量

数据来源：国家统计局

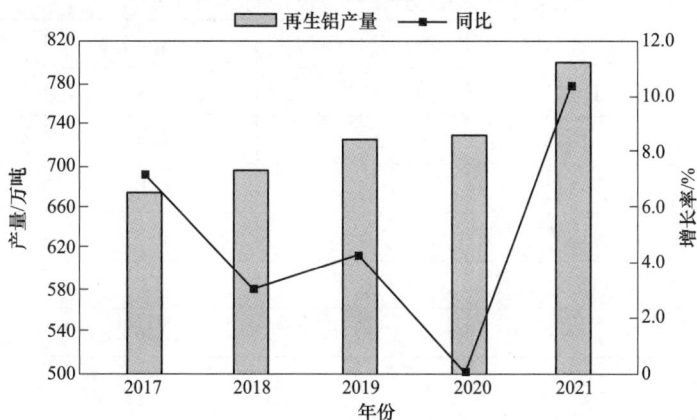

图 6　2017~2021 年中国再生铝产量

数据来源：中国有色金属工业协会

（二）产业布局持续优化

氧化铝项目由内地向港口及海外不断扩展。从2005年开始，氧化铝企业围绕进口矿在山东、广西、河北、重庆等港口地区布局。从2016年中国铝企业开始在海外投资建设氧化铝项目，截至2021年底，中国企业在印尼、牙买加拥有氧化铝产能365万吨/年，印尼还有200万吨/年在建氧化铝项目。

电解铝产能继续向清洁能源富集地区转移。截至2021年底，按电解铝产能指标统计，云南省已跃居全国首位；按建成产能统计，全国电解铝建成产能中采用清洁能源的比例已达到23%，同比提高4个百分点。

（三）主要产品进出口有增有减

2021年，国内铝价在诸多因素影响下加速上涨，内强外弱的格局致使沪伦比值持续走高，电解铝进口量显著增加。根据海关数据显示，2021年，中国累计进口电解铝158万吨，同比增长48.5%；累计出口0.7万吨，同比减少27.1%。

2021年，受海运费上涨等因素影响，中国铝土矿进口10742万吨，同比下降3.8%。

2021年，中国累计进口氧化铝333万吨，比2020年减少12.6%。中国氧化铝主要进口来源国家中，澳大利亚、越南、哈萨克斯坦、印尼、印度进口数量最多，合计占比超过94%。其中，自澳大利亚进口氧化铝223万吨，占比67.1%；自越南进口氧化铝44万吨，占比13.1%；自哈萨克斯坦进口23万吨，占比7.0%；自印尼和印度分别进口16万吨和7万吨，占比分别为4.9%和2.2%。

2021年，中国铝材出口表现强劲，铝材累计出口546万吨，同比增长17.9%。2021年铝材累计进口47.8万吨，同比增加18.1%。

2021年中国主要铝产品进出口情况见表1。

表1　2021年中国主要铝产品进出口情况

产品	进口量/万吨	进口量增幅/%	出口量/万吨	出口量增幅/%
铝土矿	10742	-3.8	4.4	22.9
铝废碎料	103	25.5	0.1	-6.4
氧化铝	333	-12.6	12	-22.4
电解铝	158	48.5	0.7	-27.1
铝合金	115	-6.5	15	-29.6
铝材	48	18.1	546	17.9

数据来源：海关总署。

（四）新兴领域铝消费增长迅猛

新兴消费是拉动铝消费增长的主要动力，包括光伏组件、新能源汽车及包装、日用消费品等与人民日益增长的美好生活密切相关的消费领域。主要表现为：2021年，全国新能源汽车产销分别完成354.5万辆和352.1万辆，同比均增长1.6倍；光伏组件产量约为137吉瓦，同比增长9.6%。与此同时，在房地产等传统消费领域基本维持上年同期水平，特别是建筑型材及模板用铝量还出现一定回落。2021年，中国电解铝消费量为4017万吨，较上年增加206万吨，增幅为5.4%。

（五）能耗稳中有降

2021年，全国铝锭综合交流电耗为13511千瓦时/吨，较2020年13543千瓦时/吨下降32千瓦时/吨；电解铝直流电耗为12823千瓦时/吨，较2020年下降14千瓦时/吨；氧化铝综合能耗（以标煤计）为342千克/吨，较2020年下降11千克/吨。2017~2021年铝锭和氧化铝生产能耗变化见图7。

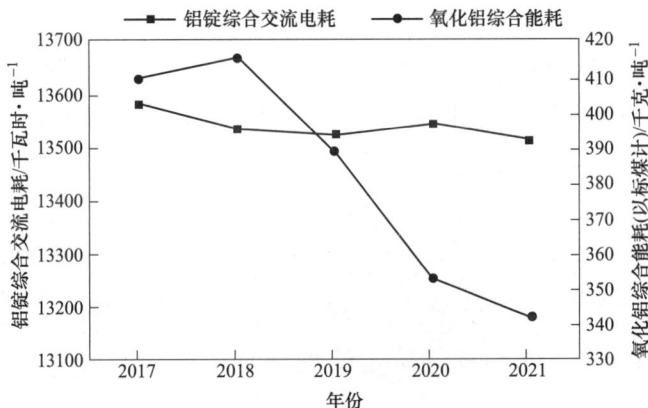

图7   2017~2021年铝冶炼产品能耗

数据来源：中国有色金属工业协会

三、2021年中国铝工业经济运行情况分析

（一）主要产品价格创21世纪新高

2021年，国内氧化铝价格总体呈现先扬后抑走势。其中，上半年国内氧化铝价格在2300~2500元/吨区间维持窄幅震荡走势；从8月开始，氧化铝价格迅速进入拉升阶段，在10月末涨至4108元/吨，创13年来新高，较年初上涨76.6%；自11月起，随着电解铝价格高位回落，氧化铝价格迅速下降，截至12月底回落至2830元/吨。2021年国内氧化铝现货均价为2799元/吨，同比上涨19.9%。2021年，海外氧化铝价格走势与国内基本一致，10月末涨至年内高位484美元/吨，此后大幅回落。2021年国外氧化铝均价为326美元/吨，同比上涨19.9%。国内氧化铝价格走势见图8。

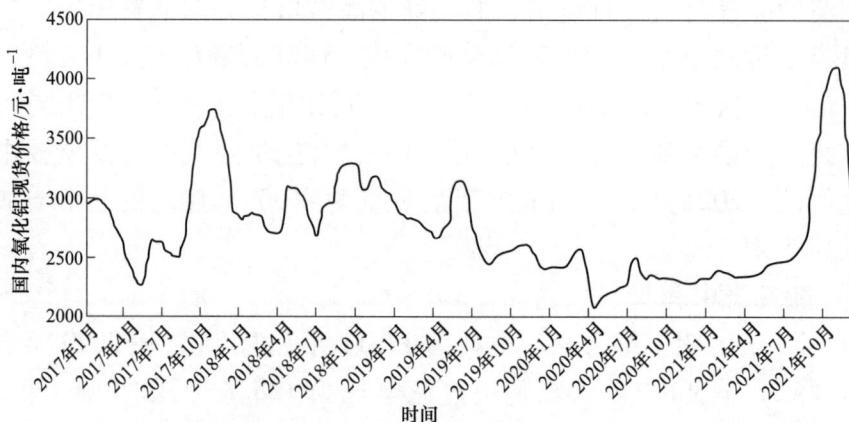

图 8　国内氧化铝价格走势

数据来源：北京安泰科信息股份有限公司

2021 年，国内铝价总体呈现先扬后抑走势。其中，沪铝主力合约价格从 1 月中下旬至 10 月中下旬快速上涨，并创近 15 年新高至 24765 元/吨；10 月下旬出现高位回落，最低跌至 18230 元/吨；12 月中旬铝价出现反弹，年底收报于 20380 元/吨。2021 年，国内铝现货月均价及三月期铝均价分别为 18953 元/吨和 18898 元/吨，同比分别上涨 34.2% 和 37.3%。2021 年伦铝创近 13 年新高，全年现货和三月期铝均价分别为 2480 美元/吨和 2486 美元/吨，同比分别上涨 45.5% 和 43.6%。国内外铝价走势见图 9。

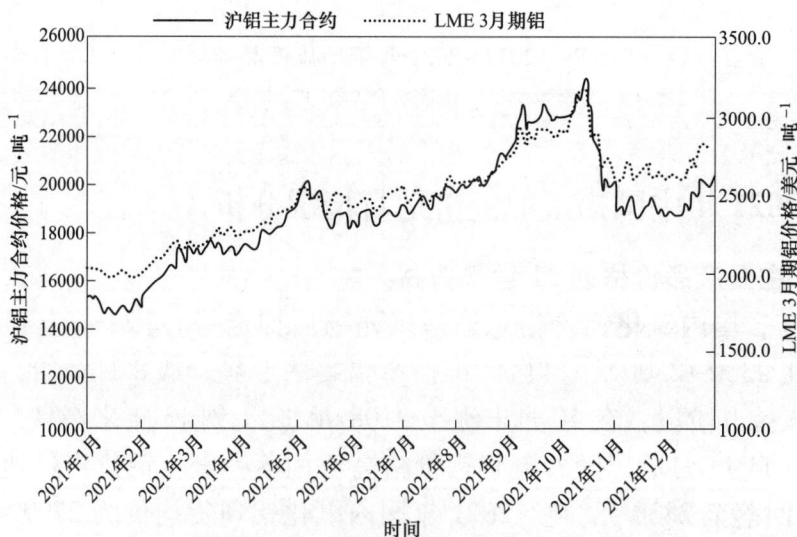

图 9　国内外铝价走势

数据来源：上海期货商品交易所、伦敦金属交易所

（二）行业利润大幅提升

根据中国有色金属工业协会统计，2021年铝行业主营业务收入同比增长30.5%，盈利同比增长159.1%，销售利润率为6.8%，同比提高3.4个百分点。2021年铝行业资产负债率为60.9%，同比下降0.9个百分点；铝冶炼行业资产负债率为62.5%，同比下降2.4个百分点。2017~2021年中国铝矿采选、冶炼行业盈利情况见图10和图11。

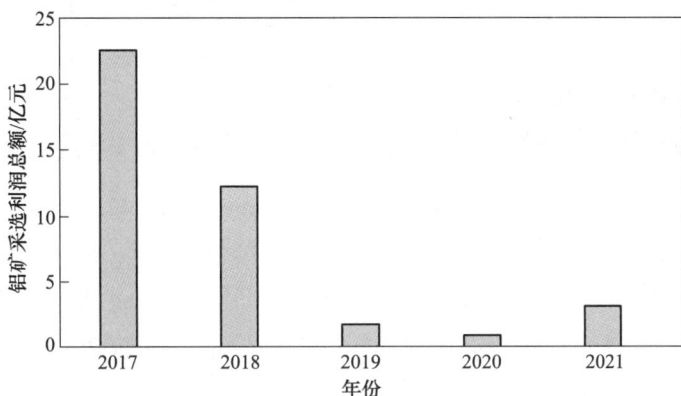

图10　2017~2021年中国铝矿采选行业盈利情况

数据来源：中国有色金属工业协会

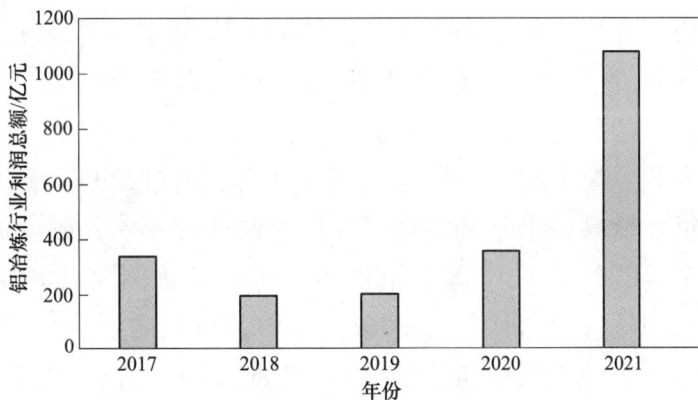

图11　2017~2021年中国铝冶炼行业盈利情况

数据来源：中国有色金属工业协会

（三）降低能耗成为实现双碳目标的重要抓手

2021年，国家相继出台了《关于完善电解铝行业阶梯电价政策的通知》《关于严格能效约束推动重点领域节能降碳的若干意见》《冶金、建材重点行业严格能效约束推动节能降碳行动方案（2021~2025年）》《高耗能行业重点领域能效标杆水平和基准水平（2021年版）》等政策，都对电解铝能耗提出了更高的要求。上述政策提出，电解铝的铝液交流电耗标杆水平为13000千瓦时/吨、基准水平为13350千瓦时/吨。同时要求到2025年，电解铝行业能效达到标杆水平的产能比例达到30%；电解铝行业阶梯电价政策将于2022年开始启动，对于铝液综合交流电耗超过13650千瓦时/吨的企业要征收惩罚性电价；《电解铝和氧化铝单位产品能源消耗限额》标准也开始修订，该项标准将成为国家制定政策的重要参考依据。此外，继发电企业之后，预计电解铝将作为第二批实施碳排放权交易的行业之一。

（四）用电成本大幅增加

根据发改委《关于完善电解铝行业阶梯电价政策的通知》要求，各地相继取消了电解铝优惠电价政策，部分地区对电解铝行业还实施了加价20%甚至更高比例等政策，推动电解铝生产用电成本大幅提高。据安泰科统计，2021年12月，全国网电加权平均价格为0.46元/千瓦时，较2020年末上涨39.3%；自备电加权平均价格为0.47元/千瓦时，较2020年末上涨67.8%，铝企用电成本明显抬升。

四、当前行业发展需要关注的重点

（一）资源供应安全

铝土矿供应安全稳定是中国铝工业发展的基本保障。随着国产铝土矿资源储量及经济性不断下降，铝土矿供应正逐步转向以海外为主。2019年以来，铝土矿进口连续三年破亿吨，对外依存度超过50%，且还将进一步提高。从进口来源看，几内亚、澳大利亚、印尼三国合计占比超过99%。面对印尼出口配额制度、中澳货物贸易往来不确定性、几内亚政变等影响，确保海外供应链安全稳定至关重要。2021年，中国铝土矿主要进口来源国家（地区）中，几内亚、澳大利亚和印尼进口占比超过99%。其中，自几内亚进口铝土矿5481万吨，占比51.0%；自澳大利亚进口铝土矿3408万吨，占比31.7%；自印尼进口铝土矿17828万吨，占比16.6%。

（二）氧化铝产能过剩

全球氧化铝投资热情过高，存在发展过热现象。截至2021年底，中国在全球建成氧化铝产能9400万吨/年。其中，国内9035万吨/年、海外365万吨/年。与此同时，中国在建、拟建产能规模庞大，国内外均超千万吨。中国海内外投资过热将进一步加剧全球产能过剩局面，不仅威胁国内氧化铝产业健康发展，也会影响中国铝产业海外投资前景。

（三）绿色低碳发展

2020年中国电解铝行业二氧化碳排放量约4.2亿吨，分别占铝行业和有色金属行业排放量的84%和64%，是有色金属行业实现碳达峰的重要领域。2021年国家相继出台了一系列节能降碳政策，明确具体能效约束节能降碳行动方案，将持续推动全行业提升能源利用效率。电解铝作为用电大户，为助力实现双碳目标，将主要在以下四方面持续推进：一是巩固供给侧结构性改革成果，严控新增产能，严格执行产能置换，继续调整能源结构；二是积极消纳清洁能源；三是加快全石墨化阴极推广及节能等先进绿色低碳技术应用，推动单位产品能耗持续下降；四是加强产业链融合发展，坚持电解铝、再生铝和铝加工产业协调发展。

同时，电解铝有望被纳入第二批碳排放交易试点行业，通过市场化途径促进双碳目标实现。

（四）贸易摩擦

截至目前，中国铝产品已遭遇来自20多个国家及地区超过70起贸易救济调查。其中，2021年新立案3起，分别是巴西铝板带箔反补贴案、英国铝挤压材反倾销案、泰国铝挤压材反倾销案。行业协会一直高度重视贸易摩擦应对工作，积极组织企业应诉，全力维护出口企业利益，2021年取得了泰国铝箔保障措施案和巴西铝板带箔反倾销案的全面胜诉。在复杂严峻的应诉环境下，极大地鼓舞并振奋了行业企业应对贸易摩擦的信心和底气。但国际贸易形势的复杂性和不确定性仍很严峻，企业一方面要积极应诉，全力抗辩，另一方面练好内功，巩固并提升竞争力。

五、中国铝工业下一步发展重点

当前国际局势动荡，新冠肺炎疫情反复不定，我国经济面临需求收缩、供给冲击、预期转弱三重压力，铝行业务必保持战略定力，坚定不移办好自己的事，做好铝土矿资源保供，多措并举节能减碳，促进全产业链协同融合发展，坚定不移扩大铝应用，加大力度做好基础研究，稳住出口基本盘巩固双循环发展格局，筑牢环保底线，为实现高质量发展笃定前行。

撰稿人：魏　力、莫欣达、王　浩
审稿人：李德峰、孟　杰

2021 年铅锌工业发展报告

2021 年，面对新形势下的多重挑战与机遇，在新冠肺炎疫情防控常态化、全球能源危机和国内能耗双控等多重因素影响下，中国铅锌行业总体运行平稳，朝着绿色、高效、协同、智能的高质量发展方向稳步推进。

一、2021 年世界铅锌工业发展概述

（一）世界铅工业发展概况

2021 年，世界铅精矿、精炼铅产量及消费量与 2020 年相比，均呈增长态势，逐步恢复至疫情前水平。

1. 世界铅精矿产量同比增长

根据国际铅锌研究小组（ILZSG）公布的数据：2021 年，世界铅精矿含铅产量为 467 万吨，同比增长 3.8%。2021 年，新冠肺炎疫情的影响减弱，多数国家及地区铅锌矿山生产逐步恢复正常。分国别看，中国铅精矿产量同比增长 1.1%，依然是最大的生产国，占全球产量的 43%；其次是澳大利亚，同比增长 4.1%，占比为 11%；欧洲的铅精矿产量同比减少 3.3%，占比为 10%；印度、秘鲁和墨西哥增长幅度较大，分别增长 13.5%、7.1% 和 6.2%。2021 年世界主要国家和地区铅精矿含铅产量分布情况见图 1。

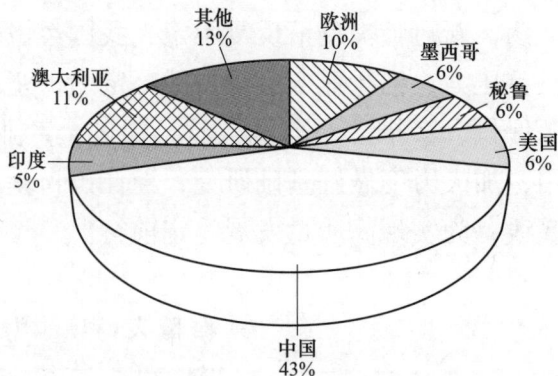

图 1　2021 年世界主要国家和地区铅精矿（金属量）产量分布情况

数据来源：国际铅锌研究小组（ILZSG）

2. 再生铅产量的增长导致世界精炼铅产量增加

根据国际铅锌研究小组（ILZSG）公布的数据：2021 年，世界精炼铅产量 1228.9 万吨，同比增长 3.2%，其中原生铅产量同比略有下降，再生铅产量同比增长 5.4%，是精炼铅产量增长的主要原因。

分国别看，世界主要精炼铅生产国和地区除了美国和哈萨克斯坦出现同比减少外，其他国家和地区均保持不同程度的增长。2021 年世界主要国家和地区精炼铅产量占比情况见图 2。

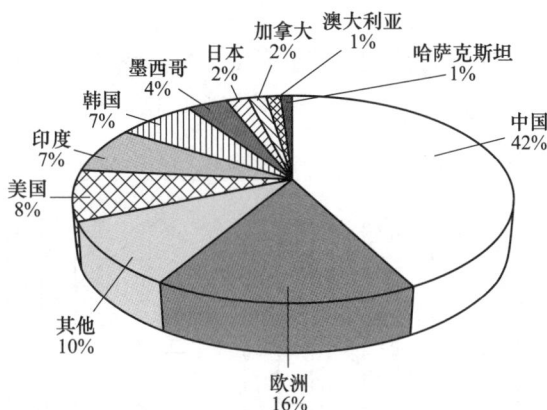

图 2 2021 年世界主要国家和地区精炼铅产量占比情况

数据来源：国际铅锌研究小组（ILZSG）

中国是世界第一大精炼铅生产国，2021 年中国精炼铅产量占世界精炼铅总产量的 42%；世界精炼铅产量排名前十位的国家或地区精炼铅产量合计 1105.3 万吨，占世界精炼铅总产量的 89.9%。

2021 年，全球再生铅产量为 795.7 万吨，占精炼铅产量的 64.7%。

3. 世界精炼铅消费继续增加，供应略有过剩

根据国际铅锌研究小组（ILZSG）公布的数据：2021 年，世界精炼铅消费量为 1224.4 万吨，同比增长 4.3%。其中，中国精炼铅消费量依然最大，占比 41%，消费量为 508.7 万吨，同比增长 1.6%。除中国外，世界主要国家和地区精炼铅消费量合计 715.7 万吨，同比增长 6.3%。在主要的消费国和地区中，日本和韩国的消费增长最大，同比分别增长 14.2% 和 17.9%。2021 年世界主要国家和地区精炼铅消费占比情况见图 3。

2021 年世界精炼铅产量和消费量均恢复至疫情前水平。据国际铅锌研究小组（ILZSG）公布的数据，2021 年世界精炼铅供需出现 4.5 万吨过剩量。世界精炼铅供需平衡情况见图 4。

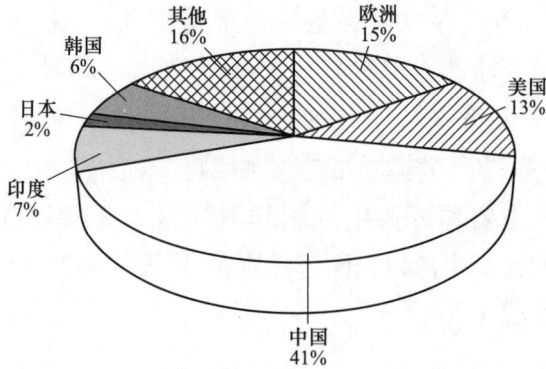

图3 2021年世界主要国家和地区精炼铅消费占比情况

数据来源：国际铅锌研究小组（ILZSG）

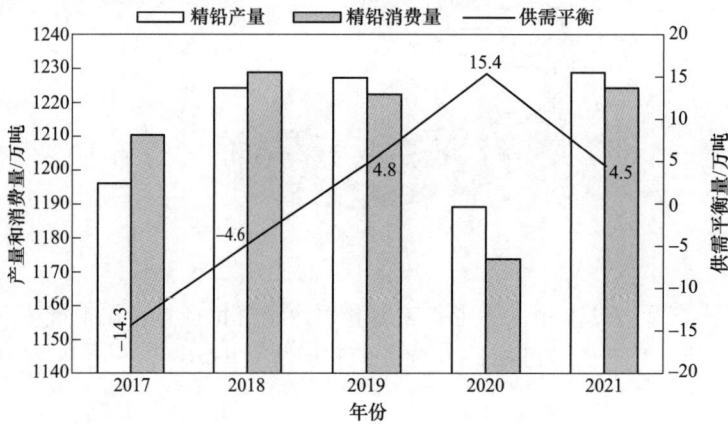

图4 2017~2021年世界精炼铅供需平衡情况

数据来源：国际铅锌研究小组（ILZSG）

（二）世界锌工业发展概况

2021年，尽管疫情影响依然存在，但世界的锌精矿、精炼锌产量、消费量同比实现增长。

1. 世界锌精矿产量恢复至疫情前水平

根据国际铅锌研究小组（ILZSG）公布的数据：2021年，世界锌精矿含锌产量1282.4万吨，同比增长4.5%，比2019年略有增长。主要锌精矿生产国中，中国、秘鲁、澳大利亚等国产量有所增长，其中增长幅度最大是秘鲁。除中国外，世界主要国家或地区锌精矿含锌产量合计869万吨，同比增长5.7%。2021年世界主要国家和地区锌精矿含锌产量占比情况见图5。

2. 世界精炼锌产量增幅低于预期

根据国际铅锌研究小组（ILZSG）公布的数据：2021年，世界精炼锌产量

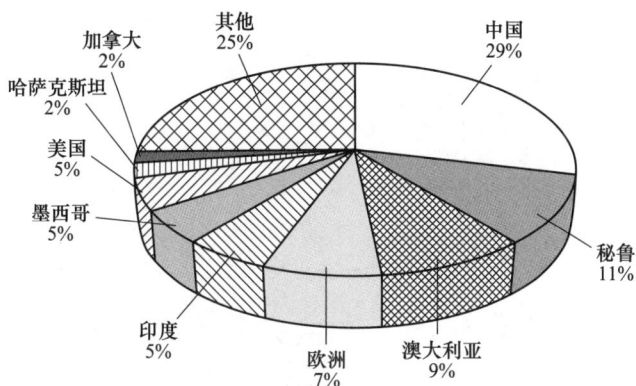

图 5 2021 年世界主要国家和地区锌精矿含锌产量占比情况

数据来源：国际铅锌研究小组（ILZSG）

为 1385.2 万吨，同比增长 0.6%。除中国外，世界其他主要国家和地区精炼锌产量合计 744.4 万吨，与 2020 年基本持平。2021 年世界主要国家和地区精炼锌产量占比情况见图 6。

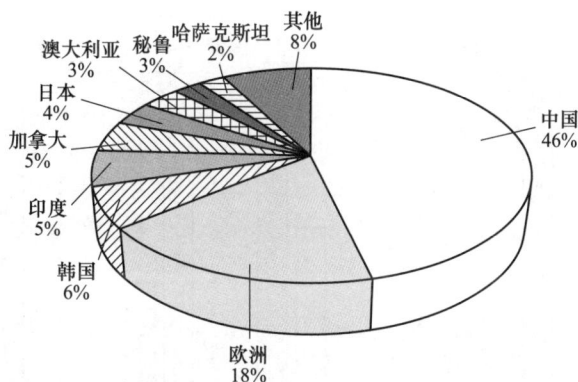

图 6 2021 年世界主要国家和地区精炼锌产量占比情况表

数据来源：国际铅锌研究小组（ILZSG）

3. 世界精炼锌消费显著复苏

根据国际铅锌研究小组（ILZSG）公布的数据：2021 年，世界精炼锌消费量为 1404.4 万吨，同比增长 5.8%。其中，中国的消费增幅不大。除中国外，世界其他主要国家和地区精炼锌消费量合计 721 万吨，同比增长 10.3%。2021 年世界主要国家和地区精炼锌消费占比情况见图 7。

4. 世界精炼锌需求强劲，供应恢复短缺状态

根据国际铅锌研究小组（ILZSG）公布的数据，2018 年以来精炼锌产量一直保持增长，疫情对产量的影响弱于对消费的影响；供需方面，在 2020 年出

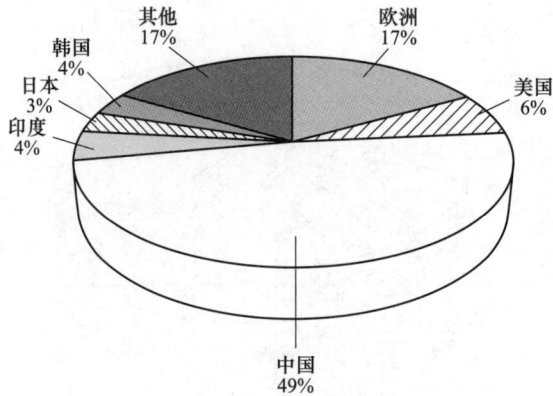

图7　2021年世界主要国家和地区精炼锌消费占比情况

数据来源：国际铅锌研究小组（ILZSG）

现短暂的过剩，其余年份都表现为短缺。2021年世界精炼锌产量和消费量均恢复乃至超过疫情前水平。2021年世界精炼锌供需出现19.2万吨的缺口。世界精炼锌供需平衡情况见图8。

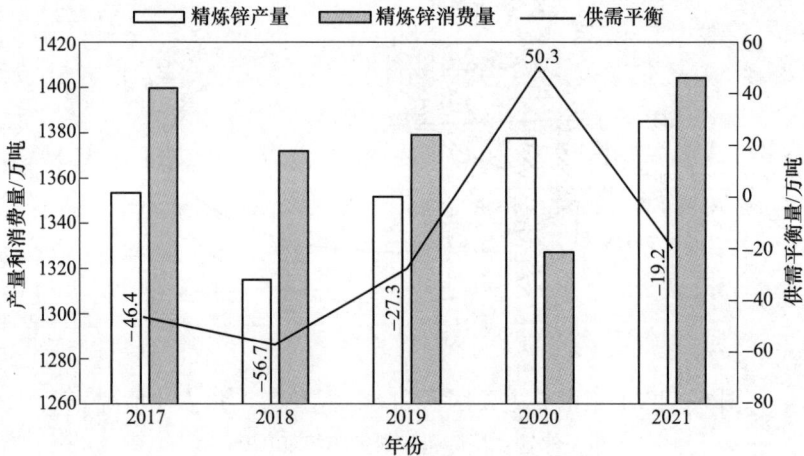

图8　2021年世界精炼锌供需平衡情况

数据来源：国际铅锌研究小组（ILZSG）

二、2021年中国铅锌工业发展现状

2021年，中国铅锌工业受能耗双控、限电政策、原料紧张和环保等多种因素影响，产量增幅不及预期，加工费整体水平较低，但在价格方面，锌价创14年新高，铅价反弹适度，行业利润仍创历史最好水平。

（一）产量保持增长

根据国家统计局数据，2021 年中国精炼铅产量为 736.5 万吨（初步统计数）。经调整，精炼铅产量为 580 万吨，同比增长 5.2%。近年中国精炼铅产量情况见图 9 。

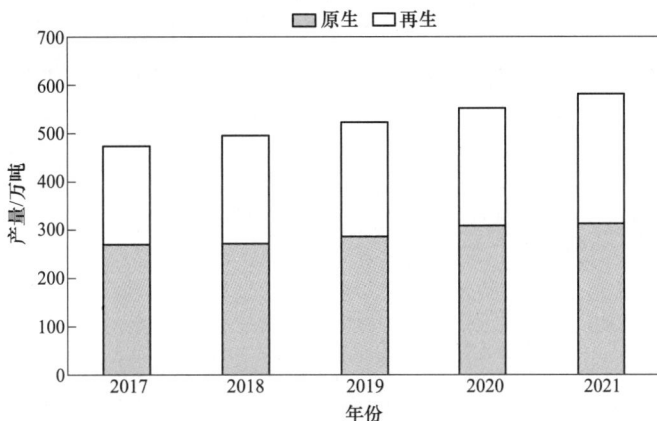

图 9　近 5 年中国精炼铅产量变化情况
数据来源：国家统计局、中国有色金属工业协会

其中，2021 年中国原生铅产量为 310 万吨（经调整初步统计数），同比增长 1.1%；再生铅产量为 270 万吨（经调整初步统计数），同比增长 10.4%。分地区看，安徽、河南、湖南的铅产量位居前三位。

根据国家统计局数据，2021 年精炼锌产量为 656.06 万吨，同比增长 1.7%。其中，原生锌产量 571 万吨，同比增长 3.7%；再生锌产量 85 万吨，同比增长 6.7%（见图 10）。

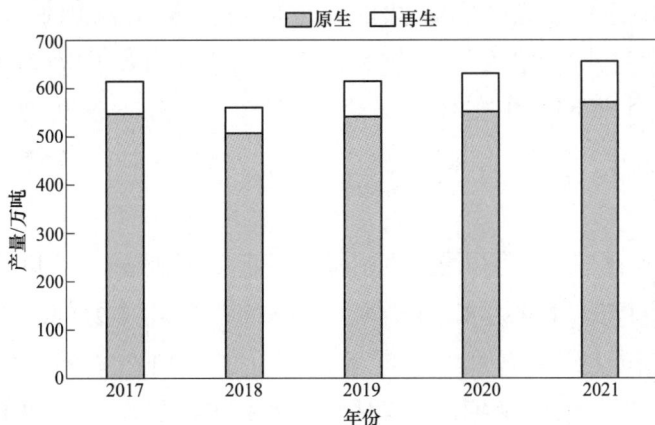

图 10　近 5 年中国精炼锌产量变化情况
数据来源：国家统计局、中国有色金属工业协会

分地区看，云南、湖南、陕西的锌产量位居前三位（见表1）。

表1　2021年国内主要地区精锌产量

地区	精锌产量/万吨	同比/%
全国总计	656.06	1.7
云南	124.8	-2.97
湖南	84.4	2.6
陕西	74.2	-2.3
内蒙古	55.7	-4.66
广西	57.1	-13.64
甘肃	42.2	4.36
四川	47.1	1.43
河南	39.2	10.43
辽宁	29.5	2.08
广东	28.7	8.4
江西	17.2	17.17
青海	12.97	5
安徽	12.5	10.36
新疆	9.5	1887.76
其他	20.99	

数据来源：中国有色金属工业协会。

（二）原料进口不及预期，铅锌下游产品出口同比增长

2021年，铅沪伦比值屡创新低，铅精矿进口量不及预期，导致全年的铅精矿进口量增量有限。据海关数据，2021年进口铅矿砂及其精矿120.21万吨（实物量），同比下降9.92%。与之相反的是，随着海外现货溢价的提升，铅锭出口窗口打开，2021年精铅出口量为9.52万吨，而2020年出口量才5219吨。

2021年中国锌精矿进口量364.12万吨（实物量），同比下降4.74%。2021年，中国精锌进口量为43.4万吨，同比减少10.7万吨。

受海外需求拉动，铅锌相关下游应用产品的出口在全年保持了较高的景气度，消费表现出较强韧性。据海关数据，2021年镀锌板出口量864.2万吨，同比增长47.6%，创历史新高。同期，铅酸电池出口19881.7万只，同比增长17.3%，创近三年新高。

（三）加工费持续低位

2021 年全球铅锌精矿重回增产周期，但因年初预期国内锌冶炼增产幅度较大，锌精矿长单加工费自 300 美元/干吨大幅下挫至 159 美元/干吨（见图 11）。国际铅锌精矿现货加工费走势持续分化，其中，铅精矿现货加工费最低降至 50 美元/干吨，锌精矿进口现货加工费最低降至 80 美元/干吨（见图 12），最低现货加工费持续时间都有近半年之久。

持续走低的内外比价抑制了铅、锌精矿的进口量，导致国内原料供应形势迟迟得不到缓解，国产矿加工费均下挫至历史低位，铅精矿加工费最低降至 700 元/吨，年度平均达到 1480 元/吨，同比下降 32.1%（见图 11）；锌精矿加工费最低降至 3600 元/吨，年度平均 4020 元/吨，同比下降 24.7%（见图 12）。

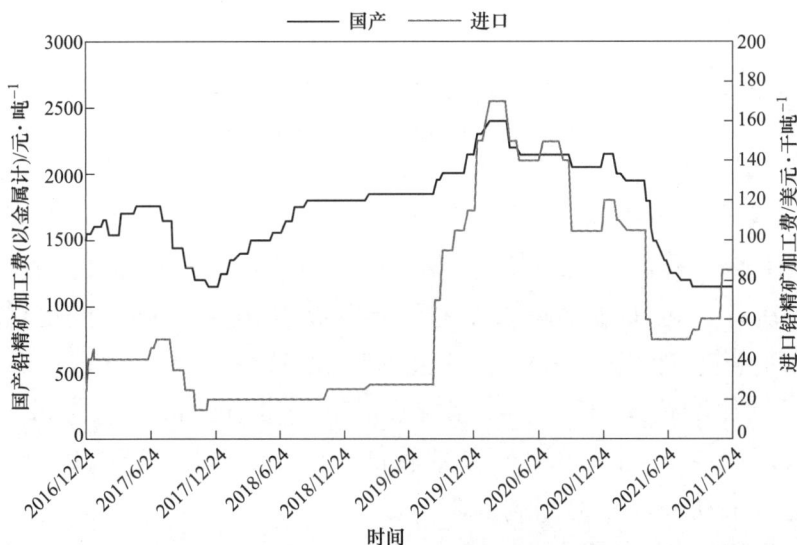

图 11　国产铅精矿及进口铅精矿加工费

数据来源：北京安泰科信息股份有限公司

（四）消费好于年初预期

1. 终端领域市场规模扩大，铅消费保持增长

中国精铅的初级消费主要是铅酸蓄电池，其次是铅合金和铅材，其他用途还包括铅盐等。2021 年精铅消费量同比增长 1.6%，达到 514.5 万吨，2019~2021 年中国铅消费年均递增 1.2%。自 2018 年以来，虽然"以锂代铅"情况愈演愈烈，但铅酸蓄电池依靠终端领域市场规模扩大、出口消费回暖等因素带动，产量依然保持增长，并且 2021 年增幅进一步扩大。

2. 锌初级消费全面修复，出口拉动显著

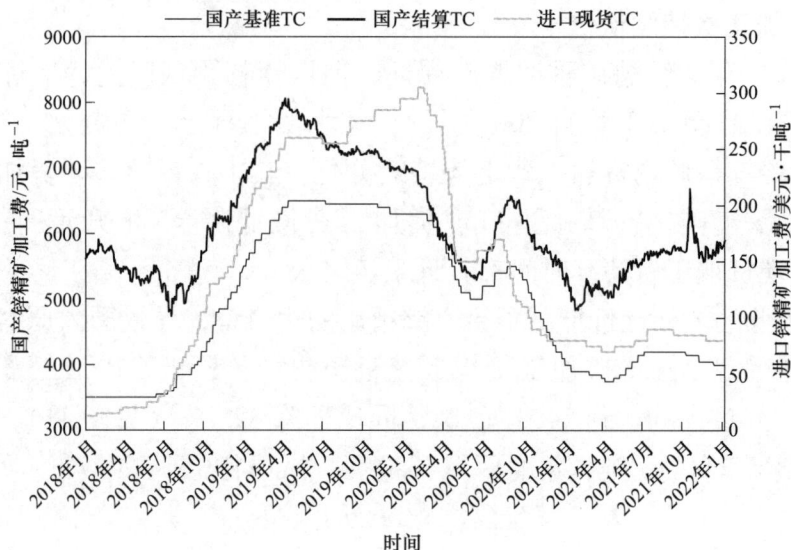

图 12　国内外锌精矿加工费走势

数据来源：北京安泰科信息股份有限公司

锌的初级消费主要集中于镀锌领域，约占 65%；其次是压铸合金，占 16%；黄铜 13%，锌盐等化学品占 3%，电池占 2%，其他领域占比 1%。

据有关统计，2021 年全国累计生产镀锌板约 6140 万吨，同比增长 7.6%；镀锌板（带）累计净出口 864.2 万吨，同比增长 47.6%；镀锌板表观消费量 5232 万吨，同比增长 2.6%，其中出口贡献的增量占产量增量的 62.8%。虽然消费总体表现疲弱，但因 2020 年基数较低，汽车、家电在 2021 年仍然保持了一定的增速，带动镀锌板的国内需求。

（五）铅锌市场价格分化

1. 铅价内弱外强

新冠肺炎疫情依然是影响 2021 年全球经济运行的重要因素，发展中国家疫情反复与欧美发达国家疫情改善形成了商品供需错配格局，供应链矛盾不断推高通胀。全球通胀令大宗商品价格普涨，有色金属价格屡创新高，铅价也随之走高。然而，在中国精铅供应过剩、锂电池替代的影响下，铅价涨幅明显不及其他金属。

2021 年三月伦铅触及 2452.5 美元/吨，为 2018 年以来新高，全年均价为 2190 美元/吨，同比上涨 19.3%；同期，LME 现货均价为 2203 美元/吨，同比上涨 20.4%。沪铅走势明显弱于外盘。2021 年，SHFE 主力合约均价为 15288 元/吨，同比上涨 4.3%；同期，当月合约均价为 15253 元/吨，同比上涨 3.7%。内外比值持续处于 7.0 以下，并一度低至 6.5（见图 13）。

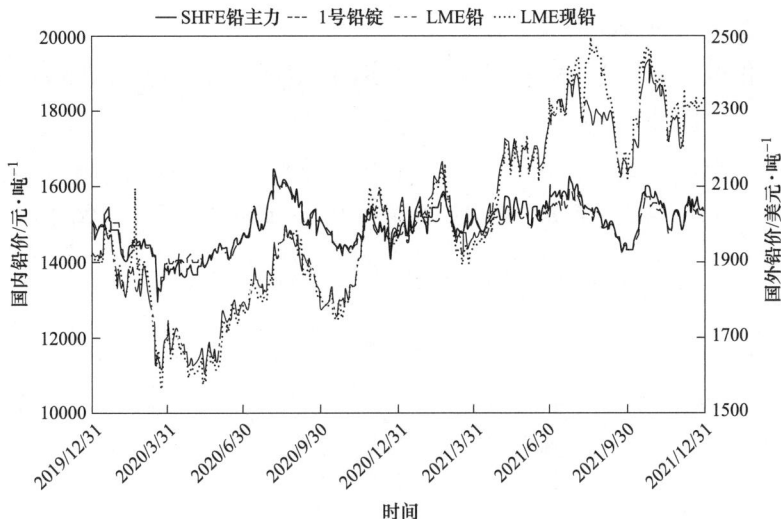

图 13　铅价变化情况

数据来源：LME、SHFE、北京安泰科信息股份有限公司

2. 锌价内外持续上涨

相比铅价，锌价在流动性宽松、消费需求恢复和能源问题的扰动共同推动下，2021年持续上涨。

LME 三月期锌全年均价为 2949 美元/吨，同比上涨 29.3%；LME 现货锌年均价为 2949 美元/吨，同比上涨 30.1%；沪锌主力合约年均价 21060 元/吨，较 2020 年均价上涨 2871 元/吨，增幅 15.8%；国内 0 号锌现货年均价 22434 元/吨，较 2020 年均价上涨 4142 元/吨，增幅 22.6%（见图 14）。

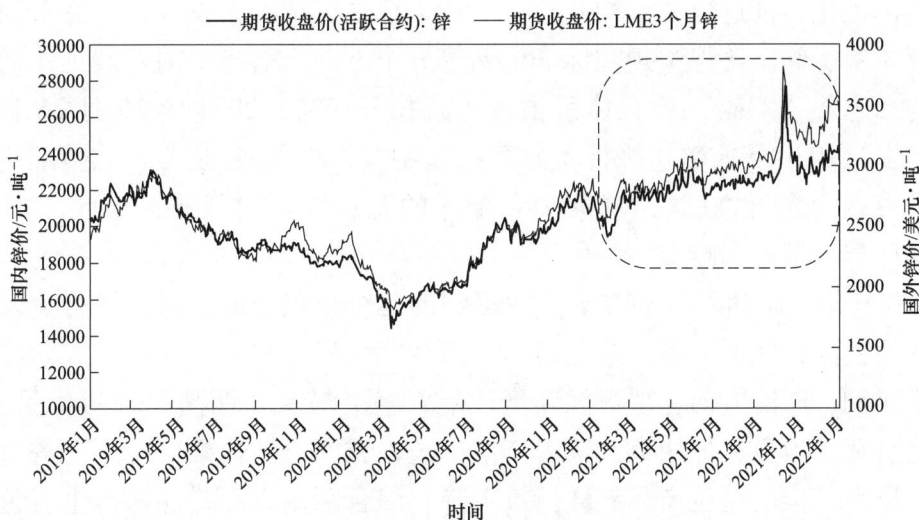

图 14　锌价变化情况

数据来源：LME、SHFE、北京安泰科信息股份有限公司

（六）行业利润创历史最好水平

2021 年铅锌行业尽管受诸多不利因素的影响，但行业总体利润依然创历史最好水平。据中国有色金属工业协会分析，在细分行业中，采选业利润水平高于冶炼业。其中，采选企业利润总额同比增长 50.82%，冶炼企业利润总额同比增长 23.38%。近 5 年来，铅锌行业利润水平变化情况见图 15。

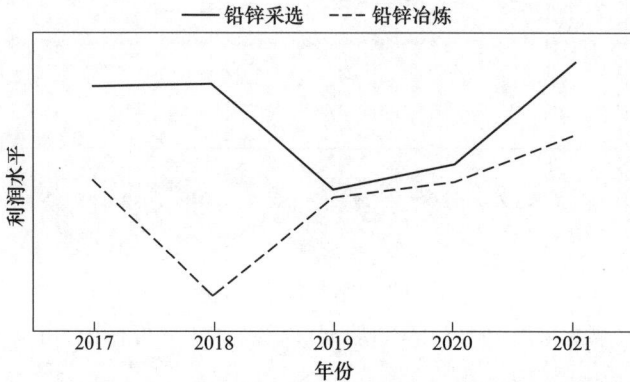

图 15 2017~2021 年铅锌行业利润水平变化情况

数据来源：中国有色金属工业协会

三、2021 年中国铅锌工业政策环境和产业结构转型升级分析

（一）系列政策出台、行业调整步伐加速

2021 年 5 月 26 日，碳达峰碳中和工作领导小组第一次全体会议提出推动产业结构优化、推进能源结构调整、支持绿色低碳技术研发推广、完善绿色低碳政策体系、健全法律法规和标准体系等五个方向，引导中国双碳工作向前推进，这标志着"双碳"政策体系推进正式拉开序幕。2021 年 10 月 26 日，国务院印发《2030 年前碳达峰行动方案》，《中共中央 国务院关于完整准确全面贯彻新发展理念 做好碳达峰碳中和工作的意见》同时发布，至此，"双碳"顶层设计部署基本明晰。

《2030 年前碳达峰行动方案》中提到的几个重点方面，对铅锌行业发展提出了新的挑战：能源方面，推进清洁能源替代，提高水电、风电、太阳能发电等应用比例；产能方面，要严控新增产能，坚决遏制"两高"项目盲目发展，深入挖潜存量项目，加快淘汰落后产能；技术方面，加快推广应用先进适用绿色低碳技术，推动单位产品能耗持续下降；综合利用方面，加快再生有色金属产业发展，到 2025 年，废钢铁、废铅、废锌等利用量达到相应水平。针对有色行业细分领域的行动方案后续也将陆续发布。

在"双碳"顶层政策体系下，更多细分领域的政策法规也陆续落地。《"十四五"循环经济发展规划》提出"到2025年再生铅产量达到290万吨"；《关于深入打好污染防治攻坚战的意见》提出"到2025年，全国重点行业重点重金属污染物排放量比2020年下降5%"；《关于加强高耗能、高排放建设项目生态环境源头防控的指导意见》对"两高"项目管理做了细化要求；《高耗能行业重点领域能效标杆水平和基准水平（2021年版）》对能效低于行业基准水平的存量项目要求限期整改，利用阶梯电价等已有政策工具敦促落实；《完善能源消费强度和总量双控制度方案》提出对新增能耗5万吨标准煤及以上的"两高"项目加强窗口指导；中央经济工作会议提出"新增再生能源和原料用能不纳入能源消费总量控制，创造条件尽早实现能耗双控向碳排放总量和强度双控转变"等。

一系列政策的调整部署相当于新一轮的供给侧结构性改革，"十四五"期间新一轮冶炼产能扩张的热情将有所降温，不符合规范条件的产能将淘汰，政策鼓励的再生铅锌冶炼产能有较大提升空间。

（二）国储局抛储保供稳价

2021年，大宗商品价格屡创新高，有色金属品种中，铜、铝、锌都在高位，对下游行业发展形成困扰，因此，国家以战略储备对市场供应进行调节。国储局先后分四批向市场投放共计18万吨储备锌锭。从效果来看，四次抛储对国内锌市场产生了积极作用。首先，有效调节了市场供应，弥补了因限电、能耗双控等供应端干扰因素造成的减产；其次，有效支援了下游用户，抛储直面下游消费企业，避免了中间商囤货或套利行为，直接让利终端市场；再者，起到平抑价格、降温市场炒作的作用。连续4次抛储，对现货价格和升贴水产生明显影响，国内外比价自抛储以后屡创新低，说明国内的抛储在一定程度上缓解了来自海外通货膨胀的冲击。

（三）再生铅锌行业整合加快

在国家政策和市场双重作用下，中国再生铅锌行业也在加速优化升级。再生铅企业积极与蓄电池企业、原生铅企业联合，推进废铅蓄电池回收正规化。截至2021年年末，联合发展模式的再生铅企业产能达到350万吨以上，占再生铅总产能的50%以上，在提升再生铅设备工艺水平的同时，也增强了生产稳定性。

（四）科技创新助力绿色智能发展

2021年铅锌行业通过科技创新助力行业绿色智能发展。其中，株洲冶炼集团股份有限公司"锌冶炼智能工厂关键技术及应用"实现了全球最大焙烧、浸出和净化系统的智能优化控制，为将株冶建成世界一流、中国第一锌冶炼智能工厂提供了技术支撑，也标志着中国锌冶炼工业转型升级与智能化发展迈上新的台阶。

云锡文山锌铟冶炼有限公司锌铟科技成果"锌精矿-硫铁矿焙烧联产烟气清洁治理与石膏资源化利用关键技术与应用"实现了锌冶炼副产石膏无害化、资源化、规模化利用，污酸处理过程砷渣大幅减量及重金属集中固化开路、废水处理中和渣大幅减量及含重金属废水全部资源化回用，以及硫资源高效回收-尾气污染物超低排放。该项目被评价为整体技术达到国内先进水平，其中冶炼副产石膏规模化综合利用居行业领先水平。

四、中国铅锌工业发展面临的主要问题

随着"双碳"时代的到来，中国铅锌行业要实现高质量发展，仍面临着以下三大挑战。

（一）双碳行动被纳入生态文明建设总体布局，将对我国铅锌工业发展环境产生重大影响

习近平总书记指出，"坚决打好污染防治攻坚战，推动生态文明建设迈上新台阶"，"实现碳达峰、碳中和是一场广泛而深刻的经济社会系统性变革"。作为中国铅锌产业链的主要产销区，长江和黄河流域的生态环境保护和高质量发展问题已上升为国家战略，加之锌冶炼存在较高能耗和排放，"两高"项目在能源环保成本、绿碳交易的压力将愈发加大。

2021年从中央到各部委密集出台了涉及"双碳"、污染防治等方面的政策十余件，要实现铅锌行业可持续发展，就要坚定不移配合生态环境部开展京津冀及周边地区和汾渭平原2021~2022年秋冬季大气污染综合治理，吸取相关企业的经验教训，通过科技创新，协同减污降碳，扎实有效做好环境保护工作，坚决防范重大环境污染事件的发生。

（二）铅锌行业矿山和冶炼发展不平衡不充分的产业结构矛盾依然存在

长期以来，中国铅锌产业集中度提高缓慢，同质化竞争严重，创新动能欠缺，国际竞争力不强，容易受到外部市场风险的冲击。提高国内外矿产资源保障力，提高采选冶一体化占比和资源综合利用水平，是提升中国铅锌产业链供应链稳定性和竞争力的关键。

（三）中国经济从高速增长阶段转为高质量发展阶段，铅锌生产和消费已逐步接近平台期

对外贸易摩擦和中国经济新常态带来的基础设施和房地产投资下降、新能

源汽车和电动自行车的替代，对相关铅蓄电池、镀锌产品的扩大应用都带来了负面影响。随着我国环保力度的加强和生产者延伸责任制度的有效实施，铅酸蓄电池、钢厂烟灰等含锌二次资源回收和处置利用的循环再生产能利用率将不断提高，双碳目标将促进矿产和再生行业的协同发展。

五、中国铅锌工业未来发展的重要趋势和建议

（一）在构建双循环新发展格局中全面提升中国铅锌产业链供应链的安全性、稳定性和竞争力

坚定发展信心，凝聚发展合力，坚持"稳中求进"的总基调，提高产业集中度，形成可持续健康发展的产业动能，弥补在原料定价话语权、国际市场竞争力不强的短板，在保障有色金属产业链循环畅通，强化供应链安全可控中继续发挥中国铅锌行业的优势和韧性。

（二）按照《中共中央 国务院关于完整准确全面贯彻新发展理念做好碳达峰碳中和工作的意见》和《2030年前碳达峰行动方案的通知》的总体部署，通过协同减污降碳，打造绿色低碳循环的铅锌产业链

突出"绿色"是五大发展理念的核心作用，按照国家发改委等部门《关于严格能效约束推动重点领域节能降碳的若干意见》（发改产业〔2021〕1464号），铅锌行业通过协同减污节能降碳，严控产能总规模，加强绿色和智能制造，打造绿色低碳循环的产业转型基地，能耗达到标杆水平的先进产能占比超过30%，助力完成《有色金属行业碳达峰实施方案》提出的"2025年前有色行业力争整体实现碳达峰"的任务。

（三）要按照生态文明建设总体要求，按照《中共中央 国务院关于深入打好污染防治攻坚战的意见》、生态环境部《关于高耗能高排放建设项目生态环境源头防控的指导意见》和《关于进一步加强重金属污染防控的意见》，坚决做好环境保护，为2025年重金属污染物排放量比2020年下降5%做好扎实工作

要充分认识到长江和黄河流域等重点区域的生态环境保护和高质量发展问题已上升为国家战略，铅锌行业要把清洁生产作为生命线，把防范重金属污染风险作为不可触碰的高压线，加快推动行业的清洁生产和能源资源节约高效利用，助力深入打好碧水保卫战、净土保卫战，为切实维护我国生态环境安全作出贡献。

（四）深化铅锌行业供给侧结构性改革

充分认识供给侧结构性改革的长期性和艰巨性，继续以"三去一降一补"

五大任务为抓手，打赢降本增效、高质量发展攻坚战；配合国家做好"保供稳价"工作，切实维护市场秩序和行业共同利益，主动应对化解风险，避免大起大落。

六、结语

2021年，面对世界百年未有之大变局的风险和挑战，中国铅锌行业以习近平新时代中国特色社会主义思想为指导，认真贯彻新发展理念、加快构建新发展格局，努力深化供给侧结构性改革，推动了行业的高质量发展。

未来，中国铅锌工业依然将按照"五位一体"总体布局和"四个全面"战略布局，牢固树立和贯彻落实"创新、协调、绿色、开放、共享"五大发展理念，继续深化供给侧结构性改革，强化对世界经济和铅锌工业发展规律的认识，在"严控冶炼总量、优化升级存量"上狠下功夫；通过技术进步和产业链协同发展，把绿色低碳循环作为产业发展之本；在构建双循环新发展格局中，提升我国铅锌产业链供应链的稳定性和竞争力，增强资源保障能力和定价话语权，抓住机遇、迎接挑战，为建设有色金属强国作出新的更大的贡献。

撰稿人：周遵波

审稿人：王　健、彭　涛

2021 年镁工业发展报告

2021 年，全球新冠肺炎疫情反复，各国经济在疫情中前行并呈现不同程度的复苏，中国经济稳定恢复，GDP 同比增长 8.1%，实现"十四五"良好开局。国内镁市场受供应缩减影响价格出现大幅上涨，出口同比大幅增长，国内消费有所萎缩，镁冶炼业整体经济效益良好，加工业运营受阻。

一、2021 年世界镁工业发展概述

美国地质勘探局（United States Geological Survey，USGS）统计数据显示，目前，除中国外生产原镁的国家有 7 个，分别是美国、俄罗斯、以色列、哈萨克斯坦、乌克兰、巴西和土耳其。

综合来看，初步预计 2021 年全球原镁产能为 165 万吨，产量为 114 万吨，同比增加 1.79%；2021 年全球镁消费量 106 万吨左右，较上年减少 3.64%。

二、2021 年中国镁工业发展现状

2021 年中国镁工业发展现状从镁工业经济运行情况、产业结构、市场价格、市场消费、进出口贸易及投融资情况六个方面进行概述。

（一）经济运行情况

1. 2021 年原镁产量同比下降 1.27%

据中国有色金属工业协会镁业分会（以下简称"镁业分会"）初步统计，2021 年中国原镁产能 137.61 万吨，与 2020 年基本持平，原镁产量 94.88 万吨，同比缩减 1.27%；镁合金产量 36.05 万吨，同比增长 5.35%；镁粉产量9.14 万吨，同比缩减 18.03%（见表 1）。

表 1　2020 年和 2021 年中国原镁、镁合金、镁粉产能产量统计情况　　（万吨）

年份	原镁产能	原镁产量	镁合金产量	镁粒（粉）产量
2020 年	137.23	96.10	34.22	11.15
2021 年	137.61	94.88	36.05	9.14
同比/%	0.28	−1.27	5.35	−18.03

数据来源：2020 年和 2021 年中国镁产能、产量相关数据均为镁业分会初步统计数据。

从上述统计数据可以看出，2021年镁合金产量同比有所增加，镁粉产量同比缩减幅度较大，原镁产量有少量缩减。

2. 主要生产技术经济指标基本稳定

2021年皮江法镁冶炼生产技术经济指标为：还原周期为8~12小时，料镁比为6.2~7.0，劳动生产率为35~50吨/（人·年）。

（二）产业结构

2021年，中国镁产业仍以镁冶炼产品为主，加工产品为辅。国内镁冶炼已形成以陕西、山西地区为主，新疆、内蒙古等地区为辅的发展格局。镁深加工以山西、广东、重庆、江苏、安徽和上海为主要生产地区，加工产品应用以交通、3C等领域为主。

2021年，陕西地区原镁产量继续保持国内首位，产量占比由2020年的63.19%继续上升至65.68%；山西地区产量占比20.67%，较2020年的20.64%有所上升；内蒙古地区产量占比4.64%，较2020年的3.63%有所上升。新疆等地区产量占比出现下滑（见表2）。

表2　2021年部分省区镁冶炼产能产量分布统计情况

地区	企业个数	生产能力		产量	
		合计/万吨	全国占比/%	合计/万吨	全国占比/%
陕西	34	73.61	53.49	62.32	65.68
山西	8	31.5	22.89	19.61	20.67
内蒙古	4	8	5.81	4.4	4.64
新疆	3	5	3.63	2.59	2.73

数据来源：镁业分会。

受部分地区生产企业减停产影响，2021年产量1万吨以下企业增多，但排名前十的企业产量缩减幅度不大，产业集中度相比同期变化不大。

据镁业分会统计，国内镁冶炼企业前十名产量合计为41.58万吨，相对2020年的39.09万吨增加6.37%（见表3）。

表3　2021年中国镁冶炼企业原镁产量前十名（按会员单位）排序

名次	企业名称	产能/万吨	产量/万吨	产量同比/%
1	南京云海特种金属股份有限公司	10	8.29	-7.9
2	浙江柒鑫合金材料有限公司	8	6	4.17
3	府谷县金万通镁业有限责任公司	4	4.38	4.53

名次	企业名称	产能/万吨	产量/万吨	产量同比/%
4	府谷县新田镁合金有限责任公司	3	4.26	21.71
5	山西八达镁业有限公司	4	3.3	6.45
6	陕西天宇镁业集团有限公司	5	3.2	−11.11
7	府谷京府煤化有限责任公司	3	3.2	−15.79
8	府谷县泰达煤化有限责任公司	3	3.1	−3.13
9	陕西三忻（集团）实业有限责任公司	2	3	−3.23
10	府谷县昊田煤电冶化有限公司	2	2.85	1.79
	合计	44	41.58	6.37

数据来源：镁业分会。

产量在1万吨（含1万吨）以上的镁冶炼企业有35家，较2020年的41家有所减少，产量合计为86.2万吨，同比缩减6.3%；年产3万吨（含3万吨）以上企业是9家，产量合计为38.73万吨，同比增加15.65%。

2021年，国内镁合金产量36.05万吨，同比增长5.35%，前五名镁合金生产企业产量合计为33.77万吨，同比增加9.43%。前五名产量占比高达93.68%，产业集中度非常高（见表4）。

表4　2021年中国镁合金产量前五名企业（按会员单位）排序

名次	企业名称	产能/万吨	产量/万吨	产量同比/%
1	南京云海特种金属股份有限公司	20	18.69	11.92
2	山西瑞格金属新材料有限公司	10	8.28	18.29
3	山西水发振鑫镁业有限公司	6	3.5	−15.66
4	山西八达镁业有限公司	2.5	1.8	−10.45
5	府谷县华顺镁业有限责任公司	2	1.5	0
	合计	40.5	33.77	9.43

数据来源：镁业分会。

（三）市场价格

1. 原镁价格创历史新高

2021年，国内原镁年均价为25243.78元/吨，比2020年上涨86.19%。全年日均价波动范围在14150~71050元/吨，年最高价为9月的71200元/吨，最低价为1月的14000元/吨（见图1）。

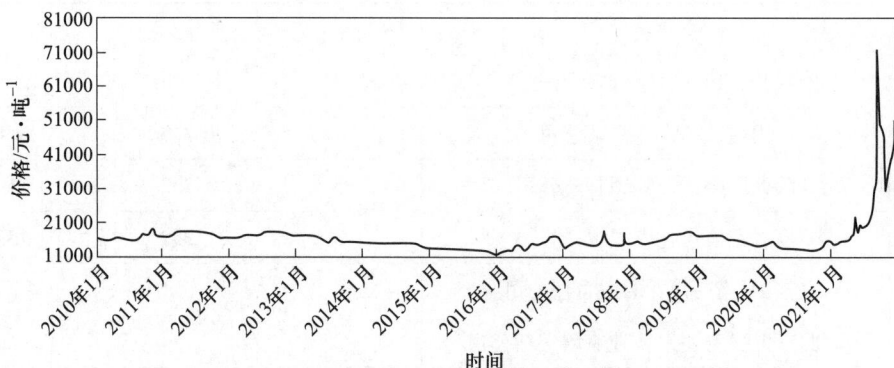

图1　2010~2021年中国原镁现货价格走势图

数据来源：镁业分会

2021年镁市场走势强劲，价格创历史新高。年初，内蒙古地区调整电价，硅铁企业用电成本大幅增加，推高硅铁价格，并带动镁价格上涨。年中，市场上煤炭供应紧缺，煤价大幅攀升，硅铁价格受部分企业限产影响持续走高，在原材料供应短缺及价格上涨影响下，镁冶炼企业连续上调报价。9月，随着榆林当地"双限"政策加码，部分镁冶炼企业出现减停产，市场供不应求局面加剧，导致镁价急速上涨创出71200元/吨的历史新高。镁价的高企导致市场有价无市，同时随着原材料价格相继回落，镁冶炼企业生产逐步恢复，镁价回落至30000元/吨。12月榆林地区再次曝出部分兰炭生产企业存在环保问题，涉及当地部分镁冶炼企业，市场在供应缩减的预期下再次推高镁价，至年底报价基本在49000~50000元/吨。

2. 镁产品出口价格达历史新高

2021年镁FOB年均价为4038.68美元/吨，比2020年上涨95.08%。全年日均价波动区间为2285~11115美元/吨，年最高点在9月的11115美元/吨，最低点在1月的2285美元/吨。

2021年镁FOB价格跟随国内现货价格大幅走高，受汇率走势影响，镁FOB价格同比涨幅高于国内现货价格。截至年底，部分厂商、贸易商出口FOB价格为8050~8180美元/吨（见图2）。

（四）市场消费

据镁业分会不完全统计数据，2021年，中国金属镁消费量48.45万吨，同比减少10.49%。其中用于冶金领域33.14万吨，占国内消费总量的68.40%；用于加工领域14.01万吨，占国内消费总量的28.92%（见表5）。

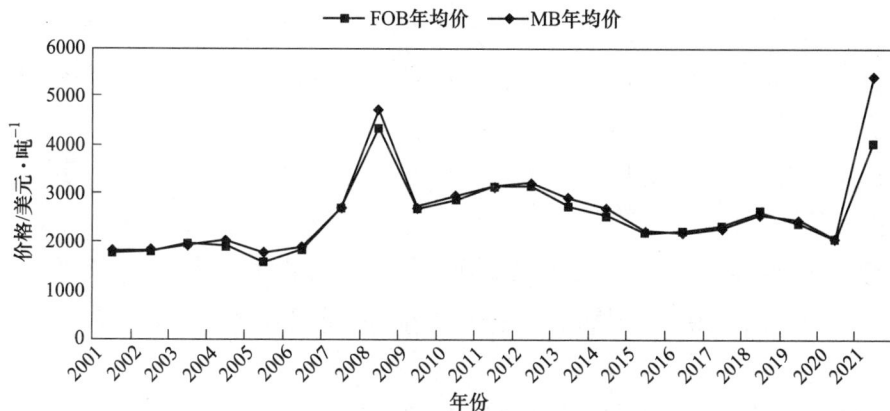

图 2　2001~2021 年中国原镁 FOB 年均价与 MB 年均价对比图

数据来源：MB、镁业分会

表 5　2020 年和 2021 年国内镁消费情况统计　　　　　　（万吨）

年份	冶金					加工	其他	合计	同比/%
	铝合金添加	炼钢脱硫	球墨铸铁球化剂	金属还原	稀土镁合金	铸件、压铸件、型材			
2020 年	15.91	5.31	3.00	11.94	1.10	15.57	1.30	54.13	11.42
2021 年	13.56	4.15	3.00	11.33	1.10	14.01	1.30	48.45	-10.49

数据来源：镁业分会。

2021 年镁加工应用领域（铸件、压铸、型材等）用量出现下降，全年加工领域用量约 14.01 万吨，下降了 10.02%。究其原因，主要是镁价格暴涨，下游企业利润大幅减少甚至亏损经营，部分加工企业以减产或原料替代的方式应对成本压力，镁需求有所下降。冶金领域的消费量占比相对略有增加，该领域对镁的需求多为刚性需求，原料替代性不高。

（五）进出口贸易

2021 年中国镁出口量创历史新高。据海关统计数据显示，2021 年中国共出口各类镁产品 47.72 万吨，同比增加 21.18%，累计金额 19.35 亿美元，同比增长 101.01%。原镁和镁粉的出口增幅最为明显，分别达到 37.84% 和 11.61%。

从占比看，目前中国镁产品出口仍以低端粗加工输出为主，镁制品等加工产品输出较少。原镁、镁合金和镁粉仍是主要出口产品，三类产品占出口总量 97.65%，其中原镁出口占 58.78%。

从出口金额看，2021 年中国镁出口金额同比涨幅翻倍，主要是受到镁价大幅上涨影响。

2021年中国镁产品出口近百个国家和地区。其中，原镁主要出口地区为荷兰、加拿大和日本；镁合金主要出口国家和地区为荷兰、加拿大和中国台湾；镁粉主要出口地区为加拿大、荷兰和土耳其。加工方面，锻轧镁主要出口美国、日本和俄罗斯；镁制品主要出口美国、加拿大和澳大利亚，其中出口美国数量占67.3%。

2021年全球经济仍处在逐步复苏阶段，中国镁出口量同比大幅增加，并非真实反映国外市场需求情况，主要受航运延误影响，约有7万吨的在途库存。

1. 2021年镁产品出口量同比增长21.18%

2021年中国各类镁产品出口统计情况见表6。

表6　2021年中国各类镁产品出口统计情况

名称	累计数量/万吨	累计同比/%	累计金额/万美元	累计同比/%
原镁	28.05	37.84	117295	141.72
镁合金	10.86	1.31	42290	54.59
镁废碎料	0.34	−48.48	1129	−19.70
镁粉等	7.69	11.61	28181	82.13
锻轧镁	0.26	0	1668	11.13
镁制品	0.52	4.00	2898	45.85
总值	47.72	21.18	193461	101.01

数据来源：海关总署。

2. 2021年镁产品进口同比增加8.66%

2021年中国各类镁产品进口统计情况见表7。

表7　2021年中国各类镁产品进口统计情况

名称	累计数量/吨	累计同比/%	累计金额/万美元	累计同比/%
原镁	0.41	−98.29	7.68	9.71
镁合金	244.8	74.81	68.55	10.86
镁废碎料	0	0	0	0
镁粉等	2.28	−92.06	34.65	11.15
锻轧镁	83.35	−15.28	197.58	5.66
镁制品	93.17	−6.61	514.69	36.52
合计	424.01	8.66	823.15	20.17

数据来源：海关总署。

（六）投融资情况

2021 年，虽然镁价一直高位运行，并创出前所未有的新高，在很大程度上影响了镁合金应用快速扩张的势头，但整体扩张态势并没有发生根本性改变，国内不少镁合金加工及应用项目陆续开工或者投产，尤以汽车领域应用项目为主。

1. 南京云海特种金属股份有限公司多个镁项目

巢湖云海镁业有限公司"年产 200 万片高性能镁合金建筑模板"项目于 10 月 26 日开工。该项目由南京云海特种金属股份有限公司全资控股子公司巢湖云海轻金属精密制造有限公司投资，总投资额约 5 亿元。项目占地面积约 39 亩，主要产品为高性能镁合金建筑模板。

南京云海轻金属精密制造有限公司"年产 3 万吨镁铝合金精密制造"项目开工建设，项目总投资 8 亿元，占地 75 亩，建筑面积 5.5 万平方米，项目建成后，可新增镁铝合金加工产能 3 万吨，将具备为新能源汽车提供大型结构件轻量化解决方案的能力。

2. 福建宁德文达镁铝合金及压铸项目

宁德文达镁铝合金项目在福建省宁德市寿宁县三祥锆镁产业园区开工。该项目由宁德文达镁铝科技有限公司实施，总投资 8 亿元，建成后主要生产建筑模板、汽车框架、表盘配件、电池包壳、电子配件等压铸结构件。

3. 卓环镁合金压铸项目

卓环镁合金压铸等项目开工建设，该项目位于湖北省十堰市茅箭区胡家工业园，占地 35 亩，项目由十堰卓环汽车零部件有限公司投资，主要生产方向盘总成、大灯支架、连接支架等镁合金压铸产品。

三、2021 年镁工业经济运行状况分析

（一）政策环境分析

2021 年，国家发改委、工信部和科技部等政府部门继续关注并支持镁行业发展，配套出台了多项政策。

1. 新版《西部地区鼓励类产业目录（2020 年本）》出台，西部地区镁合金项目可享税收优惠

2021 年 1 月 18 日，国家发改委发布了《西部地区鼓励类产业目录（2020 年本）》，自 2021 年 3 月 1 日起施行。重庆市、陕西省、贵州省、甘肃省、青海省、宁夏回族自治区、广西壮族自治区等多个省区市对镁合金深加工产品、

高性能镁合金开发及生产、镁特种合金材料、六水氯化镁（$MgCl_2 \cdot 6H_2O$）连续脱水制无水氯化镁等方面鼓励发展镁产业，对西部地区鼓励类产业企业按15%的税率征收企业所得税。

2. 四个镁合金项目拟列入国家重点研发计划"先进结构与复合材料"重点专项

12月13日，科技部高技术研究发展中心发布公示通知，对"先进结构与复合材料"重点专项2021年度拟立项的38个项目信息进行公示。公示清单中包括四个镁合金项目：高性能镁合金大型铸/锻成形与应用关键技术、新型结构功能一体化镁合金变形加工材制造关键技术、超高刚度镁基复合材料的集成计算设计与制备、高强轻质金属结构材料精密注射成形技术。

3. 镁冶炼首次列入2021年度重点用能行业能效"领跑者"遴选工作

2021年12月31日，工业和信息化部、国家市场监督管理总局联合启动2021年度重点用能行业能效"领跑者"遴选工作。遴选范围包括钢铁、焦化、铁合金、电解铝、铜冶炼、铅冶炼、锌冶炼、镁冶炼、水泥、乙烯、煤制烯烃、合成氨、甲醇、电石等20个行业。

（二）产业结构调整情况分析

随着镁合金材料应用不断突破，镁在医疗、航天、汽车等领域应用推广屡获佳绩，镁行业已受到越来越多其他行业的关注，尤其是国企的强势介入进一步推动镁产业结构优化和产业升级。

1. 应用拓展进步较为显著

（1）在航空航天领域，镁合金材料助力中国航空航天实现多项突破。

一是，中国科学院金属研究所材料腐蚀与防护中心韩恩厚、宋影伟团队研制的镁合金表面处理技术成功应用于核心舱医学样本分析与高微重力科学实验柜（简称高微柜）、无容器科学材料实验柜的主结构子系统、高微柜悬浮实验系统自动锁紧释放机构中所用的镁质部件，满足了减重、耐蚀、导电等多功能要求；华北电力大学参与研制的镁合金舱内支架类构件助力中国空间站天和核心舱成功发射并准确进入预定轨道。

二是，西安四方超轻材料有限公司自主研发的新型镁锂合金材料应用于天问一号探测器，助力天问一号着陆巡视器成功着陆于火星乌托邦平原南部预选着陆区，这也是中国首次火星探测任务着陆火星成功。

三是，郑州轻研合金科技有限公司自主研制的超轻高强镁合金产品，实现多个卫星相关部件减重35%~40%，大幅提高了卫星的有效载荷和比冲，助力天津大学一号、丽泽一号、宝酝号、金紫荆五号、金紫荆一号03星5颗小卫星顺利进入预定轨道。

（2）在医用领域，镁合金应用再次取得突破性进展。

上海交大戴尅戎院士、郝永强教授团队和丁文江院士、袁广银教授团队合作研发的可降解镁合金骨钉经过 1~2 年的临床试验观察，证实了可降解镁合金螺钉治疗内踝骨折的临床疗效及其生物安全性。研究报告发布于国际骨科临床转化期刊 *Journal of Orthopaedic Translation*，这是国内首个可降解医用镁合金临床试验的公开报道，也是国际首款含有功能涂层的可降解镁合金骨钉的临床试验结果的公开报道。

（3）在新能源领域，镁电池应用获学术界关注并有新进展。

中国有色金属学会新能源材料发展工作委员会联合中国有色金属工业协会镁业分会、中国材料研究学会镁合金分会、*Journal of Magnesium and Alloys* 期刊等多家单位共同主办首届镁电池及其关键材料专题研讨会，来自中科院、重庆大学、上海交大、清华大学、哈尔滨工业大学等全国各地的 200 多名科技人员和来自德国、美国、澳大利亚等国的部分国外专家参加了会议，研讨内容涵盖了镁离子电池、镁空气电池、镁干电池等多种电池体系的研究及其应用，并针对镁电池正极材料构筑、镁负极改性设计及界面修饰、新型电解液的研发及匹配、电极界面调控策略、电池设计理论计算等问题展开了深入交流和详细讨论，在学术界引起了较大反响。

与此同时，镁电池研发也取得一些实质性进展。青岛科技大学材料学院张忠华副教授、李桂村教授和中科院青能所崔光磊研究员等人在金属镁电池负极电沉积形貌调控方面提出了基于匀化电场、几何限域及化学吸附等协同耦合的改性策略，推动镁电池研发进展。

（4）在交通运输领域，轻量化要求推动镁合金应用再上台阶。

万丰镁瑞丁轻量化技术公司（Meridian）和斯巴鲁汽车公司协同设计的镁合金充电器外壳获得 2021 年国际镁协汽车类铸件优秀奖，这是首次在车载充电器外壳中使用镁合金材料。获奖项目为斯巴鲁 Crosstrek Hybrid 插入式混合动力汽车（PHEV）的 AZ91D 镁合金充电器外壳。该镁合金部件在镁瑞丁的上海工厂生产，在日本完成组装，具有出色的散热性能，可在 240V 下快速充电。部件采用两个 AZ91D 镁合金铸件组装，质量分别是 1.56 千克和 0.69 千克，取代了两件式铝铸件，减重 25%。该镁合金部件的铸造设计提供了低拔模角度和薄壁截面，可使用自攻螺纹紧固件，减少了加工工序。

万丰集团与卧龙电气驱动集团联合开发的三相异步电动机项目顺利通过型式试验。该项目是双方共同研究的重大课题之一，电动机融汇了镁合金电机壳体轻量化优化技术、镁合金防腐应用技术、镁合金疲劳性能技术等最新技术，壳体重量比传统铝合金电动机轻30%以上，电机功率密度可提升5%以上。

山东鲁阔车辆制造有限公司公司推出新产品鲁客"乐享"脚踏骑行·电动助力休闲三轮车，这款车是从用户角度出发，研发创新的一款新型绿色出行代步工具。可以载人载货两不误，为中老年代步出行提供了便利安全的解决方案，该款车装配了镁合金轮毂。

（5）在3C领域，应用得到进一步拓展。

vivo旗下子品牌iQOO新机型iQOO Neo5S手机金属散热支架采用了来自山西瑞格金属新材料有限公司提供的高韧性、高导热稀土镁合金材料，在兼顾整机重量和强度的前提下，将该机型的导热性能提高至两倍，被称为"全天候原子级散热引擎"。

亚马逊宣布推出两款最新一代电子书阅读器Kindle Paperwhite，包括Kindle Paperwhite和首款Kindle Paperwhite签名版。新款产品在材料选择上突出了低碳理念，产品由70%回收料含量的压铸镁合金和60%消费后废料含量的塑料制成，在提高产品轻便、散热等性能的同时，再生镁的碳排放可以显著低于原生镁。

小米11青春版采用比亚迪电子生产的镁合金替代传统的铝合金进行加工，这也是业内首款成功量产的镁合金轻量化5G手机。小米11青春版仅有6.81毫米的机身厚度，159克质量，是史上最轻薄的小米手机。

（6）在其他领域，镁建筑模板引关注。

建筑用镁合金模板是最有潜力的应用方向之一，在降低建筑施工强度、改善施工环境、提升建筑质量和效率等方面都有重要价值。中国有色金属工业协会镁业分会在榆林召开专题会议探讨镁合金模板在建筑行业的应用，引起了积极反响，已有不少企业在积极谋划开拓镁合金模板市场。

2. 国有企业实质性介入镁行业，为镁行业发展注入了强大的活力

一直以来，国内镁行业以民营企业占据绝大多数比例，随着镁研发应用的不断完善与推广，镁行业已经吸引越来越多的国企关注，并陆续开展战略合作，为镁行业注入了强大的活力。宝钢金属与南京云海深入合作，镁合金项目在安徽巢湖、池州陆续开工；青海盐湖股份与锂电龙头国轩高科签署战略合作框架协议，聚焦锂镁新材料；府谷县与陕汽控股集团举行战略合作签约仪式，共同推进镁合金在汽车领域的应用；坤孚股份与"中石油"签署战略合作协议，积极推进新型镁合金在油气领域的应用；榆能集团与嘉瑞集团签订战略合作框架协议，双方将在高端镁基材料及深加工等领域进行合作；鹤壁市人民政

府与海尔集团共同签署战略合作框架协议，双方将共同拓展镁材料技术应用领域。

3. 镁供应格局有可能发生深刻变化

多年的发展沉淀和市场洗礼，中国镁冶炼产业形成了以陕西府谷和山西闻喜为集群的双极供应格局，占据了全国 80% 左右的产量。其中，陕西府谷约占全球总产量的 50%，是全国也是全球最大的镁冶炼供应基地。但是，从 2021 年开始，随着"能耗双控"、《产业结构调整指导目录》等政策实施，半焦、金属镁耦合发展模式遇到了前所未有的挑战。半焦、金属镁耦合发展带来的能源优势是陕西府谷金属镁发展的基础，该模式能否延续、如何延续将是今后一段时间行业关注和共同努力的重点，但是对陕西府谷镁冶炼产业已产生了深远影响。

国有大企业对镁行业特别是镁冶炼关注力度也是前所未有的。中国宝武集团以宝钢金属为牵头单位，依托南京云海特种金属股份有限公司，着力镁冶炼的布局和建设，已在安徽巢湖、安徽青阳县建设了多个镁冶炼项目，并计划扩建山西五台冶炼项目，计划总规模有望超过 50 万吨，虽然具体实施有个过程，市场竞争力还有待检验，但对供应格局影响是不言而喻的。

另外，河南、重庆等地区都有镁冶炼计划项目，中国镁冶炼供应格局已在变化，并将继续发生深刻变化，多极供应格局正在形成。

（三）经营形势分析

1. 生产情况分析

冶炼方面，2021 年前八个月国内原镁生产较为平稳，9 月受地方"双限"政策影响，国内原镁主产区陕西榆林地区多家企业出现减停产，10 月陆续恢复生产。全年国内镁冶炼行业产能利用率近 69%。

2. 市场供需平衡情况分析

2021 年，国内表观消费 47.2 万吨，占国内总供给比重为 49.75%，较 2020 年的 59% 占比减少。出口量同比出现大幅增长，占国内总供给比重为 50.3%，较 2020 年的 41% 占比增加（见表 8）。

表 8　2017~2021 年国内镁市场供求平衡　　　　　　（万吨）

年份	2017 年	2018 年	2019 年	2020 年	2021 年
产量	91.26	86.3	96.85	96.10	94.88
出口量	46.02	40.98	45.16	39.38	47.72
进口量	0.03	0.05	0.04	0.04	0.04
表观消费量	45.21	45.27	51.73	56.68	47.2

数据来源：海关总署、中国有色金属工业协会、镁业分会。

四、当前镁工业发展中需要关注的问题

(一) 价格

继 2020 年镁价大幅波动后，2021 年镁价再次刷新历史纪录，价格上冲至 71000 元/吨，相比年初的 14000 元/吨，涨幅超过了 400%。镁价这波非理性上涨一方面受到煤炭、硅铁等原料价格上涨及环保相关政策影响；另一方面，市场不乏惜售抬价、借机炒作等投机行为。多方面因素成为价格推手，而由此带来的是下游行业缩减镁用量，部分下游用户改用铝等其他材料替代，镁应用推广遭受重大打击，整个镁产业链的持续健康发展严重受阻，镁行业双循环发展遭受到前所未有的压力。

(二) 环保

8 月 12 日，国家发改委印发了《2021 年上半年各地区能耗双控目标完成情况晴雨表》，显示陕西等地区能源消费总量控制方面形势严峻。9 月府谷地区对包括镁企在内的部分工业企业采取"双限"政策加码措施，大部分镁厂停产，市场一度陷入缺货状态，造成价格恐慌性上涨，最高上冲至 71200 元/吨，创历史新高。

12 月 4 日，中央生态环境保护督察组进驻陕西开展环境保护督查工作。督察组指出陕西榆林盲目发展"两高"项目、走粗放发展"老路"的问题，发现当地淘汰兰炭落后产能不力、违规建设问题多发，工业园区环境问题突出。榆林地区有二十多家镁企的配气工段炉型不符合相关产业政策要求，后期整改措施存在诸多不确定性，基于供应短缺的市场预期，镁价再次上冲 50000 元/吨。

短短几个月时间受环保政策影响，镁市场历经两次巨震，严重影响行业的正常运行和持续发展。

(三) 出口

2021 年中国出口镁产品创出历史新高，尤其是原镁出口同比增长 37.8%，期间，欧洲市场甚至出现"用镁荒"。出口市场需求旺盛同样成为推高镁价的主要因素之一。国外市场需求是否真的一夜之间大幅增长？我们需要看到，出口大幅增长的背后是船运延误带来的虚假繁荣。航运咨询机构 Sea-Intelligence 的分析报告指出，由于港口拥堵、船舶延误，全球 12.5% 的运力无法使用，世界多个重要港口和物流的运转效率低下，以前镁产品出口至欧洲原本 1 个月的船期，现在则需要 2～3 个月才能到达，不仅如此，当地疫情、经济状况等同

样造成物流周期延长，这使得国外用户不断加大采购力度用以储备，以满足后续生产所需，导致部分出口量成为在途的隐形库存。

五、中国镁工业下一步发展重点

（一）积极稳妥地加快镁期货上市工作

2021年原镁价格过山车式的大幅震荡，对行业健康发展带来难以修复的不利影响，生产、贸易及下游企业市场交易同样因不可预见的原因面临各种不确定性。进一步加快推进镁期货上市，为镁行业建立较为完善的定价体系，已迫在眉睫。

镁期货引进有利于规范市场，减少市场价格的大幅波动。通过镁期货的引进，场内企业可以通过现货、期货的对冲操作降低价格大幅波动带来的不利影响，减少在价格非理性波动中单向操作造成的损失，保护企业稳定运营，从而保护行业持续健康发展。

（二）加强行业自律

2008年镁价的非理性上涨对行业带来的破坏性需要之后几年时间的恢复。2021年镁价的非理性巨幅冲高给镁行业带来的破坏性将比2008年更为严重。针对镁价的异常波动，镁业分会发出倡议书，倡议业内企业加强行业自律，克服困难，共同维护市场正常秩序。

自律就是自我约束。行业自律一方面是业内对国家法律、法规政策的遵守；另一方面，是业内企业为了维护行业的公平竞争和正当利益，促进行业发展而约束自己的行为。

镁业分会将协同骨干企业，继续加强行业引导，促进行业自律。各企业要同心协力，增强企业家社会责任感，树立行业新气象，加强行业自律性，共同推动行业健康有序发展。

（三）推动镁产业低碳发展

随着全球环保要求不断升级，国内环保政策愈加严格，镁作为"21世纪绿色金属"，全产业链急需推动环保升级改造，适应时代发展对行业的新要求，在两个方面着力，一方面针对国内外下游终端用户越来越关注镁的碳排放数据，进一步做好镁全生命周期研究；另一方面，继续加大节能降碳技术改造及工艺技术革命性创新力度。镁业分会将积极搭建产、学、研、用沟通交流平台，推动冶炼工艺技术实质性的突破，加快绿色低碳关键技术研发推广，带动全行业向环保先进指标靠拢。

（四）加快培育镁冶炼龙头企业

镁冶炼作为产业链的上游，产品质量及发展水平直接影响整个产业链。加快培育具有一定影响力、号召力及行业示范、引导作用的龙头企业，对镁冶炼行业的稳定发展和冶炼工艺装备水平的提高等具有战略性意义。

近几年国有企业通过投资、合作等方式越来越多的参与到镁行业，为行业发展注入强大活力，同时也为打造业内龙头企业创造有利条件。就目前行业发展情况，有必要进一步鼓励企业间的兼并重组，加快培育扶持龙头企业，促进镁冶炼产业化、规模化发展。

（五）充分发挥协会作用，为行业发展保驾护航

面对百年未有之大变局，镁行业难以独善其身，将面临前所未有的局面，尤其是中国镁产业仍是出口依赖度较高的行业，发展不可避免地会受到国外政治、经济及肆虐全球的疫情等多种因素影响。

镁业分会将继续积极履行行业协会的职能，对业内共同关注的问题进行严谨调研及深度分析，加强顶层设计、协同社会各方为国家产业政策制定当好参谋；对行业形势做出准确判断、制定合理的策略，引导行业增强自身防御能力和应变能力，为行业的持续健康发展保驾护航。

撰稿人：孙　前、何新宇、史晓梅、
　　　　张晶扬、范玉仙、曹佳音、
　　　　周阿蒙
审稿人：林如海

2021 年镍工业发展报告

2021 年，世界百年大变局加速演进，世纪疫情对全球产业链、供应链带来巨大扰动，镍行业企业坚持稳中求进，特别是以中国投资为增量的镍项目进展顺利，带动全球镍产量再上新台阶，镍的传统消费领域稳中有增，新兴消费爆发式增长，镍成为有色金属市场中备受关注的品种。

一、2021 年世界镍工业发展概述

据国际镍研究小组（INSG）数据，2021 年全球镍矿产量约 268.9 万吨，同比增长 10.3%（见表1）。分地区来看，增量主要集中在亚洲和非洲，欧洲和大洋洲的产量同比有所下滑。亚洲地区，在印尼和菲律宾增量的带动下，亚洲地区的绝对增量处于全球前列。目前全球镍矿投资主要集中在印尼的红土镍矿，除了印尼以外，加拿大、澳大利亚及所罗门等地区也有新的镍矿项目，在镍价具有竞争力的前提下，预计一些硫化镍矿投资活动会有所增强。

表1　2021 年全球镍矿产量

地区	镍矿产量（镍金属量）/万吨			同比/%
	2019 年	2020 年	2021 年	
非洲	10.8	8.4	10.2	21.6
美洲	42.3	41.3	40.0	−3.0
亚洲	130.6	124.4	156.3	25.6
欧洲	28.7	29.5	25.3	−14.1
大洋洲	40.3	40.0	37.0	−8.1
总计	252.6	243.9	268.9	10.3

数据来源：INSG。

根据 INSG 数据，2021 年全球原生镍产量为 261.1 万吨，同比增加 4.9%（见表2）。全球原生镍产量增长主要集中在二级镍即镍生铁的产量增长，一级镍产量则出现明显减少，俄罗斯诺里尔斯克镍业受矿山透水事故影响产量，嘉能可、淡水河谷、必和必拓也因计划外的停工导致产量下降，谢里特、英美资

源和埃赫曼产量有所增加，但因其绝对值较小，对总产量影响有限。

表2 2021年全球原生镍产量

地区	原生镍产量（镍金属量）/万吨			同比/%
	2019年	2020年	2021年	
非洲	7.3	3.9	7.0	80.5
美洲	28.0	27.3	26.4	−3.3
亚洲	144.2	162.0	178.3	10.1
欧洲	39.9	39.5	36.4	−8.0
大洋洲	19.5	18.8	15.6	−17.3
调整数据	−2.1	−2.6	−2.6	
总计	236.8	248.9	261.1	4.9

数据来源：INSG。

2021年全球原生镍消费量276.6万吨，同比增加15.9%（见表3），其中不锈钢占比由2020年的70%增至71%，电池占比由2020年的8%增至12%。2021年全球原生镍消费亮点纷呈，不锈钢行业再度发力，中国不锈钢产量增幅为8.2%、印尼产量翻倍，增幅为110%，欧洲从疫情中复苏，增幅超过10%。电池行业在各国政府激励措施和消费者信心整体增强的支持下，需求异常强劲，中国、欧洲和美国三驾马车带动全球新能源汽车销量冲上新高。非不锈钢应用领域，包括特种钢、镍基合金、高温合金和电镀中的镍需求也同比增长，同时航空航天、汽车、石油和天然气行业的终端需求恢复。

表3 全球主要国家原生镍消费量

地区	原生镍消费量（镍金属量）/万吨			同比/%
	2019年	2020年	2021年	
非洲	1.7	1.2	1.0	−13.7
美洲	16.2	13.7	13.9	1.5
亚洲	189.9	196.2	231.9	18.2
欧洲	32.4	27.2	29.5	8.5
大洋洲	0.3	0.2	0.2	26.4
总计	240.5	238.5	276.6	15.9

数据来源：INSG。

二、2021 年中国镍工业发展现状

（一）经济运行情况概述

1. 2021 年中国原生镍产量同比持续下降

据北京安泰科信息股份有限公司（以下简称"安泰科"）统计，2021 年中国原生镍产量 67.7 万吨，同比下降 9%。其中，电解镍产量 16.1 万吨，同比下降 8.4%；镍盐产量 8.4 万吨，同比增加 31.3%；镍生铁产量 43.2 万吨，同比下降 14.3%。新能源汽车的快速发展，导致动力电池用硫酸镍的需求不断增加，在市场需求的刺激下，一些生产电解镍的工厂转产硫酸镍，金川集团的总镍量稳中有升，产品结构不断丰富和优化，还有淡水河谷大连工厂自 2020 年停产以来，因缺乏生产原料，生产中断。

2. 2021 年镍生产企业及下游应用企业取得较好利润

2021 年，中国非上市镍矿冶及加工企业继续保持了稳定发展，经营业绩大幅增长，产业发展势头良好，综合竞争优势不断提升。金川集团公司实现营业收入超 2600 亿元，利税总额 127 亿元，居世界五百强第 336 位。青山控股集团有限公司实现营业收入 424 亿美元，居世界五百强第 279 名。

上市公司发展较快，在深交所和上交所上市的镍产业链企业有华友钴业、中伟股份、格林美，盛屯矿业、容百科技、当升科技等，在港交所上市的有新疆新鑫矿业，力勤资源于 2022 年 2 月向港交所主板递交了上市申请，上述公司在 2021 年均取得了比较好的利润（见表 4）。

表 4　2021 年镍产业链上市公司业绩

序号	公司名	交易所	2021 年业绩预告
1	新鑫矿业	香港证券交易所	归属于上市公司股东的净利润为 4.91 亿元，净利润同比增长 173.88%
2	华友钴业	上交所主板 A 股	营收为 211.86 亿元，同比增长 12.36%，归属于上市公司股东的净利润为 11.65 亿元，同比增加 874.48%
3	盛屯矿业	上交所主板 A 股	归属于上市公司股东的净利润与上年同期相比，将增加 104091.20 万~134091.20 万元，同比增加 1762%~2269%。预计实现公司历史上最好的效益
4	当升科技	深交所	年度净利润为 10 亿~10.5 亿元，同比增长 159.81%~172.8%
5	中伟股份	深交所创业板	2021 年度归属于上市公司股东的净利润为 9.08 亿~9.62 亿元，比上年同期上升 116.11%~128.96%

续表4

序号	公司名	交易所	2021年业绩预告
6	容百科技	上交所科创板A股	归母公司净利润8.9亿~9.2亿元，同比增长317.71%~331.79%，业绩超预期增长
7	格林美	深交所中小板A股	归属于上市公司股东的净利润为86625.95万~99001.08万元，比上年同期增长110%~140%

数据来源：上市公司预告。

（二）产业结构

中国镍矿资源相对缺乏，产量仅占全球的3.9%，中游的冶炼环节相对发达，原生镍产量占全球的25.9%，需要大量进口镍矿保证冶炼产能的运行，同时还大量进口镍铁满足不锈钢生产所需。中国镍下游消费十分旺盛，并呈现增长的势头，中国镍消费的对外依存度还将呈现上升的趋势。

由于印尼禁止镍矿出口，中国进口镍矿主要依赖菲律宾，2021年进口量占到中国进口总量的89.7%，另外还有来自新喀里多尼亚、危地马拉的镍矿作为补充。受到菲律宾镍矿品位下降的影响，中国镍生铁的含量也有所下降，从2020年约11%的含量降至2021年的8%，在能耗双控影响下，部分一体化钢厂减产停产，导致前端的镍生铁冶炼减产、停产。随着镍价上涨，镍矿价格跟随上涨，叠加海运费大幅上涨，镍生铁企业陷入亏损的情况时有发生，成为中国2021年镍生铁的产量下降的主要原因。

印尼拥有丰富的镍矿资源，中国企业到印尼投资建设的镍冶炼企业逐渐开花结果，2021年回补到中国的镍生铁达到314.0万吨（折合金属量为43.1万吨），同比增加15.1%，与中国的本土产量相当，预计2022年来自印尼镍生铁的回补量将超过中国本土的供应量。

受到下游需求结构变化的影响，硫酸镍产量呈现大幅的增长，2021年中国硫酸镍产量达到127万吨（折合硫酸镍晶体），同比增加88.6%，折合金属量28万吨。

（三）市场价格

2021年全球货币政策持续宽松，通胀指数走高、显性库存下降推动镍价整体呈现上行走势，年内创7年新高，LME期镍达到21425美元/吨，其间最低15665美元/吨，年均价18515美元/吨，年度涨幅24.4%。沪镍主力合约最高冲至161600元/吨，最低118000元/吨，年度均价135956元/吨，年度涨幅23.1%。年度涨幅在基本有色金属中稍显弱势。3月青山实业与华友钴业、中伟股份签订高冰镍供应协议，年内供应高冰镍折合金属量约7.5万吨/年，打通了镍生铁向硫酸镍产量转移的技术性限制，减弱了市场对电池用镍供不应求的预期，市场价格应声而下，镍价短期急跌近 3000 美元/吨，跌幅为 16%，下半年在镍消费持续旺盛的支持下，价格重回涨势。

（四）市场消费

根据安泰科统计，2021 年中国原生镍消费量为 154.2 万吨，同比增加 14%。其中，不锈钢消费 113.8 万吨，占比 74%；电池行业用镍 23.9 万吨，占比 15%；电镀和合金领域消费各 7.5 万吨，占比均为 5%；其他行业包括催化、陶瓷、铸币等消费量为 1.5 万吨，占比 1%，保持稳定（见图 1）。

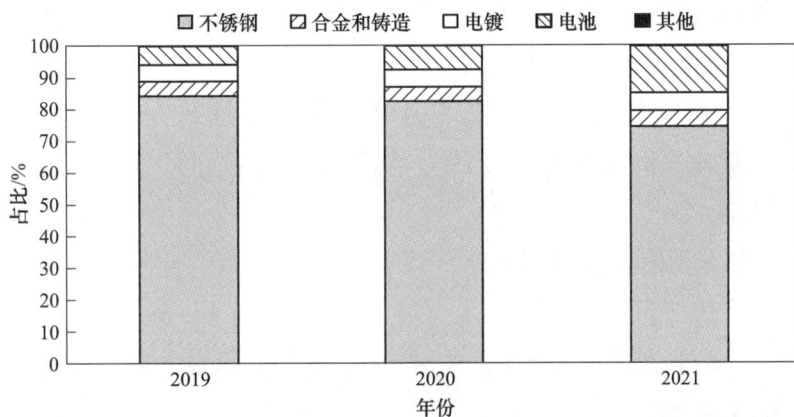

图 1　2019～2021 年中国原生镍消费结构

数据来源：安泰科

2021 年中国不锈钢市场供需两旺，产量为 3293 万吨，同比增长 8.2%，传统需求领域稳定增长，新增领域亮点突出。新基建提速，带动不锈钢在 5G、人工智能、物联网等新兴产业需求增长；新能源行业投资火热，需要不锈钢材料做配套建设；有色金属产业周期的到来，推动矿山机械行业需求的增长。不锈钢出口再创新高，首次突破 400 万吨，达到 433.6 万吨，同比增加 27%。2021 年电池引领国内原生镍消费增速，全球动力电池装机量持续增长，带动镍消费步入增长的快车道，2021 年，中国动力电池产量累计 219.7 吉瓦时，同比累计增长 163.4%。其中三元电池产量累计 93.9 吉瓦时，占总产量 42.7%，同比累计增长 93.6%。

（五）进出口贸易

据海关总署数据，2021 年中国进口镍矿达到 4352.9 万吨，同比增加 11.4%，镍矿价格高位刺激资源国出口，各国供应量均有增加。分国家看，从菲律宾进口 3904.3 万吨，同比增加 22.1%，但品位有所下降；新喀里多尼亚进口 235.4 万吨，同比下降 12.1%；危地马拉进口 44.0 万吨，同比增加 147.2%，虽然总量不多，但涨幅惊人。从其他主要硫化镍矿国家进口总量相对持平，2021 年约为 55.0 万吨，同比下降 6.1%。其中，俄罗斯和芬兰进口量增加较大，同比增加 88.8%；南非受疫情影响，海运受阻，进口量下降 65.3%；澳大利亚同样也受海运费上涨等影响，发运量有所下降，同时还有部分矿山因疫情停产。

2021 年，镍铁供应不足及新能源需求暴发引起结构性短缺，促进一级镍进口，中国主要一级镍进口 29.1 万吨，同比增加 92.7%。其中，从澳大利亚进口 15.2 万吨，同比大增 240.8%，包括镍粉 2.4 万吨，同比增加 60.0%；镍豆 12.7 万吨，同比大增 329.1%。

2021 年，中国镍铁进口量 372.5 万吨，同比增加 8.2%。其中，从印尼进口镍铁 314.0 万吨，同比增加 15.1%；其他主要镍铁供应国共进口 58.5 万吨，同比下降 18.2%。

受到动力电池用镍增长的拉动，用于生产硫酸镍的原材料大幅增长，2021 年中国镍湿法冶炼中间品进口 41.4 万吨，同比增加 14.6%。2021 年中国进口镍锍 1.6 万吨，同比增加 48.4%，主要来自俄罗斯、澳大利亚和芬兰。

（六）投融资情况

1. 中国镍项目的投资情况

2021 年，中国镍及相关行业的投资热情不减，产业链各个环节都有投资项目。行业上市公司的投资还是以生产正极材料为主，据安泰科不完全统计，2021 年投资额为 419.91 亿元（见表 5）。

表 5　镍产业链下游电池材料端的项目投资情况

时间	公司	金额/亿元	地点	项目（年产能）
2021 年 1 月	容百科技	29	贵州遵义	10 万吨高镍正极材料生产线项目
2021 年 6 月	华友钴业	63 亿元	广西玉林	子公司巴莫科技有限公司投资建设 5 万吨高镍型动力电池三元正极材料、10 万吨三元前驱体一体化项目
		14	浙江省衢州	5 万吨高性能动力电池三元正极材料前驱体项目
		133.7	印尼北马鲁古	华宇红土镍矿湿法冶炼项目
2021 年 6 月	格林美	3.1	武汉荆门	10 万吨电池级硫酸镍钴盐晶体
2021 年 10 月	厦钨新能	6.2	福建厦门	2 万吨高镍三元正极材料生产线
2021 年 12 月	厦钨新能	9.9	福建厦门	年产 3 万吨高镍三元正极材料生产线

续表 5

时间	公司	金额/亿元	地点	项目（年产能）
2021 年 9 月	当升科技	46.45	江苏常州	锂电新材料产业基地二期工程、江苏当升锂电正极材料生产基地四期工程、锂电新材料研究院项目，补充流动资金
2021 年 11 月	当升科技	39	芬兰	5 万吨高镍正极材料生产基地
2021 年 9 月	长远锂科	33.39	湖南长沙	4 万吨正极材料生产线
2021 年 11 月	中伟股份	6.6 亿美元	印尼苏拉威西	6 万吨含镍金属高冰镍项目
合计		419.91		

数据来源：公开资料。

注：美元汇率按 6.39 计算。

金川集团作为中国镍行业龙头企业之一，立足传统产业优势加大镍钴高温合金和新材料产业链延伸，着眼新能源产业快速拓展硫酸镍、三元前驱体及正极材料等产业布局和产能建设，加大红土镍矿火法和湿法处理系统产能建设，资源和技术集成优势不断提升。2021 年投融资成果丰硕，完成固定资产投资同比增长 12.2%，资源项目、产业升级及新兴产业投资占比达到 89%。其中，资源项目投资同比增长 20%，产业升级改造投资同比增长 10%，新兴产业投资同比增长 18%。

2. 海外镍项目进展情况

印尼镍项目的顺利投产，起到了示范性效应，加强了中国企业在印尼投资的信心，2021 年中国企业仍在不断加大对印尼的投资力度。

2021 年 5 月 19 日，宁波力勤位于印尼奥比岛的氢氧化镍钴中间产品生产线正式投产，这是印尼第一条投产的镍湿法冶炼生产线，该项目的正式投产标志着在印尼用红土镍矿生产中间产品的可行性，同时有可能是当前生产成本最低的镍湿法生产线。该项目投产后运行顺利，2021 年产量超过万吨镍金属量。中国恩菲凭借多年的经验与大胆技术的创新，在低品位红土镍矿处理方面开发了红土镍矿高压酸浸（HPAL）的多项核心技术，有效解决了"采矿—洗矿—矿浆输送—冶炼"全工艺流程的工程技术衔接及匹配难题，保障了力勤项目的顺利投产。

2021 年底，浙江华友在苏拉威西岛的氢氧化镍钴中间产品生产线正式投产，2022 年 2 月 14 日，装载着 9500 余吨氢氧化镍钴的海轮发往中国宁波港，标志着华越镍钴项目首船产品出口成功。

在印尼的火法镍生铁项目技术已经非常成熟，项目主要集中在镍矿资源更加丰富的哈马黑拉岛的纬达贝工业园（IWIP）。根据安泰科统计，2021年印尼原生镍产量87.9万吨，超越中国成为全球最大的原生镍生产国。截至2021年底，印尼的NPI产能已超过120万吨，仅2021年新投建的产能就近30万吨，2022年待投产能接近50万吨。

受到印尼产业政策的引导，镍产业链还在向下游延伸，2021年印尼不锈钢产量为503万吨，同比增长110%。现在印尼有两家不锈钢冶炼工厂，并且都是中国企业，合计产能为700万吨，其中青山400万吨，象屿德龙（OSS）300万吨。宁波力勤计划在奥比岛上建设300万吨不锈钢冶炼产能，但没有公布具体的时间节点，未来印尼总产能将达到1000万吨。印尼也在出台政策，引导氢氧化镍钴中间产品生产企业将产业链延伸至电池材料。

三、2021年中国镍工业经济运行状况分析

（一）政策环境分析

中国政策以保障原材料供应、促进消费为主，如降低初级原材料的进口关税，规范废旧产业规范发展，增加废旧原材料的利用率；促进本国消费，不鼓励钢材出口，以降低中国对镍原料的对外依赖程度。

2022年1月1日《区域全面经济伙伴关系协定》（RCEP）生效实施，现已对文莱、柬埔寨、老挝、新加坡、泰国、越南、中国、日本、新西兰、澳大利亚、韩国等11国生效，中国进口日本的镍产品将享受零关税。

2021年4月17日，工信部印发修订后的《钢铁行业产能置换实施办法》，并于2021年6月1日起施行。对此前的钢铁产能置换政策容易导致的问题进行了更为详细的修订。不锈钢产能的置换逐渐增加，如青山集团、太钢集团、山东鑫海都通过置换在2021年获得了产能。

2021年4月26日，财政部、国家税务总局发布相关通知，取消了72~73章内部分钢铁产品的出口退税优惠政策。大部分不锈钢板材、带材、卷材、棒线材及管材、管件、法兰等产品，其出口退税优惠政策（退税率13%）被取消，钢材以首要满足国内的需求为主。

2021年10月26日，国务院发布的《2030年前碳达峰行动方案》中提出"到2030年当年新增新能源、清洁能源动力的交通工具比例达到40%左右"，进一步打开新能源汽车发展空间。同时，在欧盟碳排政策、美国新能源刺激政策下，欧美及日韩车厂纷纷加快电动化转型，全球新能源行业将维持高景气趋势。

2021年11月，工信部印发了《"十四五"工业绿色发展规划》，提出到

2025 年将建成较为完善的动力电池回收利用体系。

2021 年 12 月 31 日，财政部和税务总局密集出台多个重磅文件，其中《财政部 税务总局关于完善资源综合利用增值税政策的公告》（财政部 税务总局公告 2021 年第 40 号）的出台（以下简称 40 号文），对于指导行业的健康发展，促进废钢的应用起到了积极的作用。

2021 年印尼并没有正式出台相关的产业政策，主要还是以吹风式为主，如对镍冶炼产品征收出口关税，意图引导镍向下游产业链发展，增加出口附加值。印尼政府计划从 2022 年 4 月 1 日开始对燃煤蒸汽发电厂（PLTU）征收碳税，每千克二氧化碳当量（CO_{2e}）征收 30 印尼盾。

（二）产业结构调整情况分析

印尼投产项目的示范效应还将吸引更多的投资者到印尼建厂，印尼的镍产业还将进一步发展壮大，印尼产业园的配套设施相对完善，镍生铁项目技术成熟，新项目上马快，投资回报率高。镍湿法冶炼项目也有了成功的样板，预计新项目也会加快建设的进程。红土镍矿生产高冰镍的正式投产，标志着高冰镍打通了下游应用的局限，可以在不锈钢和电池产业之间转换，但是高冰镍项目投建的进程与镍生铁和硫酸镍价格差有关系，高冰镍项目的进程还存在不确定性。

中国镍生铁产业的成本优势不及印尼，镍生铁-不锈钢一体化的工厂还将保持镍生铁的生产，而单独的镍生铁生产企业生存空间受限。

通过产能置换政策，不锈钢行业获得的产能呈现增加的趋势，保障了中国不锈钢产业的进一步发展，不锈钢产量获得更大的增长空间。不锈钢的头部企业仍在整合扩充产能，青山集团、太钢集团、德龙集团三大集团格局已经形成。

电动汽车进入快速增长的周期，动力电池大规模扩产，助推上游三元前驱体工厂扩充产能，头部企业成为扩产主力，投资规模和扩产规模都较此前有大幅提升。硫酸盐到前驱体电池材料，再延长至正极材料的一体化工厂将成为发展的趋势。

（三）经营形势分析

1. 全球镍市场由过剩转为短缺

2021 年全球镍市场从过剩转为短缺，全年短缺 15.5 万吨（见表 6）。2022 年全球镍市场仍是供需两旺，供应增速要略大于消费增速，市场转为过剩，主要是印尼镍生铁、湿法冶炼中间产品及高冰镍项目预计在 2022 年集中放量，但在新能源市场的继续爆发增长、全球疫情防控政策松动带来的经济增长效应、地缘政治风险叠加军事冲突等多重因素影响下，可能会导致供应链和产业链巨幅波动，对镍的供需和价格带来较大不确定性影响。

表6　全球镍市场供需平衡表　　　　　　（万吨）

年份	2019年	2020年	2021年	2022年[①]
产量	236.8	248.9	261.1	314.5
消费量	240.5	238.5	276.6	304.9
供需平衡	-3.7	10.4	-15.5	9.6

数据来源：INSG，安泰科。

① 2022年为预测值。

2. 中国镍表观消费量继续保持增长

根据安泰科统计，2021年中国原生镍表观消费量为157.1万吨，同比增加11.3%，国内原生镍产量下降，通过电解镍和镍生铁进口的增加来补充不足，预计2022年中国原生镍表观消费量在173万吨，同比增加12.4%，国内产量和进口量双增，其中进口原料中，镍生铁持续增加，电解镍的进口量较2021年有所减少。

3. 中国镍生铁企业成本抬升，利润空间缩减

印尼镍矿价格采用能矿部的指导价格，印尼镍矿内贸基准价格 $HPM = Ni\%$（镍品位）$\times CF$（校正系数）$\times(1-水分\%)\times HMA$（参考价），因 LME 镍价大幅上涨，印尼内贸镍矿的价格水涨船高，导致没有镍矿资源的镍生铁生产企业利润空间缩窄。根据安泰科对全球主要镍生产企业现金成本的跟踪，2021年以来除了湿法项目外，火法项目的现金成本普遍上升，一方面是在镍价上涨的影响下，镍矿价格跟涨，此外，2021年以来煤炭、天然气等能源价格、辅料价格都在飞涨，从企业角度纵向来看，镍的成本中枢也在不断上移。在2021年之前，印尼镍生铁的现金成本基本维持在8000美元/吨附近，2021年现金成本不断攀升，在四季度达到最高超过了12000美元/吨的水平。2021年印尼镍生铁最高售价为1500元/镍点，总体还是有一定的利润空间。

四、当前中国镍工业发展中需要关注的问题

（一）中国镍对外依存度高

中国是贫镍国，同时也是镍的消费大国，从产量口径来统计，2021年中国镍资源对外依存度约为84.6%，2015年以来中国镍对外依存度也均在80%以上；从消费口径来计算，中国原生镍对外依存度在93.5%以上。随着中国新

能源汽车的快速发展及原生镍产品的结构变化，未来无论是从产量口径还是消费口径，中国镍资源的对外依存度都将呈现增长趋势。

（二）海外投资过于集中在印尼

中国在巴布亚新几内亚、缅甸和印尼都有项目投资，印尼成为近几年投资的热点。据初步统计，国内企业在海外投资镍项目金额达到 200 亿美元，截止到 2021 年底，已经形成超过 120 万吨镍金属量的冶炼产能，未来还有约 100 万吨镍金属量和 2.3 万吨钴金属量的冶炼产能。

（三）海外投资缺乏统一协调

中国企业在印尼的投资项目大干快上，缺乏整体协调，未来镍生铁项目将面临供应过剩的局面。企业经营除了利润之外还应该承担相应的社会责任，在海外扩张的过程中，除了考虑企业自己的利益之处，还应考虑国家的宏观战略及产业的协调发展。在一些资源性的项目投资中，应将国家利益和公司利润加以综合考虑。另外，在海外投资的过程中要避免中国公司互相竞价。

五、中国镍工业下一步发展重点

（一）加强行业自律，增强社会责任感

中国已经成为影响镍市场的主要变量，中资企业在全球产业链的地位越来越重要。在海外投资的资产套保需求也逐渐增加。建议企业加强自律和风险防范，利用期货市场实现套期保值和产融协同的同时，要充分完整准确把握期货交易规则，提高企业本质安全。头部企业提高信息的透明度，及时公布投资情况、项目进展及重大事项，增强社会责任感，除了要为行业提供优质的产品之外，还要保障产业链健康可持续发展。

（二）增加镍资源的海外权益

经过多年的海外投资，中国企业在海外的镍资源权益不断增加，截至 2021 年，中资企业在海外的镍资源权益储量为 2180 万吨金属量。在印尼投资的中资企业大部分是通过采购的方式来获取镍矿，并未直接参与镍矿的投资，资源仍是产业的根本，中国企业走出去应该更加看重资源，可以直接获得资源，但更要关注掌握资源。在投资的过程中，要辨明矿山的品质，加大勘探力度，避免损失。另外，在海外项目的投资上，应给予更多的政策及资金支持，将海外的资源优势转化为中国的强有力的资源支撑。

（三）制定和完善回收利用标准体系

中国不锈钢产业废不锈钢的利用率偏低，主要原因还是废不锈钢税收政策的限制，财政部、国家税务总局印发的《关于完善资源综合利用增值税政策的

公告》（财政部 税务总局公告 2021 年第 40 号）正式实施后，对规范废不锈钢的使用提供了保障。除了供应端外，还要引导钢铁企业积极使用废不锈钢，从而降低中国对海外镍原材料的依赖。中国电池产业还处于发展的初期，从企业生产源头抓起，做好电池用镍的二次回收工作，建立回收标准体系，支持高效拆解、再生利用等技术攻关，不断提高废料的回收比率和资源利用效率，降低对外依存度。

（四）鼓励建设一体化电池材料项目

延长产业链的建设，引导镍盐工厂与前驱体工厂，甚至到正极材料厂的一体化节约型工厂的建设，减少中间环节，可以节约能源、降低成本，有助于产业的协调发展，避免上下游产品数量不匹配及价格的大幅波动，有助于增强行业的可持续发展。

（五）增加镍期货交易标的

全球镍产业结构发生了巨大的变化，电解镍的占比呈现回落的趋势，而一些非标准化的镍产品，如镍生铁、高冰镍、镍湿法冶炼中间品、硫酸镍等的产量逐年上升。而全球两家主要设有镍交易品种的交易所，只有电解镍的合约，形成了以小品牌产品定价大市场的局面。产业链上很多环节都属于涉镍产品，都有套期保值的需求，交易所应增加交易品种，以适应市场的变化。

（六）引导企业做好镍产品的碳足迹核算

在全球碳达峰、碳中和目标和欧盟碳关税等贸易制度下，完整、清晰、准确的碳足迹核算体系是新能源汽车产业低碳发展的前提和基础。动力电池是新能源汽车的重要组成部分，也是碳足迹核算的难点、重点。促进产业链达成高质量发展的共识，发动产业链核心企业的优势，引导产业链上下游企业做好碳足迹核算工作。借助新能源汽车产业发展的时机，建立和完善碳足迹核算体系，支撑碳足迹精确管理、核算、认证及核查，促进镍产品的全球接轨和推动镍产业的高质量发展。

撰稿人：刘宇晶、陈瑞瑞
审稿人：徐爱东、张明文

2021 年钴工业发展报告

一、2021 年世界钴工业发展概述

（一）2021 年全球钴原料产量同比增长 15.7%

据北京安泰科信息股份有限公司（以下简称"安泰科"）统计，2021 年钴全球原料产量为 16.2 万吨，同比增长 15.7%。其中，刚果（金）产量 11.8 万吨，占比为 73%；澳大利亚、古巴、菲律宾、俄罗斯占比分别为 4%、3%、3%、3%。原料增量主要来自刚果（金）的嘉能可 Mutanda、洛阳钼业 TFM、欧亚资源 RTR、中色矿业迪兹瓦、北方矿业庞比项目的复产或增产；2021 年宁波力勤、华友钴业印尼红土镍矿湿法项目已开始试生产，预计镍钴湿法中间品 2022 年开始放量。

（二）2021 年全球精炼钴产量同比增长 10%

2021 年全球精炼钴产量 16.7 万吨，同比增长 10%。其中，电钴产量 2.7 万吨，同比下降 6.8%；钴粉产量为 1.3 万吨，同比增长 12%；钴盐产量 12.7 万吨，同比增长 14.6%。中国精炼钴产量全球占比达 75.7%，芬兰为 8.3%，加拿大、比利时和日本分别为 3.5%、3.1% 和 2.4%。

（三）2021 年全球精炼钴消费量增长 17.1%

2021 年全球钴消费量为 16.5 万吨，同比增长 17.1%。其中，电池行业消费量为 11.1 万吨，占比为 67%；高温合金领域的消费量为 1.2 万吨，占比为 7%；硬质合金、硬面材料、玻陶制品、磁性材料和催化剂行业占比分别为 7%、2%、3%、2% 和 1%。虽然高镍三元正极材料占比逐渐增加，钴质量分数下降，但是 2021 年全球三元正极材料总产量大幅增长，钴消费保持较强韧性。

二、2021 年中国钴工业发展现状

（一）经济运行情况概述

2021 年中国钴行业生产保持较快增长，产品价格保持高位运行，企业实现利润创历史新高。据安泰科统计，中国钴矿产量为 2050 吨，在新能源汽车

产销两旺的形势拉动下，精炼钴产量为 12.8 万吨（不含逸豪优美科产量），同比增长 23%，是全球最大的精炼钴生产国。

（二）市场价格

据安泰科统计，2021 年中国金属钴均价为 36.3 万元/吨，同比上涨 40.1%，总体呈现出"两头高、中间低"的态势。疫情反复导致原料供应偏紧、国际物流运输不畅和欧美电动汽车需求大增三重因素叠加造成国际钴价持续上涨。年初受到海外原料供应减少、国际市场价格持续上涨的影响，国内钴价在 3 月中旬前一直处于上涨状态，最高涨至 38 万~39 万元/吨。随着 3 月原料供应有所缓解，在下游终端厂商的抵制下，同时国际钴价出现松动，国内钴价在二季度维持疲软行情，价格一度跌至 32 万~33 万元/吨。直到 6 月底才有所好转，此时原料运输再次出现紧张的状况，国内钴价出现阶梯式上涨行情。这波上涨行情一直持续至 2021 年末，年末国内钴价最高上涨至 48 万~49 万元/吨，与年初相比累计涨幅达到 81.1%。

（三）市场消费

据安泰科统计，2021 年中国钴消费量为 11.1 万吨，同比增加 28.6%。国内钴消费主要分布在电池材料、硬质合金、高温合金、磁性材料和催化剂等领域，消费占比分别为 82%、5%、3%、1.5% 和 2.1%，其中 3C 锂电池和动力电池钴消费量占比分别为 46.5% 和 35.5%。虽然高镍三元正极材料占比正在逐渐提高，钴质量占比在下降，但是受益于新能源汽车产业迅猛发展，三元正极材料总产量大幅增长，电池领域钴消费量仍保持较大幅度的增长；此外，中国硬质合金、高温合金等领域钴消费开始复苏，国内钴消费市场保持较强韧性。

（四）进出口贸易

2021 年中国进口各类钴产品总计 41.7 万吨（实物量），累计进口金额为 66.7 亿美元（见表1）。根据海关统计数据，2021 年中国钴精矿、钴湿法冶炼中间产品、白合金和镍带入钴原料进口总量约为 10.3 万吨（金属量），同比增加 19.8%。其中钴湿法冶炼中间产品在进口原料中所占比重约为 73.1%，进口镍产品带入钴比重为 5.1%，钴精矿占比为 4.5%，白合金为 1.6%。

表1 2021 年钴产品进口数据汇总

商品名称	进口量（实物量）/吨	进口金额/万美元
钴矿砂及其精矿	18890	9093
钴湿法冶炼中间产品	304046	418262

商品名称	进口量（实物量）/吨	进口金额/万美元
锂镍钴铝氧化物	13214	37030
锂镍钴锰氧化物	60162	139843
镍钴铝氢氧化物	289	655
镍钴锰氢氧化物	5606	9728
其他钴锍及冶炼钴时所得的中间产品，粉末	6829	19982
四氧化三钴	110	430
未锻轧钴（金属钴）	6426	25135
未列名的钴氧化物及氢氧化物，商品氧化钴	561	269
锻轧钴及钴制品	675	6531
硝酸钴	52	44
总计	416859	667001

数据来源：海关总署。

2021 年中国金属钴进口量约为 6426 吨，同比增长 3.4%。从分国别进口情况来看，加拿大、澳大利亚、日本、赞比亚、摩洛哥是中国金属钴主要的进口来源国，占比分别达到 25.4%、25%、16.5%、12.3%、7.1%。同期，中国 NCM 进口量接近 6 万吨（实物量），同比约增长 13.7%。中国 NCM 主要从韩国和日本进口，比重分别为 87.6% 和 9.6%。2021 年中国 NCM 前驱体进口量5606 吨（实物量），同比增长 239.8%。NCM 前驱体主要从日本和韩国进口，比重分别为 68.4% 和 30.3%。同期，中国四氧化三钴进口量为 110 吨（实物量），同比下降 31.7%。中国主要从芬兰进口四氧化三钴，比重达到 35%。

2021 年中国出口各类钴产品总计 22.8 万吨，出口总额为 42.4 亿美元（见表 2）。2021 年中国金属钴出口量约为 1187 吨，同比增长 38.1%。中国金属钴主要出口至中国台湾、荷兰、美国，占比分别为 43.5%、35.9%、5.9%。同期，中国 NCM 出口量约为 6.7 万吨（实物量），同比约增长 104.2%。从 NCM分国别出口情况看，韩国是中国 NCM 最大的出口国，占比为 45%；出口至波兰、日本、匈牙利、美国、马来西亚的占比分别为 24%、16.6%、6.1%、3.7%、2.7%。2021 年中国出口 NCM 前驱体 13.66 万吨（实物量），同比增长47.5%；中国的 NCM 前驱体几乎全部出口至韩国，占比高达 99.9%。同期，中国出口四氧化三钴 5835 吨（实物量），同比增加 33.4%，中国四氧化三钴主要出口至韩国，出口至韩国的比重占比约为 68.8%。

表2　2021年钴产品出口数据汇总

商品名称	出口量（实物量）/吨	出口金额/万美元
锂镍钴锰氧化物	67998	162064
锂镍钴铝氧化物	39	131
氯化钴	223	291
镍钴铝氢氧化物	9297	13259
镍钴锰氢氧化物	136684	203134
其他钴锍及冶炼钴时所得的中间产品，粉末	1280	6325
四氧化三钴	6436	21774
碳酸钴	1784	4016
未锻轧钴（金属钴）	1188	5988
未列名钴的氧化物及氢氧化物，商品氧化钴	1294	4313
草酸钴	1144	1991
硝酸钴	34	44
锻轧钴及钴制品	113	672
钴废料及碎料	19	21
总计	227533	424023

数据来源：海关总署。

（五）投融资情况

据不完全统计，2021年中国钴行业的投资额约为550.1亿元，融资额约为155.45亿元，资金用途主要用于钴原料、镍钴锰酸锂三元前驱体、镍钴锰酸锂三元材料及废旧电池回收项目（见表3）。

表3　2021年中国钴行业投融资情况

时间	公司	投资额	投资项目简介
2021年1月	容百科技	29亿元	贵州容百年产10万吨高镍正极材料生产线项目
2021年4月	宁德时代	1.375亿美元	子公司时代新能源购买刚果（金）KFM项目25%股权
2021年6月	格林美	3.1亿元	湖北荆门年产10万吨电池级硫酸镍钴盐晶体项目
2021年6月	华友钴业	63亿元	子公司巴莫科技有限公司在广西玉林建设年产5万吨高镍型动力电池三元正极材料、10万吨三元前驱体一体化项目
		14亿元	年产5万吨高性能动力电池三元正极材料前驱体项目
		133.7亿元	印尼华宇红土镍矿湿法冶炼项目

时间	公司	投资额	投资项目简介
2021 年 8 月	洛阳钼业	25.1 亿美元	刚果（金）TFM 铜钴矿混合项目
2021 年 9 月	当升科技	46.45 亿元	常州锂电新材料产业基地二期工程、江苏当升锂电正极材料生产基地四期工程、常州锂电新材料研究院项目
2021 年 9 月	长远锂科	33.39 亿元	建设长沙年产 4 万吨正极材料生产线项目
2021 年 10 月	厦钨新能	6.2 亿元	年产 2 万吨高镍三元正极材料生产线项目
2021 年 11 月	当升科技	39 亿元	芬兰 5 万吨高镍正极材料生产基地项目
2021 年 12 月	厦钨新能	9.9 亿元	年产 3 万吨高镍三元正极材料生产线项目
合　计		550.1 亿元	
时间	公司	融资额	融资资金用途
2021 年 1 月	华友钴业	30 亿元	投资 30 亿元用于年产 4.5 万吨镍金属量高冰镍项目
2021 年 6 月	华友钴业	63 亿元	年产 5 万吨高镍型动力电池三元正极材料、10 万吨三元前驱体材料一体化项目
		14 亿元	年产 5 万吨高性能动力电池三元正极材料前驱体项目
		2 亿元	补偿流动资金
2021 年 7 月	当升科技	46.45 亿元	常州锂电新材料产业基地二期工程、江苏当升锂电正极材料生产基地四期工程、常州锂电新材料研究院项目，补充流动资金
合　计		155.45 亿元	

数据来源：公开信息。

三、2021 年中国钴工业经济运行状况分析

（一）政策环境分析

2020 年 12 月 31 日，四部委联合发布《关于进一步完善新能源汽车推广应用财政补贴政策的通知》（财建〔2020〕593 号），通知指出，2021 年新能源汽车补贴标准在 2020 年基础上退坡 20%，随着补贴政策的弱化，电池企业更加关注成本控制，各大电池企业纷纷将投资方向转向了成本更低的磷酸铁锂和高镍三元正极材料。但是钴作为重要的战略金属，其供应链安全正受到各国广泛关注，为钴市场提供了强有力的支撑。

2021 年 3 月《国民经济和社会发展第十四个五年规划和 2035 年远景目标纲要》第五十三章 强化国家经济安全保障 第二节 实施能源资源安全战略中

明确指出，加强战略性矿产资源规划管控，提升储备安全保障能力，实施新一轮找矿突破战略行动。2021年8月中央全面深化改革委员会第二十一次会议审议通过《关于改革完善体制机制加强战略和应急物资储备安全管理的若干意见》，明确指出要统筹解决好"储什么""谁来储""怎么储"的问题，系统规划，科学优化储备的品类、规模、结构，加快补齐补足关键类物资短板。

2021年6月，拜登政府发布了《建立弹性供应链、振兴美国制造业和促进广泛增长》的"百日评估报告"和《锂电蓝图2021~2030》，明确将保障上游镍、钴、锂等能源金属原材料供应链安全作为行动目标。2021年7月，韩国发布了2030年二次电池工业（K-Battery）发展战略，明确提出构建稳定的二次电池材料供应链，通过官民合作加强海外矿物资源获取和改善储备系统，将回收材料的应用扩大到满足国内电动汽车需求的水平，计划将供应担忧品种钴的储备扩大2~3倍。

2021年底，国务院关税税则委员会发布2022年关税调整方案，2022年1月1日起中国未锻轧钴（金属钴）的进口关税从此前的4%调整至2%，鼓励海外钴资源进入中国市场。

（二）产业结构调整情况分析

1. 印尼红土镍矿湿法冶炼项目投产后将重塑供应格局

目前中国超过98%的钴原料和湿法冶炼中间品均来自刚果（金），对外依存度非常高。中资企业"走出去"面临重重困难，但硕果累累，在保障国内钴资源供应链安全方面作出了积极贡献。因高镍三元正极材料市场占有率持续上升，国内对镍的需求旺盛，加速了中资企业在海外布局镍资源的进程，国内企业在印尼获得镍资源的同时增加了钴原料的供应量。随着华越镍钴、华宇镍钴、青美邦、宁波力勤等中资企业在印尼投资的红土镍矿湿法冶炼项目开始投产，两年内钴产能将增加1.5万~2万吨/年，长期来看印尼项目的钴湿法中间品产量（金属量）将达到7万~8万吨/年，印尼有望成为和刚果（金）相媲美的另一个钴原料来源国。

2. 新增产能加速向中西部地区转移

目前中国精炼钴的产能主要集中在浙江、广东、江苏、甘肃和江西地区，新建钴冶炼产能正向江西、湖北、贵州、广西等人工及环保成本具有优势的区域转移。据安泰科不完全统计，2021年企业投资新建三元前驱体和镍钴盐产能25万吨，其中有20万吨分布在中西部省份；新建三元正极材料产能24万吨，其中有22万吨分布在中西部省份（见表4）。

表4　2021年中国新建三元前驱体和镍钴盐、三元正极材料生产基地情况

产　品		地区	公司	产能/万吨
三元前驱体和镍钴盐	三元前驱体	广西玉林	华友钴业	10
	三元前驱体	浙江衢州	华友钴业	5
	高纯镍钴盐晶体	湖北荆门	格林美	10
	合　计			25
三元正极材料		广西玉林	华友钴业	5
		贵州遵义	容百科技	10
		福建厦门	厦钨新能	2
		四川雅安	厦钨新能	3
		湖南长沙	长远锂科	4
	合　计			24

数据来源：各公司公告。

（三）经营形势分析

1. 生产情况分析

从资源端看，2021年国际疫情防控形势仍然严峻复杂，人员流动受阻，物资运输不畅。刚果（金）政府全面取消疫情管控限制，本地员工和中国员工在工作过程中无法做到完全隔离，中资矿业公司员工健康面临重大风险，企业承担着巨大抗疫压力。刚果（金）电力基础设施建设滞后，随着在刚矿山企业的陆续投产达产，电力供应短缺成为制约企业生产的重要因素。

据安泰科统计，2021年中国精炼钴产量为12.8万吨，同比增长23%。其中金属钴产量为7423吨，同比下降32.5%；钴粉产量为6500吨，同比增长30%；钴盐产量为11.4万吨，同比增长35.7%。2021年精炼钴行业总产能为17万吨，开工率为75.3%。在3C锂电和动力电池领域钴消费量快速增长驱动下，行业企业开工率保持在较高水平，呈现扩张态势。虽然局部地区仍然受到了疫情反复和限电政策的影响，全年产量仍出现了大幅增长。

2. 供需情况分析

据安泰科测算，2021年中国精炼钴表观消费量为10.8万吨，同比增长17.4%（见表5），表观消费量增加主要是因为国内新能源汽车产业快速发展。在需求拉动下，精炼钴产量增加2.4万吨，同比增加23%，另外，虽然精炼钴出口量增幅为35%，但是增量绝对值只有7000吨。

表5　2019~2021年中国精炼钴表观消费量　　　　（万吨）

项目	2019 年	2020 年	2021 年
产量	9.4	10.4	12.8
进口量	0.4	0.8	0.7
出口量	2	2	2.7
表观消费量	7.8	9.2	10.8

数据来源：安泰科。

四、当前中国钴工业发展中需要关注的问题

（一）中国钴资源对外依存度高

中国钴资源严重缺乏，国内钴矿产量一直维持在低水平。但下游产业对钴资源的需求快速增长，导致供需缺口不断扩大，钴资源对外依存度高达 98% 左右。随着新能源汽车快速发展，硬质合金和高温合金领域钴消费逐渐恢复，中国对钴资源的需求仍将处于持续增长的势头。同时，中国钴资源勘查开发潜力有限，供需仍然存在缺口。

（二）钴资源保障工作任务依然艰巨

刚果（金）电力供应短缺呈现不断恶化的趋势，非计划性停电频次与时长显著增加。目前铜钴价格均处于高位，刚果（金）的铜钴矿企业均计划满产或扩产，但是刚果（金）政府没有财力进行改造和维护，频繁停限电给钴原料保供工作带来挑战。刚果（金）西部海岸线较短，未建设具有足够进出口能力的港口，主要物流流向为南非和坦桑尼亚，陆运跨境较多，货物被盗、中途滞留等情况常有发生，加之疫情反复，南非港口积压库存高企，钴产品的国际运输受阻。

（三）在非中资钴原料企业负责任供应链审核压力显著

目前在非中资企业在全球钴资源储量、采选冶技术和设备上具有优势，但刚果（金）矿业开采过程中的民采矿问题被国际舆论长期关注，中资钴原料企业需要通过负责任供应链审核后才能进入全球钴市场体系，审核涉及采矿、运输、加工、销售等信息披露，存在企业信息泄露风险。目前虽然有中国企业在做负责任供应链认证审核工作，但是无法与国际认证机构实现互认。

五、中国钴工业下一步发展重点

（一）优化全球资源配置，从战略上分散风险

中国应该在全球范围内优化钴资源配置，科学掌控资源，从战略上分散风

险。截至 2021 年末，中国企业在海外拥有钴权益储量达 809 万吨，刚果（金）是中国最大的钴资源投资国，中资企业在刚拥有 10.5 万吨钴矿山产能；印尼是中国钴资源第二大投资国，随着印尼红土镍矿湿法冶炼项目的投产，未来有望形成 7 万~8 万吨/年（金属量）产能，能有效降低当前钴资源高度依赖刚果（金）的风险。

为了保障供应链安全，中国应与刚果（金）和印尼进一步加强外交关系，探索与巴布亚新几内亚、古巴、新喀里多尼亚等钴资源丰富国家的合作机会。古巴钴矿储量丰富，全球排名第三位，与中国一些企业有长期的合作关系；新喀里多尼亚储量丰富，埋藏浅，综合利用价值高，易于勘探和开采，除目前开发的几个大型镍钴矿项目外，还有大量尚待开发。还需要支持相关企业开展各类钴资源（炉渣、低品位矿）高效开发技术研究，加大对国内资源勘探的力度。

（二）统筹好原生资源和再生资源，适时放开废锂离子电池料等含钴物资的进口

未雨绸缪，建立完善的含钴废料回收体系，对钴原生料形成补充。钴的再生资源主要来自对 3C 产品、电动汽车锂离子电池的回收，此外还有少量的再生资源来自硬质合金、废催化剂，未来动力电池回收市场前景广阔，回收获得的钴资源供应量将对原生资源形成有益补充。未来可加强 3C 产品及电动汽车锂离子电池的回收，减少对原生资源的高度依赖。

鼓励中国企业加快布局海外锂电池回收市场，在海外建立回收基地。作为全球最大的动力电池生产国和三元正极材料出口国，中国每年有大量含钴产品出口到欧美和日韩市场。应参照《再生铸造铝合金原料》和《再生钢铁原料》标准制定的流程，加快《再生电池原料》标准的制定，扩大废锂离子电池料等含钴物资的进口的渠道。

（三）对标国际一流，加快推动钴产业负责任供应链认证体系建设

需要加快组建具有行业影响力、市场话语权和中国特色的负责任钴产业联盟，提升钴供应链尽责管理软实力；对标国际法规和标准，建立能被国际社会认可的认证体系，助力中国钴供应链认证产业快速发展，保障钴产业企业信息安全。

撰稿人：刘　磊、刘义敏、张晓燕
审稿人：徐爱东

2021 年钨工业发展报告

　　2021 年是中国共产党成立 100 周年，也是"十四五"规划的开局之年，面对百年变局和世纪疫情交织的复杂环境，中国钨行业坚守初心，砥砺奋进，始终坚持以习近平新时代中国特色社会主义思想为指导思想和根本遵循，持续巩固稳定向好的发展趋势，牢牢把握高质量发展的既定方向，产品产量、利税利润恢复性增长，营业收入创历史新高，重点项目有序推进，产业结构持续优化，科技创新取得新成果，品牌建设卓有成效，绿色化、智能化取得新进展。

一、国际钨工业发展概述

（一）全球钨资源储量、产量小幅增长

　　据美国地质调查局（U. S. Geological Survey）数据，2021 年世界钨储量 370 万吨（金属量，下同），同比增长 8.28%。全球钨资源主要分布在中国、俄罗斯和越南等国家。其中，中国钨储量 190 万吨，占比 51.35%；俄罗斯钨储量 40 万吨，占比为 10.81%；越南钨储量 9.5 万吨，占比为 2.70%。中国钨资源储量优势明显（见表 1）。

表 1　全球钨资源储量分布

国家	2020 年			2021 年		
	储量（金属量）/吨	同比/%	占比/%	储量（金属量）/吨	同比/%	占比/%
中国	1900000	0.00	55.88	1900000	0.00	51.35
俄罗斯	400000	66.67	11.76	400000	0.00	10.81
越南	95000	0.00	2.79	100000	5.26	2.70
西班牙	54000	0.00	1.59	52000	-3.70	1.41
朝鲜	29000		0.85	29000	0.00	0.78
奥地利	10000	0.00	0.29	10000	0.00	0.27
葡萄牙	3100	0.00	0.09	5100	64.52	0.14

国家	2020 年			2021 年		
	储量（金属量）/吨	同比/%	占比/%	储量（金属量）/吨	同比/%	占比/%
蒙古	4300		0.13		-100.00	0.00
其他国家	880000	7.32	25.88	1200000	36.36	32.43
世界合计	3400000	6.25	100.00	3700000	8.82	100.00

数据来源：U.S. Geological Survey（加拿大、哈萨克斯坦和美国也拥有大量钨资源）。

美国地质调查局数据显示，2021 年全球钨精矿产量 79000 吨（金属量，下同），同比增长 0.77%，总体保持平稳增长。钨精矿产量主要分布在中国、越南、俄罗斯等国。其中，中国钨精矿产量 66000 万吨（与中国核实数据有一定差别，详见下文），占比为 83.54%；越南钨精矿产量 4500 吨，占比为 5.70%。中国钨精矿产量全球占比突出，钨资源消耗过快，与储量占比不匹配。各国产量情况见表 2。

表 2　全球钨精矿产量

国家	钨精矿产量/吨					2021 年同比/%	2021 年中国占比/%
	2017 年	2018 年	2019 年	2020 年	2021 年①		
中国	67000	65000	69000	66000	66000	0.00	83.54
越南	6600	4800	4500	4500	4500	0.00	5.70
俄罗斯	2090	1500	2200	2400	2400	0.00	3.04
玻利维亚	994	1370	1060	1350	1400	3.70	1.77
卢旺达	720	920	900	860	950	10.47	1.20
奥地利	975	936	892	890	900	1.12	1.14
西班牙	564	750	603	500	900	80.00	1.14
葡萄牙	724	715	518	550	620	12.73	0.78
朝鲜		1410	1130	410	400	-2.44	0.51
英国	1090	900					0.00
蒙古	753	1940	1900	1900			0.00
其他国家	1300	900	1070	960	1200	25.00	1.52
世界合计	82100	81100	85000	78400	79000	0.77	100.00

数据来源：U.S. Geological Survey。

① 2021 年为预测值。

国外钨矿采选项目逐步推进，未来国际钨矿产量预期增长。Tungsten West Ltd 持续推进英国 Hermerdon 钨矿改造，预计复产时间推迟至 2023 年；哈萨克斯坦巴库塔钨矿项目工程持续推进，计划 2023 年建成投产，年产钨精矿约 1.5 万吨；加拿大 Almonty Industries Inc. 招股说明书披露，所属的韩国 Sangdong Tungsten Molybdenum Project 计划年内投产，该矿钨储量折合 WO$_3$ 约 5.1 万吨，WO$_3$ 品位 0.41%；澳大利亚 King Island Sheelite 公司筹资重启 Dolphin 钨矿项目，该项目曾在 1917~1990 年间运营，因市场价格低迷而被关闭，后多次重启未果。

（二）先进企业经营效益良好

在高端硬质合金应用领域，国外硬质合金知名品牌企业营收及利润等指标增长良好。Sandvik 2021 年营业收入 991.05 亿瑞典克朗（折合人民币 735.16 亿元），同比增长 14.70%，经营利润 186.54 亿瑞典克朗（折合人民币 138.38 亿元），同比增长 66.32%，利润率为 18.8%，同比增长 5.8 个百分点；其加工解决方案业务板块营业收入 366.81 亿瑞典克朗（折合人民币 272.10 亿元），同比增长 12.94%，经营利润 80.58 亿瑞典克朗（折合人民币 59.77 亿元），同比增长 74.95%，利润率为 22.0%，同比增长 7.8 个百分点。美国 Kennametal 2021 财年实现营业收入 18.41 亿美元（折合人民币 118.31 亿元），同比下降 2.33%，实现净利润 5.44 亿美元（折合人民币 34.97 亿元），扭亏为盈，利润率 5.5%，同比增长 4.3 个百分点。

二、2021 年中国钨工业发展现状

（一）经济运行情况概述

1. 生产能力平稳增长

据中国钨业协会统计，全国钨精矿、仲钨酸铵（以下简称 APT）、钨铁、碳化钨和硬质合金生产能力分别为 17.70 万吨、19.60 万吨、3.0 万吨、9.0 万吨和 7.0 万吨。

由于部分矿山实施资源接替项目及技改扩能，钨精矿产能小幅增长；部分 APT 产能逐步退出，同时技改扩能新增了部分产能，总体略有下降；部分粉末、合金企业技改扩能，碳化钨粉产能有所增长，硬质合金需求旺盛，产能增长较快；钨铁产能持平。近 5 年全国主要钨产品生产能力见图 1。

2. 主要产品产量增长幅度明显

据中国钨业协会统计，2021 年全国钨精矿产量 13.55 万吨（折 WO$_3$ 65%），

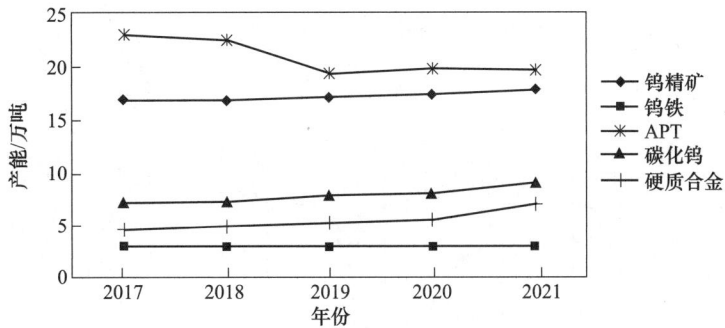

图 1　2017~2021 年全国主要钨产品生产能力

数据来源：中国钨业协会

同比下降 2.25%。全国 APT、碳化钨、硬质合金和钨铁产量同比分别增长 9.52%、29.04%、24.39% 和 20.00%；国内外经济形势好转，需求恢复带动了钨行业生产经营恢复性增长。近 5 年产品产量见图 2。

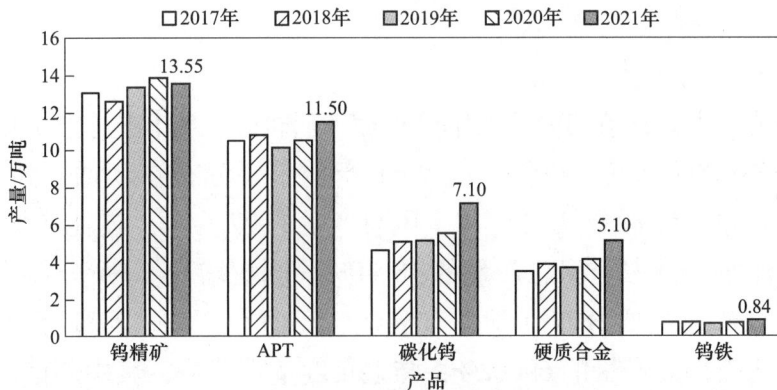

图 2　2017~2021 年中国主要钨品产量

数据来源：中国钨业协会

3. 行业经营形势好转，营业收入创历史新高

2021 年，疫情防控取得阶段性成果，全球经济复苏良好，各行各业生产恢复，带动钨行业恢复性增长，经营效益明显好转。根据中国钨业协会统计，全国钨行业主营业务收入 1060 亿元，同比增长 42.28%；实现利税总额 95 亿元，同比增长 29.25%；实现利润 59 亿元，同比增长 68.57%。近 5 年钨行业主营业务收入及利润见图 3。

（二）产业结构

1. 产品结构向深加工延伸取得阶段性成果

产品结构调整、产业转型升级持续推进，高端产品产量上升。硬质合金产

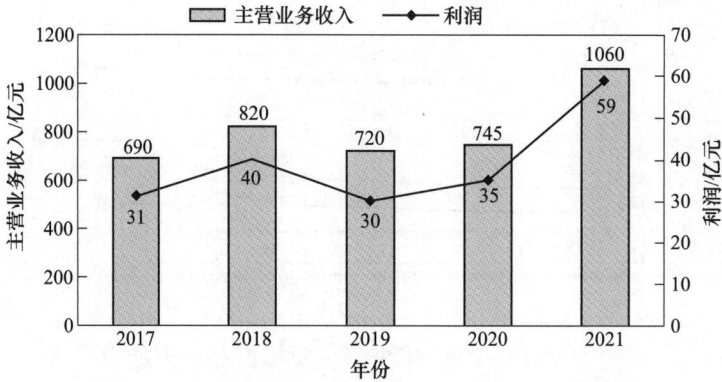

图3 2017~2021年钨行业主营业务收入及利润

数据来源：中国钨业协会

能保持增长态势，尤其是棒材和高端硬质合金数控刀片投资持续增长。2021年，APT对硬质合金的转换率为53%，相对上年度增长6个百分点，首次突破50%关口，并呈逐年上升趋势。

2. 产业格局总体保持稳定

中国钨精矿主产区在江西、湖南和河南三省区，合计占总产量的85.47%，同比增加0.53个百分点（见图4）。APT产地主要分布在江西、湖南和福建，2021年三省产量合计8.92万吨，占全国总产量的77.64%，同比增加1.24个百分点，其中江西产量占全国总产量的48.40%，同比增长5.06个百分点（见图5）。硬质合金产地主要分布在湖南、福建、江西和四川，2021年四省总产量3.56万吨，占全国总产量的69.82%，与上年度基本持平，其中湖南产量占全国的33.95%，排第一位，四省中福建产量同比增长33.50%，增长最快（见图6）。

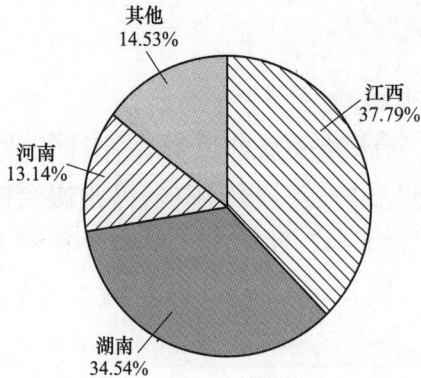

图4 2021年各主产区钨精矿产量占比

数据来源：中国钨业协会

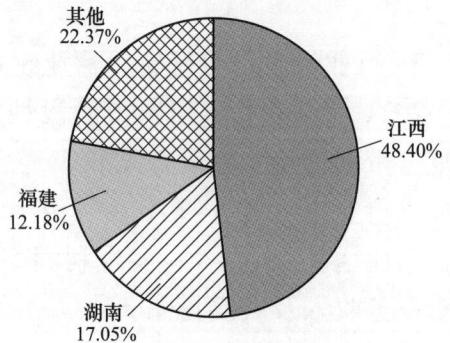

图5 2021年各主产区APT产量占比

数据来源：中国钨业协会

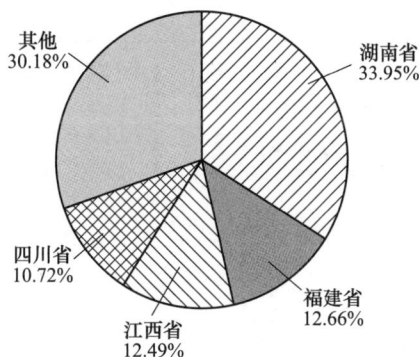

图 6　2021 年各主产区硬质合金产量占比

数据来源：中国钨业协会

（三）钨市场价格温和上行，合理回归

2021 年，各大经济体实施宽松的货币政策和财政政策，积极应对疫情影响，复苏势头明显，带动了钨市场回暖并稳健运行。相对其他金属，钨市场价格涨幅温和，逐步上行，总体处于近年的市场均衡区间运行。

钨精矿价格在 8.6 万~11.2 万元/吨区间运行，6 月以前，钨精矿价格在 10 万元/吨以下运行，经 7 月快速拉升后，下半年保持 11 万元/吨左右波动。2021 年，钨精矿年均价 10.05 万元/吨，同比上涨 21.21%（见图 7~图 9 和表 3）。APT 年均价 15.38 万元/吨，同比上涨 20.31%；欧洲 APT 年均价 289.30 美元/吨度，同比上涨 35.86%。鹿特丹钨铁年均价（以钨计）28.39 美元/千克，同比上涨 23.79%（见图 10 和表 3）。

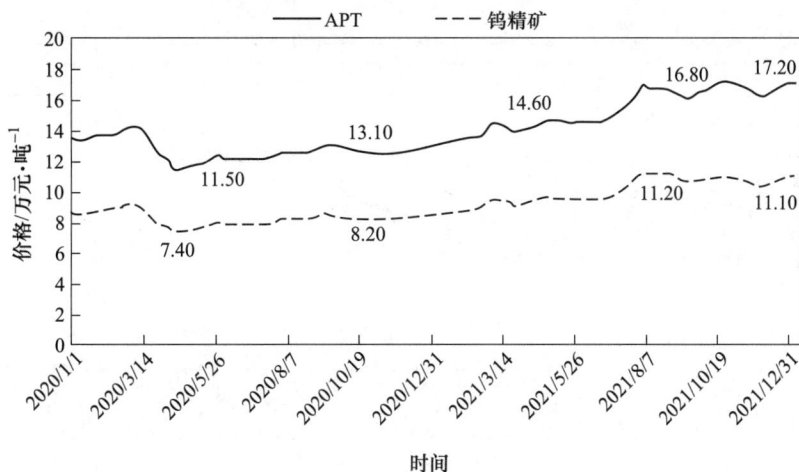

图 7　2020~2021 年中国钨精矿日均价格走势图

数据来源：中国钨业协会

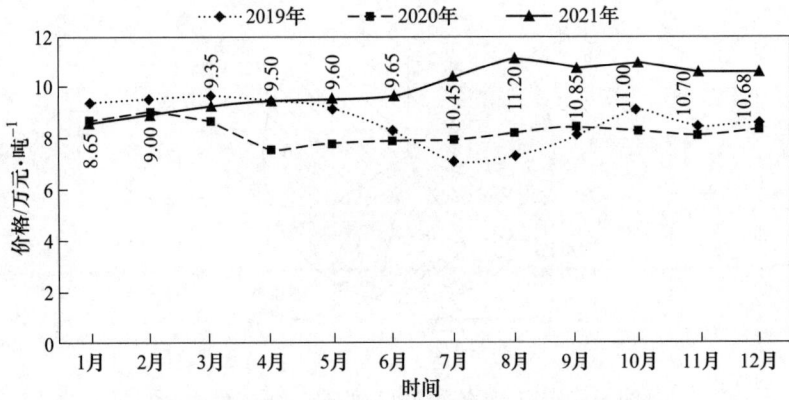

图 8　2019 年~2021 年中国钨精矿月均价格

数据来源：中国钨业协会

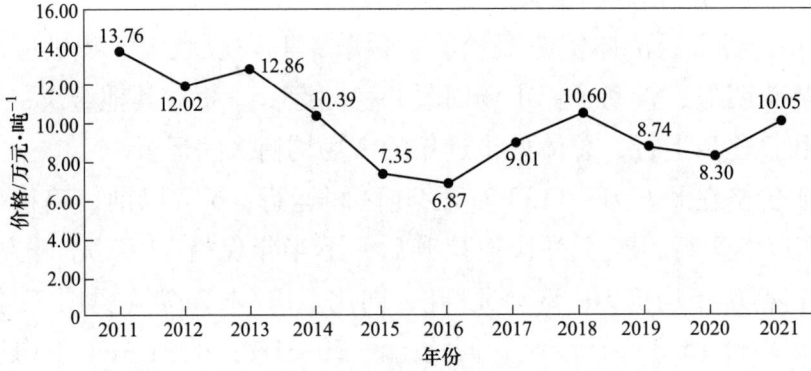

图 9　2011~2021 年中国钨精矿年度均价格走势图

数据来源：中国钨业协会

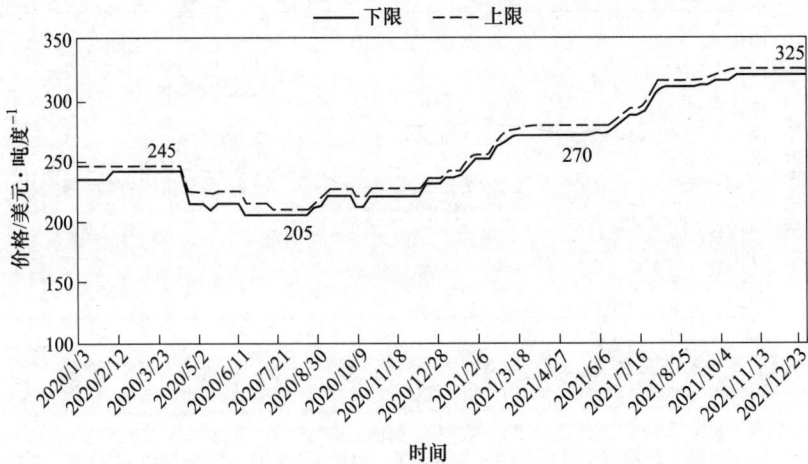

图 10　2020 年~2021 年《金属导报》欧洲 APT 价格

表3　主要市场钨品年均价

项目	中国钨精矿 /万元·吨⁻¹	中国 APT /万元·吨⁻¹	欧洲 APT /美元·吨度⁻¹	鹿特丹钨铁（以钨计） /美元·千克⁻¹
12 月	10.68	16.62	322.50	37.63
同比/%	26.44	29.31	41.76	14.43
环比/%	-0.15	-0.74	0.00	0.32
4 季度均价	10.79	16.82	321.50	37.63
同比/%	29.80	32.26	43.98	27.57
环比/%	-0.36	2.99	5.11	-4.51
1~12 月	10.05	15.38	289.30	35.86
同比/%	21.21	20.31	28.39	23.79

数据来源：中国钨业协会。

海关统计数据显示，2021 年中国出口钨品均价以金属钨计 39607.91 美元/吨，同比上涨 16.21%，主要出口钨品 APT、三氧化钨、钨粉和碳化钨的出口价格分别上涨 23.65%、24.57%、16.44 % 和 18.79%。

（四）进出口贸易

1. 进出口恢复性增长

2021 年，中国出口钨品 32962.24 吨（金属量，下同），同比 45.62%，经历两年持续下降后呈恢复性增长，出口量恢复到近五年平均水平，还低于 2018 年历史新高 15.85%。2021 年出口钨品额 15.47 亿美元，同比增长 59.35%，经两年持续下降后转为正增长。出口原料级钨品 21634.71 吨，同比增长 60.22%，转下降为正增长；出口硬质合金约 8300 吨（折金属量），同比增长 22.06%，中国硬质合金产品在国际市场竞争力逐步提升。近 5 年出口钨品情况见表 4。

表4　2017~2021 年出口钨品情况

年份		2017 年	2018 年	2019 年	2020 年	2021 年
出口量 （金属量） /吨	出口总量	35401.07	39171.77	30360.77	22636.17	32962.24
	原料级钨品	26452.19	28492.70	19966.39	13502.91	21634.71
	钨材	1204.49	852.08	588.22	678.23	940.56
	钨丝	345.30	290.85	287.08	282.35	320.53
	硬质合金	6416.76	7853.00	7600.00	6800.00	8300.00
出口额/亿美元		12.99	19.02	13.51	9.71	15.47

数据来源：中国钨业协会。

2021 年进口钨品 5986 吨（折金属量，下同），同比增长 13.07%，连续两年正增长，略高于近五年平均水平。钨精矿和硬质合金是主要的进口产品，2021 年，进口钨精矿 2988 吨，同比增长 82.94%，占进口总量的 49.92%，占比较上年度增加了 19.07 个百分点；进口硬质合金 1400 吨，同比下降 6.67%（见图 11）。

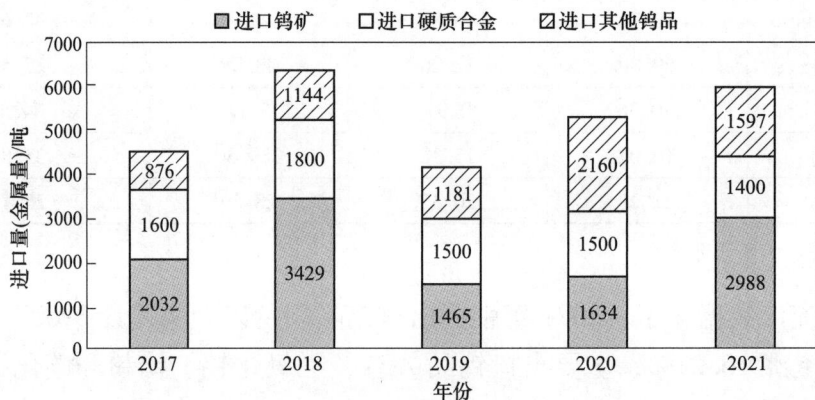

图 11 2017~2021 年进口钨品量

数据来源：海关总署

2021 年中国净出口钨品量 2.70 万吨，同比增长 55.55%；净出口额 7.68 亿美元，同比增长 225.45%；2021 年，钨品出口总量是进口总量的 5.5 倍，而出口总额仅为进口总额的 2.0 倍，主要是进口高端硬质合金刀具价格较高所致。

2. 四大出口目的地除美国外均明显增长

日本、韩国、欧洲和美国是中国出口钨品的四大目的地。2021 年，出口到日本、韩国、欧洲和美国的钨品量分别为 6408.55 吨、5856.12 吨、7356.43 吨和 1940.94 吨，日本、韩国、欧洲同比分别增长 73.19%、62.11%、75.64%，美国下降 17.58%。出口到上述 4 个国家和地区的钨品量占出口钨品总量的 87.43%，比上年度减少 0.07 个百分点。其中，出口到日本、韩国、欧洲和美国的钨品量分别占出口钨品总量的 25.99%、23.75%、29.83% 和 7.87%，同期比较，日本、韩国和欧洲占比分别增加 2.62 个百分点、0.93 个百分点和 3.38 个百分点（见图 12 和图 13）。

（五）投融资及新项目推进情况

2021 年，钨行业企业围绕产业转型升级、工艺技术革新、产品优化提质等，精心布局谋划一批重点项目，助推了行业绿色化智能化发展，为行业高质

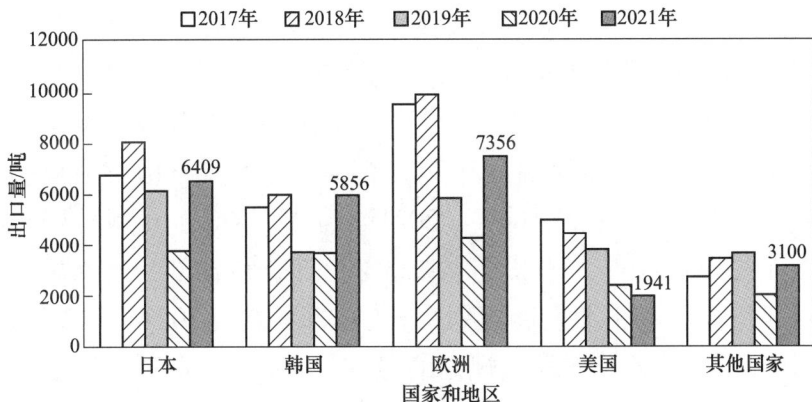

图 12　2017~2021 年钨品出口目的地出口量变化趋势

数据来源：海关总署

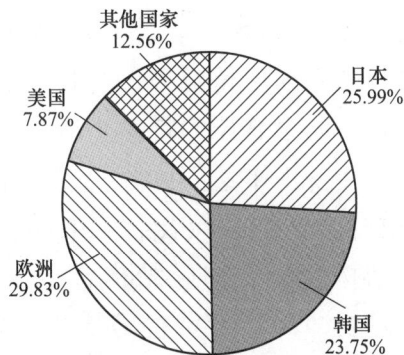

图 13　2021 年钨品出口目的地占比

数据来源：海关总署

量发展提供了强有力的支撑。中钨高新下属株硬集团碳化钨粉智能生产线技术改造、自硬公司数控刀片生产线、柿竹园有色公司矿山井下 5G 网络建设完成；江钨控股集团总投资 102 亿元的赣州产业园项目开工建设，一期建设年产 1 万吨钨粉、8000 吨碳化钨生产线；厦门钨业总投资 20 亿元的厦门金鹭海沧硬质合金工业园（二期）粉末及矿用合金生产线项目启动，建设年产 12000 吨钨粉、11200 吨混合料、2000 吨矿用合金生产线及配套设施；博云东方总投资 5.6 亿元的年产 2000 吨高效精密硬质合金工模具与高强韧性特粗晶硬质合金掘进刀具麓谷基地产业化项目主体基建完成。

三、2021 年中国钨工业经济运行状况分析

（一）产业政策保障行业平稳运行

钨矿开采继续实行总量控制，2021 年全国钨精矿开采总量控制指标为

108000 吨，较上年度增长 2.86%。继续实施《产业结构调整指导目录（2019 年本）》（发改委 2019 第 29 号令）、《市场准入负面清单（2019 年版）》（发改经体〔2018〕1892 号）、钨品出口国营贸易管理政策；商务部发布了《外商投资准入特别管理措施（负面清单）（2021 年版）》和《自由贸易试验区外商投资准入特别管理措施（负面清单）（2021 年版）》。2021 年版外资准入负面清单提出：禁止投资钨勘查、开采及选矿。工信部、科技部、自然资源部联合发布《"十四五"原材料工业发展规划》（工信部联规〔2021〕212 号），发改委发布《"十四五"循环经济发展规划的通知》（发改环资〔2021〕969 号）。

上述产业政策和规划，对钨行业有重要的指导意义，有力保障了钨行业平稳运行。

（二）产业结构持续优化

工艺装备水平逐步提升到国际水平。钨矿山自动化、智能化建设逐步启动，冶炼工艺在绿色环保节能方面取得突破，全自动十五管还原炉、钼丝碳化炉、全自动液压机、多气氛硬质合金压力烧结炉等先进设备基本得到普及，硬质合金刀具制造装备、涂层装备水平达到国际先进水平。高端产品市场占有率逐步提高。纳米/超细硬质合金、细晶粒合金、中晶粒合金、粗晶及超粗晶合金、涂层硬质合金、网状结构合金、梯度结构合金等高端硬质合金实现产业化，数控刀片实现跨越式发展，2021 年数控刀片产量突破 4.5 亿片，品类、质量都取得重大进展，基本满足了国民经济、国防军工各行业对数控刀片的需求，其中株钴公司年产量创纪录率先突破一亿片。产品结构得到持续改善，硬质合金等深加工产品比例增大，深加工产品出口量比例逐步提高。

（三）经营形势更趋复杂严峻

全球疫情仍在持续，世界经济复苏动力不足，大宗商品价格高位波动，外部环境更趋复杂严峻和不确定。我国经济发展面临需求收缩、供给冲击、预期转弱三重压力。局部疫情时有发生。消费和投资恢复迟缓，稳出口难度增大，能源原材料供应仍然偏紧，中小微企业、个体工商户生产经营困难，稳就业任务更加艰巨。关键领域创新支撑能力不强。一些地方财政收支矛盾加大，经济金融领域风险隐患较多。钨行业面临严峻挑战。

1. 钨行业运营成本高企

2021 年，受全球新冠肺炎疫情、流动性泛滥、供给瓶颈等因素影响，大宗商品维持高位。这拖累了全球经济的复苏，尤其挤压了下游制造业企业的利润空间。2022 年以来，受国际风险事件影响，原油、天然气价格持续上涨，对国内保供稳价工作形成挑战，钨行业面临经营成本高企压力。

2. 市场供需转入弱平衡

2021 年, 中国疫情防控得力使经济率先全球复苏, GDP 增长 8.1%超乎近年, 国内钨消费及出口均实现良好增长。结合国内外环境, 2022 年 GDP 预期目标 5.5%左右, 预计中国钨消费及出口增长将有所放缓。近 5 年中国钨消费量走势见图 14。

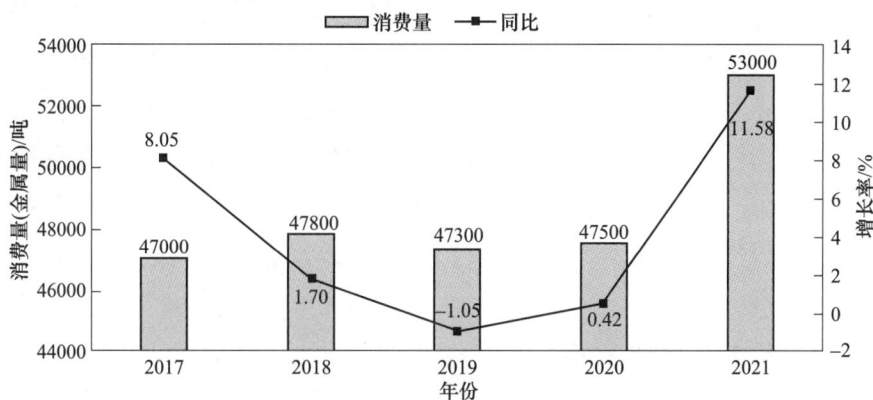

图 14　2017~2021 年中国钨消费量

数据来源: 中国钨业协会

从供应看, 全球钨精矿供应预期逐步增长。国外部分钨矿山因市场低迷而持续关停, 在建钨矿山项目推进缓慢, 部分新增产能原计划在 2021 年投产的项目未如期投产, 项目持续推进中, 预计未来两年将有新增产能投放。国内部分矿山技改扩能, 新建产能将逐步平稳释放; 部分矿山因品位下降而减产, 部分矿山因生态红线、资源枯竭、效益低下等因素或长久性停产。

从需求看, 国际上, 地区冲突导致能源、粮食、部分金属价格异常上涨, 制裁导致供应链中断, 市场混乱或导致钨制品短期价格波动, 需求不确定增加。中国仍保持全球制造大国地位, 产业转型升级持续推进, 新能源、新基建势头良好, 钨需求呈持续增长态势。

中国钨产业布局逐步优化, 钨产业链和区域协同发展逐步推进, 国际竞争新优势持续提升, 对外提供产业配套服务能力逐步加强。

四、当前中国钨工业发展中的突出问题和建议

(一) 面临的突出问题

1. 钨资源消耗速度高于全球平均水平

中国钨资源占全球储量不到 60%, 开采量却达到全球的 80%以上, 资源消

耗速度高于全球平均水平，资源优势正在逐渐减弱。尽管查明的钨资源储量有所增长，但已更新的基础储量下降明显，且新勘探发现大型矿资源禀赋相对较差，当前技术条件下开发利用经济效益预期不佳。

2. 高端制品保障能力有待提升

近年来，中国在钨深加工领域发展较快，在数控刀片、PCB 微钻、高性能钨材等方面取得了巨大成就，但目前每年仍有 100 多亿元的高端钨制品仍从国外进口；进口工具价格远高于出口价格，涂层刀片进口平均价格约为出口的3.81 倍，未涂层刀片为 6.41 倍，铣刀为 2.71 倍，量具 17.06 倍，国内产品升级有很长的路要走，国产化还有很大的潜力；而出口钨品中，60%还是原料级钨品。产业结构上，深加工比例相对较小，在全球的优势还集中于产业链上游；高端钨制品的市场占有率还比较低，整体解决方案服务体系处于起步阶段。

3. 高端装备配套自给率不足

中国刀具产品的加工精度接近国际先进水平，关键装备配套是重要的环节之一，中国的关键装备配套与国际领先水平相比仍存在一定差距，高端装备部分依赖进口。

4. 市场机制单一，内卷加剧

中国钨产业集中度相对较低，产业链上下游都处于充分竞争格局，单一的现货市场机制下，市场竞争消耗了技术进步、资源优势红利，行业总体效益水平相对较低，制约了研发投入和产业升级进程，战略金属价值未得到充分体现。

（二）对策建议

1. 减缓资源消耗速度

减缓资源消耗速度，维护行业持续健康发展，提升战略资源保障能力应得到高度重视。把资源消耗速度降到全球平均水平，与资源储量相匹配是阶段性目标。具体措施有：一是继续实施和优化钨矿开采总量指标控制管理政策，在充分保障国民经济发展的前提下有序开发利用钨资源；二是加快"走出去"步伐，统筹国际国内两个市场、两种资源，积极开展国际合作，鼓励国际化经营能力强的骨干企业勘查开采境外资源；三是加大废钨再生利用力度，适度放开合格钨资源再生原料进口；四是加强在产矿山深边部找矿，延长矿山服务年限。

2. 持续推进产业转型升级，促进钨行业高质量发展

出台专项激励政策，鼓励钨行业以科技创新为驱动力，提高产业盈利能力，改善产业结构，提升国际竞争力，促进钨行业高质量发展。一是完善钨业

创新体系，以精深加工技术为重点，瞄准钨产业发展的科技前沿，强化基础研究，引领原创性成果的重大突破；二是扩大钨终端应用，以钨精深加工产品研发为重点，加强共性技术研究，扩大钨在国民经济各领域的应用；三是推进高端硬质合金智能制造，支持关键设备技术进步；四是各级政府加大扶持力度，支持企业科技投入、人才引进及培养，重奖原创性核心技术成果；五是推进钨行业供给侧结构性改革，完善行业准入制度，研究制定配套监管措施，制止低水平重复建设，推进节能减排、防止污染，淘汰工艺落后、安全环保不达标的生产线。

3. 完善钨行业管理政策

从战略资源的角度，重新审视钨行业管理政策，构建完善战略资源管理政策体系。完善钨矿资源开发管理机制，调控好钨资源配置的"总闸"，促进钨矿资源保护和合理开发利用；实施动态战略储备机制，维护行业健康运行，保障关键产业链自主可控；优化和实施再生资源有关政策，将再生利用上升到产业战略高度。

4. 完善市场机制，丰富市场调节工具

研究上市钨期货，丰富市场机制，为行业提供避险工具，赋能钨战略资源金融属性，助力行业科技创新，促进行业持续健康、高质量发展。

撰稿人：余泽全

审稿人：苏　刚

2021年钼工业发展报告

一、2021年世界钼工业发展概述

（一）产品产量

2021年，全球钼精矿产量（金属量，下同）为27.5万吨（见表1），同比增长0.01%。亚洲同比增长0.07%至10.79万吨，产量增加主要来自中国，同比增加0.17%至10.20万吨；欧洲同比减少0.06%至2.23万吨；美洲同比减少0.09%至14.48万吨。

表1　2019~2021年全球钼产量

国家和地区	产量（金属量）/万吨			
	2019年	2020年	2021年	2021年同比/%
中国	10.04	8.65	10.20	0.17
伊朗	0.07	0.24	0.30	0.25
哈萨克斯坦	0.05	0.09	0.10	0.11
越南	0.1	0.05	0.00	-1.00
蒙古	0.25	0.25	0.30	0.20
缅甸	—	0.03	0.00	-1.00
朝鲜	0.06	0.06	0.02	-0.67
亚洲合计	10.57	10.12	10.79	0.07
亚美尼亚	0.7	1.26	1.15	-0.09
俄罗斯	1.08	1.08	1.08	—
保加利亚	0.04	0.04	0.00	-1.00
欧洲合计	1.82	2.38	2.23	-0.06
智利	5.44	5.91	5.12	-0.13
加拿大	0.38	0.30	0.13	-0.57
墨西哥	1.63	1.70	1.89	0.11

续表 1

国家和地区	产量（金属量）/万吨			
	2019 年	2020 年	2021 年	2021 年同比/%
美国	4.06	4.89	3.97	−0.19
秘鲁	2.9	3.19	3.37	0.06
美洲合计	14.41	15.99	14.48	−0.09
合计	26.14	27.32	27.50	0.01

数据来源：国际钼协会（IMOA），北京安泰科信息股份有限公司（简称"安泰科"）。

（二）消费量

据安泰科统计，2021 年全球钼消费量（金属量，下同）为 26.6 万吨，同比增加 8.2%。其中日本钼消费量为 2.47 万吨，同比增加 5.67%；西欧钼消费量为 6.05 万吨，同比增加 9.59%；美国钼消费量为 2.74 万吨，同比增加 5.54%；中国钼消费量为 11.4 万吨钼，同比增长 7.59%。中国仍是全球最大的钼消费国，约占全球钼消费总量的 42.8%。

二、2021 年中国钼工业发展现状

（一）经济运行情况概述

1. 生产能力

据中国有色金属工业协会钼业分会（以下简称"钼业分会"）统计，2021 年中国钼矿石处理能力超过 36 万吨/日，氧化钼、钼铁冶炼能力为 30 万吨/年，钼酸钠产能为 9850 吨/年，高纯二硫化钼粉产能保持在 1700 吨/年，高纯三氧化钼产能为 18000 吨/年，钼粉及其制品（包括钼粉、未锻轧钼金属产品、已锻轧钼金属产品、钼丝、其他钼制品等）产能为 25000 吨/年。

钼酸铵生产能力为 105000 吨/年，其中：四川新增产能 20000 吨/年，吉林新增产能 6000 吨/年，辽宁新增产能 6000 吨/年，河南新增产能 6000 吨/年，安徽新增产能 2000 吨/年，以上新增产能均在 2022 年逐步投产。

2. 产品产量

据不完全统计，2021 年中国钼精矿产量为 227500 吨，同比增长 11.7%；主要增加量来自黑龙江地区伊春鹿鸣矿业和西藏地区玉龙铜矿。另因河南、陕西地区钼企业受暴雨、限电影响，钼精矿产量有不同程度减少。工业氧化钼产量为 193200 吨，同比增长 4.3%；钼铁产量 154700 吨，同比增长 6.5%，钼化工产品产量为 51254 吨，同比增长 5%；钼粉及其制品产量为 22955 吨，同比增长39.1%（见图1）。

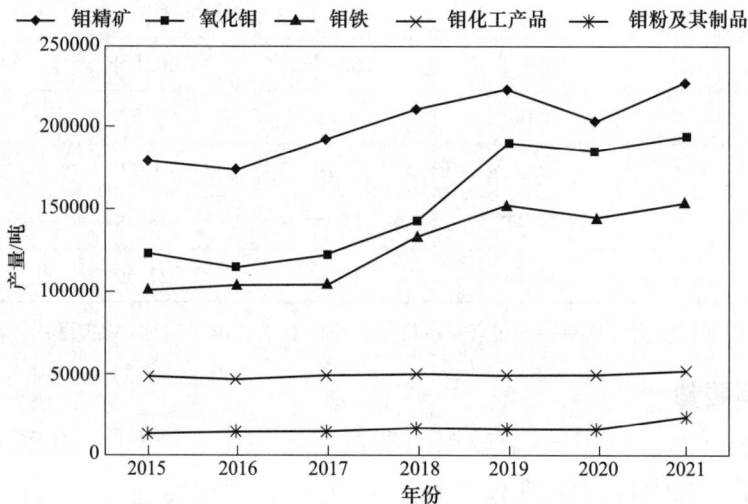

图1 2015~2021年钼产品产量

数据来源：中国有色金属工业协会钼业分会（以下简称"钼业分会"）

（二）产业结构

1. 产品结构

2021年，氧化钼、钼铁产量占钼产品总产量的77.8%，同比减少2.14%，居于钼产品主导地位；钼化工产品产量所占份额同比增加2.51%；钼粉及其制品产量所占份额同比增加27.89%（见图2）。

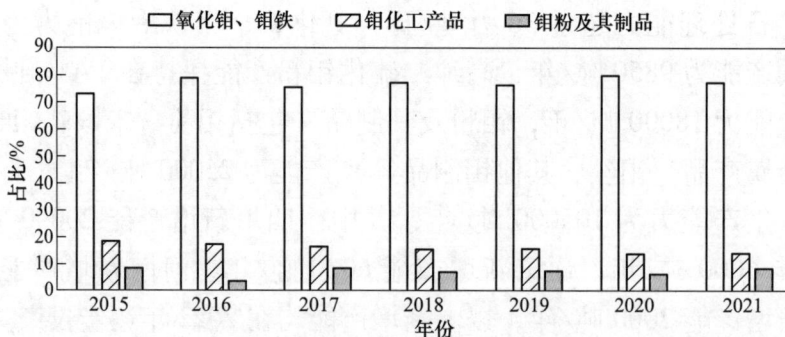

图2 2015~2021年钼产品结构

数据来源：钼业分会

2. 产业分布情况

2021年，中国钼精矿的生产主要集中在河南、陕西、内蒙古、黑龙江、吉林、江西、河北等7个省区，以上省区钼精矿产量占全国钼精矿总产量的

92.97%，副产钼精矿产量为 21270 吨，占钼精矿总产量的 9.34%。2021 年中国钼精矿产量分布见图 3。

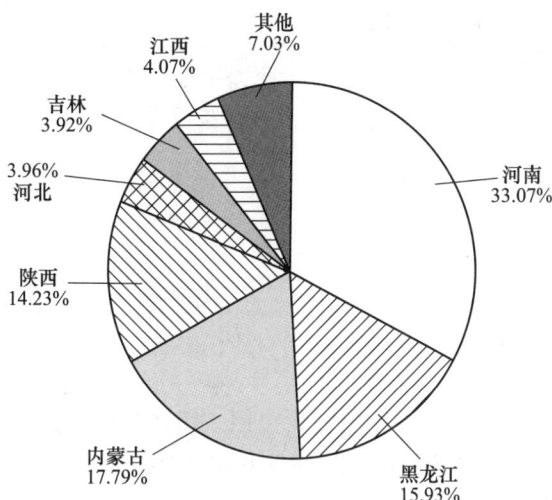

图 3　2021 年全国钼精矿产量分布
数据来源：钼业分会

2021 年，中国钼铁的生产集中在河南、陕西、辽宁等省；钼酸铵等钼化工产品的生产主要集中在陕西、江苏、安徽、河南等省，其中陕西、江苏钼化工产品的产能占全国总产能的 70% 左右。钼粉及其制品的生产主要集中在陕西、河南、江苏和辽宁等省，其中江苏、河南等地专业生产钼粉及其制品的厂家较多，但规模都较小。

（三）市场价格

1. 国际市场及价格

2021 年国际氧化钼、钼铁价格走势见图 4。据美国《金属周刊》统计，2021 年氧化钼平均价格（金属量，下同）为 15.9 美元/磅，同比增长 80.21%。

2021 年国际氧化钼价格波动范围在 10~21 美元/磅；另外，同期欧洲钼铁价格范围在 23~46 美元/千克；年均价 37.3 美元/千克，同比增长 73.53%。

2. 国内市场及价格

2021 年国内钼精矿月均价格走势见图 5。8 月是全年最高点为 2490 元/吨度。3 月全年最低点为 1592 元/吨度。据钼业分会统计，2021 年中国国内钼精矿平均价格为 2015.4 元/吨度，同比增长 38.25%。

2021 年国内钼铁月均价格走势见图 5。8 月是全年最高点为 16.1 万元/吨，

3月为最低点是 10.5 万元/吨，全年平均价格为 13.5 万元/吨，同比增长 35.86%。

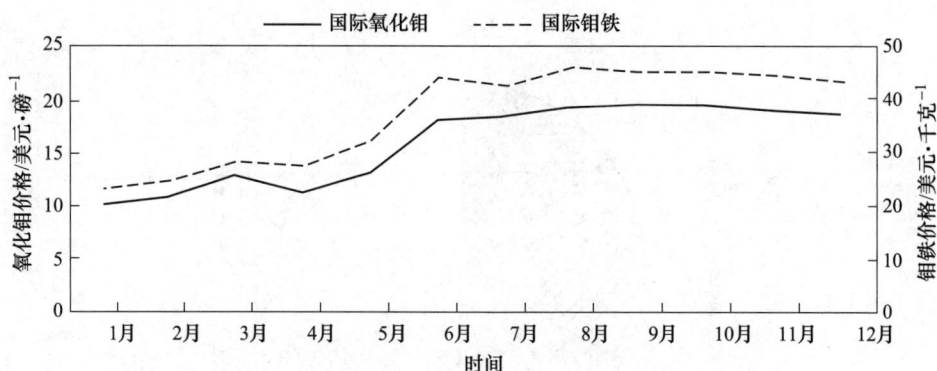

图 4　2021 年国际氧化钼、钼铁月均价格

数据来源：美国《金属周刊》、钼业分会

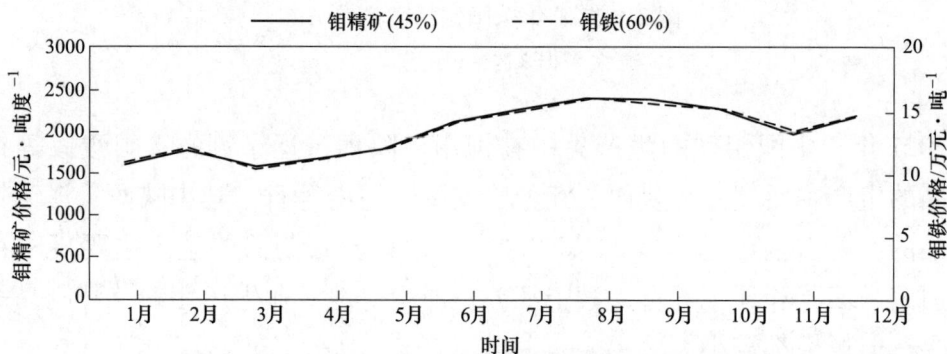

图 5　2021 年国内钼精矿、钼铁月均价格

数据来源：钼业分会

（四）进出口贸易

2021 年中国钼进出口统计见表 2。

表 2　2021 年中国钼进出口统计

商品名称	进口		出口	
	累计数量（实物量）/吨	累计金额/万美元	累计数量（实物量）/吨	累计金额/万美元
已焙烧的钼矿砂及其精矿	10209	15771	13569	23999
其他钼矿砂及其精矿	40159	44760	6709	9424
钼的氧化物及氢氧化物	1024	1260	2017	4963

商品名称	进口		出口	
	累计数量（实物量）/吨	累计金额/万美元	累计数量（实物量）/吨	累计金额/万美元
钼酸铵	1565	2767	1237	2535
其他钼酸盐	784	462	560	885
钼铁	3528	6533	18778	40529
钼粉	5	34	443	1882
未锻轧钼烧结成的条、杆	1	8	1351	5401
钼条、杆、型材及异型材	426	3567	453	3306
钼丝	34	346	325	1762
钼废料及碎料			1812	5349
其他钼制品	81	1746	171	1391

数据来源：海关总署。

1. 进口情况

2021 年中国共进口 28165 吨钼（金属量，下同），同比减少 47%。其中，氧化钼进口量为 5207 吨，同比减少 74%，占总进口量的 18.49%；钼精矿进口量为 18071 吨，同比减少 32%，占总进口量 64.16%，以上两种产品进口量占总进口量的 82.65%；钼铁进口量为 2293 吨，同比减少 21%。

2. 出口情况

2021 年中国共出口 29076 吨钼（金属量，下同），同比增加 168%。其中，氧化钼出口量为 6920 吨，同比增加 32%，占总出口量 23.80%；钼精矿出口量为 3019 吨，同比增加 168%，占总出口量 10.38%；钼铁出口量为 12206 吨，同比增加 386%，占总出口量 41.98%；钼化工产品为 2376 吨，占总出口量 8.17%；钼金属产品为 4555 吨，占总出口量 15.67%。

（五）市场消费

据钼业分会统计，2021 年中国各行业钼消费总量在 11.4 万吨钼，同比增加 11.43%。2021 年出口量为 2.9 万吨钼，不考虑损耗中国钼消费总量为 14.3 万吨钼，供需缺口 1.29 万吨钼全部由 2020 年钼库存补充。

三、2021 年中国钼工业经济运行情况分析

（一）政策环境

2020 年 12 月 30 日，商务部和海关总署公布《出口许可证管理货物目

录（2021 年）》，要求对外贸易经营者出口目录内所列货物的，应向商务部或者商务部委托的地方商务主管部门申请取得《中华人民共和国出口许可证》（以下简称出口许可证），凭出口许可证向海关办理通关验放手续。其中出口钼及钼制品的，需按规定申领出口许可证。

2021 年 10 月 25 日国家生态环境部在《环境保护综合名录（2017 年版）》基础上，修订形成了《环境保护综合名录（2021 年版）》，其中将钼酸铵列入"高污染、高环境风险"产品名录。

（二）产业结构调整情况分析

中国钼精矿生产主要集中在河南、陕西、黑龙江、内蒙古、江西、吉林等地。中国钼工业产业链完整，除生产钼精矿外，钼冶炼、钼化工、钼金属、制品及加工已形成工业规模，并形成产业聚集区，主要分布在陕西、河南、辽宁、江苏等地。钼化工生产已经逐步向产业集中化发展，从钼化工到钼粉到钼深加工，在一家企业内实现全产业链覆盖。目前金堆城钼业集团有限公司、厦门钨业虹波公司、新华龙钼业三家企业已初步实现全产业链发展。

（三）经营形势分析

2021 年中国 GDP 增长 8.1%，占全球 18% 以上，稳居全球第二大经济体。根据《政府工作报告》，2022 年中国经济发展面临需求收缩，供给冲击，预期转弱三重压力，重点将以促进工业经济平稳运行，加强原材料、关键零部件等供给保障，维护产业链供应链安全稳定为主线，推动能耗双控，完善减污降碳激励约束政策，推进钢铁、有色行业持续、健康发展。钢铁工业是国民经济的重要基础产业，"十四五"期间中国钢铁产量仍然存在产能过剩，钢铁工业将突出创新驱动引领，推进产学研用协同创新，强化高端材料、绿色低碳等工艺技术基础研究和应用研究；高端钢铁产品供给产能大幅提升，大力发展智能制造，大幅提升供给质量。随着中国钢铁业产品结构持续优化及高端制造业的大力发展，2022 年中国钼消费将得到进一步提升。

四、当前中国钼工业发展中需要关注的问题

一是，中国是全球钼生产、消费、资源大国，但不是钼强国，还存在生产成本高、精深加工达不到国际水平等情况。

二是，中国钼的基础研究、应用研究方面与国际水平存在较大差距。

三是，中国钼在国际市场上没有定价权。

五、中国钼工业下一步发展重点

（一）调整产业结构，打造竞争优势

中国含钼优质钢占比远低于全球 10%～15% 平均水平，不锈钢及合金钢比重有很大提升空间，其对包括钼在内的合金的需求，应以大城市新建公共建筑为重点，充分挖掘钼在钢结构建筑推广应用及其他领域如民用工程：高层建筑防火抑烟工程、供水系统工程的研究和应用，推动绿色消费，进一步拉动钼的消费增长。

（二）增加创新能力，加强基础研究和应用研究

尽管中国钼工业取得快速发展，但钼产业链依然处于中低端，科技研发投入、工艺技术及装备水平与国际先进钼企业还有较大差距，国内企业同质化竞争严重，应加强钼深加工领域的应用研究，丰富产品系列。

（三）强化技术创新

坚持技术引进和自主创新相结合，积极采用先进适用技术，加快技术改造，提高工艺装备水平和产品质量，开发拥有自主知识产权的专利技术产品，重点发展技术含量高，高附加值的加工产品，推动产业结构调整和产品升级。

撰稿人：刘 萌
审稿人：曹军义

2021 年锡工业发展报告

一、2021 年世界锡工业发展概述

锡是现代工业发展中广泛应用的金属品种之一。由于全球锡资源分布比较集中，锡矿和精锡生产也比较集中。根据 2020 年美国地质调查局（USGS）资料，2020 年世界锡储量 393 万吨，全球锡资源分布主要集中在亚洲和南美洲，其中中国、印尼、巴西、玻利维亚、澳大利亚、俄罗斯等六个国家储量占全球总储量近 78%。

2021 年，新冠肺炎疫情暴发后所导致的全球供应链问题仍然未得到有效缓解，主要表现为原材料供应紧张、产消复苏不及预期、库存显著下降等问题。由于全球供应减少及物流货运的延迟，锡价连创新高，伦敦金属交易所（LME）锡价从年初 2 万美元/吨上涨到年末 4.1 万美元/吨，上海期货交易所（SHFE）锡价从年初 15.4 万元/吨涨到年末 29.6 万元/吨，锡价年底比年初几乎翻番。

从生产看，全球锡矿和锡冶炼均比较集中，中国、印尼、缅甸、秘鲁、玻利维亚、巴西、刚果（金）是世界主要锡矿生产国。2021 年这七个国家的锡矿产量合计占到全球总产量的 88.1%。主要锡矿生产国产量增减不一，2021 年全球锡精矿总产量 27.7 万吨，同比增长 1.1%。中国受环保政策持续收紧、缅甸因疫情等因素影响产量出现明显减少；印尼、玻利维亚、秘鲁、巴西和刚果（金）产量明显增加（见表 1）。

表 1　2019~2021 年全球锡精矿产量（金属量）　　　　（吨）

国家	2019 年	2020 年	2021 年
中国	86000	94400	75000
印尼	77500	49700	65300
缅甸	44800	36000	27000
玻利维亚	17000	14800	17000
秘鲁	18000	20700	26500
巴西	14000	12000	13900

续表1

国家	2019 年	2020 年	2021 年
澳大利亚	7740	7700	8500
刚果（金）	12200	18400	19500
非洲其他国家	8100	6200	8370
马来西亚	3610	4000	5200
俄罗斯	1800	2800	4000
其他国家	7449	6900	6750
总计	281900	273600	277100

数据来源：北京安泰科信息股份有限公司（以下简称"安泰科"）。

全球精锡生产也比较集中，主要生产国为中国、印尼、马来西亚、秘鲁和玻利维亚，2021 年这五国精锡产量占全球总产量的 86.2%。2021 年全球精炼锡生产在高价刺激下，扩大二次物料的回收，精锡产量达到 37.6 万吨，同比增长 5.9%（见表 2）。

表 2　2019~2021 年全球精锡产量　　　　　　　　　　（吨）

国家	2019 年	2020 年	2021 年
中国	173119	178500	195000
印尼	79300	74000	72700
马来西亚	25500	22500	14200
秘鲁	19500	20000	27200
玻利维亚	17200	10500	15200
泰国	10700	11300	12400
巴西	12200	13000	11400
比利时	9300	9000	9400
俄罗斯	2350	1800	2000
其他国家	24000	15000	16500
总计	373169	355100	376000

数据来源：安泰科估算。

注：中国总产量包含企业在国外矿区的产量。

从消费看，近年来全球锡的消费总体保持稳定，主要以焊料、锡化工制品、镀锡板（也称马口铁）为主，占消费总量的 81%。2021 年，全球经济体从疫情中缓慢恢复，得益于新兴市场恢复和全球新能源汽车产业高速发展，锡焊料、锡化工产品及铅酸蓄电池用锡量增加，2021年全球锡消费结构见图1。

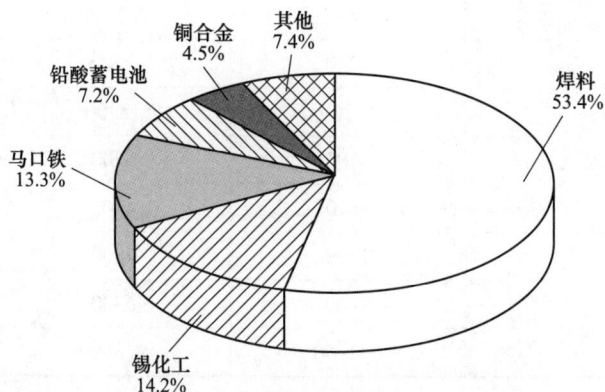

图1 2021年全球锡消费结构

数据来源：安泰科

2021年全球锡消费量达到38.0万吨，同比增加1.9%（见表3）。从产品结构看，全球锡焊料产品用量持续性恢复，尤其是中国的需求恢复引领全球，总用量保持增长。2021年全球半导体销售额稳中有升，得益于新能源汽车销量高速增长，汽车电子应用量也在快速增加，汽车电子市场整体保持着良好势头，半导体产业增速尤以中美地区带动力更为强劲。市场规模不断扩大，对用锡量也有一定提振；光伏产业的快速发展也带动锡焊料消费有所增长，预计全年锡焊料用量19.9万吨，同比增加1.2%。

表3 2019~2021年全球精锡市场供求平衡 （万吨）

年份	2019年	2020年	2021年
全球精锡产量	37.3	35.5	37.6
全球精锡消费量	38.4	37.3	38.0
库存变化	0.2	-0.6	-0.4
全球供求平衡	-0.9	-2.4	-0.8

数据来源：安泰科。

2021年锡化工产品用锡快速恢复，补涨明显。由于全球通胀因素影响物价快速上涨，2021年以来德国、美国等欧美国家掀起追买房地产的热潮，推动了锡化工产品在房地产领域的用量；印度对PVC需求也大幅增长，有机锡用量受益快速回暖。此外，中国电镀产品发展也提升了无机锡的消费。预计2021年锡化工产品用锡量达5.6万吨，同比增长3.2%。

2021年镀锡板用锡量因疫情的控制与经济恢复，未出现2020年恐慌抢购耐储存罐装食品的情况，销量有所下降，预计全球镀锡板用锡量为 5.1 万吨，同比下降 1.2%。

2021 年铅酸蓄电池用锡保持强劲，尤其欧美替换需求是消费的主要增长动力。预计全年全球铅酸蓄电池领域用锡量达 2.8 万吨，同比增长 3.3%。

2021 年锡价大幅上涨，在基本有色金属中表现最强势，LME 现货及三月期货锡年均价分别为 32621 美元/吨和 31052 美元/吨，同比分别增长 88.2% 和 81.7%；SHFE 锡主力合约均价为 222945 元/吨，同比增长 60.6%；国内现货市场锡均价为 227044 元/吨，同比增长 59.1%。造成价格大幅上涨的原因一是受全球宽松货币政策影响，包括锡在内的大宗商品价格通胀预期强烈；二是由于全球锡原料供应紧张加上疫情的影响，生产和物流不正常，供应扰动因素大，供需存在缺口，库存降至低点。

二、2021 年中国锡工业发展现状

中国是全球锡储量、生产、消费第一大国，自然资源部对外公开的最新数据显示，2020 年中国锡储量 73 万吨，约占世界总储量的 1/6；根据安泰科数据，中国每年锡矿产量大约 8 万~9 万吨（锡金属量），占全球矿产总量的 30% 左右；中国精锡生产和消费总量均达到 20 万吨左右水平，各占全球总量的一半。

中国锡储量和锡生产也比较集中，云南、内蒙古、广西、湖南、江西五个省区是中国锡储量分布和锡矿生产的主要区域，2021 年这五省区锡精矿产量占全国 98.5%。目前，已形成以云南个旧、广西大厂、湖南郴州、内蒙古赤峰为骨干的锡生产基地。

（一）经济运行情况概述

1. 锡行业盈利水平大幅提升

2021 年，锡行业整体保持盈利。2021 年国内外锡价涨幅达 60%，促进了锡采选冶炼企业生产积极性。中国新冠肺炎疫情防控得力，经济复苏迅速，锡行业生产、消费、物流得到充分保障，很大程度上提振了锡行业的盈利水平。据中国有色金属工业协会数据显示，2021 年全国规模以上锡工业企业实现利润同比上涨 85% 以上，其中采选企业实现利润同比增长 75% 以上，锡冶炼企业实现利润同比增幅 88% 以上。

2. 锡矿产量减少，锡锭产量增加

受上半年华锡选矿厂检修、银漫矿业停产及国内环保政策持续趋严的影响，国内锡精矿生产量显著减少。据安泰科数据显示，2021 年中国锡精矿产

量 7.5 万吨金属量，同比下降 16.3%；得益于 2021 年二次物料充裕及两大锡生产商扩产，精锡产量相比同期明显增加。据安泰科数据显示，2021 年中国共生产精锡 19.5 万吨，同比增加 9.2%。

（二）产业布局趋于合理、产品结构进一步优化

从产业分布情况看，受中国锡资源集中度高的特点，锡精矿和精锡生产地也很集中，主要分布在云南、湖南、广西、内蒙古和江西五个省区，五省区精锡产量占全国总产量的 98.5%。其中，云南省精锡产量最大，2021 年占全国总产量的 56%。下游消费方面，近年来锡焊料生产企业逐步向珠三角和长三角地区（广东、上海、江苏、浙江）集聚，云南、北京、天津也有一些生产企业，集中程度不断提高；镀锡钢板企业生产较为分散，主要分布于上海、广州、河北、武汉、海南；锡化工企业主要分布在北京、云南、湖北、江西等地。

从产品结构看，伴随 5G、汽车电子、光伏、新能源汽车等锡终端领域产业的快速发展，锡产品结构不断调整，行业也随之实现良性发展。欧洲强制步入无铅化电子时代，中国电子无铅化也在逐步扩大，但一些锡助焊剂配方等核心技术仍掌握在国外生产商手中，国内下游锡粉、锡膏等加工材亟待进一步技术突破；硫酸亚锡、甲基锡作为 PVC 行业热稳定剂及新型绿色环保水泥添加剂等化工产品在近几年发展较快。随着中国环保要求的不断提升，塑料工业将扩大对锡热稳定剂的使用，未来将继续推动锡在化工领域的需求量；随着中国国防军工、汽车、钢铁、电子和电工机械制造业、医疗产业的发展，锡合金使用量将有所增加。

（三）市场价格大幅上涨，创历史新高

2021 年，疫情导致全球供应链紧张趋势短期内无法有效缓解，国外锡生产受到严重影响，锡供应持续减少而需求稳定增长，供需存在缺口，叠加全球商品价格通胀预期加强，国内锡价连创历史新高。2021 年末国内沪锡价格最高涨至 29.6 万元/吨，较年初价格接近翻番，全年平均价达 22.29 万元/吨，同比增长 60.6%（见表 4）。

表 4　2019~2021 年国内外锡年度平均价格

年份	国内精锡现货市场价/元·吨⁻¹	SHFE 锡主力合约收盘价/元·吨⁻¹	LME 现货结算价/美元·吨⁻¹	LME 三月期锡收盘价/美元·吨⁻¹
2019 年	142017	141609	18882	18587
2020 年	139042	138806	17259	17088
2021 年	227044	222945	32621	31052

数据来源：伦敦金属交易所，上海期货交易所，安泰科。

（四）终端市场消费保持增长

中国锡终端消费品主要为焊料、镀锡板（马口铁）、锡化工、铅酸蓄电池、玻璃制造及锡合金（青铜及黄铜）等。2021 年，除马口铁领域用锡量微降外，其他领域用锡量均持续增长。其中锡焊料领域超预期恢复，其消费占比达到 65.4%；锡化工得益于外需恢复补涨，铅酸蓄电池行业受汽车产业拉动，二者消费占比分别上升至 11.2% 和 8.7%。值得一提的是，2021 年汽车和机械行业消费增速明显，直接拉动锡铜合金用锡增加，占比上升至 3.2%。

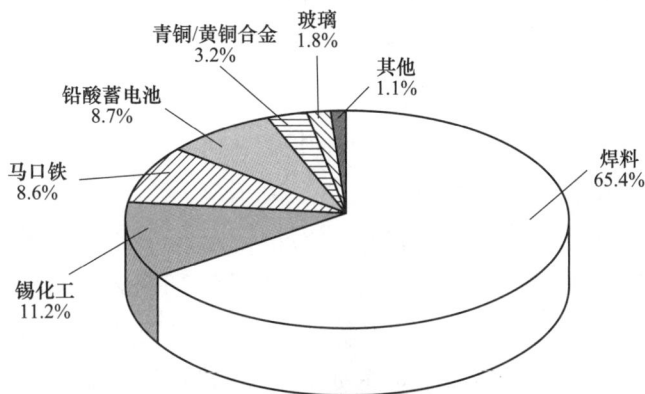

图 2　2021 年中国锡消费结构图

数据来源：安泰科

据安泰科统计，2021 年中国锡消费量达到 20.7 万吨，同比增长 2.2%。分主要产品看，锡焊料需求持续稳步恢复。东南亚疫情在 2021 年衍变为新的暴风眼，诸国停产减产下流失了更多的焊料订单，产能持续转移到中国、新加坡等地。全年锡焊料用量 13.6 万吨，同比增加 1.5%；锡化工行业得益于 PVC产量的上升，促进了锡化工企业有机锡订单的增加，加之无机锡在玻璃等行业的消费拉动，化工领域锡消费量达到 2.3 万吨，同比增长 6.9%；受限电政策影响，2021 年国内钢厂生产下滑，全年镀锡板总用锡量 1.7 万吨，同比下降 8.0%；虽然面临原材料、物流价格上涨和订单转移压力，但随着国际市场需求复苏，摩托车出口保持较强韧性；电动自行车方面，自新国标实施后，超过 2.0 亿辆超标两轮电动车面临清退替换，超标车替换开启换车周期，加之共享电动车投放量不断增长，带动了电动自行车产量不断增长。总体来看，铅酸蓄电池用锡 2021 年达到 1.8 万吨，同比增长 10.8%。

（五）锡矿进口保持增长、精锡呈现净出口

原料贸易方面，受疫情影响，缅甸、马来西亚等海外锡精矿产量仍呈下滑态势。缅甸政府在四季度抛售库存缓解了产量下降的不足，加之2021年以来国内增加了从刚果（金）、老挝等国的进口，最终使国内总锡矿进口量有所增长。精锡贸易方面，前三季度内外价差整体呈现走阔的态势，最高时外盘价高于内盘2.6万元/吨左右，尽管四季度价差收窄，但2021年国内锡锭贸易仍转向为净出口状态。

据中国海关统计，2021年中国进口锡精矿实物量18.4万吨，折合金属量4.5万吨，同比增加35.2%；全年进口精锡4894吨，同比减少72.4%；出口精锡1.4万吨，同比增加219.8%，累计净出口精锡9426吨；2021年国内进口锡材2808吨，同比减少13.1%；出口锡材1632吨，同比增加2.5%；进口锡合金1234吨，同比增加40.8%；出口锡合金7吨，同比增加2吨；其他锡制品进口量386吨，同比增加1.9%；出口其他锡制品4219吨，同比减少3.5%。

（六）投融资活动继续推进

华锡集团持续推进公司上市进度。为加快推进集团层面混改，致力构建华锡融资渠道，2020年8月，广西华锡集团拟以5.76元/股的价格向南宁化工股份有限公司（A股"＊ST南化"）出售旗下广西华锡矿业有限公司的100%股权，标的资产估值暂未确定。2019年4月，广西华锡集团注资3000万元成立广西华锡矿业有限公司。截至2022年3月7日，＊ST南化收到中国证券监督管理委员会（以下简称"中国证监会"）出具的《中国证监会行政许可项目审查一次反馈意见通知书》（212576号）。中国证监会依法对公司提交的《南宁化工股份有限公司上市公司发行股份购买资产核准》行政许可申请材料进行了审查，现相关工作正在积极推进。

（七）锡期货市场交易活跃

2019年12月上海期货交易所正式引入锡做市商制度，两年来，锡期货合约价格的连续性得到明显提升，合约间买卖价差实现进一步优化，交易明显活跃，交易量有较大增长。上海期货交易所数据显示，2019年沪期锡主力成交总量274.2万手，累计成交总额4541.5亿元；2021年沪期锡主力成交总量升至2701.2万手，是2019年交易量的10倍；2021年累计成交额59180.9亿元，是2019年成交额的13倍。交易活跃及各月份实现连续交易，为国内锡企业的套保避险操作带来了很大便利。

三、2021年锡工业经济运行状况分析

（一）产业结构调整情况分析

随着智能制造的发展，对锡材料的性能、品种、质量不断提出新要求，为

多层面、多角度拓展锡在新能源、新基建、微电子、新型化工等领域的应用创造了历史机遇。

近几年，中国锡行业主动适应需求的高端化、多样化、个性化、绿色化，大力推进锡产业的供给侧结构性改革及科技攻关。在国内环保政策的带动下，锡企业积极增加环保设备投入，大型集团不断提高管理水平，主动适应国家绿色化进程；在促进行业规范发展方面，中国有色金属工业协会锡业分会通过了《锡行业自律公约》（征求意见稿），旨在推进锡行业供给侧结构性改革，促进行业技术进步，推动锡行业高质量发展；在国产替代方面，由广东省电子学会 SMT 专委会组织协调，借助亿铖达、唯特偶、翰华—康普、中兴通讯等上下游企业合作，联合工业和信息化部电子第五研究所，组成"国内高可靠性微电子装备用焊膏"研制工程团队攻关的"国内高可靠性微电子装备用焊膏"满足国内高可靠性微电子装备的生产应用所需要的有铅和无铅各三种品牌焊锡膏，填补了中国无法生产高可靠性微电子装备用焊锡膏的空白，打破了国外技术垄断。

（二）经营形势分析

1. 生产情况分析

面对严格的环保要求，以及污染物处理和存放要求执行更加严格，企业不断加大环保投入。多数冶炼企业利润摊薄，生产经营面临挑战。叠加近年新冠肺炎疫情扰动和全球原料供应下滑，部分锡冶炼企业利润减少，加工成本居高不下，一些中小型企业缩减生产规模甚至停产。锡行业的洗牌正在进行，亟需找寻合理的转型之路。

2. 供需情况分析

2021 年由于缺乏原材料及疫情反复的影响，中小锡生产企业缩减生产规模，但大型企业产量快速增长，加之锡下游需求进一步恢复，年内供需增速均出现明显增长。受 2021 年精锡净出口的影响，国内缺口再度扩大至 2 万吨以上（见表 5）。

表 5　2019~2021 年中国精锡供需平衡表　　　　　　　（吨）

年份	2019 年	2020 年	2021 年
精锡产量	173119	178500	195000
精锡进口量	3126	17719	4894
精锡供应量	176245	196219	199894
精锡消费量	194309	202692	207100

年份	2019 年	2020 年	2021 年
精锡出口量	6100	4478	14320
精锡需求量	200409	207170	221420
供求平衡	-24164	-10951	-21526

数据来源：安泰科。

四、当前中国锡工业发展中存在的突出问题和对策建议

中国锡工业面临着资源保障程度降低、产业结构有待优化、产能利用率低、供需平衡控制力弱、产业和金融结合不强、价格话语权薄弱等突出问题，亟待实施科技创新，借助金融辅助力量等实现中国锡产业大国向锡业强国的转变。

（一）优化产业、产品结构

据中国有色金属工业协会锡业分会调研了解，中国锡工业现有冶炼产能约30 万吨，由于原料缺乏等原因，产能利用率维持在 65% 左右，因此造成当前供小于求的局面。目前，中国锡加工产品具有多样化，精细化的特点，但一些高端产品的质量和国外比仍有差距。未来，在供给侧，行业应继续淘汰落后产能，限制冶炼规模扩张；在需求侧，要不断创新，满足新兴产业对产品需求，重点替代高端焊料、锡合金材料等产品的进口；加大研发力度，探索锡在传统行业及新基建、新能源产业中的应用。

（二）加强地质勘探，拓宽资源保障能力

近些年来，随着锡资源开发力度不断加大，中国原有资源优势正在不断削弱，未来矿山生产潜力有限。建议：一是加大地质勘探力度，发现新矿点、增储旧矿床；二是大力鼓励企业实施"走出去"战略，依托"一带一路"国际产能合作远景，投资海外矿产资源，充分利用国外资源；三是实施资源整合，使矿产资源开发逐步向优质企业集团集中，提高资源利用率，杜绝资源开采浪费。

撰稿人：郭　宁

审稿人：王中奎

2021 年锑工业发展报告

一、2021 年世界锑工业发展概述

（一）资源与生产

世界锑矿资源分布相对集中。已知的锑矿床多集中分布于三条成矿带：一是环太平洋锑矿带，包括中国南部、俄罗斯东部、玻利维亚、智利、秘鲁、墨西哥、美国西部、日本、澳大利亚、马来西亚等国家和地区；二是地中海锑矿带，包括阿尔及利亚、捷克、意大利、土耳其及俄罗斯高加索等国家和地区；三是中亚锑矿带，包括塔吉克斯坦、吉尔吉斯斯坦、巴基斯坦等国家和地区。此外北美、南非也有一定的锑矿储量。其中，环太平洋成矿带经济意义最大，集中了全球约 70% 以上的锑储量。

目前锑资源主要分布在：中国、俄罗斯、玻利维亚、吉尔吉斯斯坦、土耳其、澳大利亚、塔吉克斯坦、加拿大、美国等国家，其中中国储量、资源量均是全球首位。根据美国地质调查局（USGS）最新数据显示，2021 年全球锑矿储量同比增长 5% 至 200 万吨，其中中国 48 万吨，与 2020 年持平（见图 1）。但根据中国自然资源部 2020 年公开数据显示，中国锑资源储量仅 35.17 万吨，远低于 USGS 数据。

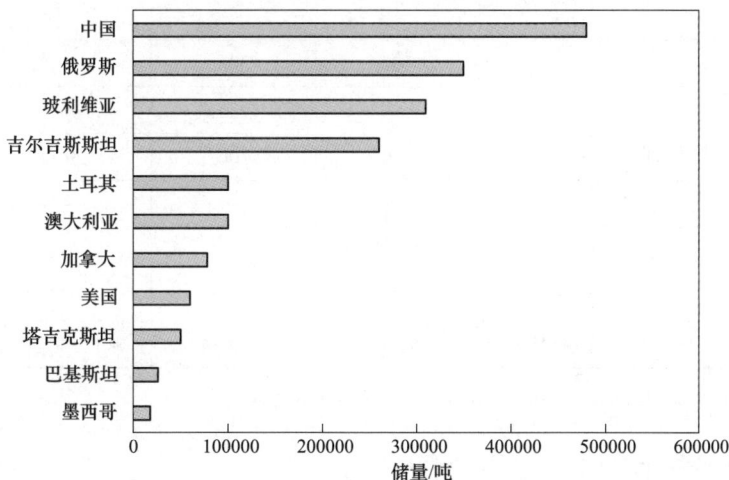

图 1　2021 年全球锑资源储量分布

数据来源：美国地质调查局（USGS）

目前全球锑矿生产主要集中在中国、俄罗斯、塔吉克斯坦、玻利维亚、澳大利亚、缅甸等国家。2017~2018年，包括中国在内的全球锑矿产量虽然有所下降，但总体相对平稳，保持在15万~16万吨的水平。2019年受到环保及价格低迷等因素的影响，中国国内锑矿产量出现较大幅度的下降，进一步导致全球锑矿产量出现收缩。2020~2021年，疫情和环保压力造成全球锑矿产量继续下降，中国、塔吉克斯坦等主要锑矿供应国产量降幅继续扩大。2021年全球锑矿山金属产量仅有8.9万吨，同比下降34%（见表1）。

表1　2017~2021年全球主要国家锑矿产量（金属量）　（吨）

国家	2017年	2018年	2019年	2020年	2021年
俄罗斯	16533	25233	15270	16800	16800
中国	97683	89584	60229	64530	42622
哈萨克斯坦	160	100	100	97	102
吉尔吉斯斯坦	1369	676	—	—	—
老挝	339	368	143	—	35
缅甸	2881	3088	9896	537	3455
巴基斯坦	56	—	—	17	66
塔吉克斯坦	28100	29700	27950	22543	16777
泰国	—	—	—	—	175
土耳其	4800	4000	3400	1547	1541
越南	244	244	306	300	—
玻利维亚	2844	3110	2747	2624	3249
加拿大	—	6	6	8	24
厄瓜多尔	89	300	300	—	—
危地马拉	—	—	155	108	108
墨西哥	256	310	300	290	300
秘鲁	—	—	—	—	—
美国	—	—	—	—	—
澳大利亚	4294	2174	2032	3903	3380
全球合计	159648	158893	122834	113304	88634

数据来源：世界金属统计局（World Bureau of Metal Statistics）。

（二）贸易与消费

全球锑品贸易量相对稳定。其中锑资源主要出口国为：俄罗斯、塔吉克斯坦、玻利维亚、澳大利亚等国。锑产品主要进口国包括：美国、日本、韩国和欧洲等国家和地区。

中国是世界上最大的锑产品生产国，也是最大的锑产品贸易国，进口锑产品主要以锑精矿为主，主要进口国来自缅甸、塔吉克斯坦、俄罗斯、澳大利亚等国，其中，塔吉克斯坦、俄罗斯、澳大利亚是中国最主要的锑矿进口国，中国从其他国家进口的锑精矿比较少。出口以阻燃级、催化剂级、无尘环保等多系列氧化锑和未锻轧锑为主。中国锑产品主要出口国和地区是美国、中国台湾、韩国、日本、印度等。

近5年全球锑消费量相对稳定，基本在15万吨左右。锑消费的主要领域为阻燃材料、合金、聚酯催化等，其中阻燃应用占比最高。中国、美国、欧洲及亚洲其他地区（日本、韩国）为全球最主要的四个阻燃剂消费市场。美国和欧洲地区作为阻燃剂的发源地，行业发展较早，亚洲地区阻燃剂行业起步较晚，过去20年，全球阻燃剂的消费重心正逐步向亚洲地区转移。相对于欧美等国家来说，亚洲地区的溴系阻燃剂的应用比例在50%左右，远远高于欧美国家。虽然近些年无卤化风潮不绝于耳，但是卤系阻燃剂在成本和性能方面依然具有较为明显的优势。特别是中国和印度等发展中国家，卤系阻燃剂依然占据大多数。欧洲国家无卤化进程加快，但是由于总体消费量有限，对锑消费的影响不明显。

预计未来3~5年全球锑品的供应格局将继续向多元化方向变化，锑矿原料的流向也将随之发生变化，或将加剧全球供应水平的波动，影响全球供应的最主要因素依然是中国，其次是俄罗斯和塔吉克斯坦的矿山产量波动。而在需求方面，阻燃剂市场是锑消费最重要的领域，而溴系阻燃剂仍然是现阶段性价比最高的阻燃剂品种。即便是在替代研发活动最为活跃的美国和欧洲，溴系阻燃剂的替代进程也相对缓慢；蓄电池、合金方面，依托庞大的市场保有量，启动型铅蓄电池依旧保持增长，但由于在售汽车中新能源汽车占比大幅提升，汽车领域占铅酸蓄电池市场的份额增幅放缓，锑消费也将随之下降；新能源领域对锑的消费是目前锑消费中最具增长潜力的，主要是在光伏玻璃中的澄清剂，根据全球和中国的光伏组件装机量预期判断，未来光伏玻璃产量的增长将对锑消费产生积极影响，是增速预期最乐观的锑消费领域。

二、2021年中国锑工业发展现状

（一）经济运行情况概述

1. 中国锑工业规模以上企业效益情况

根据中国有色金属工业协会锑业分会（简称锑业分会）数据，2021年全国 55 家规模以上锑工业企业实现利润同比增长 51.8%。中国锑矿采选规模以上企业的主营业务收入同比下降 10.9%，利润总额同比增长 117.1%。中国锑冶炼规模以上企业的主营业务收入同比增长 5.8%，利润总额同比增长 17.2%。

2. 中国锑产量情况

据锑业分会统计，2021 年，中国锑品产量约 20.2 万吨，锑品产量前三的省区分别为湖南、贵州、广西，产量占比分别为 69.0%、8.4%、7.8%。2021年中国锑品产量较 2020 年小幅增长，基本平稳，产量增加主要来自广西、湖北，而主产区湖南、贵州的锑品产量则较 2020 年均有不同程度的下降（数据中存在一定重复计算的情况，使用时请酌情考虑）。

（二）产业结构

中国是全球最大的锑品生产国，产业集中度较高，目前已经形成湖南、广西、云南、贵州四大产业基地，四大产业基地的总产能占全国的 90%。基地内分布着锡矿山闪星锑业有限责任公司、湖南辰州矿业有限责任公司、云南木利锑业公司、贵州东峰矿业股份有限公司、桃江久通锑业有限责任公司、广西华锡集团股份有限公司等国内骨干锑生产企业，锑品合计产量占全国总量的 80%以上。近年来，锑的产品结构得到进一步优化，骨干企业在产业链延伸方面做了很多努力和尝试，已形成三氧化二锑、乙二醇锑、锑酸钠、阻燃母粒等系列产品，可提供适应不同用途、不同客户及特殊需要的锑品，并进一步向差异化、个性化、环保型产品方向发展。

此外，作为世界锑工业发展的主力军，中国锑工业全面树立高质量发展的理念，坚定走绿色发展之路，先后完成《绿色设计产品评价技术规范　锑锭》《绿色设计产品评价技术规范　三氧化二锑》和《绿色设计产品评价技术规范　乙二醇锑》等标准的编制工作，着力构建科技含量高、资源和能源消耗低、生态环境好的产业结构和生产方式，追求生态系统与经济系统的良性循环，以实现经济效益、生态效益、社会效益的有机统一。

（三）市场与价格

2008 年金融危机后，国内锑价格由 43000 元/吨下跌至 22000 元/吨左右，国际锑价一路下滑至年度最低点 4000 美元/吨。在国家刺激经济政策之下，2009 年起锑价步入上行通道，特别是 2010 年湖南对涉锑企业进行环保整顿，推动国内锑价走出一波快速上涨的行情，不断刷新历史纪录，国内锑锭最高价出现在 2011 年 4 月近 110000 元/吨。高价格刺激了产能产量的激增，造成市场供应严重过剩，锑价在新高之后开始呈震荡下行态势，2015 年底跌至 30000元/吨左右，2015~2018 年，由于此前部分新建产能的释放，全球锑品含锑产量继续保持小幅增长，产量增加主要来自塔吉克斯坦和俄罗斯。2018 年，虽然中国国内锑矿产量有所下降，但俄罗斯和塔吉克斯坦两国锑矿产量达到历史最高水平，大量锑精矿进入国内，2018 年中国进口锑精矿将近 9 万吨，同样是历史最高水平，这造成 2018 年后全球锑供应过剩的局面继续扩大，进而使得价格持续走弱。2019 年后包括中国在内的全球锑矿产量下降，在需求变化相对缓慢的背景下，供求关系开始改善，但由于全球供应过剩积累了较大库存，价格在 2020 年三季度才开始触底反弹，2020 年国内外锑锭年均价分别为 38000 元/吨和 5800 美元/吨。2020 年下半年供应紧缺的情况开始出现，价格加速回升，2021 年由于中国主要产区的阶段性停产，国内供应再次大幅下降，全行业低库存造成价格持续上涨，2021 年国内外价格分别达到 65000 元/吨和 11000 美元/吨，涨幅分别为 71% 和 89%（见图 2）。2022 年价格上涨持续，2022 年 3 月国内锑锭价格已经突破 80000 元/吨。

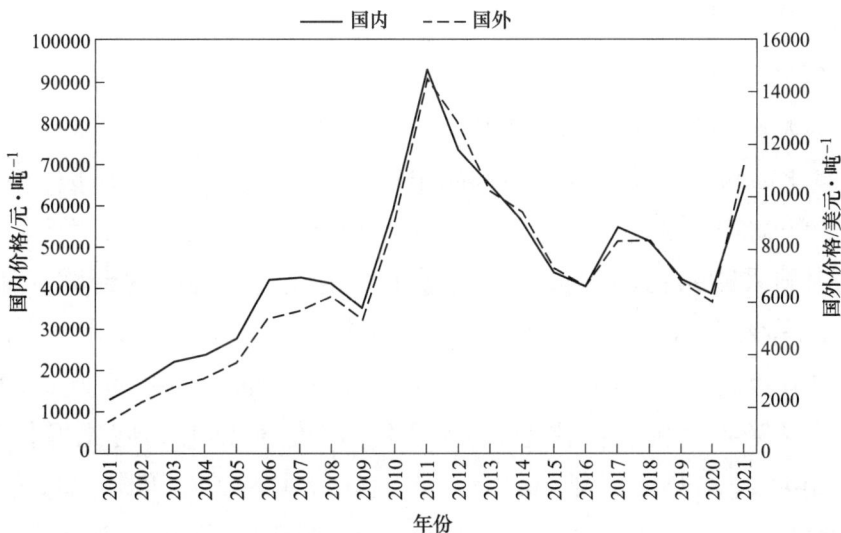

图 2　2001~2021 年国内外锑锭（99.65%）年均价走势

数据来源：北京安泰科信息股份有限公司（安泰科）、英国《金属导报》（Metal Bulletin）

（四）进出口贸易

2021 年锑品进口量合计 35366.0 吨，同比下降 20.5%。其中锑矿砂及精矿进口量为 33885.0 吨，同比下降 20.7%（见表 2）。锑矿砂及精矿进口下降主要有两个原因，一是疫情导致进口渠道受阻，二是塔吉克斯坦等主要矿山生产国产量下降。中国锑矿砂及精矿主要从澳大利亚、俄罗斯、塔吉克斯坦、缅甸、玻利维亚等国家进口，数量分别为 8882.1 吨、8499.2 吨、7967.1 吨、5745.4 吨、1847.0 吨，同比变化分别为下降 23.3%、下降 25.2%、下降

54.7%、增长 971.7%、增长 73.0%。

表2　2019～2021 年中国锑产品进口情况　　　　（吨）

品种名称	2019 年	2020 年	2021 年
生锑	0.1	399.5	26.2
其他锑矿砂及其精矿	62584.1	42752.9	33885.0
锑的氧化物	690.8	840.4	566.3
硫化锑	146.0	96.8	118.9
未锻轧锑	1658.0	379.3	764.3
锑粉	0.0	0.0	0.0
其他锑及锑制品	12.2	16.2	5.3
进口总量	65091.3	44485.0	35366.0

数据来源：海关总署。

2021 年锑品出口量合计 59904.5 吨，同比增长 22.9%（见表3）。其中氧化锑出口量为 47876.5 吨，同比增长 27.8%；未锻轧锑 11283.6 吨，同比增长 39.2%。氧化锑和未锻轧锑等主要锑品出口明显增长有两方面原因，一是全球经济回暖，下游产业加大采购量；二是由于担心价格持续上涨，美国、日本等国加大从中国采购锑品的规模。氧化锑主要销往美国、中国台湾、韩国、日本、印度、马来西亚等国家和地区，分别为美国 18780.2 吨，同比增长 27.9%；中国台湾 5403.5 吨，同比增长 13.9%；韩国 3748.3 吨，同比增长 13.5%；日本 3640.4 吨，同比增长 44.2%；印度 3425 吨，同比增长 57.8%；马来西亚 2144 吨，同比下降 10.2%。未锻轧锑主要销往美国、荷兰、日本、韩国、比利时等国家，分别为美国 2890.7 吨，同比增长 262.8%；荷兰 2680.8 吨，同比增长 674.1%；日本 1823.4 吨，同比增长 0.1%；韩国 1169.3 吨，同比下降 7.7%；比利时 867.1 吨，同比下降 48.5%。

表3　2019～2021 年中国锑产品出口情况　　　　（吨）

品种名称	2019 年	2020 年	2021 年
生锑	—	—	—
其他锑矿砂及其精矿	2193.7	2804.6	548.0
锑的氧化物	42120.4	37456.8	47876.5
硫化锑	1069.9	243.6	—

续表 3

品种名称	2019 年	2020 年	2021 年
未锻轧锑	12704.3	8105.4	11283.6
锑粉	247.6	150.9	196.4
其他锑及锑制品	—	0.0	—
出口总量	58336.1	48761.3	59904.5

数据来源：海关总署。

三、2021 年中国锑工业经济运行状况分析

（一）供应情况

2020 年受疫情、环保等方面的影响锑产量继续保持历史低位，同时进口渠道受阻，锑原料总体供应收紧。2021 年锑精矿产量和进口进一步收缩，达到近 5 年最低水平，加上三氧化二锑等锑品产量的增加，锑锭库存消耗加速，环保督察造成主产区企业开工率偏低，锑锭供应也进入近 5 年最低水平。

据锑业分会统计数据并结合相关调研，2021 年锑品产量约 20.2 万吨，较去年同期略增。

（二）消费情况

中国是全球最大的锑消费国，2021 年中国锑消费量约 8 万吨，约占全球锑消费总量的 50%。据安泰科调研分析，中国锑消费结构如下：塑料和橡胶等阻燃行业是锑的主要应用领域，约占锑消费总量的 50%；锑合金主要用于电池消费及巴氏合金，占消费总量的 21%；焦锑酸钠在新能源领域用于太阳能光伏发电系统的玻璃基片，占消费总量的 17%；锑系催化剂（三氧化二锑、醋酸锑和乙二醇锑是最重要的代表）是目前聚酯工业主流应用的催化剂，主要用于纤维工业、包装业（瓶类）、电子电器（薄膜）等领域，占锑消费总量的 11%。此外，在耐候钢、搪瓷、石化等行业也有少量锑品应用。中国锑消费结构详见图 3。

（三）供需平衡情况

总体而言，2021 年锑市场的好转主要归功于供应大幅收缩，短期来看，国内矿山锑产量供应紧缺的局面不会发生明显变化，国内外资源供应回升也需要时间，即便供应得到补充，但由于资源环保等原因，回到历史高位的可能性比较低。当前价格大涨必然刺激供应弹性的增强，特别是国内企业产能的回归和 2022 年一季度至上半年海外矿山产量增长，与此同时高价格很可能进一步

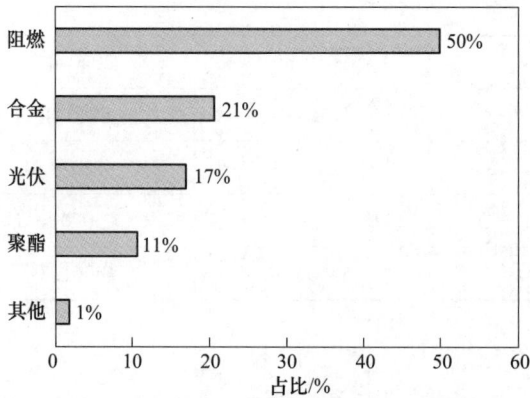

图 3 2021 年中国锑消费结构图

数据来源：安泰科

助长铅锌、黄金企业对锑的回收热情，这将进一步破坏略有改善的供求关系。

四、当前中国锑工业发展中需要关注的问题

（一）资源禀赋快速下降，中国优势逐年弱化。

由于长期超强度开采，国内锑资源保障程度持续下降，一批老矿山可采储量急剧减少，一些资源基地甚至出现资源枯竭，主产区骨干企业的资源保障年限普遍偏低。安泰科数据显示，2011 年至 2019 年国内锑资源基础储量下降了42%，资源保障形势严峻。

尽管近年来新的锑资源出现，但普遍存在交通困难、经济效益差、地质条件复杂、矿体小而分散、埋藏深、矿石品位低及矿石综合利用未解决等问题。特别是分布于西藏、新疆生态脆弱地区的锑资源，尚不具备快速经济开发的必要条件。可以说，中国锑资源的绝对优势已经弱化。

（二）全球锑品供应多元化，海外冶炼快速崛起

多年来，锑被作为重要矿产原料之一，发达国家高度积极制定相关政策以确保紧缺资源的供应，助推了中国以外国家锑资源开发的投资热情。

USGS 数据显示，中国锑矿供应量的全球占比由 2011 年的 79%下降至2020 年的 57%，同时国内矿山开发远落后于冶炼需求，约三分之一的原料依赖进口，近十年国内资源自给率快速下降，资源保障风险正在逐年加大。此外阿曼、塔吉克斯坦、越南、缅甸等海外冶炼的崛起，围绕全球锑资源的竞争也日趋激烈。

（三）传统应用面临替代风险，新需求增长点亟待发现

随着阻燃剂消费量的快速增长，世界各国对阻燃产品的性能要求也越来

严格。包括卤素阻燃剂在内的各类阻燃剂，在全球范围内面临相关标准、法规等多方面的挑战。溴系阻燃剂市场面临磷系等新兴阻燃剂的替代和挤压。尽管近年在光伏、半导体等方面锑应用取得一定进展，但消费增长绝对值不高。围绕着扩大应用的研究，还需要做大量的工作。

（四）国内锑冶炼新技术新工艺研究面临新压力

锑元素易挥发的特性决定了目前锑冶炼火法技术占主导地位，火法炼锑的代表性处理工艺是"鼓风炉挥发熔炼—反射炉还原"工艺。但鼓风炉挥发熔炼工艺和反射炉还原工艺存在能耗和环保等方面的弊端，目前尚无可工业化应用的锑清洁冶炼适用技术和装备，锑行业主流冶炼工艺技术与装备的升级改造步履艰难，如果不能持续加强锑金属采选冶新技术方面的科研投入，进一步提高科技创新能力，原有优势领域存在被赶超的风险。过去30多年里，锑行业的科研投入相对较少，整体自主创新能力偏弱，中国锑冶炼关键技术及其工业化应用依然处于攻坚阶段，亟须在锑高效清洁提取技术方面寻求突破，继续保持中国在该领域的优势地位。

（五）全球能源结构调整可能对中国锑产业发展带来深远影响

中国依赖化石能源的禀赋特点使中国有色金属行业排放高于水电丰富的国家。随着全球绿色低碳的发展，尽管锑行业碳排放量占比较小，但也有减排的空间和责任。未来有色金属产业逐渐进入能源结构优化及碳排放权金融市场，锑行业面临的既是机遇也是挑战。

五、中国锑工业下一步的发展重点

（一）夯实资源基础，提高锑资源控制能力

应以提高锑资源控制能力，巩固和提升锑工业全球的龙头地位为核心，围绕资源供应链安全，把提高锑资源保障能力提升到行业持续发展、国家经济安全和国防安全的战略高度，研究建立锑资源国家战略储备长期规划、管理体制和运行机制，加快推进战略性资源的储备研究，研究探、采、储结合新机制。引导与鼓励老矿加强深部资源的开发利用，完善锑矿资源储备配套的法律法规和产业政策，严格矿产开发准入条件，同时推进与"一带一路"沿线国家矿业合作。统筹国际国内两个市场、两种资源，鼓励国际化经营能力强的骨干企业勘查开采境外资源。

（二）突破技术瓶颈，提高资源利用

引导技改向高效、清洁、智能方向发展。加大锑冶炼环节节能降耗的研发应用，实现锑冶炼的自热或半自热。加强对锑熔池熔炼技术的研究，逐渐从传

统的鼓风炉挥发熔炼向富氧熔池熔炼技术转变。同时不断探索，发挥平炉对低品位资源的利用效率特点，弥补鼓风炉低品位资源利用短板，形成优势互补，进一步实现资源的高效利用。此外开展节能及清洁能源技术研究与应用，尤其是天然气等清洁能源在锑工业中的应用，代替化石能源供热，减少温室气体的排放。

（三）加强应用研发，促进消费升级

继续开发锑传统应用，高效复合阻燃材料、精加工阻燃协效剂、催化剂级三氧化二锑、高活性乙二醇锑等高附加值、精深加工产品。进一步扩大在阻燃等相关领域的应用，开展通用性母粒的研究。同时着力开展新能源、新材料等方面的研究，以及在光伏产业领域和含锑化合物半导体方面的研发应用，不断拓展新应用领域。

（四）立足创新驱动，增强企业实力

进一步提升锑企业科技创新能力。不断加大企业科技创新研发投入强度。完善锑产学研用协同创新体系，强化企业创新主体地位。围绕关键共性冶炼技术，尽快实现突破。加强标准创新体系建设，满足市场和创新需求。积极推进行业智能制造，加快研发、制造、运营、管理和服务模式创新与智能化深度融合，形成锑产业智能制造新业态。

（五）坚持绿色低碳，实现高质量发展

开发清洁选矿新药剂，解决氧化锑矿物的活化及浮选的难题，提高锑金属回收率；创新发展清洁高效锑冶炼新技术，重点支持锑资源绿色低碳高效提取分离、锑物料循环利用及污染近零排放等绿色低碳技术开发及推广应用，助推行业全面绿色转型。

扎实推进锑行业绿色低碳发展，加大低排放改造力度和速度是当前的首要任务。按照2030年前实现"碳达峰"和2060年前实现"碳中和"的目标要求，开展碳排放测算，加快研究锑行业低碳发展路线图。要进一步优化进口原料、生产工艺和能源结构，突破低碳工艺技术瓶颈，推动非化石能源尤其是新能源在锑行业的应用。积极引入产品全生命周期绿色发展理念，大力推广绿色设计产品，促进下游产业升级。

撰稿人：孙　旭
审稿人：赵振军

2021 年钛工业发展报告

一、2021 年世界钛工业概述

2021 年，全球多数国家和地区经济开始逐步恢复，但疫情、通胀、金融风险等重重挑战仍给全球经济复苏带来隐忧。受新冠肺炎疫情、国际海运运力紧张、部分地区政局动荡等因素影响，全球钛原料产量增速较低，部分矿山依然未能恢复到 2019 年之前的产量水平。据初步统计，2021 年全球钛矿总产量为 827 万吨（折合氧化物 TiO_2，下同），同比增加 3.9%；金红石总产量为 62.1 万吨，同比增加 4.0%；其他富钛料总产量为 131.2 万吨。具体数据见表 1。

表 1　2021 年全球钛矿、金红石、富钛料产量（折合氧化物）（万吨）

国家	钛矿	金红石	钛渣与人造金红石
合计	827.0	62.1	131.2
中国	285.7		
南非	100	9.0	39.4
莫桑比克	97	0.9	
加拿大	60		58.5
澳大利亚	48	19	17.3
挪威	44		15.9
乌克兰	43	9.5	
塞内加尔	36	1	
马达加斯加	31	1	
越南	22		
肯尼亚	19	7.3	
印度	18	1.1	
美国	10		
塞拉利昂		12	
巴西	6.6		
其他国家	6.7	1.3	

数据来源：美国地质调查局，相关公司公告。

据中国有色金属工业协会钛锆铪分会（简称钛锆铪分会）、美国地质调查局统计数据显示，2021年全球海绵钛产量为227279吨，同比增加0.5%。具体数据见表2。

受疫情影响，传统海绵钛生产大国俄罗斯、日本产量均有下降，剔除中国海绵钛产量后，2021年全球其他国家海绵钛总产量为87350吨，同比减少15.4%。中国海绵钛在全球产量占比由2020年的54.4%提升至61.6%，中国海绵钛行业在全球市场中的作用进一步加强。

表2　2021年全球海绵钛产量

国家	2021年海绵钛产量/吨
中国	139929
日本	35000
俄罗斯	27000
哈萨克斯坦	16000
乌克兰	5400
沙特	3700
印度	250
合计	227279

数据来源：钛锆铪分会，美国地质调查局。

二、2021年中国钛工业发展现状

（一）钛工业经济运行情况概述

2021年，全球经济受新冠肺炎疫情影响，许多主要经济体在取消管控与隔离封控两种措施之间摇摆不定，使经济复苏的步伐放缓。南非、肯尼亚、越南、加拿大等全球几个重要的钛原料生产国受到新冠肺炎疫情、社会动乱等因素干扰，加剧了中国钛原料进口的不确定性；价格上涨与船运周期延长也使得下游企业面临更高的市场风险。在全球钛原料市场供应紧张的大环境下，国内企业面对这些不利局面，提前做出预判并采取措施，预防中国钛原料供应可能出现的短缺危机。钛白粉行业在产量创下新高的同时，价格也达到近8年来的高点。海绵钛、钛材产量实现大幅增长，下游应用领域进一步扩大。在全球其他国家钛制品产量增长停滞甚至负增长的大背景下，中国钛行业能够克服诸多不利因素实现逆势增长，这一成绩是来之不易的。

1. 产能

据钛锆铪分会统计，2021 年，中国海绵钛产能达到 18.1 万吨，较 2020 年增加 0.4 万吨，同比增长 2.3%。2021 年中国海绵钛行业技改、扩建、新建项目较多，其中以半流程企业通过技改升级为全流程企业为主。待技改升级完成之后，中国海绵钛行业整体运行效率有望再度得到提升。

2. 产量

（1）钛精矿。据钛锆铪分会统计，2021 年，中国共生产钛精矿 285.7 万吨，同比增长 5.0%。2021 年攀西地区的钛矿产量为 249.1 万吨（530 万矿物吨），同比增长 3.7%，占国内总产量的 87.2%；进口钛精矿及中矿 177.3 万吨（380 万矿物吨），同比增长 26.2%。

（2）海绵钛。据钛锆铪分会统计，2021 年，中国 9 家企业共生产海绵钛 139929 吨，同比增长 13.8%，连续七年增长。行业的整体开工率达到 77.3%。具体数据见表 3。

表 3　2021 年中国主要海绵钛企业产量

企业	2021 年产量/吨
1	26011
2	24271
3	20000
4	17786
5	15670
6	14848
7	10000
8	8443
9	2900
合计	139929

数据来源：钛锆铪分会。

（3）钛锭。根据钛锆铪分会统计，2021 年，中国 25 家企业共生产钛锭 121303 吨，同比增长 1.1%，已连续七年增长。2020 年市场上有较多的钛锭库存，是造成 2021 年中国钛锭产量增速较慢的原因之一。具体数据见表 4。

表4 2021年中国主要钛锭生产企业产量

厂家	产量/吨	厂家	产量/吨
1	24890	14	2600
2	20900	15	2130
3	11076	16	2000
4	8600	17	1255
5	7000	18	1200
6	6900	19	1000
7	6508	20	850
8	4563	21	800
9	4197	22	707
10	3900	23	600
11	3200	24	327
12	3120	25	180
13	2800	合计	121303

数据来源：钛锆铪分会。

（4）钛加工材。据钛锆铪分会对中国 29 家主要钛材生产企业的统计，2021 年，29 家企业共生产钛加工材 135941 吨，同比增长 40.1%，已连续七年增长。2021 年钛材产量大幅增长主要有两个原因，一是几家大型钛材企业不断做大做强，产品产量大幅提升；二是对统计口径的调整。具体数据见表5。

表5 2021年中国主要钛材生产企业的产量统计　　　（吨）

厂家	钛板	钛棒	钛管	锻件	丝线	铸件	箔带	其他	合计
1	8798	6176	1599	743	67	241	2155	10158	29937
2	17912	2500							20412
3	9075	1815	2682						13572
4	7006	50		150					7206
5	1000	1500		4620					7120
6	5886	30	2	10	240			340	6508
7	4300		970	800					6070
8		5921			10				5931
9	1500	250	4000		50				5800
10	2324	819	1078		160				4382

厂家	钛板	钛棒	钛管	锻件	丝线	铸件	箔带	其他	合计
11	197	745		1329	112		1315	418	4116
12	3500	40	30		5				3575
13	2450		280			220			2950
14	2497								2497
15	297	1500		77	340				2214
16			1800						1800
17	1500	25	180		30				1735
18	1500	50	50	10		5			1615
19		900		370	35			50	1355
20			1200						1200
21	90	750	30	100			20	160	1150
22	118	476	1	148				96	839
23			800						800
24			700						700
25		407		240					647
26	60	450			110				620
27		500		100					600
28	120	70		55	20	50			315
29						275			275
总计	70130	24974	15402	8752	1179	791	3490	11222	135941

数据来源：钛锆铪分会。

（二）产业结构

近三年各类钛产品所占的比例及产量变化见表6。

表6 2019～2021 年中国各类钛材所占比例

年份	产量及占比	钛板	钛棒	钛管	锻件	丝线	铸件	箔带	其他	合计
2019 年	产量/吨	39060	13297	10150	5277	773	782		5926	75265
	占比/%	51.9	17.7	13.5	7.0	1.0	1.0		7.9	100
2020 年	产量/吨	57609	15547	9488	5660	1198	936		6591	97029
	占比/%	59.4	16.0	9.8	5.8	1.2	1.0		6.8	100
2021 年	产量/吨	70130	24974	15402	8752	1179	791	3490	11222	135941
	占比/%	51.6	18.4	11.3	6.4	0.9	0.6	2.6	8.2	100.0
2021 年同比/%		21.7	60.6	62.3	54.6	-1.6	-15.5		70.3	40.1

数据来源：钛锆铪分会。

在钛产品结构方面，从上述统计数据可以看出，2021年钛及钛合金板的产量同比增长21.7%，占到当年钛材总产量的51.6%；棒材的产量同比增长60.6%，约占全年钛材产量的18.4%；管材的产量同比增长62.3%，占全年钛材产量的11.3%；锻件的产量同比增长54.6%，占全年钛材产量的6.4%；钛丝的产量同比减少1.6%，占全年钛材产量的0.9%；铸件的产量同比减少15.5%，占全年钛材产量的0.6%；其他钛产品的产量同比增长70.3%。

在产业分布方面，海绵钛生产重心正在由东向西转移。2021年西部地区海绵钛产量占比上升至59.8%，而传统海绵钛生产大省辽宁省占比由2020年的34.6%下降至25.9%；钛及钛合金锭生产主要集中在陕西，其产量占国内总产量的40.4%；钛加工材生产也主要集中在陕西，其产量占国内总产量的44.3%；其中，钛板生产主要集中在陕西，其产量占国内总产量的27.9%；钛棒生产主要集中在陕西，其产量占国内总产量的69.5%；钛管生产主要集中在江苏，其产量占国内总产量的50.8%。中国钛加工材行业集中度相对较高，前三名企业产量之和占全国总产量的47.0%，前十名企业产量之和占全国总产量的78.7%。

（三）市场与价格

1. 销售量

据钛锆铪分会统计，2021年，中国海绵钛的总销售量为133741吨，同比增长8.8%；净进口13123吨，同比增长214.3%；国内销售量为133029吨，同比增长4.7%。

2021年，中国钛材的总销售量123268吨，净出口量为8565吨，国内销售量为114703吨，同比增长了35.8%。

2. 需求分配

2021年，中国钛材在不同领域的销售量见表7和图1，近三年中国钛加工材在不同领域的应用量与同期的对比见表8。

表7　2021年中国主要钛材生产企业在不同领域的应用情况统计　（吨）

单位	化工	医药	航空航天	船舶	冶金	电力	制盐	体育休闲	海洋工程	其他	总量
1	11570	315	7889	726	3823	240		13	583	3611	28770
2	14176	4	332	12					1177	4283	19984
3	2210	1088	1775	84	623	5253	1005	1313		220	13572
4	5826	85	42	105	815				333		7206
5	364	796	5261	135					13	69	6638

续表7

单位	化工	医药	航空航天	船舶	冶金	电力	制盐	体育休闲	海洋工程	其他	总量
6	3595			578	285	270	349		550	708	6335
7	1200	600	2300	680	590	340			500		6210
8	5336							290		174	5800
9	3800		1200	300				70		200	5570
10	2481			106	709				248		3544
11	2050	500	200			90	80	50		369	3339
12	1590	30	100	300	200	100		110	200		2630
13	230	60	1100	100		200				900	2590
14	100	100	300	300						650	1450
15		5	600		20				40	700	1365
16	800	60	150	20			130			150	1310
17	1250						50				1300
18	660									540	1200
19	23	412	215	5						515	1170
20	600					200					800
21	440				30	110	120				700
22		26	24							642	692
23			647								647
24	50		25	10		5			10	400	500
25	240	5	15							180	440
26				299							299
27		1	232	12							245
28		155									155
合计	58591	4157	22450	3710	6385	7533	1744	1876	3704	14311	124461

数据来源：钛锆铪分会。

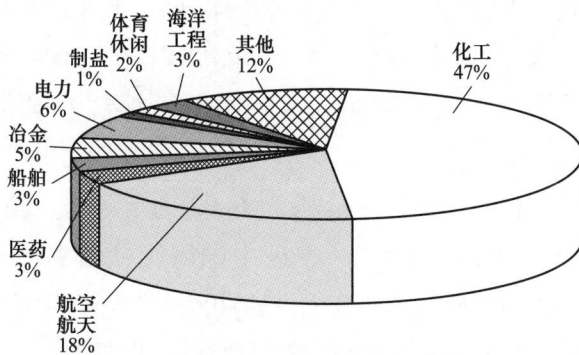

图1 2021年中国钛材在不同领域中的应用比例

数据来源：钛锆铪分会

表8 2019~2021年中国钛加工材在不同领域的应用量对比

年份	项目	化工	航空航天	船舶	冶金	电力	医药	制盐	体育休闲	海洋工程	其他	总量
2019年	用量/吨	35290	12600	1755	1024	4113	2562	1176	3162	1986	5182	68850
	占比/%	51.3	18.3	2.5	1.5	6.0	3.7	1.7	4.6	2.9	7.5	
2020年	用量/吨	47513	17228	2743	1324	4638	2517	1231	7240	3262	5900	93596
	占比/%	50.8	18.4	2.9	1.4	5.0	2.7	1.3	7.7	3.5	6.3	
2021年	用量/吨	58591	22450	3710	6385	7533	4157	1744	1876	3704	14311	124461
	占比/%	47.1	18.0	3.0	5.1	6.1	3.3	1.4	1.5	3.0	11.5	
2021年同比/%		23.3	30.3	35.3	382.3	62.4	65.2	41.7	-74.1	13.6	142.6	33.0

数据来源：钛锆铪分会。

3. 价格

2021年中国攀枝花20号钛矿、0级海绵钛和具有代表性的TA2/3.0毫米厚的标准钛板的价格走势见图2~图4。

2021年，国产攀枝花20号钛矿年度平均价格为2694元/吨（含税出厂价，下同），较2020年的1720元/吨同比增长56.6%；2021年进口钛矿年度平均价格为310美元/吨，较2020年的214美元/吨同比增长44.9%。在高收益的驱动下，矿山企业接近满负荷运作，这也使得2021年中国钛矿产量创下新高。受新冠肺炎疫情在全球主要钛矿生产国传播及国际海运船期延长等因素影响，全球钛矿供应形势恶化。国内企业为保证钛矿的充足供应，被迫提高了进口钛矿库存规模。但这一举措同时也加重了国内下游企业的资金流负担及潜在的原料库存价格下跌造成的损失风险。2021年下半年，随着国外下游生产企业的相继复产，全球氯化法原料出现供不应求的局面，价格也开始加速上涨。至2021年末，氯化法钛矿价格上涨至430美元/吨以上，95%金红石价格上涨至2000美元/吨，创下近十年价格新高。这对中国海绵钛、氯化法钛白粉行业的经营带来了更大的压力。

2021年，中国海绵钛年度平均价格为6.92万元/吨，较2020年的6.4万元/吨同比增长8.1%。2021年前三个季度中国海绵钛价格上涨相对缓慢，0级海绵钛年初价格在6万元/吨左右，9月下旬价格在6.8万元/吨左右。至2021年10月，受国内限电政策及电力价格调整影响，高钛渣、镁锭等原料价格大幅上涨，导致海绵钛价格超过7.5万元/吨，单次涨幅与全年前三个季度累计涨幅相当。除航空航天、国防军工、高端装备制造应用领域外，大部分下游应

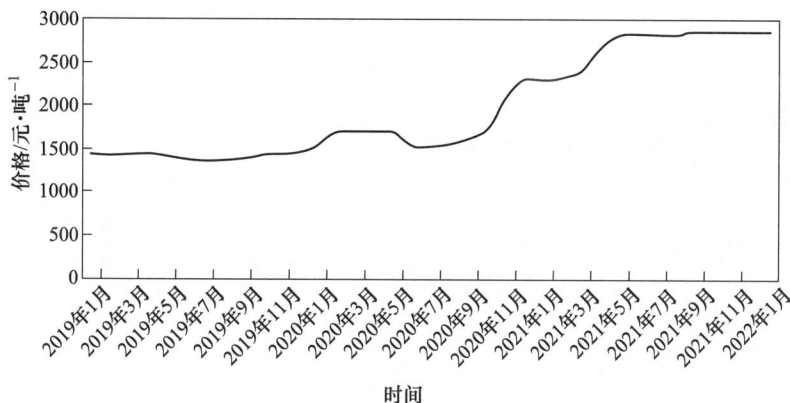

图 2　攀枝花 20 号钛矿价格走势

数据来源：钛锆铪分会

用领域难以承受更高的海绵钛价格，致使海绵钛企业难以通过涨价向下转嫁成本，其市场需求也随之下降。下游企业转向消化市场库存，部分半流程海绵钛企业开工率陡然下降。

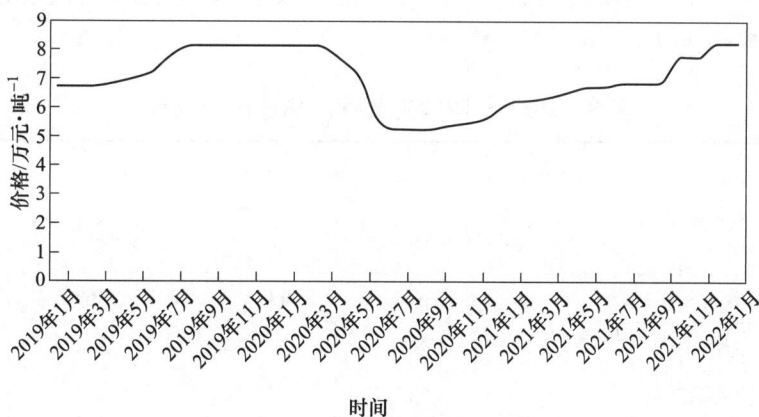

图 3　国内 0 级海绵钛价格走势

数据来源：钛锆铪分会

2021 年，中国钛材价格基本是被动跟随海绵钛价格进行上调。在 2021 年第四季度，部分低端钛材市场萎缩，原因是下游用户难以接受价格不断上涨。得益于上半年的高景气度，2021 年全年市场仍然呈现上涨态势，大部分企业全年整体经营形势优于 2020 年。2021 年下半年，海绵钛价格快速走高，使得民品市场订单量减少，相关产品价格快速上涨也影响了民品钛市场的深耕与推广。

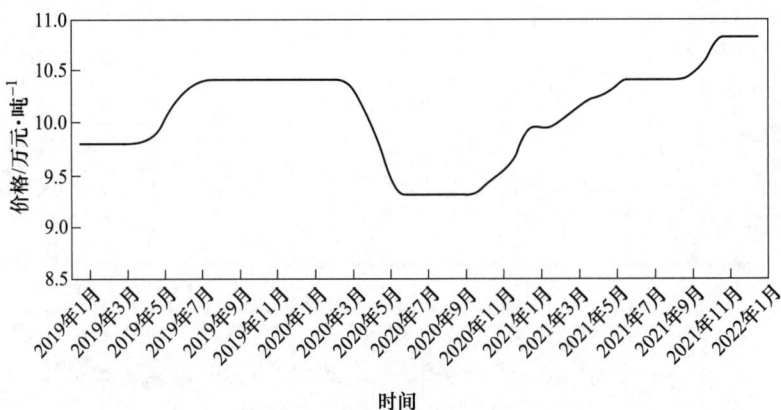

图4　国内 TA2/3 毫米厚钛板价格走势

数据来源：钛锆铪分会

4. 进出口贸易

2021 年，钛产业相关产品中，中国主要进口产品为钛矿、海绵钛及厚度不超过 0.8 毫米的钛板、片、带、箔；主要出口产品为钛条、杆、型材及异型材、厚度大于 0.8 毫米的钛板、片、带、箔、钛管及其他锻轧钛和钛制品。具体数据见表 9 和表 10。

表 9　2021 年中国主要钛产品进出口统计

商品名称	进口		出口	
	进口数量/吨	进口金额/万美元	出口数量/吨	出口金额/万美元
钛矿砂及其精矿	3799512	117684	34699	4177
海绵钛	13835	10470	712	370
其他未锻轧钛	2535	3103	297	433
钛粉末	220	431	238	591
钛条、杆、型材及异型材	1205	5944	624	1505
钛丝	297	2750	624	1745
厚度不超过 0.8 毫米的钛板、片、带、箔	2541	4934	404	1327
厚度大于 0.8 毫米的钛板、片、带	1878	6500	6815	13921
钛管	755	2169	3798	9961
其他锻轧钛及钛制品	499	24762	3474	15548
钛材合计	7175	47058	15739	44007

数据来源：海关总署。

表 10　2019~2021 年钛产品进出口数量　　　　　（吨）

年份	海绵钛			钛加工材		
	进口量	出口量	净进口量	进口量	出口量	净出口量
2019 年	7139	1046	6093	8116	20916	12800
2020 年	4723	548	4175	6139	15246	9107
2021 年	13835	712	13124	7175	15739	8565
2021 年同比/%	192.9	29.9	214.3	16.9	3.2	−6.0

数据来源：海关总署。

三、2021 年中国钛工业经济运行状况分析

（一）政策环境分析

针对 2021 年第四季度我国多地出现的能源供应紧张现象及电力价格上涨现象，国家发改委印发《关于进一步完善煤炭市场价格形成机制的通知》（发改价格〔2022〕303 号）。该通知不仅保证了电力供应稳定，还规定了电价涨幅的上限，为钛渣、海绵钛企业正常生产提供了保障。

在新发布的《重点新材料首批次应用示范指导目录（2021 年版）》中，高强损伤容限性钛合金、大卷重宽幅纯钛带卷、钛合金丝材、注射成型钛合金、精密钛合金铸件、航空航天用钛铝金属间化合物锻件、钛合金油井管 3D 打印用钛合金粉末、注射成型用钛合金粉末、热等静压用高性能钛合金粉末、舵机用 3D 打印钛合金壳体均被收入其中。

2016 年印发的《新材料产业发展指南》（简称《指南》）提到，新一代信息技术、航空航天装备、海洋工程和高技术船舶、节能环保、新能源等领域的发展，为新材料产业提供了广阔的市场空间，也对新材料质量性能、保障能力等提出了更高要求。必须紧紧把握历史机遇，集中力量、加紧部署，进一步健全新材料产业体系，下大力气突破一批关键材料，提升新材料产业保障能力，实现中国制造由大变强的历史跨越。《指南》提出，到 2020 年，先进基础材料（包括钛合金）总体实现稳定供给，关键战略材料综合保障能力超过 70%，以先进基础材料、关键战略材料、前沿新材料为发展方向，并提出加快重点新材料初期市场培育，研究建立新材料首批应用保险补偿机制，完善新材料产业标准体系，推动新材料产业标准化试点示范。

（二）产业结构调整情况分析

2021 年，中国钛工业持续推进产业转型与技术升级，向中高端领域迈进。

高钛渣行业加快设备大型化、自动化步伐。国产 25000 千伏安以上的大型冶炼炉装置已经成熟并被多家企业采用，逐步替代小型设备，提升了中国高钛渣行业的大型设备国产率、劳动生产率并创造出经济效益，响应了国家"节能减排"的政策方针。

2021 年，中国钛化工行业继续保持高增长势头，尤其是高端氯化法钛白粉产量进一步提升，达到国内钛白粉总产量的 10%。攀钢集团有限公司的熔盐氯化工艺进一步完善，产品质量进一步提升且具有较好的批次稳定性，为国内高钙镁钛矿无法作为氯化法原料的难题打开了突破口。

2021 年，中国海绵钛行业继续加大投入，多家半流程企业向全流程转型升级。这一转变既保障中国海绵钛的 0 级品率，又进一步降低了生产成本。攀钢集团有限公司开展了超软钛定向生产试验研究，超软钛定向炉成功率由 50% 提高到 65% 以上。

2021 年，中国钛加工行业继续做大做强。以宝钛集团、新疆湘润新材料科技有限公司、湖南湘投金天钛金属股份有限公司、中国船舶七二五所、西部超导材料科技股份有限公司和西部材料科技股份有限公司等骨干企业进一步完善产品线，在化工、航空航天、医疗器械、电力等行业起到引领作用，填补了国内相关产品空白。多家中小型企业着力在细分领域中打造"专精特新"型企业。西部材料科技股份有限公司完成某型钛合金板材高性能低成本制备技术、航空用钛合金薄板材高效低成本制备技术、光触媒功能涂料、低成本抗菌玻璃制品、油气开采用超长钛合金管材制备、锆钢双层复合技术开发等多项技术成果，相关产品出口海外。中国船舶七二五所开发出纯度为 99.9% 的电子级高纯海绵钛，可应用于 LCD/OLED 显示器和半导体芯片领域；购置龙门式激光-电弧复合焊接系统和控温控湿系统并成功投用；完成了超深冲高精度超薄钛带制备、超薄钛带精密冲压成型控制、超薄精密钛带涂层制备技术研究。陕西天成航空材料有限公司从乌克兰引入了一台功率达 3150 千瓦，熔炼能力达 10 吨的真空冷枪电子束炉；在技术上突破完成大规格钛合金棒材"以轧代锻"工艺、掌握了"EBCHM+VAR"合金锭熔炼工艺及返回料重熔控制技术。南京宝泰特种材料股份有限公司新投入使用 3.8 米大型四辊可逆式热轧机、4×1.5×15 米大型碱洗锅，基本完成对原有 2.5 米热轧机进行四辊可逆式重大改造。宝鸡富士特钛业（集团）有限公司完成高强度钛合金筒体研制等项目。宁波创润新材料有限公司新增大型真空电子束熔炼炉一台，开发大尺寸超高纯钛锭熔炼铸锭技术。

（三）经营形势分析

由于国内下游产品产量快速上涨，2021年中国钛矿进口量及消费量进一步提升。2021年下半年，钛矿及其他多种原料成本显著上升，导致下游企业利润被吞噬，部分企业处于亏损状态。

2018年钛势逐步好转以来，社会资金连续几年加快建设EB炉、熔炼炉，以及下游企业加快添置装备，助推了钛锭产能、钛材产能的增加。

（四）市场供需及消费情况分析

2021年，中国钛矿市场呈现供需两旺的态势。其中，受利润空间高企的刺激，攀枝花地区钛矿产量再创新高。受钛白粉行业产量持续高速增长的影响，中国对钛矿的需求持续大幅增长。2021年中国钛原料对外依存度在40%左右，在国内钛矿产量不足以满足需求的情况下，各企业通过加大对进口钛矿采购力度，使中国钛矿保持供需基本平衡，且略有库存的局面。

2021年，中国海绵钛市场总体供应充足，但高品质小粒度海绵钛缺口较大。2021年中国海绵钛产量为13.99万吨，表观消费量为15.3万吨，同比增长20.5%，创历史新高；进口海绵钛1.38万吨，同样创下历史新高，进口海绵钛主要用于满足下游企业对高品质海绵钛的需求。近年来，中国海绵钛总产能快速增长，高品质海绵钛产量的绝对数量也在稳步提高，但高品质海绵钛产量增速无法满足需求的爆发式增长且缺口逐年加大。中低端供应过剩，高端供应不足成为中国海绵钛行业面临的主要问题。

2021年，中国钛材产量为13.6万吨，为历史新高，表观消费量为12.7万吨，同比增长44.3%。排名前三的大型钛材企业对2021年钛材产量增长贡献度达到44.7%，中国钛材行业集中度进一步提高。

从下游细分消费领域来看，化工（PTA）领域用钛量增长最大（11078吨），其次是航空航天（5222吨）；电力领域（5016吨）。受疫情影响，体育休闲领域用钛量下降5364吨，成为唯一负增长的细分领域。在其他钛产品中，以废钛及边角料生产钛铁合金等钛产品的产量增长较多。新兴市场方面，经过近几年的市场推广与技术提升，以纯钛保温杯、电热水壶、餐具等民用钛制品数量增长，国内某知名企业2021年生产近50万只钛保温杯。随着中国中产阶级的壮大，消费能力的提升，未来民用钛制品市场规模有望保持高增长势头。

2021年，中国在高端化工（PTA）、航空航天、船舶和海洋工程等中高端领域的钛材需求总量增加20542吨，同比增长28.5%。这说明中国钛工业仍处于产业升级加速期。而国家提倡科技创新、鼓励技术进步的政策，以及在国防军工、"三航"领域中对钛的大量使用成为推动中国中高端钛材发展的最大驱动力。随着以国防军工、高端装备制造领域对钛材产生的巨大市场需求，国内几家大型钛材企业全方位发力，向大而强的方向发展。部分中小型企业通过几年时间的技术沉淀，在某一项细分领域中取得快速进步，成为该细分领域的头部企业，实现小而精的发展模式。而国家提出的"碳达峰、碳中和"战略将使能源、电力行业在未来几年加速转型，这也将给中国钛行业的发展提供新的机会。在多方驱动下，未来中国钛行业进一步向中高端迈进的步伐将会持续加快。

四、存在的突出问题及对策

（一）存在的突出问题

2021年，中国钛行业有两个最为突出的问题：一是钛矿等原料对外依存度过高；二是国内高品质海绵钛产量提升相对较慢，无法满足国内对高品质海绵钛需求爆发式增长。此外，钛加工材品质有待提高、新应用领域相关生产工艺参数和使用手册等资料尚不完善的问题依然需要深入解决。

1. 中国钛原料对外依存度过高

2021年，中国钛原料对外依存度为40%，钛原料供应严重依赖国际市场。在新冠肺炎疫情反复、全球超发货币推高资源类产品价格的大背景下，2021年中国进口钛矿年度均价上涨44.9%，导致中国在进口钛矿采购环节上多支出4.96亿元。除付出经济成本之外，进口钛矿供应的不稳定性严重影响了中国海绵钛、高端钛产品的质量稳定性，成为中国钛工业向中高端领域迈进的重大障碍。由于下游企业没有稳定的钛矿来源，只能"吃百家饭"，导致其不同批次产品质量频繁出现波动。而中国钛矿高钙镁杂质的特点使得国产钛矿无法作为氯化法的原料；生产海绵钛、氯化钛白的钛矿和金红石等原料完全依赖进口。中国在钛矿等钛原料的进口上同样面临"马六甲困局"，79%的钛原料需要途经南海，这既制约了中国海绵钛、氯化钛白行业的健康发展，也为未来的安全生产带来隐患。

2. 国内高品质海绵钛产量无法满足快速增长的需求

中国海绵钛工业虽然有较长的历史，但形成规模的时间尚短，中高端领域形成较大需求市场的时间不足10年，这使得中国高品质海绵钛的供应量增长无法跟上爆发式需求的增长，预计在未来两三年内仍将需要依赖进口海绵钛来补充高品质海绵钛的供给缺口。

3. 钛加工材品质有待提高

超薄钛带、超厚钛板材、大壁厚管材、大尺寸型材、锻件、航空紧固件等产品加工水平尚不过关，产品品质与国外相比仍有明显差距，相关产品仍然没有摆脱依赖国外进口的局面。这制约中国航空航天、国防军工、能源等关键行业的长远发展。

4. 新应用领域相关生产工艺参数、使用手册等尚不完善

由于钛及钛合金具有质量轻、强度高、耐腐蚀等诸多优点，近年来在海洋工程、船舶制造、石油开采等诸多领域内展开其应用推广。然而在使用过程中，由于此前中国在相关领域内缺乏使用经验，导致无法达到预期效果。在生产加工过程中，由于缺乏相应的经验和工艺手册，导致成品率不高；在下游用户生产设计环节，由于缺乏相应的工艺参数和设计手册，使得下游用户在设计环节上遇到诸多阻碍；在产品组装环节上，焊接装配环节中也时常出现问题，最终导致产品性能达不到预期效果。

（二）对策建议

随着中国综合国力的不断提升，航空航天、船舶制造、海洋工程等高端领域进入了快速发展期，国家在相关领域的投入力度空前加大。为配合国家发展战略，为相关领域顺利、可持续发展提供相应保障，中国钛工业应进一步解决原料供给不足、产品品质有待提升等问题，积极探索实际应用方面的工艺技术研究。

1. 加大鼓励企业海外资源开拓力度，适时储备优质钛资源

为解决中国钛资源供给不足，尤其是高品质氯化法原料几乎完全依赖进口的困境，建议鼓励企业在海外购入优质钛矿资源，这样既可弥补国内优质钛矿供应不足的短板，也可降低中国进口钛矿的成本，获得经济效益。同时，在国内通过联合攻关，实现国产钛矿升级为高品质富钛料的相关技术突破。内外两条线同时推进，使中国钛资源供应更有保障。在适当的时间节点，可考虑建立一定数量的富钛料或高品级海绵钛储备，以保障短期内关键领域对海绵钛的需求不受影响。

2. 整体提升海绵钛、铸锭生产工艺水平

通过提升钛原料供应的稳定性，解决因原料波动带来的海绵钛批次间质量不稳定的问题。引导企业持续强化技术工艺水平提升与装备提升，提高 0A 级海绵钛成品率，缩小与国外先进企业的技术差距。为中国关键领域的发展提供较为充足的、优质的、稳定的、低成本的海绵钛供给。

建设积极开展电子束、等离子冷床炉熔炼航空航天高端合金钛材的规模化应用研究。国内最近十年进口及国产了全球最多的电子束、等离子冷床炉，但都在以海绵钛为原料生产铸锭，没有掺加回收料生产铸锭。而美国及俄罗斯的冷床炉则集中用于航空航天高端合金钛材的生产，充分发挥了冷床炉能够良好除去高低密度夹渣和能够使用回收料的优势。这项规模化应用研究能够较好地契合我国目前航空航天大发展对高端钛合金材料的需求。

3. 引导行业整体布局更为合理，避免重复建设与低水平竞争

通过行业协会引导行业整体健康有序发展，引导企业减少或避免在已经过剩的、技术水平较低的领域内重复建设，进而缓解或避免低端市场上的无序竞争。通过行业协会倡议，并结合相关职能部门通过政策激励、联合立项等手段引导企业及社会资本投向有待解决的、具有较高技术内涵的、当前国内存在空白又能带来良好效益的领域中去；积极推动产学研三方合作对接，对新牌号、新工艺、新产品进行合作开发并尽快市场化，使优秀技术尽快产生经济效益。

4. 跨领域、多部门联合推进钛及钛合金在新兴领域的应用探索

此前中国钛合金牌号多以引进、吸收、改进、完善为主，自主创新方面滞后，未来要在自主创新与理论探索上多努力。随着近年来中国在"三航"、国防等关键性领域对钛及钛合金需求的快速增长，传统牌号的钛合金已经难以满足需求。中国钛工业需要由之前的侧重技术应用性研究转向应用性研究与基础理论性研究相并重。建议加大对关键性课题的投入力度，抓住国家推进科研体制机制全面深化改革的契机，对钛合金的关键理论探索、基础理论研究进行大力扶持，为中国钛合金材料领域培养人才梯队，为未来长期技术创新打下基础。

在当前航空、船舶、海洋工程领域中，由于长期缺乏实际应用经验造成的相关工艺空缺、相关设计人员缺乏钛合金使用设计参考资料等问题，则需要跨领域联合攻关。通过联合攻关，补足历史欠账，加速摸索出钛合金在各领域应用中、具体使用环境中的性能参数等关键数据。由下游应用方提出具体工况及相关性能指标要求，由钛合金生产方展开针对性研究，避免用户对钛合金性能特点理解过于笼统，避免上游生产方对下游应用环境具体工况不了解，只能在实验室进行笼统的性能测试等弊端。通过上下游联合攻关，供需双方充分交换信息，避免理解偏差，进而高效推进钛合金在相关领用中的应用普及，同时减少无效的人力、财力、时间上的投入。

撰稿人：赵　巍、陈　岩

审稿人：安仲生

2021 年钽铌工业发展报告

一、2021 年世界钽铌工业发展概述

（一）全球钽铌资源储量

据美国地质调查局（USGS）公布数据，2021 年世界钽资源储量中澳大利亚约 94000 吨、巴西约 40000 吨、美国约 55000 吨探明储量但不具备经济开采价值。2021 年世界铌资源储量超过 1700 万吨，其中美国约 17 万吨、巴西约 1600 万吨，加拿大约 160 万吨。2021 年全球钽铌资源储量见表 1。

表 1　2021 年全球钽铌资源储量表　　　　　　　　（吨）

国家	钽	铌
美国	—	170000
澳大利亚	94000	—
巴西	40000	16000000
加拿大	—	1600000
总计（约）	—	>17000000

数据来源：美国地质调查局 2022 年矿物商品摘要。

（二）全球钽铌供需情况

近年来钽行业市场竞争格局加快演变，行业整合趋势愈发明显，供应控制越来越多地落入少数几个大公司手中，如全球先进材料公司（GAM）于 2012 年收购了 Cabot 超级金属业务部；H. C. Starck（世泰科）于 2018 年将其钽和铌分公司出售给日本新日铁矿业与金属株式会社；2021 年 Materion（万腾荣）公司收购 H. C. Starck 电子材料。通过大公司之间的收购兼并，行业集中度不断提高，同时也减少了供应和消费之间的层层环节。

生产方面，近年来非洲已成为世界钽原料主要供应地，澳大利亚锂矿副产品钽的生产设施正在增强。钽与其他矿产相比较，全球钽矿的产量和市场需求量都很小。据国际钽铌研究中心报道，2020 年加工商的钽原料（以 Ta_2O_5 计）接收量约 2543 吨，同比增长 13.5%。钽矿来源主要集中在澳大利亚、巴西、

刚果（金）、卢旺达及中国等地区。2020 年铌原料采矿生产和贸易性接收（以 Nb_2O_5 计）约 66794 吨，同比减少 39%。铌矿产量主要以巴西、加拿大和尼日利亚为主，其中巴西产量约占世界产量的 90% 以上。相对于多数其他矿产，钽铌资源在全球的绝对数量不多，但相对目前的用量而言，铌钽矿产资源储量充足、资源分布较为集中。

需求方面，新冠肺炎疫情在全球的持续影响给电子、科技、互联网行业带来了巨大的影响。学生在家上课、上班族居家办公，键盘、鼠标、显示器和笔记本电脑等电脑配件的销量激增，逐步出现家庭办公室等新兴概念，一些员工还从他们的公司获得了相关的硬件补贴，这给钽消费市场带来了一定机遇。

钽主要用于钽电容器、钽化学品、合金添加剂、溅射靶材等方面。据国际钽铌研究中心（TIC）报道，2020 年加工商钽产品发货量为 1774 吨，同比减少 5%。其中钽轧制品 191 吨，同比增长 91%；钽锭 191 吨，同比减少 35%；其他如钽化学品 463 吨、碳化钽 34 吨、电容器级钽粉 319 吨，与 2019 年持平。

铌主要用于钢铁行业，约占铌消费的 91%，此外铌化学品、真空级铌和铌金属也有一定量消费。据国际钽铌研究中心报道，2020 年世界铌消费按金属量计 HSLA 级铌铁 50419 吨、铌化学品 2807 吨、真空级铌 1463 吨、铌金属 755 吨，比上一年分别减少 33%、11%、1%（TIC 报道的世界钽铌产量最新数据为 2020 年，数据统计整理有一定滞后性）。

二、2021 年中国钽铌工业发展现状

（一）产品产量

目前，中国钽铌冶金工业已形成从矿石到终端产品种类齐全的产业链生产体系，钽产品主要有钽粉、钽丝、钽化合物、钽轧制品、钽锭等。铌产品有铌铁、铌化学品、真空级铌、铌金属等。据中国有色金属工业协会钽铌分会统计，2021 年中国氟钽酸钾产量 790 吨，同比减少 21%；钽粉产量 214.8 吨，同比减少 14%；钽丝产量 53 吨，同比增长 19%；钽化学品产量 347.2 吨，同比减少 27%。铌化学品产量 3115 吨，同比增长 96%，详见表 2。

表 2　2021 年中国钽铌工业主要产品产量

产品分类	产品产量/吨	同比/%	备注
钽精矿（Ta_2O_5）	97.84	−31%	初级原料
氟钽酸钾	790	−21%	

产品分类	产品产量/吨	同比/%	备注
钽化学品	347.2	−27%	制备钽产品等
碳化钽	484.3	273%	硬质合金工业
钽粉	214.8	−14%	电容器工业用
电容器用钽丝	53	19%	电容器工业用
钽锭	130	25%	溅射靶材、高温合金等
钽制品（不含钽丝）	110		高温炉部件、化工设备等
铌铁	21000		钢铁工业
铌金属	907		合金、氧化铌等
铌化学品	3015	96%	合金添加剂等

注：1. 中国有色金属工业协会钽铌分会统计，数据为各会员单位申报数据。

2. 由于统计类别跟上年有所不同，部分产品无法与上年进行对比。

2021 年中国钽铌行业工业总产值和销售收入都有所增长。2021 年中国钽铌行业工业总产值约 41.6 亿元，同比增长 21.9%，行业实现销售收入约 38.4 亿元，同比增长 20.0%，详见表 3。

表 3　2019~2021 年中国钽铌工业经济运行状况

年度	2019 年	2020 年	2021 年	2021 年同比/%
销售收入/亿元	29.8	32.0	38.4	20.0
工业总产值/亿元	31.2	34.1	41.6	21.9

数据来源：中国有色金属工业协会钽铌分会，数据为钽铌分会各会员单位申报数据。

（二）产业结构

中国钽铌生产加工企业产能逐年增加、技术不断提升、产品更新、应用领域扩展、生产环境逐渐改善，在国际钽铌行业的地位进一步提高，已跻身为世界钽铌生产和消费大国。截至 2021 年末，具有一定规模的企业数量从 20 世纪末的 15 家增加到现在的 20 余家，行业年销售收入近 40 亿元。

（三）市场价格

2021 年受新冠肺炎疫情及大宗商品价格持续上涨影响，使得通胀预期迅速升温，钽矿中国到岸价从年初的 52 美元/磅（以 Ta_2O_5 计）开始逐月上涨，到 9 月初上涨到 86 美元/磅，涨幅 65%。2014~2021 年中国市场钽矿价格走势见图 1。

铌矿价格年初为 9 美元/磅（Nb_2O_5 50% min Ta_2O_5 min 5% 中国到岸价），

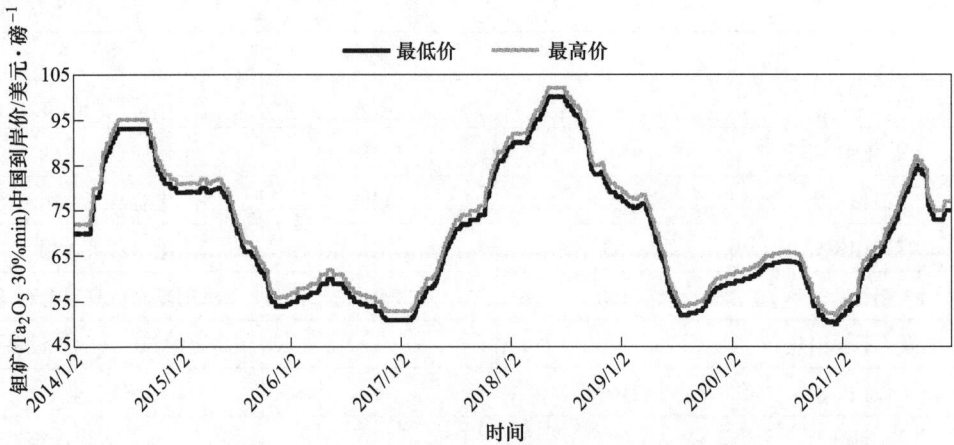

图1　2014~2021年中国市场钽矿价格走势

数据来源：亚洲金属网

到年底上涨到 17.05 美元/磅，涨幅达到了 89%。2014~2021 年中国市场铌矿价格走势见图2。

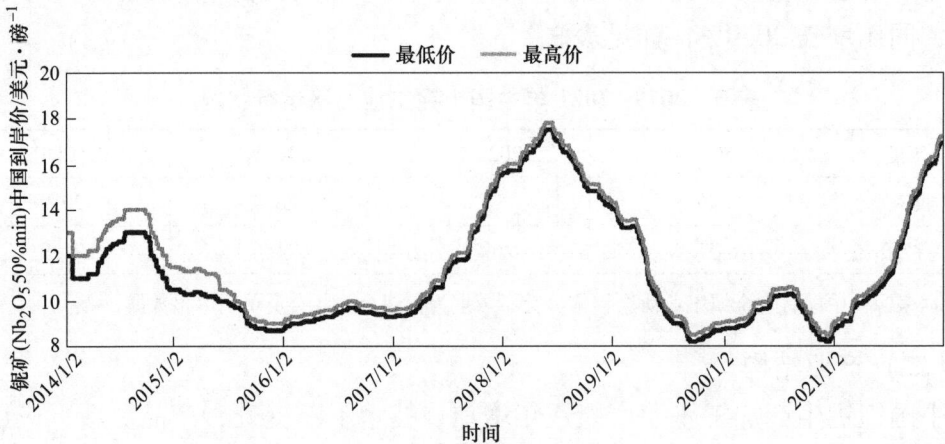

图2　2014~2021年中国市场铌矿价格走势

数据来源：亚洲金属网

　　国内市场受原料价格上涨影响钽铌制品价格也持续上涨，五氧化二钽（99.99%min 中国出厂价）年初价格为 1500 元/千克，到 9 月上涨到 1800 元/千克，涨幅 20%；铌铁年初价格为 217000 元/吨，到年末上涨到 270000 元/吨，涨幅为 24.5%；五氧化二铌中国出厂价（99.99%）从年初的 246 元/千克到年末上涨到 367 元/千克，涨幅为 49%。全年五氧化二钽、五氧化二铌价格走势见图3和图4。

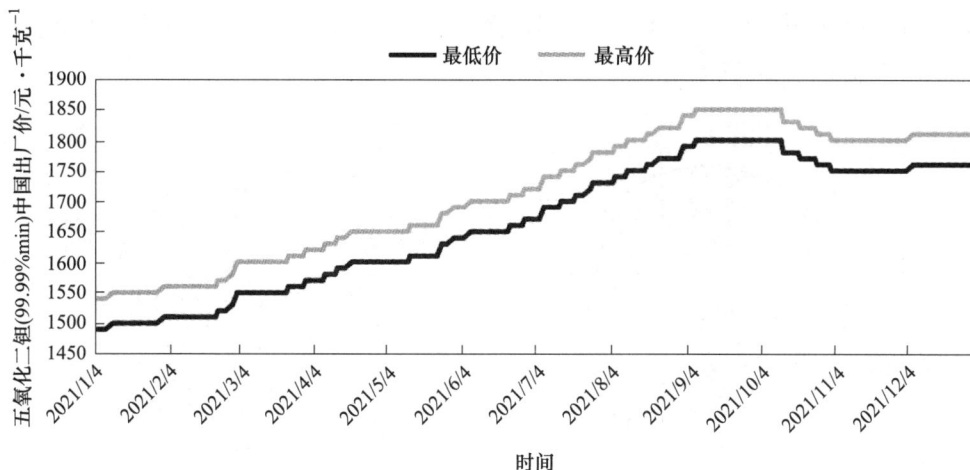

图3 2021年中国市场五氧化二钽价格

数据来源：亚洲金属网

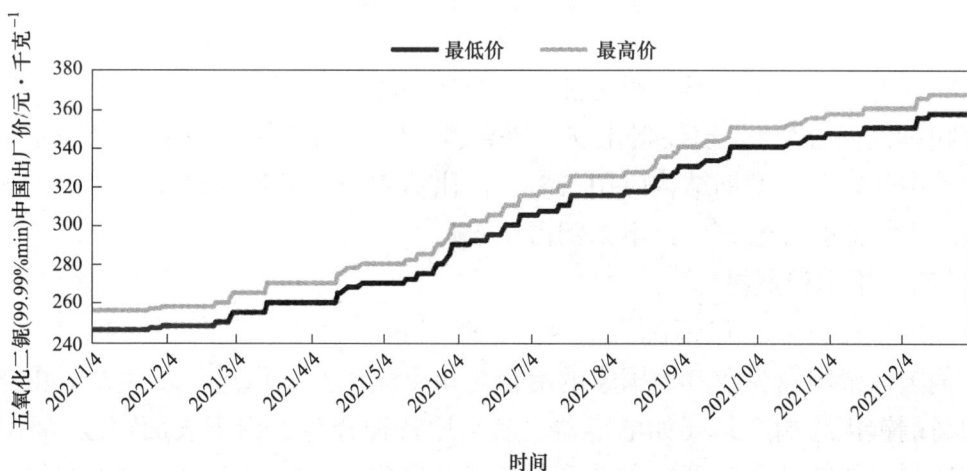

图4 2021年中国市场五氧化二铌价格

数据来源：亚洲金属网

（四）市场消费

钽、铌同属高熔点高密度金属，具有吸气、耐腐蚀、超导性、单极导电性和在高温下强度高等特性。钽铌作为基础性、应用面广的高新技术和重要的功能材料，在电子、钢铁、冶金、化工、硬质合金、原子能、航空航天等工业部门以及战略装备、超导技术、科学研究、医疗器械等技术领域有重要用途。

钽具有熔点高、蒸气压低、冷加工性能好、化学稳定性高、抗腐蚀能力强、表面氧化膜介电常数大等一系列性能，在许多领域均有重要应用。其中电容器为主要应用领域，占比为37%，其次是钽化学品，占比达18%。另外，合金添加剂、溅射靶材、轧制品、硬质合金占比分别为17%、14%、9%、5%。钽产品消费结构变化见图5。

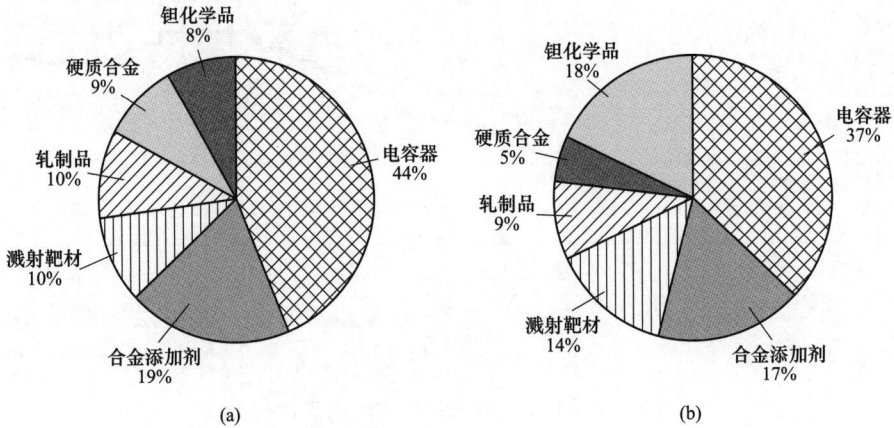

图5　2009年（a）和2019年（b）钽消费结构变化情况

数据来源：罗斯基尔（Roskill）

铌具有很好的耐高温、耐腐蚀、耐磨损性能，广泛应用于钢铁、高性能合金（包括高温合金）、超硬碳化物、超导体、电子元器件和功能陶瓷等制造领域。其中建筑及大型钢结构应用最多，占比达46%；其次是汽车工业，占比达23%；油气管道占比16%，不锈钢占比6%。

（五）进出口贸易

全球钽铌行业合作情况见表4。非洲国家及巴西、澳大利亚向中国、德国、美国、泰国及少数其他国家的冶金公司供应矿石，做进一步生产。由于领先的高端钽铌终端产品（如电容器、航空用特种合金、用于表面声波（SAW）滤波器制造的特种合金等）制造商位于发达国家，故中国为向发达国家出口钽铌冶金产品的主要出口国。

表4　全球钽铌行业合作情况

分类	采矿	湿法冶金生产	火法冶金生产	加工及生产主要终端产品	终端用户
钽产业链	非洲国家约60%的钽矿由非洲国家（包括刚果（金）、卢旺达、尼日利亚、塞拉利昂等）生产及供应	中国、巴西、泰国、德国、美国，中国为初级产品最大生产国及供应国	中国、德国、美国	美国、德国、英国、法国、日本、韩国、中国	美国、德国、英国、法国、日本、韩国、中国
铌产业链	巴西，铌产量占世界铌总供应量超过90%，产品主要向冶金及加工公司供应				

进口方面，根据海关总署统计数据，2021 年中国进口钽铌矿约 6608 吨，同比减少 11.5%；进口均价 19.58 美元/千克（2020 年均价为 23.16 美元/千克），同比下降 15.5%。钽铌矿主要进口国为尼日利亚、刚果（金）、卢旺达、巴西和塞拉利昂，占比分别约为 45.25%、17.66%、11.39%、11.38% 和 4.54%。从钽铌矿各月进口量情况来看，上半年相对平稳，而下半年进口量波动较大（见图 6）。铌原料主要以铌铁的形式进口，2021 年中国进口铌铁约 40527 吨，同比增长 31.5%。

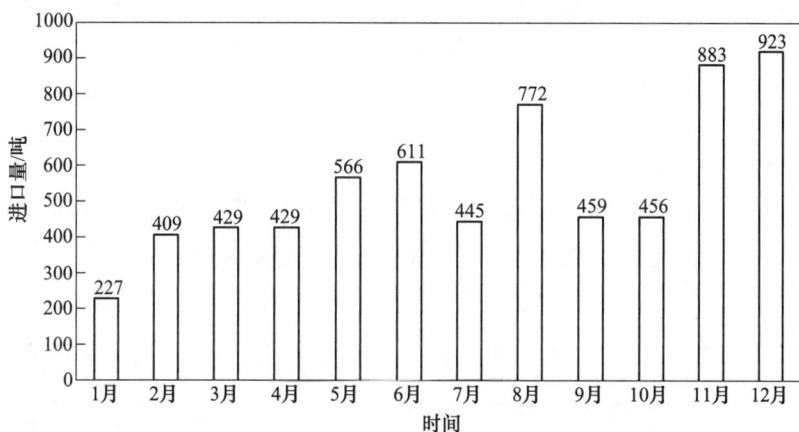

图 6　2021 年中国钽铌矿各月进口量统计

数据来源：海关总署

2021 年中国出口电容器级钽粉 92 吨，同比增长 35%；出口电容器级钽丝 48 吨，同比增长 17%；出口钽坩埚及其他锻轧钽制品 321 吨，基本与上年持平。

三、2021 年中国钽铌工业经济运行状况分析

（一）政策环境分析

企业行为与宏观经济相互作用、互相影响，国家政策更是企业行为的顶层设计。2021 年中美贸易摩擦、融资政策及"十四五"生态环境保护等国家政策导向对出口和加工型企业都有一定影响。

（1）2021 年对中国钽铌工业影响较大的是环境政策。尤其对废矿渣及重金属元素处理是 2021 年环保政策的一个重点。在国家大力倡导节能环保的形势背景之下，钽铌企业必须要紧紧结合国家的政策开展生产建设，虽短期加大了企业运行成本，但为企业长远发展奠定了基础。因此，钽铌企业必须要立足当前环境保护的客观要求，积极引进高水平的生产设施及生产技术，加大对节

能减排治理项目的投资，落实国家相关标准及环保政策要求。

（2）2021年中国对进口铌铁、未锻轧铌产品实施了新的关税，进口铌铁（税则号：72029300）由最惠国税率2%，调整为暂定税率0%；进口未锻轧铌（铌废碎料除外）（税则号：81129240）由最惠国税率3%，调整为暂定税率0%；有利于进口企业降低成本。

出口钽铌原料税率：氟钽酸钾（28269090）、水合钽铌原料（26159010）、其他铌钽钒矿砂及其精矿仍执行30%税率（数据来源：《国务院关税税则委员会关于2021年关税调整方案的通知》（税委会〔2020〕33号））。

（二）钽铌经营形势分析

2021年国内外钽铌市场需求逐渐恢复上升，订单更多流向中国，特别是出口产业链表现出色，进而带动国内钽行业的繁荣。

2021年在美元贬值、国际石油价格不断攀升等主要因素的影响下，特别是钽铌原材料价格上涨幅度远大于产品价格上涨幅度的情况下中国钽铌工业总产值取得了41.6亿元的好成绩。从22家企业申报数据看，90%的企业销售收入和工业总产值都比上一年有一定增长，而且一些企业通过产品创新、产量增加取得了较大的经济效益。

另外，由于疫情的持续，航空领域高温合金对钽的需求减少，但中国进行的5G建设、自动驾驶汽车及电动汽车的普及，在一定程度上弥补了钽产品需求减少的总量。铌市场状况相对较好，国内基础设施建设及铌化合物产量增加对2021年铌市场贡献最大。

四、当前中国钽铌工业发展中存在的突出问题和对策建议

（一）存在的问题

1. 资源短缺影响钽铌行业发展

中国钽铌工业目前仍然存在着钽铌原料短缺，高新技术产品开发能力不足，产业发展缺乏规划、指导和调控等诸多问题。钽冶炼加工企业由20世纪80年代的5家增加到目前约20家，存在着氟钽酸钾、五氧化二钽、五氧化二铌、钽丝、钽条、冶金级钽粉、碳化钽、碳化铌等产品产能过剩，企业综合开工率不足，同业竞争非常严重，各企业经济效益普遍较低等问题。

2. 高端产品相对不足

目前中国钽铌工业技术、装备虽然已有很大发展，并能够批量生产全系列钽铌产品，但是中、低档产品能力过剩，高端产品如高比容高压钽粉、半导体用的钽靶材、钽铌加工材、钽铌超合金和钽铌催化剂等生产能力不足；高比容

钽粉产品的一致性、稳定性和对不同电容器壳号的适用性不够，市场占有率低；影响了中国钽铌工业高新技术产品的发展。

（二）对策建议

1. 坚持高水平对外开放，利用好国外资源与市场

针对中国优质钽铌资源较为匮乏，缺乏自给自足能力的短板，应鼓励国内企业积极开拓海外市场，参与国外资源勘查与开发，以保证国内资源的长期稳定供应。

2. 坚持创新驱动，推动产业优化升级

钽铌行业需要根据自身冶炼工艺的特殊性，瞄准并推进高端、高附加值产品的技术开发和先进技术、装备应用，升级、扩大高新技术产品份额，优化产业产品结构，推进技术升级。例如，加快湿法冶炼技术的创新、改造，推动"绿色"湿法冶炼加工技术和装备升级。另外，企业要不断改进和淘汰落后的生产工艺与设备，推进绿色环保、节能、高效的新工艺、新技术、新装备，以解决阻碍行业实现绿色发展的行业瓶颈问题。

五、2021 年度国内钽铌行业大事简记

（一）加拿大钽塔莱克斯资源宣布与香港稀美资源签订战略合作备忘录协议

加拿大钽塔莱克斯资源公司（Tantalex Resources Corporation）2021 年 2 月 18 日宣布其已经与稀美资源（香港）有限公司（Ximei Resources（Hong Kong）Limited）签订非约束性合作备忘录协议。这样，双方将以合作的模式在刚果民主共和国坦噶尼喀省（Tanganyika）玛诺诺（Manono）地区建设一个钽精炼厂。

玛诺诺地区锡石和钽矿石资源丰富，而这二者分别是生产锡和钽的初级矿物原料。钽塔莱克斯和稀美资源的合作基于以下前提：

（1）钽塔莱克斯负责执行建厂所需的可行性研究；

（2）稀美资源负责为可行性研究、工厂设计和建厂所需的技术支撑提供专家指导；

（3）可行性研究取得积极结果后，稀美资源和钽塔莱克斯将进入商业和投资决定阶段。其中，钽塔莱克斯负责提供钽精矿，稀美资源获得所产产品的50%；二者会根据承购协议适时就整体进行谈判。

（二）稀美资源高纯高性能钽铌金属新材料项目开工

2021 年 2 月 24 日稀美资源（广东）有限公司在英德清华园举行"年产600 吨高纯高性能钽铌金属新材料项目"开工奠基仪式。

该项目建设投资金额超过 3 亿元，建成后高纯高性能钽铌金属的年产量将高达 600 吨，年产值 7 亿元，每年税收贡献超 3000 万元。

（三）白云鄂博稀土矿产资源基地固废循环利用集成示范项目启动

2021 年 4 月 18 日，国家重点研发计划"固废资源化"重点专项白云鄂博稀土矿产资源基地固废循环利用集成示范项目在内蒙古包头市启动，这标志着项目正式进入攻关实施阶段。

项目完成后，将建成年产万吨级示范工程 3 项，有价资源回采率 95% 以上；尾矿中稀土、铌、铁、萤石等有价组分综合回收率大于 62%。

（四）江丰溅射靶材项目预计 2022 年底前竣工

据悉，位于北京经济技术开发区金桥科技产业基地的江丰溅射靶材及溅射设备关键部件产业化项目近期刚刚开工，目前正在进行工业厂房土方开挖，下一步将开始打桩作业，预计项目将于 2022 年底前竣工。

未来，该项目将建成一条用于半导体、平板显示器产业的高纯金属靶材及零部件生产线，年产能将达到 55000 件，最终实现超高纯铝、钛、钽、铜、钨、钼等靶材及设备关键部件的规模生产与销售。

（五）英国卡泽拉签订钽矿独家承购协议

英国的卡泽拉矿业（Kazera Global）计划在纳米比亚钽精矿谷矿（Tantalite Valley）开始生产钽矿，随后就该矿的钽矿销售达成了一项承购协议。

经过全面的尽职调查，中国江西省九江金鑫有色金属公司被选为该公司的首选买家。

九江金鑫有色金属与卡泽拉矿业签订了一份为期三年的初始合同，合同期限截至 2024 年 12 月 31 日。合同规定九江金鑫有色将以固定价格采购卡泽拉生产的所有钽矿，该固定价格将比全球市场上终端用户的钽矿采购价具有竞争力。

（六）国泰集团子公司签订钽铌矿业务战略合作协议

2021 年 11 月 5 日国泰集团公告，控股子公司拓泓新材、三石有色分别与宜春钽铌矿公司签署《钽铌矿业务战略合作框架协议》，双方在钽铌矿产资源开发、产品供销层面建立战略合作伙伴关系。2020 年公司钽铌业务收入占公司营业总收入的 4.99%。

（七）丽水超大规模集成电路制造用超高纯钽项目正式投产

2021 年 11 月 8 日，丽水超大规模集成电路制造用超高纯钽项目正式投产。项目布局了 6 台国际领先、中国最大的电子束炉，投产后将形成年产电子级超高纯钽 400 吨的能力，满产后产值超过 50 亿元。

（八）广晟新材异地搬迁升级改造项目主要设备单机试车成功

2021 年 12 月 18 日广东广晟稀有金属光电新材有限公司异地搬迁升级改造项目主要设备单机试车成功，标志着项目进入全面试车阶段，为 2022 年上半年如期试投产奠定坚实基础。

据悉，该项目位于英德高新区，是广东省重点建设项目，总投资约 10.2 亿元，分三期建设，一期主要生产高纯度钽铌氧化物、钽铌金属，为半导体靶材、电子信息、超合金提供可靠稳定的基础原料，全线建成投产后预计年营收约 13 亿元、税收约 7000 万元，将努力打造成为全国钽铌行业中科技创新、绿色发展的标杆型企业。

撰稿人：张　林、陈　武、董秀春、

黄子然

审稿人：胡德勇

2021年稀土工业发展报告

一、2021年世界稀土工业发展概述

（一）全球稀土储量

据美国地质调查局（USGS）公布数据，2021年世界稀土储量约1.25亿吨（REO，下同），其中中国约4400万吨、越南约2200万吨、巴西约2100万吨、俄罗斯约2100万吨、美国约180万吨。同2020年相比，2021年全球储量总量小幅增加，中国稀土储量占比约35.2%，位居世界第一。美国、澳大利亚和俄罗斯等国稀土储量同比有所调整（见表1）。需要注意的是，部分国家和地区虽然拥有稀土，但尚未被美国地质调查局统计在内。

表1　2020~2021年全球稀土资源储量表（REO）

国别	储量/万吨		储量变化/万吨	2021年占比/%
	2020年	2021年		
美国	150	180	30	1.44
澳大利亚	410	400	−10	3.20
巴西	2100	2100	—	16.80
加拿大	83	83	—	0.66
中国	4400	4400	—	35.20
格陵兰	150	150	—	1.20
印度	690	690	—	5.52
俄罗斯	1200	2100	900	16.80
南非	79	79	—	0.63
越南	2200	2200	—	17.60
其他国家	538	117	−421	0.94
合计	12000	12499	499	100.00

数据来源：美国地质调查局。

（二）全球稀土产量

据美国地质调查局（USGS）公布数据，2021年全球稀土矿产品产量约

27.7万吨（REO，下同），同比增长13.2%，产量的增长主要来自中国、美国、泰国和澳大利亚（见表2）。尽管缅甸产量有所下降，但仍居全球第三位。中国、美国、澳大利亚、缅甸四国稀土矿产量约25.9万吨，约占全球总产量的93.5%。中国稀土矿产品供应量约占全球供应量的60.6%，同比略有上升。

表2　2020～2021年全球主要国家稀土矿产品产量（REO）

国别	产量/吨		产量变化/吨	2021年占比/%
	2020年	2021年		
美国	39000	43000	4000	15.52
澳大利亚	21000	22000	1000	7.94
巴西	600	500	−100	0.18
印度	2900	2900	0	1.05
俄罗斯	2700	2700	0	0.97
泰国	3600	8000	4400	2.89
越南	700	400	−300	0.14
布隆迪	300	100	−200	0.04
缅甸	31000	26000	−5000	9.38
马达加斯加	2800	3200	400	1.15
中国	140000	168000	28000	60.63
其他国家	100	300	200	0.11
世界总量	244700	277100	32400	100.00

数据来源：美国地质调查局。

注：中国稀土矿产品产量以国家公布开采指标计算。

二、2021年中国稀土工业发展现状

（一）稀土开采指标同比增加20%

2021年，中国继续对稀土生产实行总量指标控制，工信部和自然资源部联合下达全国稀土矿开采总量控制指标为168000吨（REO，下同），同比增加28000吨。其中，离子型稀土矿指标19150吨，同比持平；岩矿型稀土矿指标为148850吨，同比增加28000吨（见表3）。具体来看，稀土指标的增加以北方稀土集团为主，同比增加26800吨；四川江铜稀土参控股企业开采指标增加1200吨（见表4）。

表3 2020～2021年度省（区）稀土矿开采总量控制指标（REO）（吨）

序号	省区	2020年稀土氧化物		2021年稀土氧化物		调整额度	
		岩矿型稀土	离子型稀土	岩矿型稀土	离子型稀土	岩矿型稀土	离子型稀土
1	内蒙古	73550		100350		26800	0
2	福建		3500		3500	0	0
3	江西		8500		8500	0	0
4	山东	4300		4300		0	0
5	湖南		1800		1800	0	0
6	广东		2700		2700	0	0
7	广西		2500		2500	0	0
8	四川	43000		44200		1200	0
9	云南		150		150	0	0
合计		120850	19150	148850	19150	28000	0
总计		140000		168000		28000	

数据来源：工业和信息化部。

表4 2020～2021年六大集团稀土开采、冶炼分离总量控制指标（REO）（吨）

序号	六大稀土集团	2020年		2021年	
		冶炼分离产品	矿产品	冶炼分离产品	矿产品
	合计	135000	140000	162000	168000
一	中国稀有稀土股份有限公司	23879	17050	23879	17050
	其中：中国钢研科技集团有限公司	1700	4300	1700	4300
二	五矿稀土集团有限公司	5658	2010	5658	2010
三	中国北方稀土（集团）高科技股份有限公司	63784	73550	89634	100350
四	厦门钨业股份有限公司	3963	3440	3963	3440
五	中国南方稀土集团有限公司	27112	41250	28262	42450
	其中：四川江铜稀土参控股企业	19520	32750	20670	33950
六	广东省稀土产业集团有限公司	10604	2700	10604	2700
	其中：中国有色金属建设股份有限公司	3610	0	3610	0

数据来源：工业和信息化部。

（二）稀土价格震荡上行

2021 年稀土价格整体呈现上涨趋势。与以往受收储、市场秩序整顿、环保督察等政策因素主导的价格上涨不同，本轮稀土价格上涨的核心驱动力由供需基本面改善拉动的景气上升。从供应面来看，海外新建稀土项目投产尚需时日，缅甸等地受疫情影响产量有所下滑；国内稀土行业依然实行生产总量控制，加之市场秩序整顿常态化，实现了生产有序可控。从需求面来看，全球"碳达峰、碳中和"浪潮的到来，推动了产业结构、能源结构、交通运输结构的转型升级，也极大地推动了具有低碳节能等绿色属性的稀土产品需求的快速增长，供需基本面的改善支撑了稀土价格的持续上涨。全球通货膨胀、市场炒作、成本上升等因素同样助长了稀土价格上行。

截至 2021 年 12 月末，以轻稀土为代表的镨钕氧化物价格已经达到约 84.5 万元/吨，同年初相比增加 105.3%（见图 1）；以中重稀土为代表的氧化铽和氧化镝价格分别达到 1135 万元/吨、289 万元/吨，同年初相比分别增长 54.4%、49%（见图 2 和图 3）。

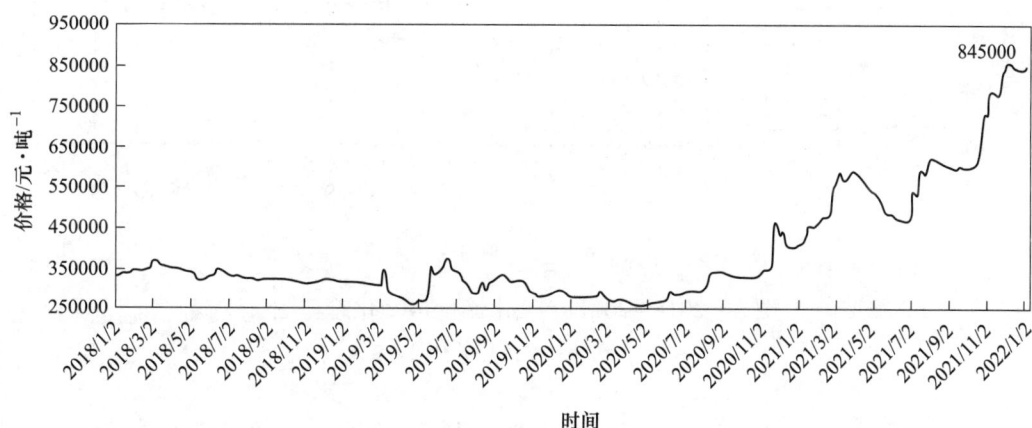

图 1　2018~2021 年氧化镨钕价格变化趋势图

数据来源：北京安泰科信息股份有限公司（以下简称"安泰科"）

（三）终端需求旺盛与隐忧并存

永磁材料广泛应用于汽车、风力发电、智能手机、节能家电和工业机器人等终端领域，也是稀土最大的应用领域。2021 年，受惠于"双碳"相关政策的出台和实施，稀土永磁在终端应用领域的渗透率进一步提升，加之新能源汽车、工业机器人等产品产量的快速增长，推动了稀土消费的提升。

2021 年，传统汽车产量约 2608.2 万辆，同比增长 3.4%，全年单月产量

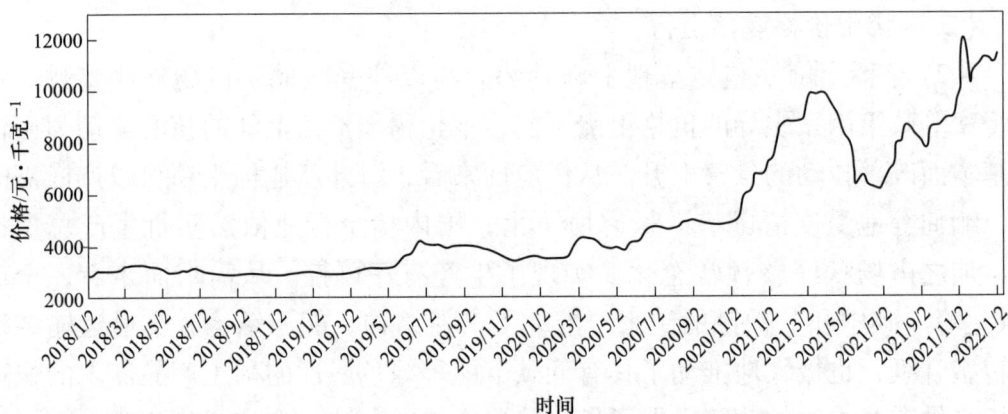

图2　2018~2021年氧化铽价格变化趋势图

数据来源：安泰科

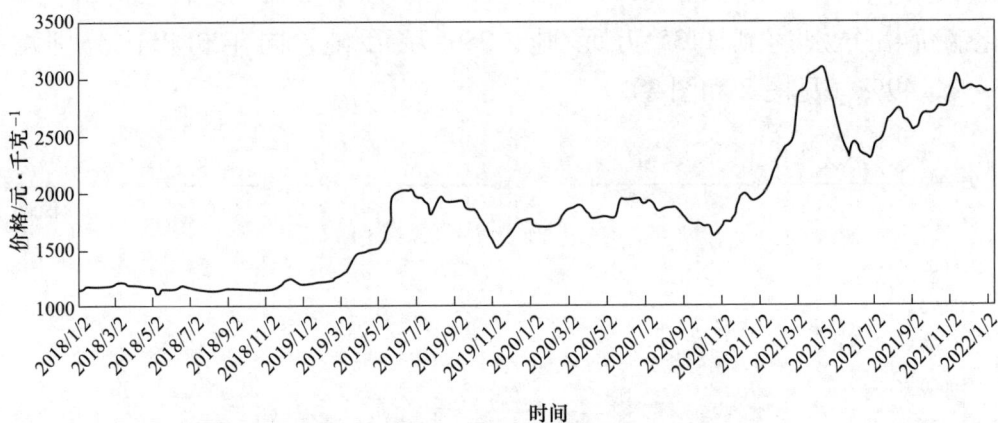

图3　2018~2021年氧化镝价格变化趋势图

数据来源：安泰科

有所波动；新能源汽车产量约354.5万辆，同比增长1.6倍，全年整体呈上升趋势（见图4和图5），发展潜力巨大。汽车已经成为稀土消费的最重要领域之一。

2021年，风电累计新增装机容量4757万千瓦，同比下降34.0%，12月风电新增装机容量2287万千瓦，同比下降51.4%（见图6）。

电子产品方面，2021年，智能手机出货量约3.43亿部，同比增长15.9%，12月智能手机出货量约3268.5万部，同比增长29.6%（见图7）。

家电方面，2021年，空调累计产量为21835.7万台，同比增长9.4%，12月空调产量为1963.5万台，同比下降1.7%；1~12月电梯累计产量为154.5

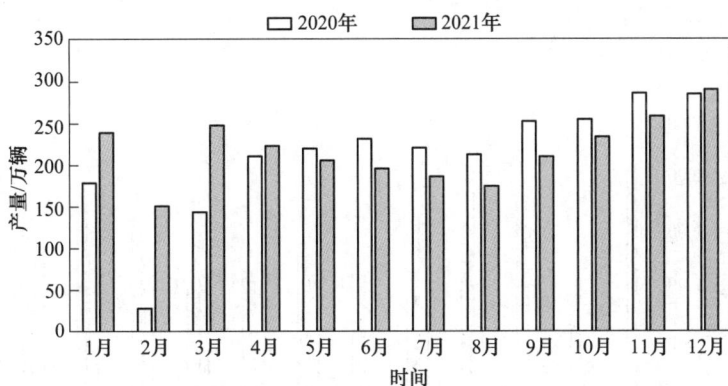

图 4　2020~2021 年中国传统汽车产量

数据来源：工业和信息化部

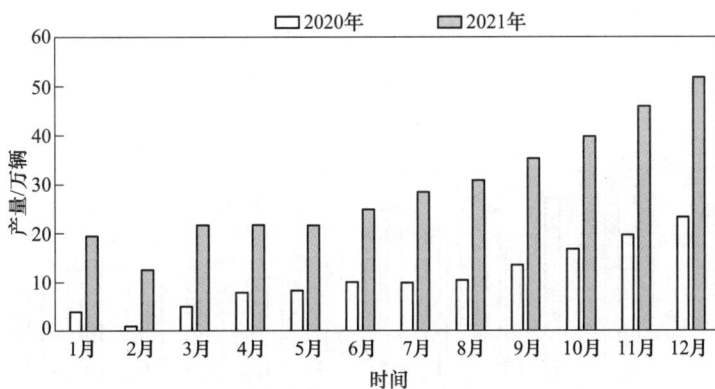

图 5　2020~2021 年中国新能源汽车产量

数据来源：工业和信息化部

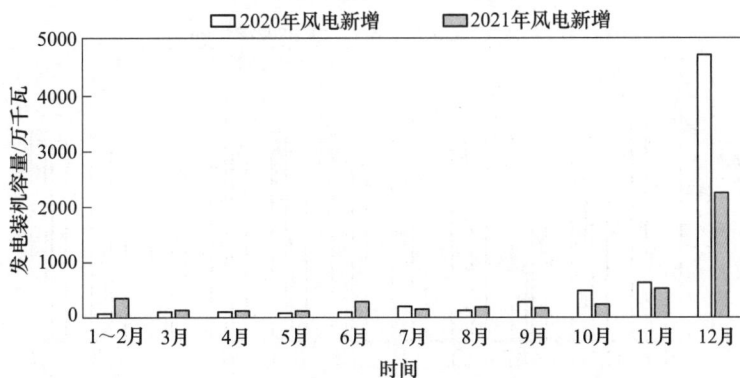

图 6　2020~2021 年中国新增发电装机容量

数据来源：国家能源局

万台，同比增长 17%，12 月电梯产量为 14.5 万台，同比增长 2.1%（见图 8
和图 9）。

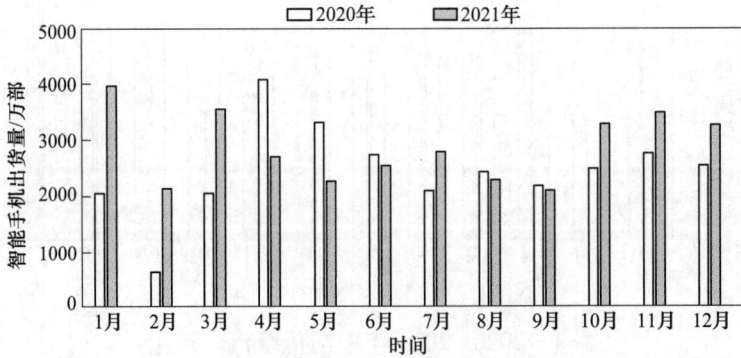

图 7　2020~2021 年中国智能手机出货量

数据来源：中国信息通信研究院

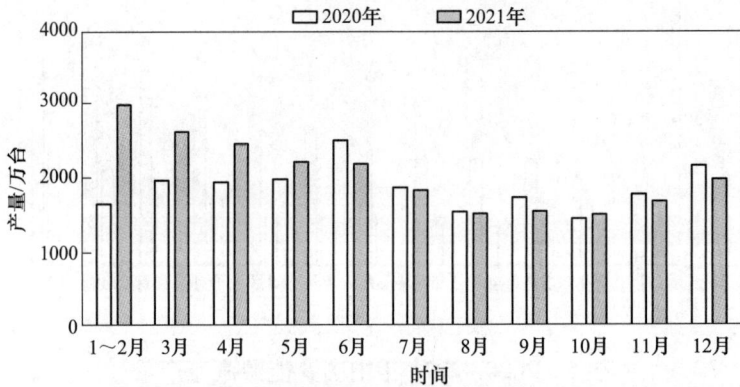

图 8　2020~2021 年中国空调产量

数据来源：国家统计局

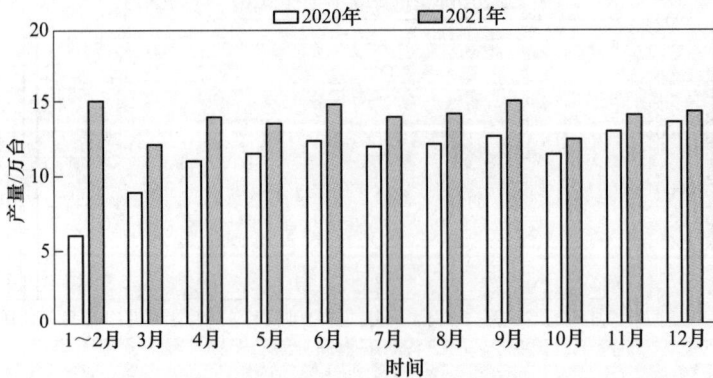

图 9　2020~2021 年中国电梯产量

数据来源：国家统计局

2021 年，工业机器人累计产量约 36.6 万套，同比增长 44.9%，12 月单月产量约 3.5 万套，同比增长 15.1%（见图 10）。

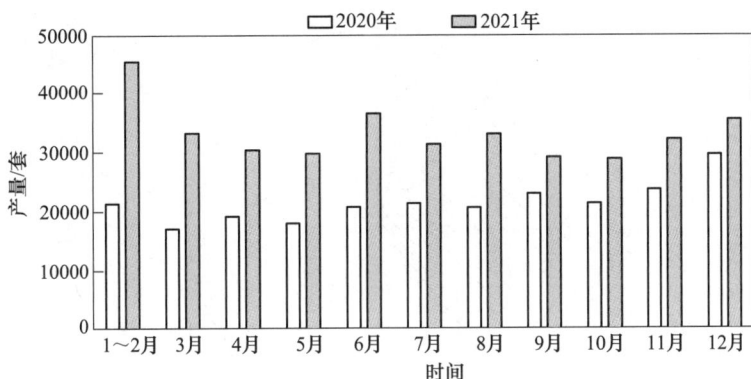

图 10　2020~2021 年中国工业机器人产量

数据来源：国家统计局

整体来看，在"双碳"目标的大背景下，稀土行业下游需求旺盛，但该发展趋势能否持续存在一定的隐忧。由于稀土原料供应紧张，以镨钕为代表的稀土产品价格居高不下，中下游生产企业成本上升，正在考虑稀土替代或减量。据了解，目前以金风科技等为代表的采用直驱电机技术路线的风电电机生产企业正在计划向半直驱和双馈异步风力发电机方向转变，这将会对稀土永磁在风电产业中的应用产生较大影响。稀土永磁电机的应用可以促使家用电器更加节能环保降碳并节省空间，但价格的大幅波动也会导致下游厂家的接受度下降，这都将对中国稀土产业的持续健康发展带来一定隐忧。

（四）进口基本持平，出口增幅较大

2021 年，中国稀土产品进出口延续了 2020 年的贸易结构，进口以稀土精矿、氧化物、化合物等初级产品为主，出口产品则主要为稀土氧化物、金属和磁性材料。

2021 年，累计进口稀土产品约 12.5 万吨（实物量，下同），同比略有下降；累计进口金额约 15.6 亿美元，同比增长 97.7%，原料进口成本大幅上升。其中，稀土金属矿进口量约 7.6 万吨，同比增长 5.4%，基本全部从美国进口。稀土化合物进口量约 4.6 万吨，同比下降 3.9%，主要从缅甸、马来西亚和越南等国家进口（见图 11）。

需要注意的是，受疫情影响，加之当地政治局势不稳，中国从缅甸进口稀土原料曾一度几乎中断。2021 年 7 月，中缅边境口岸封关，8~10 月中国从缅甸进口稀土原料大幅下降（见图 12）。

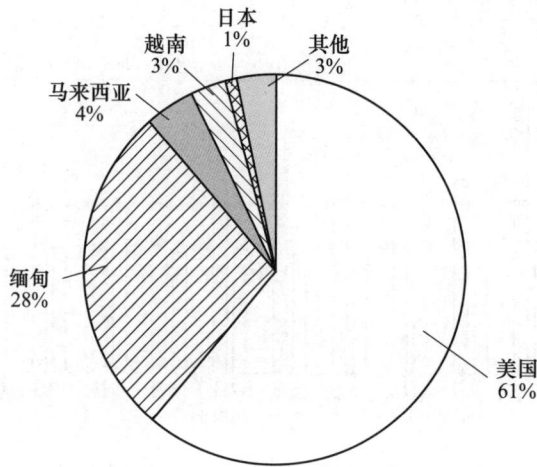

图 11　2021 年中国从世界各国进口稀土产品实物量占比

数据来源：海关总署

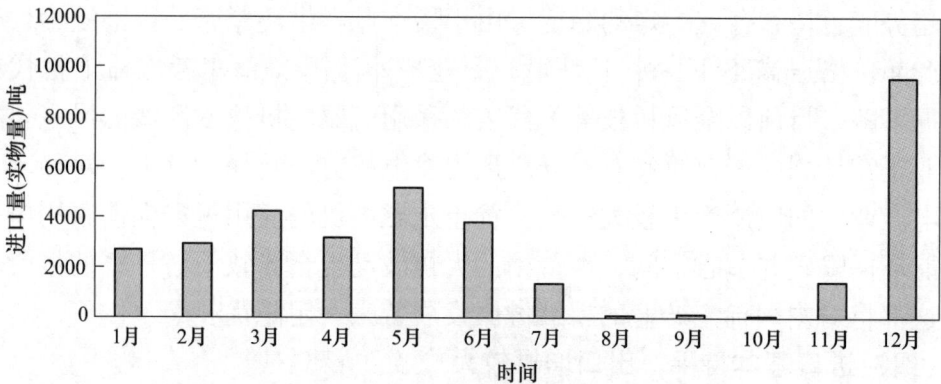

图 12　2021 年中国从缅甸进口稀土情况

数据来源：海关总署

（缅甸进口稀土原料主要包括未列明氧化稀土、

混合碳酸稀土和未列明稀土金属及其混合物的化合物）

　　出口方面，稀土永磁体是中国出口量最大的稀土产品，其他主要以镧、铈等轻稀土的化合物和盐类为主，主要出口到日本、美国、韩国等国家和地区（见图 13）。2021 年累计出口稀土产品约 10.8 万吨，同比增长 38.1%；累计出口金额约 39.5 亿美元，同比增长 74.3%。其中，稀土永磁体出口量约 4.9 万吨，同比增长 36.1%，对美国累计出口 6663.3 吨，同比增长 35.3%（见表 5）。

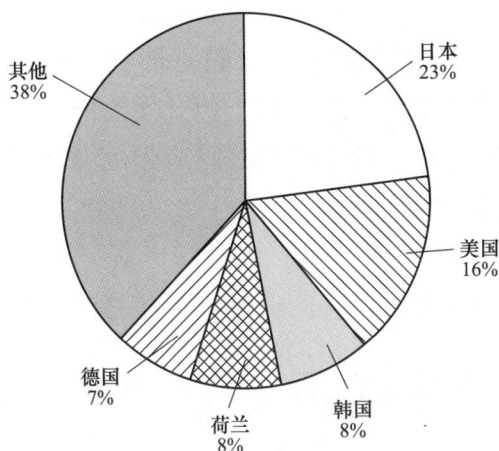

图 13　2021 年中国对世界各国稀土产品出口实物量占比

表 5　2018~2021 年稀土磁性材料中国对美国出口情况

年份	2018 年	2019 年	2020 年	2021 年
稀土永磁体出口总量/吨	32697.6	36268.9	35980.7	48765.6
稀土永磁体对美国出口量/吨	4104.0	4589.3	4923.5	6663.3
对美出口占比/%	12.6	13.0	13.7	13.6

数据来源：海关总署。

注：商品海关编码 85051110。

三、2021 年中国稀土工业经济运行状况分析

2021 年 1 月，为依法规范稀土开采、冶炼分离等生产经营秩序，有序开发利用稀土资源，推动稀土行业高质量发展，工信部发布了《稀土管理条例（征求意见稿）》，向社会公开征求意见。此次公布的条例紧扣行业发展实际，同时具有很强的综合性，涵盖了稀土采选、冶炼分离、市场流通、储备、二次利用和进出口等全产业链环节，对规范市场生产经营秩序、维护战略资源产业安全、加强生态环境保护、健全稀土管理体制将起到重要作用，是引领中国稀土产业锻长板补短板，在新格局下实现高质量发展的重要保障。

2021 年 1 月，国家发改委对外发布《西部地区鼓励类产业目录（2020 年本)》（以下简称《目录》），该《目录》自 2021 年 3 月 1 日起施行。在西部地区新增鼓励类产业中，多项稀土相关项目位列其中。

（1）四川省：高性能稀土永磁、发光、催化、合金等稀土功能材料及器件的开发、生产及应用。

（2）内蒙古自治区：高性能稀土永磁、催化、抛光、合金、储氢、发光等稀土功能材料、器件开发及生产，稀土钢开发及应用；高纯稀土化合物、高纯稀土金属、稀土助剂的开发及生产；磁感应强度 0.3 特斯拉及以上的稀土永磁核磁共振影像设备的研发及制造。

（3）广西壮族自治区：铜、铝、钨、镁、锡、铟、锌、铅、锑、稀土等高性能新材料开发及精深加工（《产业结构调整指导目录》限制类、淘汰类项目除外）。

2021 年 3 月，国家发改委发布《关于引导加大金融支持力度 促进风电和光伏发电等行业健康有序发展的通知》（以下简称《通知》）。为认真落实"四个革命、一个合作"能源安全新战略，推动中国风电、光伏发电等行业快速发展，针对部分可再生能源企业受多方面因素影响，现金流紧张，生产经营出现困难的问题，《通知》中加大了对风电和光伏发电的金融支持力度。风电产业的加速发展也必将推动中国稀土永磁产业消费的增长，有利于扩大稀土下游消费。

2021 年 3 月，自然资源部办公厅发布《关于开展 2021 年卫片执法工作的通知》（以下简称《通知》）。《通知》明确，通过组织开展卫片执法工作，及时发现违法占用耕地、破坏耕地挖湖造景、在长江流域和黄河沿岸县域非法用地采矿以及非法开采稀土等战略性矿种的自然资源违法行为。《通知》指出，突出重点区域和重要矿种，加强矿产卫片执法工作。特别是要强化对自然保护地、长江流域和黄河沿岸县域等重点地区，以及稀土等国家战略性资源重要矿种的监管，确保违法违规行为查处整改到位。

2021 年 9 月，国家发改委公布《国家发展改革委关于印发<完善能源消费强度和总量双控制度方案>的通知》（发改环资〔2021〕1310 号，以下简称《方案》）。《方案》是当前和今后一个时期指导节能降耗工作、促进高质量发展的重要制度性文件，对确保完成"十四五"节能约束性指标，推动包括稀土行业在内的各行业实现"双碳"目标任务具有重要意义。

2021 年 10 月，工信部、市场监管总局联合印发《电机能效提升计划（2021~2023 年）》（以下简称《计划》）。《计划》提出，引导企业实施电机等重点用能设备更新升级，优先选用高效节能电机，加快淘汰不符合现行国家能效标准要求的落后低效电机。加大高效节能电机应用力度。细分负载特性及不同工况，针对风机、水泵、压缩机、机床等通用设备，鼓励采用 2 级能效及以上的电动机。针对变负荷运行工况，推广 2 级能效及以上的变频调速永磁电机。针对使用变速箱、耦合器的传动系统，鼓励采用低速直驱和高速直驱式永磁电机。大力发展永磁外转子电动滚筒、一体式螺杆压缩机等电动机与负载设备结构一体化设计技术和产品。

2021年10月，《钕铁硼生产加工回收料》（GB/T 23588—2020）实施。该标准规定了钕铁硼生产加工回收料的分类原则、化学成分要求、试验方法、检验规则与包装、标志、运输、贮存及质量证明书等内容，适用于钕铁硼生产、加工过程中产生的各类可回收废料的回收、加工与贸易。

2021年11月，国家发改委、财政部、自然资源部印发《推进资源型地区高质量发展"十四五"实施方案》（以下简称《方案》）。《方案》要求保障国家资源能源安全，提出加大石油、天然气、铜、铬、钨、稀土、晶质石墨等战略性矿产资源勘查，做好重要矿产资源战略接续。

2021年12月，工信部联合科技部、自然资源部印发《"十四五"原材料工业发展规划》（以下简称《规划》）。这是首次不再分别制定各行业规划，而是将统筹原材料工业制定规划。《规划》强调，优化年度开采总量控制指标管理机制，科学调控稀土、钨等矿产资源的开采规模。支持企业加快跨区域、跨所有制兼并重组，提高产业集中度，开展国际化经营。培育一批具有生态主导力和核心竞争力的产业链领航企业，做强做大稀土企业集团，鼓励稀有金属企业加快整合。

2021年12月，工信部发布《关于印发2021年碳达峰碳中和专项行业标准制修订项目计划的通知》（以下简称《通知》），《通知》修订行业标准共计110项，涵盖石化化工、钢铁、有色、建材、稀土、轻工、纺织、电子、通信等行业，并根据基础性、公益性和急迫性等重要程度在备注中用1~3个"★"标注。其中，涉及稀土行业的有四项标准，分别是制定稀土靶材回收料标准、稀土抛光粉绿色工厂评价要求、稀土荧光粉绿色工厂评价要求和稀土湿法冶炼绿色工厂评价要求，重要程度均为1个★。

2021年12月，工信部原材料工业司发布了《重点新材料首批次应用示范指导目录（2021年版）》，多项钨钼稀土材料都位列其中。稀土材料方面包括AB型稀土储氢合金、高性能钕铁硼永磁体、钕铁硼热压磁体、高性能各向异性粘结磁体、高性能钐钴永磁体、新型铈磁体、汽车尾气催化剂及相关材料、稀土化合物、高性能稀土发光材料、超高纯稀土金属材料及制品和稀土抛光材料等。

四、当前中国稀土工业发展中需要关注的问题

（一）稀土行业秩序整顿及立法工作亟须健全

稀土是目前国家管理手段较多的行业之一，现行的矿权登记、总量管理、专用税票、原料追溯、环境保护等制度，覆盖了采冶加工、产品流通、进出口贸易等各个环节，形成了较为完善的管理体系。但是，私挖盗采、违规生产等违法违规行为仍时有抬头，扰乱了正常市场秩序。在行业监管和打击违法违规活动方面，由于缺少上位法依据或适用法律有限，各级政府在实际监管中也面临着执法难题，导致处罚依据不足或涉及多头管理的问题。

（二）稀土绿色提取和放射性废渣处理等环保问题亟待解决

离子型稀土是中国的优势资源，其提取技术先后经历了堆浸、池浸和原地浸矿的工艺发展历程。堆浸、池浸工艺技术在《产业结构调整指导目录》中已被列为淘汰禁止类，原地浸矿技术为当前处理离子型稀土矿的主流技术，但因其容易造成环境污染，导致国内离子型稀土矿山基本处于停产状态。另外，稀土矿中因含有钍和镭等元素而具有一定的放射性，在选冶过程中，放射性元素会得到一定程度的富集，放射性呈指数倍增长，其危害性也会大增。目前国内只有核工业相关企业才具有放射性废渣的处理资质，加之处理成本高及钍、镭等放射性元素下游应用窄等难题，国内稀土生产加工企业多将放射性废渣进行堆存处理，对环境保护和人身安全造成潜在威胁。

（三）国内企业海外稀土资源开发有待加快

从当前国际形势来看，为削弱中国稀土产业的国际话语权和影响力，近年以美国、加拿大和澳大利亚等国为首的发达国家不断加强全球稀土产业布局，稀土新增开发项目逐年上升，已对中国稀土产业的全球地位形成重大挑战。从国内来看，受结构性供应矛盾影响，每年需要从国外进口大量稀土原料以满足国内需求。为保障国内稀土原料供应并进一步提升中国稀土产业的国际竞争力，要鼓励企业参与海外稀土资源开发，但受限于国内政策等多方面的因素影响，国内企业进行境外资源开发仍存在一定阻力。

（四）部分核心技术和装备仍受制于人

中国稀土冶炼分离技术处于国际领先地位，但在功能材料和终端产品的研发与应用方面，以高纯金属，高端稀土永磁、催化、发光、晶体等产品同世界一流水平仍有一定差距，制约着下游应用领域的高质量发展。

五、中国稀土工业下一步发展重点

(一) 加快出台《稀土管理条例》，依法加强稀土行业管理

经过十余年的修订和酝酿，《稀土管理条例（征求意见稿）》（以下简称《条例》）已完成对社会公开意见的征集。这是为加强稀土行业管理制定的专门法规，《条例》的出台和实施，将从根本上解决当前稀土行业缺少上位法、行业监管难的问题，对加强稀土全产业链管理、规范市场生产经营秩序、维护战略资源产业安全、加强生态环境保护、健全稀土管理体制将起到重要作用。

(二) 推进稀土绿色生产技术换代升级

加强稀土资源开采、提取、分离提纯过程基础理论研究及关键技术开发，进一步提高资源开发和综合利用水平。支持推动当前离子型稀土矿新提取技术在行业的试点工作顺利进行，总结经验，并为后续工作的开展提供支撑。建议国家出台政策，深化产业融合，鼓励引导加快突破稀土放射性废渣处理的技术、资金、政策等瓶颈。

(三) 加大海外稀土资源开发支持力度

为促进稀土行业的可持续发展，提升国际话语权和影响力，要有条件地适当放开稀土技术出口限制，探索并鼓励国内有条件的企业，充分发挥技术、人才、资金等方面的优势，参与到境外稀土资源开发，提升国际化运营能力，有效利用两个市场、两种资源，为中国稀土行业发展和经济建设服务。

(四) 坚持创新引领，努力实现高端应用产品自主可控

围绕国家重大战略需求，瞄准稀土材料的重大科学问题与技术难题，加强基础科学研究，提升原始创新能力，攻克一批重大核心共性关键技术与装备，掌握自主知识产权，通过全产业链同步创新，推进先进成果推广实施，保障战略性新兴产业、智能制造等战略领域关键材料的有效供给，逐步实现高端应用稀土功能材料的自主供给。

撰稿人：何　青、陈边防、陈淑芳、
王良士
审稿人：胡德勇

2021年有色黄金工业发展报告

一、2021年世界黄金工业发展概述

（一）国际金价小幅上涨

国际货币基金组织（IMF）、世界银行（WB）、经合组织（OECD）三大机构估计，2021年全球经济增长速度分别为5.9%、5.6%和5.6%，预测2022年将分别增长4.9%、4.3%和4.5%。展望2022年，疫情仍将持续，世界经济复苏动力不足，大宗商品价格高位波动，世界宏观环境更趋复杂严峻和不确定，中国经济发展面临需求收缩、供给冲击、预期转弱三重压力。

纵观2021年全球形势，随着新冠肺炎疫苗接种加速，全球经济缓慢复苏，国际黄金价格从年初的1962.50美元/盎司高点开始回落（见图1）。此后，受美国和欧盟大规模经济刺激计划、通胀预期增强、美国国债收益率下降等影响，国际金价一度反弹。随着通胀形势的加剧，美联储货币政策趋向正常化，

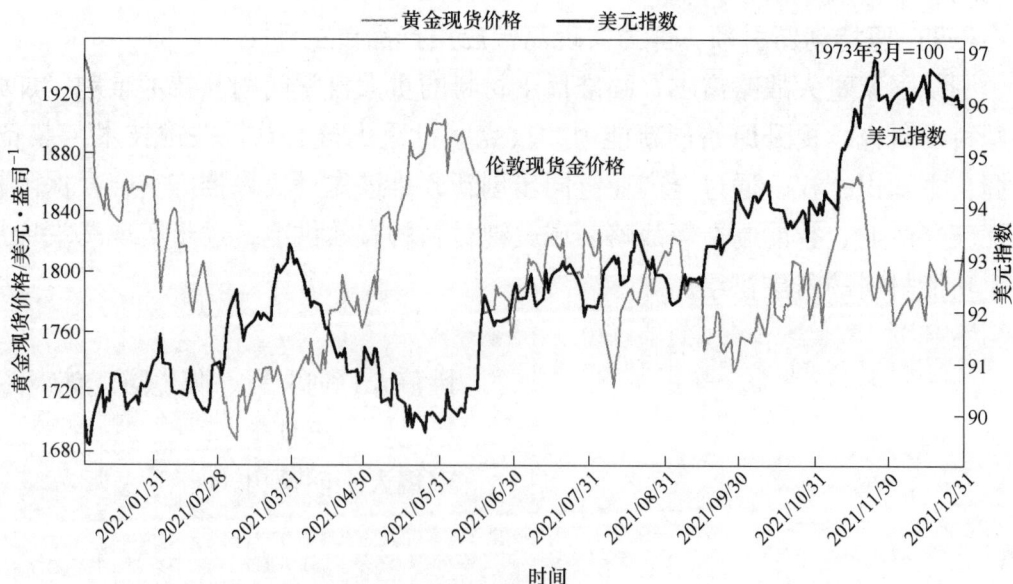

图1　2021年国际黄金现货价格与美元指数走势对比图

数据来源：万得资讯（wind）

一些国家央行开始加息，许多国家疫情出现反复，新冠肺炎病毒出现变异传播，国际市场避险情绪随着宏观环境变化而出现波动，2021年国际金价整体高位震荡、中心下移，伦敦金银协会（LBMA）黄金现货（下午定盘价）全年均价为1799.58美元/盎司，同比上涨1.72%（见表1）。

表1 2017~2021年来国内外黄金现货均价统计

黄金价格	2017年	2018年	2019年	2020年	2021年
国内黄金现货均价/元·克$^{-1}$	275.52	270.40	312.06	386.61	376.81
国际黄金现货均价/美元·盎司$^{-1}$	1257.11	1269.14	1392.60	1769.22	1799.58
美元兑人民币汇率	6.74	6.63	6.89	6.89	6.45

数据来源：国家外汇管理局、上海黄金交易所（SGE）、伦敦金银协会（LBMA）。

根据世界黄金协会（WGC）统计，以美元（USD）、欧元（EUR）、日元（JPY）、英镑（GBP）、加元（CAD）、瑞士法郎（CHF）、印度卢比（INR）、人民币（RMB）、土耳其里拉（TRY）、俄罗斯卢布（RUB）、南非兰特（ZAR）、澳元（AUD）等12种货币计价的2021年国际黄金现货价格（年末较年初），TRY黄金价格涨幅最大，达到67.7%；RMB黄金跌幅最大，达到-6.7%。

（二）2021年世界黄金工业发展概况

1. 世界黄金矿业勘探总投入大幅度增长

长期以来，黄金是全球有色金属勘探投资第一大品种，2021年仍然如此。根据标普全球市场财智（S&P Global Market Intelligence）对勘查预算在10万美元以上的1948家矿业公司的调查统计，2021年有色金属勘查预算合计为112亿美元，同比增长35%。其中，黄金总投入62亿美元，同比增长44%，占当年全球有色金属勘查预算的55%，投入最高的三个国家分别为加拿大、澳大利亚、美国，上述三个国家2021年黄金矿业勘探投资预算分别达到14.59亿美元、12.34亿美元和6.99亿美元。

2. 世界黄金矿业规模并购强劲增长

标普全球市场财智统计资料显示，2021年世界黄金矿业并购额大幅增长，达到258.26亿美元。其中并购金额超过1000万美元的黄金并购118起，总金额达到251.5亿美元，同比增长94.66%。最大三起并购案分别为：加拿大Agnico Eagle Mines Limited以103.31亿美元并购Kirkland Lake Gold Ltd.，澳大利亚Newcrest Mining Limited以28.59亿美元收购Pretium Resources Inc.，加拿大Kinross Gold Corporation以14.01亿美元收购Great Bear Resources Ltd.。而2020

年并购金额超过 1000 万美元的黄金并购只有 50 起，金额 129.2 亿美元，较 2019 年下降 36.3%。

3. 世界黄金实物供应量微降

世界黄金供应主要来自矿产金、再生金和官方售金，矿产金是世界实物黄金供应的主要部分。2010 年以来，世界各国央行从官方净抛售转为净购买后，官方售金基本停止。世界黄金协会（WGC）统计，2021 年全球黄金实物供应总量（不含套期保值）为 4710.6 吨，同比下降 1.18%；其中矿产金产量为 3560.7 吨，同比增长 2.47%；再生金产量 1149.9 吨，同比下降 11.01%。如果计入生产商净套保，2021 年全球黄金实物供应总量为 4666.1 吨，同比下降 1.16%（见图 2）。

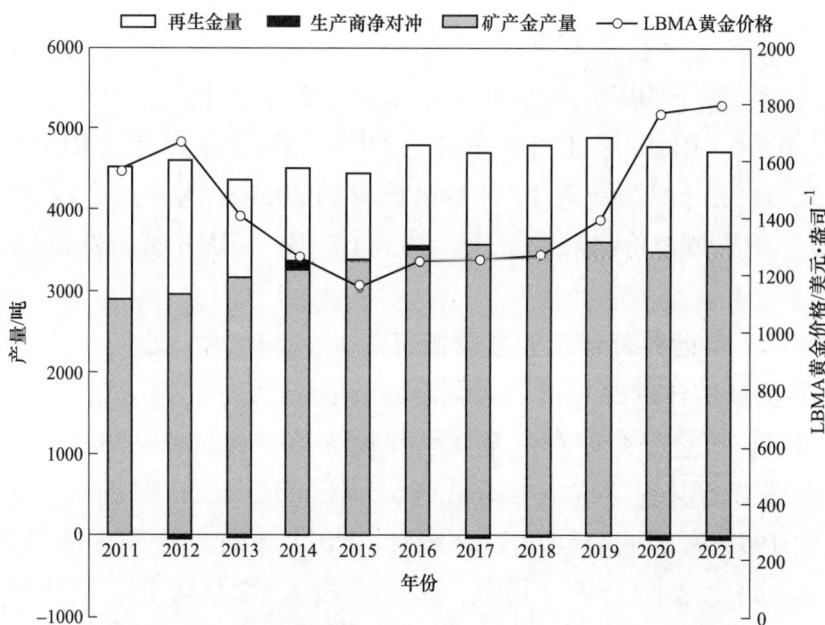

图 2　2011~2021 年来全球黄金供应构成结构变化图

数据来源：世界黄金协会（WGC）、英国金属聚焦公司（MF）、

北京安泰科信息股份有限公司（以下简称"安泰科"）

4. 世界黄金实物需求保持增长

世界黄金需求包括珠宝首饰、工业需求、金条和金币投资、黄金交易基金产品（ETFs）及相关金融衍生品投资、世界各国央行购买和生产商黄金期货头寸净对冲等。2021 年世界黄金消费结构为：黄金珠宝首饰占比 53%，金条和金币投资占比 28%，工业与科技用金占比 8%，各国央行和其他机构购金占比 11%。WGC 统计，2021 年世界黄金实物需求达到 4021.3 吨，同比增长

9.91%。其中，珠宝首饰制造需求达到 2220.9 吨，同比增长 67.31%；科技消费用金 330.2 吨，同比增长 9.05%；金条和金币投资需求 1180.4 吨，同比增长 31.20%；央行购买与机构投资净需求 463.1 吨，同比增长 81.63%，ETF 投资需求头寸净减持 173.3 吨（见图 3）。中国和印度依旧是世界最大两个黄金实物消费国。

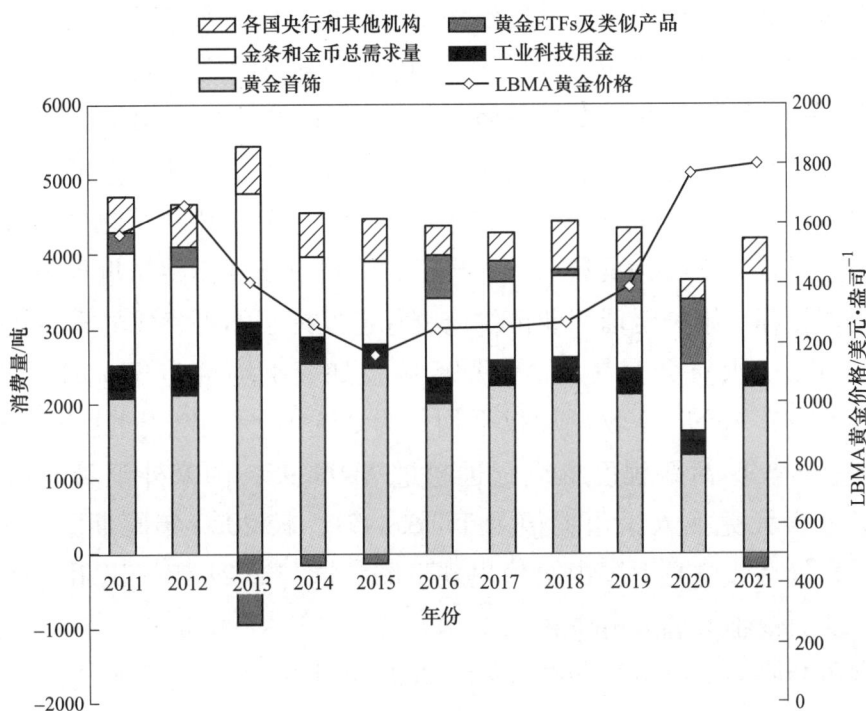

图 3　2011~2021 年来全球黄金消费构成结构变化图

数据来源：世界黄金协会（WGC）、英国金属聚焦公司（MF）、安泰科

5. 国外央行机构购金量突增

2021 年各国央行机构购金 463.1 吨，同比增长 81.63%，成为当年黄金需求最大亮点之一。根据 IMF、WGC 资料，2021 年泰国央行、日本央行和印度央行分别增储黄金 90.2 吨、80.8 吨和 77.5 吨，位列 2021 年世界各国地区央行黄金储备增储前三名。而土耳其央行、菲律宾央行、阿根廷央行 2021 年分别抛售黄金 58.6 吨、30 吨和 7 吨，位列 2021 年世界各国地区央行黄金储备抛售前三名。

中国人民银行从 2018 年 12 月连续 10 个月增持黄金，到 2019 年 10 月起暂停增储黄金。中国人民银行统计数据显示，截至 2021 年 12 月，中国人民银行官方储备资产中黄金储备为 6264 万盎司，约合 1948.32 吨，市值为 1131.25 亿美元。

二、2021 年中国有色黄金行业发展概况

（一）人民币升值，国内金价下跌

2021 年，面对复杂的国际环境、疫情和极端天气等多重挑战，全国上下共同努力，统筹疫情防控和经济社会发展，"十四五"实现良好开局，2021 年中国高质量发展取得新成效，国民经济持续恢复，发展水平再上新台阶，当年 GDP 增长 8.1%，达到 114.4 万亿元，稳居全球第二大经济体，人均 GDP 80976 元，按年平均汇率折算为 12551 美元，超过世界人均 GDP 水平。按年平均汇率折算，2021 年中国经济总量达到 17.7 万亿美元，预计占世界经济的比重超过 18%，对世界经济增长的贡献率达到 25% 左右。中国货物贸易额、外汇储备均居世界首位，服务贸易、对外投资、消费市场规模稳居世界前列，为推动世界经贸复苏、维护全球产业链供应链稳定发挥了不可替代的重要作用。

2021 年，上海黄金交易所 Au99.95 收盘加权平均价为 376.81 元/克，同比下降 2.53%；Au99.99 收盘加权平均价为 375.10 元/克，同比下降 3.10%；黄金品种 Au99.99 活跃程度继续远远超过 Au99.95。国家外汇管理局公布数据，2021 年美元兑换人民币均值为 1：6.4471，较 2020 年同期下降 6.48%，同期国际金价上涨情况下国内金价出现下跌，这与 2021 年人民币兑换美元大幅升值（美元贬值）直接相关。

中国黄金协会（CGA）数据显示，2021 年上海黄金交易所全部黄金品种累计成交量 3.48 万吨（双边，下同），同比下降 40.62%，成交额 13.08 万亿元，同比下降 41.99%；上海期货交易所全部黄金品种累计成交量 9.71 万吨，同比下降 11.33%，成交额 34.19 万亿元，同比下降 17.54%。截至 2021 年 12 月底，国内黄金 ETF 基金总持仓量 75.28 吨，较 2020 年同期的 60.91 吨增持 23.60%。

（二）2021 年中国有色副产黄金行业概况

1. 产量保持增长

根据中国有色金属工业协会（CNIA）统计数据，2021 年全国有色冶炼厂副产黄金 172.85 吨，同比增长 7.08%，占全国黄金总产量 443.56 吨（CGA 统计）的 38.97%，较 2020 年提高 5.3 个百分点（见图 4）。产金前五大企业为江西铜业集团公司、河南中原黄金冶炼厂有限责任公司、云南铜业集团公司、甘肃金川集团股份公司、安徽铜陵有色金属集团，年产黄金均超过 13 吨，最大企业超过 50 吨。

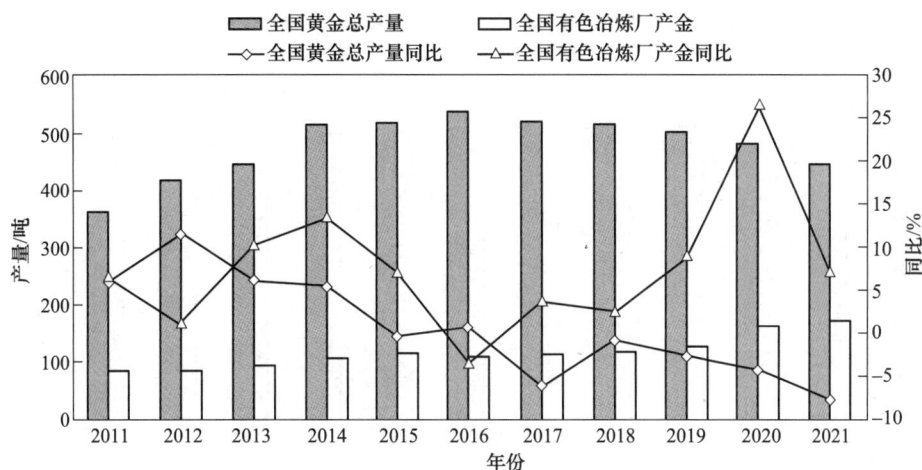

图4 2011~2021年中国黄金总产量、有色冶炼厂黄金产量变化图

数据来源：中国黄金协会、中国有色金属工业协会、安泰科

据中国黄金协会统计数据，2021年国内原料黄金产量为328.98吨，比2020年减产36.36吨，同比下降9.95%；其中黄金矿产金258.09吨，有色副产金70.89吨。2021年进口原料产金114.58吨，同比上升0.37%。全国前四大黄金生产企业为山东黄金集团有限公司、紫金矿业集团股份有限公司、中国黄金集团有限公司、山东招金集团有限公司，年产矿产金均超过20吨，最大企业产量超过40吨。

2. 黄金消费增长强劲

据中国黄金协会统计，2021年中国黄金实物消费量1120.90吨，比2020年增长36.53%，较2019年增长11.78%。其中：黄金首饰消费黄金711.29吨，较2020年增长44.99%，较2019年增长5.18%；金条及金币312.86吨，较2020年增长26.87%，较2019年增长38.56%；工业及其他用金96.75吨，同比增长15.44%（见图5）。2021年，中国统筹经济发展和疫情防控工作取得显著成效，国内黄金消费实现较快增长。由于2020年同期基数较低，首季度黄金消费量同比增长93.9%。随着疫情防控形势的好转，黄金需求继续稳步释放，硬足金、古法金等黄金首饰消费强势上升，金条及金币销量也保持稳健增长，并明显高于疫情前水平。在此期间，"中国黄金"和"菜百股份"两家重点黄金销售企业相继登陆A股上市。随着国内新能源产业和电子工业快速发展，工业用金需求也保持稳定增长。

2021年国内黄金消费结构：珠宝首饰占63%、金条金币占28%、工业及其他领域用金占9%（见图6）。与同期世界黄金消费结构（见图7）对比看，

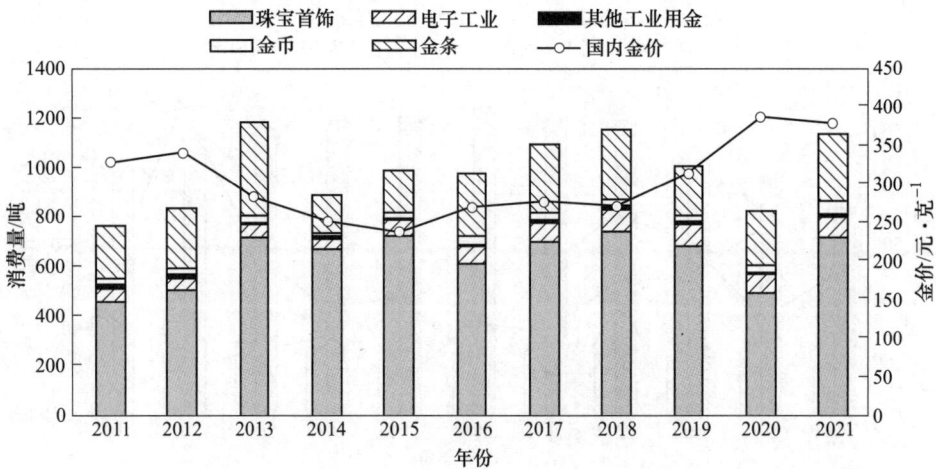

图 5   2011~2021 年中国实物黄金分领域消费与金价走势图

数据来源：中国黄金协会、上海黄金交易所、安泰科

中国黄金机构投资等消费仍有提升空间。

黄金珠宝首饰领域：根据中国珠宝玉石首饰行业协会数据，全国珠宝玉石首饰零售市场总额超过 6100 亿元，黄金、玉石、珍珠、铂金等品类市场规模位居世界第一，钻石位列世界第二；而黄金珠宝零售占全国珠宝玉石首饰零售市场总额比重接近 60%。国家统计局数据显示，作为国内黄金消费最大领域的珠宝首饰行业随着经济复苏出现强劲增长。2021 年国内规模零售企业金银珠宝销售总额达到 3041 亿元，同比增长 29.8%。

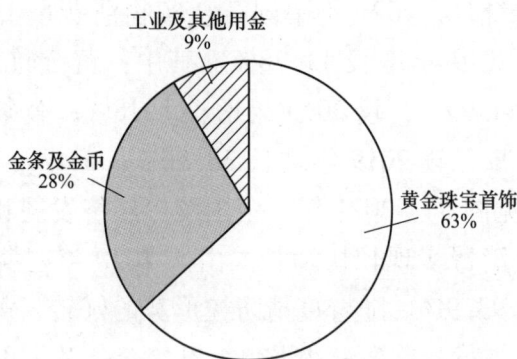

图 6   2021 年中国黄金消费结构分布

数据来源：中国黄金协会、安泰科

贵金属纪念币领域：中国人民银行 2021 年贵金属纪念币项目发行计划共包括 11 个项目，60 个品种。其中金币 31 个品种，如果全部发行，总计消耗黄

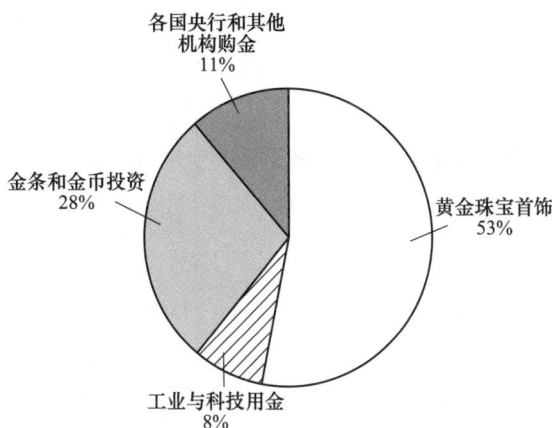

图 7　2021 年世界黄金消费结构分布

数据来源：世界黄金协会、安泰科

金 61.352 吨，较 2020 年计划发行黄金纪念币 65.433 吨减少 4.081 吨，同比下降 6.24%；银币 29 个品种，如果全部发行总计消耗白银 571.3 吨，较 2020 年计划发行白银纪念币 508.34 吨增加 62.96 吨，同比增长 12.39%。

3. 重点金矿建设项目和并购项目取得进展

（1）招金矿业瑞海公司海域金矿建设加速。2021 年 7 月 26 日，招金矿业股份有限公司（股票代码：HK01818）宣布，公司控股子公司莱州市瑞海矿业有限公司所属三山岛北部海域金矿于 2021 年 7 月 20 日取得由山东省自然资源厅核发的采矿许可证，海域金矿证载生产规模 396 万吨/年，矿区面积 5.83 平方千米，有效期限 15 年。采矿许可证的成功办理，标志着海域金矿建设进入全面发展快车道。海域金矿建设将坚持高标准、高起点定位，对标世界一流的绿色生态矿山，目标是建设成为高度"机械化、自动化、数字化、智能化"的黄金矿山，该矿山也将成为第一个用盾构机挖掘巷道的金矿，将很大程度节约开采成本，增进开采效率，提高单体矿山净利润。

三山岛北部海域金矿由山东省第三地质矿产勘查院勘探，莱州市瑞海矿业有限公司所有，而山东招金矿业股份有限公司间接持有莱州市瑞海矿业 63.86% 股权。根据 2015 年 1 月 29 日经原国土资源部备案的《山东省莱州市三山岛北部海域矿区金矿详查报告》，探获金资源储量 470.47 吨。依据 JORC 规范标准，截至 2020 年 12 月 31 日，海域金矿保有黄金矿产资源量为 562.37 吨，平均品位高达 4.20 克/吨，远超全国平均水平，为近 20 年来全球发现的最大单体金矿。海域项目建设总投资约 73 亿元，设计规模为采选 12000 吨/日。项目达产后，将年产黄金 51 万盎司（约合 15.86 吨）以上，带动招金矿业股份公司黄金产量提升近50%。海域金矿储量大、品位高、成本低，将成为招金矿业股份公司未来的业绩增长最大引擎，将有力增强招金矿业公司在全球黄金资源的影响力和竞争力，推动招金矿业加速成为具有国际竞争力的世界一流黄金矿业公司。

（2）银泰黄金股份有限公司收购华盛金矿股权。银泰黄金股份有限公司（000975.SZ）2021年9月14日公告，公司收购芒市华盛金矿开发有限公司60%股权，交易作价10.37亿元，该公司已办理完毕上述股权转让变更登记手续。华盛金矿主营业务为合质金采选冶炼，核心资产为芒市金矿采矿权，已取得采矿许可证，目前生产规模10万吨/年，正在申请变更为120万吨/年。截止到2020年12月31日，芒市金矿保有金矿总资源量2322.50万吨，黄金金属量70.67吨，金平均品位3.04克/吨。银泰黄金股份有限公司原先是以银铅锌矿开发，后转型为以黄金矿业开发为主的高质量矿业投资运营商。2016年11月银泰黄金收购了加拿大黄金生产和勘探商——埃尔拉多黄金公司位于中国境内的黄金矿山资源，涉及矿山主要涵盖黑龙江黑河洛克矿业公司东安金矿、吉林板庙子矿业公司金英金矿及青海大柴旦矿业滩间山金矿，具体包括4个采矿权和9个探矿权，黄金储量丰富，品位普遍较高。该公司致力于贵金属和有色金属矿采选及金属贸易，拥有全国储量最大、单体银品位最高的银多金属矿和品质较高的黄金矿，已发展成为国内贵金属资源开发行业具有领先优势及影响力的上市公司之一。

4. 科技创新成果显著

2021年，由矿冶科技集团有限公司、甘肃招金贵金属冶炼有限公司联合研发申报的"含锑砷难处理金矿梯级综合利用技术"；由山东招金集团有限公司、东北大学研发申报的"黄金氰渣安全处置与选冶联合梯级回收全组分利用集成技术及应用"通过2021年中国有色金属工业科学技术奖一等奖初评。此外"难选金银共伴生矿定向富集与高效提取关键技术及应用""高硫低铜金矿选冶联合绿色回收金铜关键工艺技术研究""复杂含金铜铅锌多金属矿高效分选及综合回收关键技术研究与应用""硫化矿伴生金高效回收闪烁工艺及装备""低品位贵金属二次资源提取新技术及产业化应用""复杂含锑金精矿绿色高效利用新技术与应用"等6个黄金项目通过2021年中国有色金属工业科学技术奖二等奖初评。

5. 中国企业海内外金矿投资与并购取得新进展

多年以来，黄金是中国企业境外矿业投资仅次于铜的第二大矿种、中国企业海外矿产勘察投入第二大矿种。据安泰科初步统计，截至2020年底，中国海外金矿投资控制的权益黄金资源量已经超过5000吨。

2021年1月26日白银有色集团股份有限公司（股票代码：601212）发布公告，将投资2.12亿美元复产改造刚果（金）唐吉萨金矿。根据加拿大矿产资源和储量分类标准（CIM），截至2020年1月末，唐吉萨金矿保有金资源153吨金属量，其中控制级资源量121吨。按照项目可研报告，该项目投资估算为2.12亿美元，项目设计服务年限17年，产能220万吨/年，预计黄金产量3.14吨/年，投资内部收益率22.07%。

2021年11月22日，据澳大利亚证券交易所公告，澳大利亚上市企业铁拓矿业（Tietto Minerals）宣布成功配售新股融资8500万澳元（约合人民币3.93亿元），为阿布贾项目于2022年底投产筹集了所需的全部建设资金，招金矿业股份公司作为重要投资者参与了此次股权融资。完成此次股权配售之后，招金矿业及其关联方将成为铁拓矿业第一大股东，招金矿业股份公司成功入主西非资源量超100吨大金矿。据悉，铁拓矿业所属西非科特迪瓦阿布贾露天金矿保有黄金资源量335万盎司（约104.2吨），黄金储量145万盎司（约45.1吨），项目最终可研报告（DFS）表明建成后首6年的年平均黄金产量超过20万盎司（约6.22吨），总维持生产成本为804美元/盎司，其中首年可产黄金26万盎司（约8.09吨）。

2021年11月1日，赤峰吉隆黄金矿业股份有限公司（股票代码：600988）发布公告，拟通过全资子公司赤金国际（香港）有限公司以每股3.91美元的价格，以现金方式收购金星资源全部已发行和流通的普通股的62%，交易对价约2.91亿美元，约合人民币18.62亿元。金星资源是一家国际性的黄金勘探生产企业，核心资产是位于加纳的瓦萨（Wassa）金矿，目前持有其90%股份，另外10%由加纳政府持有。截至2020年12月31日，瓦萨金矿保有黄金资源量1172万盎司（364.8吨），平均品位3.53克/吨，其中探明+控制的黄金资源量为353.7万盎司（110吨）。Wassa金矿是一座在产矿山，产量和资源规模大，选冶综合回收率高，运营成本低，且正处于良好的生命周期，现金流良好，预计2022年可生产黄金4.5吨以上。

2021年10月22日紫金矿业集团股份公司（股票代码：601899）投资4.74亿美元、100%持有的塞尔维亚丘卡卢-佩吉铜金矿上部矿带正式投产，新建的佩吉铜金矿将成为塞尔维亚第一座绿色矿山。上部矿带拥有的资源储量为铜金属128万吨，平均品位3%；金金属81吨，平均品位1.91克/吨；首采矿段为超高品位矿体，投产后预计年均产铜9.14万吨，产金2.5吨，其中年产量峰值预计产铜13.5万吨，产金6.1吨。下部矿带拥有资源量为铜金属1430万吨，平均品位0.86%；金金属299吨；平均品位0.18克/吨。此外紫金矿业集团所属哥伦比亚大陆黄金 4000 吨/日选厂技改工程于 2021 年初启动，2021 年 12 月建成投产，采矿技改正在加快开拓工程掘进，力争 2022 年上半年实现 4000 吨/日采矿能力，项目达产后将实现年产金 9.1 吨；2022 年计划矿产金 7.6 吨。大陆黄金核心资产武里蒂卡金矿，为全球超高品位大型金矿，技改完成后项目采选矿量将从 3000 吨/日提升至 4000 吨/日；技改项目将同时优化工艺，大幅提升环境生态效益。

6. 黄金企业上市情况

（1）中国黄金珠宝股份公司 2 月 5 日在沪市主板成功上市。2021 年 2 月 5 日，中国黄金集团有限公司所属中国黄金集团黄金珠宝股份有限公司（股票简称：中国黄金，股票代码：600916）正式在上海证券交易所主板挂牌交易，首发价格为 4.99 元/股，募集资金总额为 8.98 亿元，募集资金主要用于区域旗舰店建设项目、信息化平台升级建设项目、研发设计中心项目和补充流动资金。中国黄金集团黄金珠宝股份有限公司是中国黄金集团旗下的黄金珠宝零售平台，是中国黄金集团黄金珠宝零售板块的唯一平台，承载着"中国黄金"延伸产业链的重要使命。从 2006 年"中国黄金投资金条"正式亮相，到 2008 年"99999 至纯金"的率先推出；从 2012 年"珍·如金"高端首饰品牌的完美呈现，到 2014 年"珍·尚银"快时尚首饰品牌的华丽登场；中金珠宝形成以"中国黄金"为母品牌，"珍·如金"和"珍·尚银"为子品牌多品牌并举，发展成为集设计、加工、批发、零售、服务于一体，直营、加盟、银行、大客户和电商五大销售渠道并行的黄金珠宝全产业链综合体。

（2）北京菜市口百货股份公司 9 月 9 日在沪市主板成功上市。2021 年 9 月 9 日，北京菜市口百货股份有限公司（股票简称"菜百股份"，股票代码 605599）正式在上海证券交易所主板上市交易，首发价格为 10.00 元/股，募集资金总额 7.78 亿元。此次募集资金将用于营销网络建设、信息化平台升级建设、智慧物流建设、定制及设计中心等项目。菜百股份作为北京市西城区国资委国有控股企业，是商务部第一批命名的"中华老字号"企业；公司作为以北京市为核心、华北地区领先的黄金珠宝专业经营公司。

（3）四川容大黄金股份有限公司 9 月 28 日向中国证监会提交 IPO 申请。2021 年 9 月 28 日，四川容大黄金股份有限公司向中国证监会提交了首次公开发行股票申请（深市主板）。四川容大黄金由四川省天府容大矿业有限公司、北京金阳矿业投资有限责任公司、木里县国有投资发展有限责任公司、紫金矿业集团南方投资有限公司等十三家股东发起设立，注册资本人民币 3.6 亿元，主营黄金开采，矿产品及矿山机械的经营，矿产地质、工程地质、地质勘查的咨询服务、售后服务等。目前资产总额已达数亿元，拥有"木里县容大矿业有限责任公司梭罗沟金矿"采矿权和"四川省木里县梭罗-挖金沟岩金矿详查"探矿权各一个。拟首次公开发行人民币普通股 A 股不超过 6000 万股，且不低于发行后总股本的 10.00%（最终发行数量以中国证监会核准额度为准）。

（4）中信金属股份有限公司 12 月 7 日向中国证监会提交 IPO 申请。2021 年 12 月 7 日，中信金属股份有限公司向中国证监会提交了首次公开发行股票申请（沪市主板）。中信金属主要从事金属及矿产品的贸易业务，系国内领先的金属及矿产品贸易商，经营的贸易品种主要包括铁矿石、钢材等黑色金属产品，以及铌、铜、铝等有色金属产品。目前中信金属通过宁波铂业持有中博世金科贸有限责任公司 20% 股份，通过金属秘鲁投资公司持有秘鲁拉斯邦巴斯铜金矿 15% 股份，通过金属非洲投资公司持有艾芬豪矿业公司 26.01% 股份，另外中信金属还直接持有西部超导公司 12.74% 股份。而中博世金是国内铂族金属、白银贸易和黄金精炼巨头。本次申请公开发行新股数量不超过发行后公司总股本的 10.23%，且不低于发行后公司总股本的 10.00%。

（5）其他上市公司。2021 年 2 月 10 日，曼卡龙珠宝股份有限公司（证券简称：曼卡龙，证券代码：300945）在深圳证券交易所创业板上市；6 月 9 日，西安凯立新材料股份有限公司（证券简称：凯立新材，证券代码：688269.SH）在上海证券交易所科创板成功上市；7 月 16 日，徐州浩通新材料科技股份有限公司（证券简称：浩通科技，证券代码：301026）在深交所创业板上市。其中西安凯立为中国精细化工领域技术领先的贵金属催化剂供应商，产品及服务主要应用于医药、农药、染料颜料及化工新材料等行业。而徐州浩通新材料科技股份有限公司为从事从含贵金属废催化剂等二次资源中贵金属回收、贵金属为主的新材料开发、铂钯贵金属贸易为主的专业化贵金属领先企业。

7. 多家黄金企业上榜 2021 年中国 500 强榜单

根据中国企业联合会、中国企业家协会发布的 2021 中国企业 500 强、中国制造业企业 500 强、《中国企业 500 强 20 年报告》，入选 2021 中国企业 500 强名单的有色企业有 23 家，其中 5 家黄金企业，2 家珠宝企业。在 5 家黄金矿业企业中，紫金矿业集团股份有限公司以营业收入 1715 亿元列 134 名，中国黄金集团有限公司以营收 1086 亿元列 204 名，山东黄金集团有限公司以营收 767 亿元列 274 名，山东招金集团有限公司以营收 736 亿元列 285 名，山东中矿集团有限公司以营收 479 亿元列 410 名；在 2 家珠宝企业中老凤祥股份有限公司以营收 517 亿元列 379 名，深圳金雅福控股集团有限公司以营收 410 亿元列 473 名。

根据财富中文网发布的 2021 年《财富》中国 500 强排行榜，含珠宝首饰企业 7 家贵金属企业，较 2020 年增加 1 家，其中黄金企业 6 家。

8. 中国黄金进出口概况

（1）金锭进口情况。长期以来，中国黄金供不应求。中国黄金协会资料显示，2021 年中国总计生产黄金 443.56 吨，消费黄金 1120.90 吨，生产消费缺口为 677.34 吨，生产消费缺口主要靠进口和民间去库存来弥补。

香港特区政府数据显示，2019 年内地从香港净进口黄金 275.7 吨，2020 年进口 40.9 吨，2021 年进口 334.10 吨，同比增长 716.87%。中国黄金协会发布数据显示，2019 年中国进口黄金 741 吨，2020 年进口 179.33 吨。安泰科估计，2021 年中国进口黄金超过 500 吨。

（2）含金精矿进口情况。中国长期以来是含金精矿进口大国。除了进口金银精矿外，还大量进口富含黄金的铜精矿、铅精矿、锑精矿等，国内众多有色副产金来自进口铜、铅、金、银、锑等精矿。海关总署公布数据显示，2021 年中国（数据暂不包括中国台湾、香港、澳门地区）累计进口银矿砂及其精矿 110.08 万吨，同比增长 24.52%；2021 年累计进口其他贵金属矿砂及其精矿（金精矿＋铂族金属精矿）126.24 万吨，同比增长 9.42%（见表 2）。2021 年，从秘鲁、俄罗斯、澳大利亚三国进口其他贵金属矿砂及其精矿均超过 10 万吨；其中从秘鲁进口量最大，达到 21.94 万吨，占当年中国金精矿总进口量的 17.37%。

表 2　2017~2021 年中国进口含金精矿实物量统计　　　　（万吨）

年份	其他贵金属矿砂及其精矿（金精矿＋铂族金属精矿）	银矿砂及其精矿	铜精矿	铅精矿	锑精矿
2017 年	85.42	53.23	1735.08	128.06	7.09
2018 年	107.47	50.79	1971.62	122.71	8.93
2019 年	118.44	65.56	2199.00	161.24	6.27
2020 年	115.37	88.40	2178.73	133.45	4.28
2021 年	126.24	110.08	2340.44	120.21	3.39
2021 年同比/%	9.42	24.52	7.42	-9.96	-21.16

数据来源：海关总署。

（3）黄金珠宝首饰出口情况。海关总署统计数据显示，2018 年中国出口金首饰及零件 194.7 吨，2019 年出口 177.9 吨，2020 年出口 72.9 吨，2021 年出口 113.55 吨，同比增长 55.76%。

三、黄金产业政策

（一）中国人民银行就《黄金租借业务管理暂行办法》公开征求意见

与黄金产业发展相适应，中国黄金租借业务的发展也取得积极进展，期限结构不断完善，参与主体日益多样化，目前已涵盖产金用金企业，商业银行、证券公司等金融机构，初步形成了以上海黄金交易所为平台的实物登记托管服务体系。实践证明，黄金租借业务在拓宽产金用金企业融资渠道、降低融资成本、丰富企业风险管理工具等方面发挥了积极作用，但也存在制度不健全、金融机构记账不统一等问题。

为加强对黄金市场的监督管理，规范黄金租借业务，维护黄金市场秩序，防范黄金市场风险，更好地服务实体经济，根据《中华人民共和国中国人民银行法》等有关法律法规，2021年9月30日中国人民银行发布了《关于<黄金租借业务管理暂行办法（征求意见稿）>公开征求意见的通知》。《办法》总计十三条，所称黄金租借业务，是指一方通过黄金账户将黄金借给另一方，并按双方合同约定的期限和费率（利率或者租赁费率），收回等量黄金或者等值货币资金及孳息的行为。

《办法》在起草过程中，主要遵循了以下基本原则：一是切实服务实体经济的原则。《办法》的制定立足于服务实体经济，有利于产金用金企业利用这一工具发展自己的生产，鼓励和引导金融机构利用该工具为实体经济服务，满足产金用金企业的合理需求。二是促进业务规范发展的原则。把握黄金兼具商品和货币双重属性这一特点，以问题为导向，着力解决黄金租借业务发展过程中存在的问题，并与其他管理制度相衔接，补齐制度短板。三是防范化解风险的原则。按照打好防范化解重大金融风险攻坚战、切实维护金融安全的总体要求，《办法》的制定应有利于产金用金企业利用这一工具管理对冲生产经营风险，强化金融机构对这项业务的风险管理。

（二）工信部发布《重点新材料首批次应用示范指导目录（2021年版）》

为进一步做好重点新材料首批次应用保险补偿试点工作，工信部2021年12月31日发布《重点新材料首批次应用示范指导目录（2021年版）》，自2022年1月1日起施行。高纯超薄键合金带（性能要求：金含量不少于99.99%，电导率不小于76% IACS，宽度为50~1500微米，厚度为0.0125~0.025微米）入选其中的先进有色金属指导目录。

（三）工信部下发2021年三批行业标准制修订项目计划

2021年工信部办公厅印发了2021年三批行业标准制修订项目计划的通知，

其中涉及黄金类标准。2021年第二批质量提升标准项目计划表中，由工信部消费品工业司主管、全国首饰标准化技术委员会归口，由北京国首珠宝首饰检测有限公司、国家首饰质量监督检验中心、中国科学院金属研究所、北京国首珠宝首饰标准化研究中心、周大福珠宝金行（深圳）有限公司、上海老凤祥有限公司、中国黄金集团黄金珠宝股份有限公司、北京菜市口百货股份有限公司、上海豫园黄金珠宝集团有限公司联合起草标准《硬金饰品》（项目计划号：2021-0764T-QB）入选修订计划。另外，山东黄金集团有限公司参与了《面向矿山的5G+工业互联网应用场景及技术要求》（项目计划号：2021-0627T-YD）、山东黄金矿业（莱州）有限公司三山岛金矿参与了《金属矿山深竖井工程技术标准》（项目计划号：2021-0816T-YS）的修订工作。

2021年第三批绿色制造标准项目计划表中，由工信部节能与综合利用司主管、全国有色金属标准化技术委员会归口，由阳谷祥光铜业有限公司、有色金属技术经济研究院有限责任公司、矿冶科技集团有限公司、山东黄金冶炼有限公司、云南驰宏锌锗股份有限公司联合起草标准《贵金属冶炼绿色工厂评价要求》（项目计划号：2021-1238T-YS）入选修订计划。

此外从全国黄金标准化技术委员会获悉，由长春黄金研究院有限公司提出并担任组长单位起草的ISO 5724《超高纯度金的测定ICP-MS差分法》国际标准，是黄金行业首个以中国国家标准为基础制定的国际标准，是中国标准走出去的成功范例。GB/T 4134—2021《金锭》的发布实现了国内黄金市场和金锭市场的有机统一，在金融安全、黄金国际贸易、产品成本控制和质量提升、黄金全产业链高质量发展等方面具有重要的作用。

（四）《古法金饰品》和《黄金地质绿色勘查技术规范》等团体标准发布实施

2021年4月21日，中国黄金协会在深圳举办《古法金饰品》团体标准发布会暨2021古法金新品秀并为标准起草单位授牌。《中国黄金报》报道，中国黄金协会本次发布的团体标准《古法金饰品》（T/CGA 019—2021）属于古法金饰品的质量标准，也是中国首个古法金饰品标准，为古法金饰品生产销售企业提供了产品质量规范和检验标准，将有效规范古法金饰品市场，为消费者合法权益提供保障。

据介绍，古法金所采用的"中国古法制金工艺"含"手工铸型、手工细金、手工修金"三大工艺，始于春秋战国，至清朝而技法成熟，随时代更迭，历史变迁，中国古法制金工艺几近衰落。新中国成立至改革开放之后，又受现代机械工艺的影响和冲击，中国古法技艺一度被市场遗忘。2009年，老铺黄金在市场推出中国古法手工金器,"中国古法制金工艺"这一非物质文化遗产得以焕发出新的生机。老铺黄金作为团体标准《古法金饰品》(T/CGA 019—2021)第一起草单位。该标准从工艺、设计、文化、外型特征四个要素,明确了什么样的产品才能称之为古法金饰品,强调真正的古法金饰品必须主要由两种或以上(包括搂胎、刌胎、擀胎、锤揲、花丝、錾花、失蜡浇铸、金银错、宝石镶嵌、炸珠、吸珠、吹珠、手工修金、点翠、烧蓝等)中国传统金银细金工艺制造而成,是集现代设计理念、中华民族传统文化内涵和表面呈亚光、砂状肌理等古代宫庭金饰特征于一体的足金饰品。

2021年中国黄金协会公告批准发布了团体标准《黄金地质绿色勘查技术规范》(T/CGA 018—2021),并将由冶金工业出版社公开出版发行。该标准由全国黄金标准化技术委员会归口,山东黄金地质矿产勘查有限公司为主导,与长春黄金研究院有限公司、中国地质科学院勘探技术研究所共同起草完成。

2021年1月1日,广东省黄金协会团体标准《黄金回收技术规程》(T/GDSHJXH 001—2020)正式发布实施。标准内容规定了黄金回收场地与设备要求、黄金回收操作规范,适用于黄金珠宝首饰行业的黄金制品回收业务。标准按照GB/T 1.1—2020《标准化工作导则 第1部分:标准化文件的结构和起草规则》进行编制,由广东省黄金协会提出,广东省贵金属标准化技术委员会进行归口。该标准由广东省黄金协会、广东金鼎黄金有限公司、深圳市众恒隆实业有限公司、广东粤宝黄金投资有限公司、深圳金雅福控股集团有限公司、中航鼎盛(深圳)黄金有限公司、深圳市广福来珠宝首饰有限公司、深圳市百德轩珠宝有限公司共同起草。

(五)沈阳造币厂入选"国家工业遗产名单(第五批)"名单

2021年11月30日,根据《国家工业遗产管理暂行办法》(工信部产业〔2018〕232号)和《关于开展第五批国家工业遗产认定申报工作的通知》(工信厅政法函〔2021〕63号),经工业遗产所有权人自愿申请、相关省级工业和信息化主管部门或中央企业推荐、专家评审、现场核查和网上公示等程序,确定了第五批国家工业遗产名单,沈阳造币有限公司申报的沈阳造币厂入选"国家工业遗产名单(第五批)"。沈阳造币厂核心物质包括:办公主楼,牌楼耳房,奉天机器局牌楼柱础、门当及过梁,大洋机,日式压印机,日式冲饼机,美式冲饼机,法国产雕刻机,日式验饼机,日式剪裁机,日式天平,大清银币、铜币等重要钱币原模、印模,伪满时期硬币石膏型、电铸铜型,奉天机器局造一圆银币,第一套人民币纸钞票样和钞版,东北银行纸币、钞版及票样。

（六）《山东省黄金工业"十四五"发展规划》印发

2021年11月17日，山东省工业和信息化厅印发《山东省黄金工业"十四五"发展规划》。山东省是中国黄金产量第一大省，黄金矿产资源丰富，开采历史悠久，地质储量居全国之首，自1975年起，黄金产量连续46年位居全国第一，山东黄金集团连续四年为国内第一产金企业。"十三五"期间，山东省黄金产量增长10%左右，完成工业总产值8260亿元，较"十二五"期间增长约40%；开采企业数量从50多家整合集聚为30多家，初步形成了山东黄金集团、招金集团、中矿集团、山东恒邦冶炼等四家企业为主导的竞争格局。按2020年度统计数据，山东黄金集团、招金集团、中矿集团、恒邦冶炼等4个企业的黄金产量占全省总量的95.9%。

规划提出，到2025年末，山东省黄金产量继续保持全国第一，规模优势进一步增强，产业布局和产品结构更加优化，品牌效应进一步凸显，安全环保水平明显提升，高端化、智能化、绿色化发展成果显著，大、中型黄金企业集团黄金年产量占全省总产量的96%以上，形成以黄金为主，多金属、多元化、上下游一体化发展的新格局。

规划同时提出，立足山东省黄金资源禀赋、产业基础、地理条件等优势，充分发挥市场在资源配置中的决定性作用，加大政策支持力度，着力打造四大特色黄金产业基地和产业集群，构建行业新发展格局。着力打造胶东世界级黄金资源产业基地（依托胶东地区世界第三大黄金成矿带、国家级整装勘查区、世界级特大型金矿富集区，充分发挥在莱州、招远等已形成的产业基础，打造世界级黄金资源产业基地）、做大做强烟台贵金属新材料研发及产业化基地（继续扩大金丝、金盐等产品的市场占有率，加快实现黄金纳米复合材料工业化，扩宽黄金纳米材料在化学催化材料、新能源电池材料、医用靶向材料、军工级航天材料等领域的应用开发，建设全国一流贵金属检测中心，将烟台打造成国家级贵金属新材料研发及产业化基地）和加快建设济南国际黄金产业链金融中心（以"一带一路"为发展轴，以中国（山东）自贸试验区济南片区为支点，利用山东黄金大省的资源优势，发挥行业龙头的带动作用，在济南建设国内首个区域性国际黄金产业链金融中心）。

（七）全国最大黄金珠宝产业聚集地——深圳罗湖区印发《关于支持罗湖区黄金金融发展的若干措施》

2021年2月3日，深圳市地方金融监督管理局印发了《关于支持罗湖区黄金金融发展的若干措施》的通知，助力罗湖打造深圳黄金金融核心区，积极推动千亿级黄金珠宝产业高质量发展。黄金珠宝产业是深圳市罗湖区的传统优势产业之一,而罗湖区水贝黄金珠宝产业集聚基地已成为全国规模最大的珠宝产业集聚区、全国珠宝产业风向标,约占国内黄金珠宝批发市场份额的 50%。目前深圳罗湖区囊括 40 家龙头珠宝企业,拥有 29 个珠宝类"中国驰名商标",约占全国珠宝类"中国驰名商标"总数的 30%。深圳市罗湖区提出以打造"一基地、五中心"作为目标。其中"一基地"是总部集聚基地,"五中心"指黄金金融中心、设计研发中心、智能制造中心、品牌营运中心和展示交易中心。为实现这个目标,罗湖将推动"十大工程",即产业延链补链工程、黄金金融创新工程、设计创意提升工程、智能制造工程、品牌提升工程、消费拓展工程、人才培育工程、知识产权保护和标准化建设工程、国际化工程以及环境提升工程等。当前深圳罗湖正在积极推进水贝黄金珠宝集聚区的升级改造,规划建设"一带""双核""三区""大绿环",即"一带":珠宝文化艺术大道;"双核":水贝国际珠宝艺术中心、布心生态创新工业中心;"三区":布心生态创新工业社区、水贝北珠宝产业集聚区、水贝南生态宜居配套社区;"大绿环":围岭公园—洪湖公园—翠竹公园慢行生态城市绿环。随着上述工程、政策和措施等不断实施,深圳市罗湖区千亿黄金珠宝产业高质量发展正在启航。

撰稿人:石和清
审稿人:唐武军

2021 年白银工业发展报告

一、2021 年世界白银工业发展概述

（一）世界白银现货供应增长，成本下降

据 Metal Focus（金属聚焦）预计，2021 年全球矿产银产量达到 25587 吨，同比增长 5.3%；随着全球疫情常态化，以及 2020 年延迟产量在 2021 年的释放，矿产银产量有所恢复。再生银产量受到银价上涨的鼓励，同比增长 6.7% 到 5382 吨。2021 年全球白银现货供应量为 31017 吨，同比增长 5.6%。

据 Metal Focus 统计，2021 年，矿产银中 27% 产自独立银矿，16% 产自金矿伴生，25% 产自铜矿伴生，32% 产自铅、锌矿伴生。

2021 年上半年，矿山的总维持成本同比下降 3.6% 到 10.6 美元/盎司。基本金属价格的飙升，推动副产品收入提高，部分抵消了因疫情及其他负面因素导致的成本的上升，生产企业能有效控制白银的开采成本。

（二）世界白银消费同比增长 19.7% 到 34560 吨

Metal Focus 预计，经安泰科调整，2021 年全球现货需求同比增长 19.7% 达到 34560 吨。其中银币和银条 36.2% 的增幅贡献最大；工业用银同比增长 12.9%，最大贡献来自光伏用银 12.5% 的增幅。首饰和银器也有 21.4% 的增长，增长主要来自印度（见表 1）。

表 1　全球白银现货消费（经安泰科调整后）　　　　　　　　（吨）

年份	2019 年	2020 年	2021 年
首饰和银器	7998	5663	6875
银币和银条	5856	6372	8677
工业用银	17335	16843	19008
现货需求	31189	28878	34560

数据来源：Metal Focus，北京安泰科信息股份有限公司（以下简称安泰科）。

注：表中数据为经安泰科调整后的数据。

（三）全球投资情绪乐观

白银现货投资在 2017 年跌至谷底，2019 年开始回暖，2021 年重上 8000 吨，同比增长 36.2%。需求增长贡献主要来自散户。

全年白银 ETPs 净流入 1152 吨。疫情期间，避险情绪带动对实物贵金属的投资，叠加年初热帖号召，促使 ETPs 持仓量创历史新高。但下半年银价的走弱，使得投资者投资谨慎，净流入量远远低于 2020 年的水平。

（四）COMEX（纽约金属交易所）白银库存从高位回落

截至年底，COMEX 白银库存从高位回落，比 2020 年底减少了 1270 吨（下降 10.3%）到 11064 吨。

（五）世界白银现货市场平衡

2021 年，白银现货市场供应缺口收缩；ETPs 净流入 1152 吨，远低于 2020 年的净流入量；交易所库存比前一年有所下降，但仍维持在高位。2019~2021 年全球白银现货市场平衡表见表 2。

表 2　世界白银现货市场平衡表　　　　　　　　　　（吨）

年份	2019 年	2020 年	2021 年
现货供应	30625	29376	31017
现货需求（经安泰科调整）	31189	28878	34560
现货市场平衡	−564	498	−3543
ETPs 库持有量变化	1944	7983	1152
COMEX 库存变化	724	2469	−1270

数据来源：Metal Focus，安泰科，万得资讯（Wind）。

（六）世界白银贸易情况

印度和美国是两个重要的白银进口国。中国是重要的白银出口国。

2021 年以来，印度受新冠肺炎疫情影响，导致许多城市实施封城措施，给白银消费带来了严重的冲击，使得白银进口量低迷。前 8 个月，印度白银进口总量为 176 吨。随后银价有所回落，投资者逢低买入，叠加城市封锁缓解，节日及婚礼季节推动了白银的需求，与此同时，国内银价较低，使得回收供应量下降，印度 9 月和 10 月的白银进口量达到 2000 吨，且预计后两个月的进口量也将处于高位。

美国地质勘探局（USGS）发布的"Mineral Commodity Summaries 2022"显示，2021 年，美国进口白银 6500 吨，同比下降 3.56%；出口 160 吨，同比上涨 14.28%。

据海关总署统计，2021年，中国银锭净出口4292吨，同比增长30.71%。

（七）2022年展望

预计2022年全球白银矿产量将持续回升，将恢复并超越疫情前的水平。一是像泛美银业等主要矿山可能恢复满负荷生产；二是因为部分矿山品位下降带来的产量下降将会被新矿开采带来的供应增长抵消；三是随着其他金属价格的高位运行，预计铅锌矿、铜金矿的产量将增加，作为副产品的白银产量也将增加。但对2022年银价的看空，将拖累再生银的产量。预计2022年全球现货供应同比将有7%的增长，到33199吨。

消费方面，光伏用银将继续成为工业需求增长的主力军。首饰和银器的需求将随着疫情的缓解继续回暖；而对未来世界格局的变化及经济的担忧，将影响现货投资情绪。预计2022年全球现货需求同比增长5%到36300吨。

预计2022年市场将延续2021年的供应短缺格局。

二、2021年中国白银工业发展现状

（一）经济运行情况概述

1. 白银产量小幅增长

安泰科根据国内原生铜、原生铅、原生锌的产量，以及黄金副产银产量，估算了国内矿产银的产量。据安泰科估算，2021年，中国白银产量同比增长1.7%到11633吨（见表3）。国内白银原料对外依存度为51%。铅冶炼副产白银在总的矿产量中占到57%的比例，铜冶炼副产白银占比32%，锌冶炼副产白银占比7%，黄金副产银占比3%。

表3 2019~2021年中国白银产量

年份	2019年	2020年	2021年
安泰科估算产量/吨	11162	11438	11633
同比/%	1.4	2.5	1.7

数据来源：安泰科。

根据各家企业的产量报告，2021年，年产量上千吨的企业有四家，分别是江西铜业集团有限公司、河南金利金铅集团有限公司、河南豫光金铅股份有限公司和济源市万洋冶炼（集团）有限公司。

2. 2021年中国白银消费同比增长16%到7795吨

安泰科估计，2021年国内白银总消费量同比有16%的增长到7795吨

（见表 4），最大的贡献来自光伏用银 19.7% 的增长。能源转型背景下全球光伏产业发展提速，光伏用银创下 2441 吨的历史纪录（见图 1）。

表 4　2019～2021 年中国白银现货消费量

类别	消费量/吨			2021 年同比/%
	2019 年	2020 年	2021 年①	
首饰和银器	650	660	640	−3
银币和银条	240	210	201	−4.3
工业用银	5616	5850	6954	18.9
现货需求	6506	6720	7795	16

数据来源：安泰科。

① 2021 年为预计值。

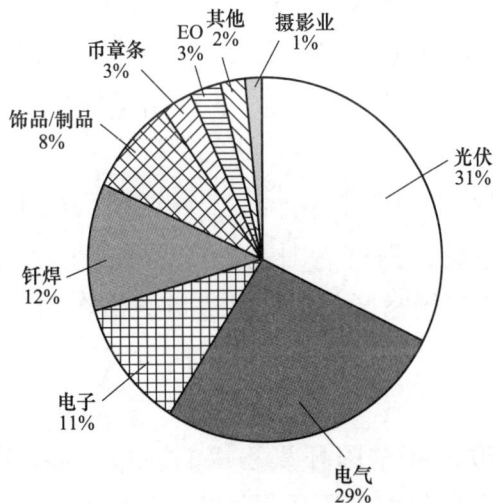

图 1　2021 年中国白银市场消费结构
数据来源：安泰科

（1）双碳目标下光伏用银强劲增长。在能源转型背景下，2021 年全球光伏迎来了巨大的发展契机。据中国光伏行业协会发布的最新发展路线图，2021 年全国电池片产量达到 198 吉瓦，同比增长 46.9%；组件产量达到 182 吉瓦，同比增长 46.1%，以晶硅组件为主。2021 年全国新增光伏装机容量达到 54.88 吉瓦，同比增长 13.9%。安泰科预计，2021 年，国内光伏行业银用量达到 2441 吨，同比增长 19.7%。

（2）触头行业银用量同比增长 25.8% 到 2262 吨。据安泰科调研，2021 年大企业的生产普遍均有增长，且年均增幅在 10%～15%。前 9 个月，整个行业的生产呈增长态势；但10月以后，企业的购银量明显下降，原因是限电。限电影响了下游的开工，向上传递到合金企业。另外，限电对小企业的影响更大。下游领域，用于新能源的量有明显增加，如5G基站中用到的小型断路器，新能源车中用到的继电器，充电桩中用到的高压直流断路器和接触器等。电力行业配电侧的需求健康。家电行业中需求也有增加。房地产现房销售面积连续三年的下滑后，在2021年逆转跌势同比出现增长。安泰科估计，2021年触头用银同比增长25.8%到2262吨。

（3）电子信息产业银用量同比增长11.5%到843吨。工信部运行监测协调局公布的数据显示，2021年，全国规模以上电子信息制造业增加值比上年增长15.7%，增速比上年同期提高8.0个百分点；主要产品中，手机产量17.6亿台，同比增长7%，其中智能手机产量12.7亿台，同比增长9%；微型计算机设备产量4.7亿台，同比增长22.3%；集成电路产量3594亿块，同比增长33.3%。同期，中国5G基站总数超过139.6万个。2021年新增5G基站约65万个。安泰科估计，2021年电子信息产业银用量同比有11.5%的增长，达到843吨。

（4）银饰品/制品行业没有起色。安泰科调研，白银首饰和银器的需求依然低迷。银饰品消费市场，消费者对高端产品和低端产品的消费情绪截然不同。高端品牌银饰消费市场坚挺，特别是进口银饰在国内的消费整体良好；但国内生产的银饰消费情绪不高。安泰科估计，2021年银首饰和银器消费同比下降3%到640吨。

（5）环氧乙烷。2021年中国环氧乙烷的新增产能84万吨，加上更换量，安泰科预计，2021年环氧乙烷中银用量达到193吨，同比增长53.2%。

3. 2021年国内白银市场库存持续下降

安泰科对国内白银市场库存的统计数据，包括上海期货交易所、上海黄金交易所和由安泰科自主统计的其他社会库存三个部分。

白银市场库存在2020年三季度达到峰值，此后缓步下降；2021年开始，库存下降的速度加快。截至年底，国内市场库存下降到4410吨，比2020年底的7176吨减少了2766吨（-38.5%）。库存下降，背后的推动力是出口。国内外银价倒挂，鼓励了出口。

4. 中国白银现货市场供需情况

中国白银市场供需情况见表5。表5中白银矿产量数据为安泰科根据国内原生铜、原生铅、原生锌及黄金的产量估算。

表 5　中国白银市场供需情况

年份	安泰科估算矿产量/吨	消费量/吨	银锭净出口/吨	库存/吨	银价①/元·千克⁻¹
2019 年	11162	6506	2223	5626	3886
2020 年	11438	6720	3285	7176	4670
2021 年②	11633	7795	4292	4410	5259

数据来源：海关总署，安泰科，上海黄金交易所，上海期货交易所。

① 上海黄金交易所白银 T+D 价格。

② 2021 年为预计值。

5. 进出口贸易

2021 年，中国银产品贸易总额达到 108.6 亿美元，同比增长 69.11%；其中进口总额 48.3 亿美元，同比增长 52.38%；出口总额 60.3 亿美元，同比增长 86.01%，增量主要来自银饰制品及银锭出口。贸易顺差为 12 亿美元。

2021 年，中国银产品总的进口量为 1103118 吨，同比增长 27.31%；其中银精矿进口量达到 86 万吨，创下历史纪录。出口量为 7006 吨，同比增长 59.88%。

（二）2022 年展望

据安泰科预计，2022 年，国内白银生产将继续维持平稳增长态势，增幅比前期有明显下滑，同比将有 1% 的增长，到 11747 吨。2022 年国内白银消费将在光伏用银的增长带动下，再创历史新高，同比将有 15% 的增幅，达到 8995 吨。

三、市场与价格

2021 年大宗商品价格上涨，本质上是疫情导致的供需阶段性错配，宽松流动性炒作供给、需求及政策。

需求层面，发达国家商品消费需求和中国投资需求快速复苏是推动大宗商品价格上涨的重要因素。疫情之后，中国生产复苏很快，发达国家商品消费复苏很快，共同带动中国出口大幅增长和制造业投资增加。国内方面，房地产和基建投资的恢复最快。国内外的需求恢复带动原材料需求快速增加和价格上涨。

供给层面，疫情对部分原材料生产国和全球供应链造成了影响，使商品价格对需求的变化更敏感。疫情直接影响到巴西、智利等金属矿石出口国的生产能力。国内方面，压降钢铁、煤炭、有色金属产能的政策导向，给市场造成了供给收缩的预期。这会增加生产企业和贸易商的存货需求，并与价格上涨形成共振，加速商品价格上涨。

政策层面，美国拜登政府提出了1.9万亿美元财政刺激措施和超过2万亿美元新基建刺激方案。美国多家金融机构预测，这些刺激措施将使得美国实际经济增长在2021年下半年至2022年超过潜在产出水平，即美国经济会出现过热的情况，对大宗商品价格会有向上推力。

中国的碳中和、美国的清洁能源计划，进一步影响了对大宗商品和原材料的预期。

资金层面，发达国家的宽松货币政策向全球金融市场提供了充裕流动性，为大宗商品价格上涨推波助澜。

路孚特（Refinitiv）数据显示，2021年，企业通过发行股票、发行债券和签订新贷款协议，共筹集了创纪录的12.1万亿美元资金，原因是各国央行的大量刺激措施和疫情后经济快速复苏推动了全球许多市场走高。2021年的市场流动性比2020年增长17%，而2020年本身是历史性的一年，市场流动性比2019年新冠肺炎疫情危机前高出近四分之一。

白银市场，银价全年高位震荡，高点不断下移，低点测试底部区间上轨。现货银价，全年最高点（30.09美元/盎司）与最低点（21.39美元/盎司）中间的振幅达到40.7%，与前一年157%的振幅比较，有明显下降。

从整个市场来看，资金在2021年更多分配进入基本金属市场，白银市场的吸引力下降。这一点从市场的成交量下降上得到反映。

2021年，COMEX白银年初开盘价26.13美元/盎司，同比上涨46%；其中最低价21.41美元/盎司，比2020年低点上涨84.6%；最高价30.35美元/盎司，比2020年高点上涨1.5%；年内振幅41.8%，远低于2020年的158%；收盘价23.36美元/盎司，同比下降11.9%。年均价25.1美元/盎司，同比上涨20.7%。

国内沪银主力走势跟随国际银价走势，今年人民币汇率继续升值，本地的银价涨跌幅度有差异。沪银主力开盘价5680元/千克，同比增长29.4%；最低价4588元/千克，比2020年的低点上涨77.3%；最高价6085元/千克，比2020年的高点下降11.5%；年内振幅32.6%，远低于2020年的140%；收盘价4880元/千克，同比下降12.6%。2021年沪银主力年均价在5215元/千克，同比上涨10.3%，涨幅低于国际银价涨幅，贡献来自人民币的升值。

2022年爆发的俄乌危机，削弱了因加息对银价的做空动能；银价跟随金价获益于避险情绪。叠加美联储加息、俄乌危机后续发展等因素，预计2022年银价的走势将更为震荡。

四、政策环境分析

2021 年颁布的政策法规中，与白银产业关联的有：

（1）2021 年 1 月 13 日，工信部发布《工业互联网创新发展行动计划 2021~2023 年》（工信部信管〔2020〕197 号），目标之一是在 10 个重点行业打造 30 个 5G 全连接工厂，再度给 5G 发展注入强劲动力。

（2）2021 年 1 月 15 日，工业和信息化部对外发布《基础电子元器件产业发展行动计划（2021~2023 年)》，明确提出要面向智能终端、5G、工业互联网等重点市场，推动基础电子元器件产业实现突破。根据《行动计划》，到 2023 年，一批电子元器件关键技术将实现突破，片式多层陶瓷电容器、光通信器件等重点产品专利布局更加完善。

（3）2021 年 2 月 2 日，国务院发布《关于加快建立健全绿色低碳循环发展经济体系的指导意见》。《意见》提出，推动能源体系绿色低碳转型。提升可再生能源利用比例，大力推动风电、光伏发电发展，因地制宜发展水能、地热能、海洋能、氢能、生物质能、光热发电。

（4）2021 年 2 月 24 日，国家发改委、财政部、中国人民银行、银保监会、国家能源局发布《关于引导加大金融支持力度促进风电和光伏发电等行业健康有序发展的通知》。

（5）2021 年 3 月 11 日，十三届全国人大四次会议表决通过了关于国民经济和社会发展第十四个五年规划和 2035 年远景目标纲要的决议（简称"十四五"规划）。《纲要》提出，"十四五"时期经济社会发展主要目标：经济发展取得新成效；改革开放迈出新步伐；社会文明程度得到新提高；生态文明建设实现新进步；民生福祉达到新水平；国家治理效能得到新提升。

（6）2021 年 3 月 11 日，工信部发布《光伏制造行业规范条件（2021 年本)》。《规范条件》从生产布局与项目设立、工艺技术、资源综合利用及能耗、智能制造和绿色制造、环境保护五个方面对光伏制造行业提出要求。

（7）2021 年 6 月 20 日，为加快推进屋顶分布式光伏发展，国家能源局下发《关于报送整县（市、区）屋顶分布式光伏开发试点方案的通知》，拟在全国组织开展整县（市、区）推进屋顶分布式光伏开发试点工作。

（8）2021 年 7 月 1 日，国家发改委印发《"十四五"循环经济发展规划》。

（9）2021 年 7 月 13 日，工信部等十部门印发《5G 应用"扬帆"行动计划（2021~2023 年)》。到 2023 年，中国 5G 应用发展水平显著提升，综合实力持续增强。

（10）2021 年 9 月 22 日，《中共中央 国务院关于完整准确全面贯彻新发展理念做好碳达峰碳中和工作的意见》发布。到 2025 年，国内非化石能源消费比重达到 20%左右；到 2030 年，国内非化石能源消费比重达到 25%左右，风电、太阳能发电总装机容量达到 12 亿千瓦以上；到 2060 年，非化石能源消费比重达到 80%以上，碳中和目标顺利实现。

（11）2021 年 10 月 24 日，国务院印发《2030 年前碳达峰行动方案》。主要目标是：到 2025 年，非化石能源消费比重达到 20%左右，单位国内生产总值能源消耗比 2020 年下降 13.5%，单位国内生产总值二氧化碳排放比 2020 年下降 18%，为实现碳达峰奠定坚实基础。到 2030 年，非化石能源消费比重达到 25%左右，单位国内生产总值二氧化碳排放比 2005 年下降 65%以上，顺利实现 2030 年前碳达峰目标。

（12）2021 年 11 月 16 日，工信部发布《"十四五"信息通信行业发展规划》。提出到 2025 年，信息通信行业整体规模进一步壮大，发展质量显著提升。

五、当前中国白银工业发展中存在的突出问题和对策建议

（一）合理利用资本市场，将科技融合渗入制造业

20 世纪科学技术的高速发展，白银一跃成为高新技术用"工业金属"。进入 21 世纪，白银更是新兴产业不可或缺的基础材料。在当前孕育和发生的新产业革命中，能源转型、数字化、网络化、智能化和绿色化的建设，将带动各种新领域应运而生，催生白银更多的工业应用，拓展白银的消费潜力。但国内白银深加工端的企业多为民营企业，规模小、力量弱，限制了行业在基础研究上的投入，进而限制了新技术、新产品的开发能力。

建议合理利用资本市场，将科技力量有效融合渗入制造业层面，促进形成高品质供给，驱动制造业的成功转型升级。

（二）加强产业链合作，构建多层次创新体系

白银深加工产业属于多学科交叉、知识密集型高技术产业。随着市场需求不断升级，客户对产品技术要求不断提高，企业维持技术创新能力是在行业内保持综合优势的关键。

建议设立产业专项基金，充分发挥产学研联盟的作用，以产业链相关企业为主体，由生产企业和研究机构组成联盟，高效利用社会各方资源，以互补共赢联合实施创新驱动，围绕产业技术增值链，增强关键核心技术的突破及产业

化，充分发挥科技创新的引领作用，推动白银深加工技术进步和产业升级，促进行业实现跨越式发展。

加强产业顶层设计，建立产业发展协调机制；持续推进产业区域集中和投资主体集聚，做好重大项目部署和重点方向攻关，积聚产业资源，引导科学布局，防止盲目投资；充分发挥协会和分会的引导作用，吸引多渠道、多元化的资金投资，鼓励多元化投资模式，持续推进多层次多类型多渠道的合作。

（三）深化国际交流合作，开拓合作共赢新局面

世界制造业产业竞争格局正在发生重大调整。欧美等工业发达国家纷纷制定"再工业化"战略，重点发展先进制造技术，抢占制造业高端。新兴发展中国家也在积极参与全球产业再分工，承接产业及资本转移，抢占制造业的中低端。从全球看，发达国家"再工业化"和"制造业回归"步伐加快，发展中国家加快推进工业化进程。从国内看，中国制造业发展不平衡不充分的问题尚未根本解决。加快推进制造业智能化、绿色化、服务化，切实增强制造业核心竞争力，推动中国制造业加快迈向全球价值链中高端。材料产业是国民经济发展的重要基础。加快培育和发展新材料产业，对于促进产业转型升级，保障重大工程实施，提升制造业核心竞争力具有重要战略意义。

撰稿人：靳湘云、王维玮、李　元
审稿人：唐武军

2021 年硅工业发展报告

　　硅是有色金属大家族的重要一员，2021 年国内硅产量位居有色金属品种第五位。硅基材料是晶硅光伏产业最重要的基础原材料，对新能源产业的发展至关重要。同时，硅基材料还与目前"卡脖子"的芯片问题息息相关。进入 21 世纪以来，中国硅产业在技术创新的砥砺前行与大浪淘沙的市场洗礼中摸爬滚打，包括工业硅、多晶硅和单晶硅在内的硅产业的生产规模、工艺装备、技术水平和综合竞争力等均取得了长足的进步。在"双碳"目标和"硅能源"战略的驱动下，新能源、新材料的蓬勃发展再次催生了硅产业新一轮的发展机遇，其战略地位日益凸显。

一、2021 年硅产业运行现状

（一）工业硅企业生产运行情况

　　截至 2021 年底，中国工业硅装置产能为 500 万吨/年，同比增长 3.7%；当年产量为 270 万吨，同比增长 28.6%。从数据上来看，全行业开工率为 54%。考虑到川滇地区季节性生产、各地区实际生产情况及无效产能，2021 年中国工业硅有效产能约为 360 万吨/年，实际开工率在 75%。分地区来看：新疆产量继续领先，达 120.6 万吨，占国内总量的 44.7%；云南、四川产量居第二、第三位，各占国内总量的 18.1% 和 15.5%。三省工业硅总产量为 211.2 万吨，占国内总量的 78.2%（见表 1）。

表 1　　2019~2021 年中国工业硅产能产量　　　　　（万吨）

地区	2019 年		2020 年		2021 年	
	产能	产量	产能	产量	产能	产量
云南	115	41	115	45	115	48.8
新疆	170	97	170	88	170	120.6
四川	63	32	63	29	81	41.8
贵州	14	5	14	4	14	3.9
湖南	14	5	14	5	14	5.9

续表1

地区	2019 年		2020 年		2021 年	
	产能	产量	产能	产量	产能	产量
甘肃	18	9	18	9	18	7.1
福建	25	8	25	7	25	9.4
其他	63	23	63	23	63	30.7
总计	482	220	482	210	500	261.1

数据来源：中国有色金属工业协会硅业分会（以下简称"硅业分会"）、北京安泰科信息股份有限公司（以下简称"安泰科"）。

2021 年，中国工业硅产量排名前十的企业产量共计 130.25 万吨，占全国总量的 48.2%。其中，合盛硅业全年产量为 78.9 万吨，位列全国第一，占国内总量的 29.2%；东方希望及云南永昌硅业分列第二、第三位，产量分别为 18.5 万吨和 7.9 万吨，全国占比分别为 6.8%与 2.9%，新安化工产量大幅增加至 6 万吨，全国占比 2.2%，位列第四。

（二）多晶硅企业生产运行情况

截至 2021 年底，中国在产多晶硅生产企业数为 12 家，产能增加至 51.9 万吨/年，同比增长 23.6%。产能增量主要来自协鑫、东方希望扩产产能增量 5.5 万吨/年，以及新特能源、新疆大全、永祥股份等优化产能释放 4.9 万吨/年，另有一家企业产能退出，2021 年国内产能净增 10 万吨/年左右。当年全国 10 家万吨级企业多晶硅产能为 51.3 万吨/年，占国内总产能的 98.8%。5 家年产能在 5 万吨以上的多晶硅企业包括永祥股份、保利协鑫、新疆大全、新特能源、东方希望，产能共计 44.1 万吨/年，占国内总产能的 85.0%。

2021 年，中国多晶硅产量约为 49 万吨，同比增长 23.6%。其中永祥股份、保利协鑫、新疆大全、新特能源前 4 家企业产量共计 36.8 万吨，占国内总产量的 75.2%。分月来看：1~5 月，国内多晶硅月均产量在 3.75 万吨，同比增长 8.7%，从 6 月开始月产量达到 4 万吨以上，下半年月均产量达到 4.37 万吨，同比大幅增长 37.4%，增量主要来自新疆协鑫、新疆大全、东方希望、永祥股份这四家企业的优化释放，增量共计 7.0 万吨，占总增量的 75.3%。

2019~2021 年中国多晶硅产能和产量见表 2。

表 2　2019~2021 年中国多晶硅产能和产量

年份	产能		产量		企业产量/吨					集中度/%
	数量/吨	同比/%	数量/吨	同比/%	协鑫	永祥	新特	大全	希望	
2019 年	452000	16.49	343673	32.74	77460	65600	51670	41150	31520	77.81
2020 年	419500	-7.19	396116	15.26	74310	85950	70700	71400	40450	86.54
2021 年	519000	23.72	489566	23.59	102350	107000	77200	81500	54950	86.40

数据来源：硅业分会、安泰科。

二、市场价格走势

（一）工业硅价格走势

2021 年，中国工业硅价格从年初到年中持续走高，下半年呈现快速上涨态势，并创历史新高，年底价格快速回落。553 工业硅全年均价 26004 元/吨，同比上涨 98.4%，最高点 67000 元/吨，出现在 10 月中旬，最低点 12050 元/吨，出现在 5 月初；441 工业硅全年均价 23160 元/吨，同比上涨 94.9%，最高点 71500 元/吨，出现在 10 月中旬，最低点 12950 元/吨，出现在 4 月底 5 月初（见图 1）；421 工业硅全年均价 25334 元/吨，同比上涨 108%，最高点 65750 元/吨，出现在 10 月中上旬，最低点 13500 元/吨，出现在 5 月初；3303

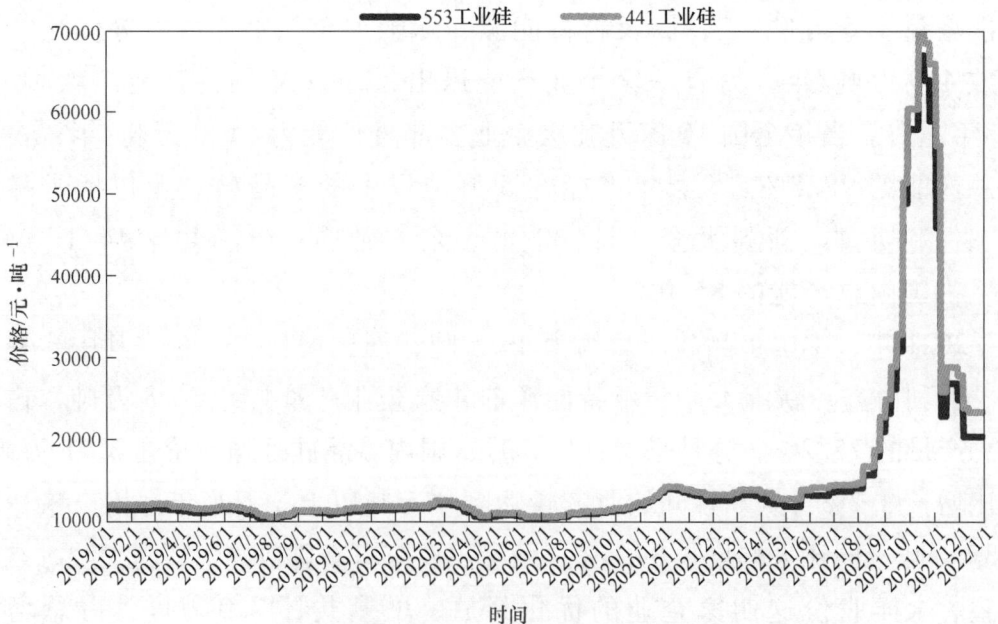

图 1　2019~2021 年中国工业硅价格
数据来源：硅业分会、安泰科

工业硅全年均价 26004 元/吨，同比上涨 113%，最高点 70950 元/吨，出现在 10 月中旬，最低点 13650 元/吨，出现在 2 月初；2021 年全年工业硅均价为 23419 元/吨，同比上涨 76.7%。总之，2021 年工业硅各牌号价格整体上行，企业平均盈利水平较 2020 年大幅提升。

上半年，在供应相对平稳及市场需求强劲的共同推动下，工业硅市场呈现缓慢上涨的态势，市场平均价格从年初 13560 元/吨上涨至 6 月底的 14270 元/吨。下半年，受能耗双控和各地限电等政策影响，市场预期供应阶段性减少，引发市场价格快速上涨，并于 10 月前后达到 6 万~7 万元/吨历史高点。11 月初，下游企业观望氛围浓厚，市场成交极为清淡，部分企业和中间贸易商获利抛货，回笼资金，市场价格大幅下滑。进入 12 月，由于西南地区企业保持较高开工率，叠加终端需求萎缩，采购备货积极性不高，导致工业硅市场清淡，成交订单较少，国内工业硅价格小幅下跌。截至年底，冶金级主流价格在 19000~21000 元/吨，化学级主流价格在 22000~25000 元/吨。

（二）多晶硅价格走势

2021 年，中国多晶硅价格整体呈上扬走势，并屡创十年内历史新高。其中，复投料成交价从年初的 8.76 万元/吨，持续上涨至 6 月底的 21.72 万元/吨，经历 7~9 月的小幅回调后，从 10 月初开始再次进入上涨通道，高点达到 27.22 万元/吨，12 月再次下调，复投料价格到年底降至 23.25 万元/吨，年初到年底的涨幅为 165.4%。单晶复投料全年均价为 19.44 万元/吨，同比大幅上涨 148.3%（见图 2）。

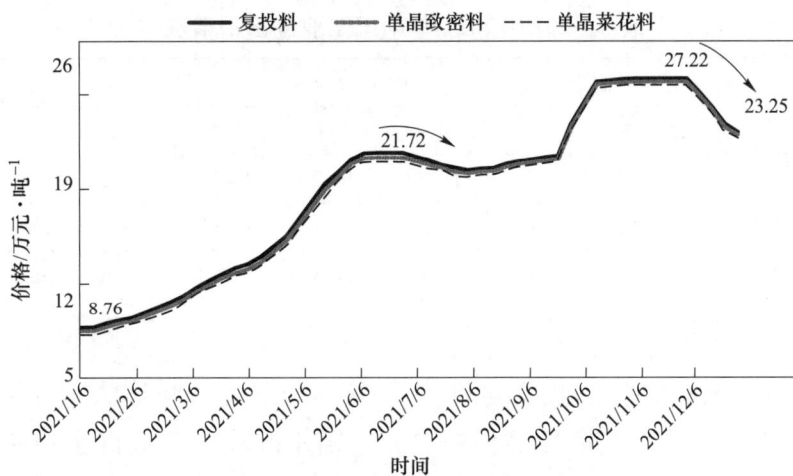

图 2　2021 年中国多晶硅价格

数据来源：硅业分会、安泰科

上半年价格屡创新高：上半年价格持续走高的根本原因在于上下游供需错配。多晶硅生产环节由于行业本身具有"高投入、高技术、高载能"等特点，且又长期处于亏损边缘，扩产资本有限，而硅片、电池片环节由于连续多年维持相对较高盈利水平，在对后市需求极度乐观的情况下，大幅扩产，与上游硅料环节形成严重的供需错配，供不应求的市场情况支撑硅料价格一路创新高。

两次价格下调：2021年全年多晶硅价格经历两次下调，分别在7月和12月，且动因都是由于硅片企业受终端需求不及预期等因素影响，主动下调开工率，硅料需求减少，而同期多晶硅供应由于部分硅料企业检修复产或扩产释放有小幅增量，因此阶段性被压制的需求和逐渐增加的供应导致硅料短期波动下调。

三、进出口贸易及影响因素分析

（一）工业硅贸易及影响因素分析

2021年，中国工业硅出口量为77.8万吨，同比增长25.6%。目前，中国工业硅主要出口至日本、韩国、欧洲和亚洲其他地区。2021年，中国对日本、韩国、欧洲和亚洲其他地区共计出口742004吨工业硅，占总出口量的95.4%，出口量占比分别为24.1%、11.5%、14.5%和45.3%。其中，对日本出口量为18.7万吨，同比增长20.8%；对韩国出口量为8.94万吨，同比增长9.9%；对欧洲出口量为11.3万吨，同比增长39%；对除日韩外的亚洲其他地区出口量为35.2万吨，同比增长31%（见表3）。

表3 2019~2021年中国工业硅出口情况

年份	总计	日本		韩国		欧洲		亚洲其他地区	
		数量/吨	占比/%	数量/吨	占比/%	数量/吨	占比/%	数量/吨	占比/%
2019年	694495	164617	23.7	116227	16.7	95873	13.8	269761	38.8
2020年	619238	154912	25.0	81347	13.1	81334	13.1	268837	43.4
2021年	777783	187086	24.1	89405	11.5	113111	14.5	352402	45.3

数据来源：海关总署。

2021年，中国工业硅出口均价为2970美元/吨，同比大幅上涨62.9%。全球能源价格升高、市场阶段性供应紧张及需求旺盛是工业硅出口价格大幅上涨的主要原因。

（二）多晶硅贸易及影响因素分析

2021年，中国多晶硅总进口量为114183吨，同比增长13.3%。目前，中国多晶硅主要进口国家和地区有德国、马来西亚、韩国、美国及中国台湾地区等。2021年，中国自德国、马来西亚、韩国、美国及中国台湾地区共计进口多晶硅96849吨，占总进口量的84.8%，进口量占比分别为44.9%、26.0%、3.6%、4.2%、6.0%。

值得注意的有以下两点：第一，从德国进口量占比近五成。全年累计从德国进口51316吨，同比增长2.5%，占国内总进口量的44.9%。2021年，德国瓦克经过去瓶颈化，产能略有提升，加之国内需求持续向好，故进口量依旧维持在首位。第二，从马来西亚进口量大幅增加。全年从马来西亚进口多晶硅29727吨，同比增长29.1%。韩国OCI收购马来西亚多晶硅工厂后，加速产能释放及优化，2021年除去产出外，另有往年积压库存出口至中国，故全年从马来西亚进口量大幅增加，占比达到26.0%，稳居第二位（见表4）。

表4　2019~2021年中国多晶硅进口情况

年份	总计	德国		马来西亚		韩国		美国		中国台湾地区	
		数量/吨	占比/%	数量/吨	占比/%	数量/吨	占比/%	数量/吨	占比/%	数量/吨	占比/%
2019年	144506	52667	36.45	21254	14.71	48881	33.83	5230	3.63	4526	3.13
2020年	100776	50061	49.68	23035	22.86	15330	22.86	2659	2.64	3677	3.65
2021年	114183	51316	44.94	29727	26.03	4096	3.59	4811	4.2	6899	6.04

数据来源：海关总署。

从进口均价来看，2021年，中国多晶硅进口均价为17.87美元/千克，同比大幅上涨88.7%。全年在终端光伏需求乐观预期下，供不应求的市场状况导致国内多晶硅价格屡创新高，进口多晶硅价格也在国内需求旺盛等因素支撑下不断上调。

四、技术进步和品质提升情况

（一）工业硅技术进步情况

近年来，中国工业硅技术取得了长足的进步，主要体现为大炉型的应用和推广、装备的机械化和自动化。2008年，中国工业硅生产以6300千伏安矿热炉为主，12500千伏安矿热炉刚刚起步，在生产过程中，以木炭为主要还原剂，绝大部分企业使用人工加料、捣炉。经过十余年的发展，中国工业硅先进企业的生产技术工艺和装备已经达到国际先进水平。目前，中国在产25000千伏安（含）以上大型矿热炉已经超过百台，产能达到150万吨/年以上，占比

30%左右。同时，生产过程已基本摆脱木炭，改用煤或油焦作为还原剂，自动上料、加料和捣炉设备已得到普遍应用，余热利用等先进技术正在逐步推广。

为努力实现绿色、经济、循环、可持续发展，工业硅领域通过科技创新，优化生产工艺，提高原料有效利用率，降低原辅料消耗量；推进环保装置与设备建设，实现硫、硝氧化物回收综合利用，减少环境污染，营造绿水青山。目前，国内潘达尔、蓝星等大炉型的自动进料等设备自动化、智能化基本覆盖，工业硅生产从粗放型迈向智能化、机械化；云南、新疆地区部分企业已配备脱硫、脱硝装备，四川地区相关企业已改进冶炼工艺。

（二）多晶硅技术进步和品质提升情况

中国多晶硅企业经过十余年的引进、吸收、消化再创新，目前生产装备已经完全实现国产化，且各环节生产工艺均不断得到优化。特别是在突破冷氢化、大型还原炉等关键技术之后，中国多晶硅工艺装备已经达到全球领先水平。

近年来，中国多晶硅生产各项技术经济指标持续改善，产品质量显著提升。在技术经济指标方面，目前中国多晶硅生产平均还原电耗较2019年下降10%以上；同期综合电耗下降18%以上；平均综合生产成本下降18%以上。

在产品质量方面，目前中国绝大多数多晶硅产品都在太阳能特级甚至电子三级以上，完全可以满足太阳能光伏产业的需求，部分多晶硅产品已实现在半导体领域的应用。其中，在光伏应用领域，几乎全部多晶硅产品可满足P型单晶硅生产需要，四川永祥股份有限公司、协鑫科技股份有限公司、新疆大全新能源股份有限公司、新特能源股份有限公司、亚洲硅业（青海）股份有限公司等优秀厂商的产品甚至已经开始在N型单晶硅生产上进行应用，中国单晶用多晶硅料占比已经从2019年的54%左右提升到2021年的92%，且仍在继续提升中。在半导体应用领域，包括青海黄河上游水电开发有限责任公司新能源分公司、协鑫硅产业科技集团在内的少数企业的半导体芯片、功率器件用超高纯电子级多晶硅产品品质正逐步向国际先进水平看齐。

五、硅产业面临的问题和发展趋势

硅及硅基材料是中国实现"双碳"目标的重要原材料，也是有色金属行业"碳减排"的重点产业。建议行业、企业从两方面着手：一方面，保障硅基原材料供应，为大力发展光伏产业提供支撑，为碳达峰、碳中和作出贡献；另一方面，推动行业、企业加快绿色转型，加强技术创新。

（一）明确战略新兴金属定位，解决供应短板

随着双碳目标的逐步实施，硅及硅基材料未来市场发展潜力巨大。预计到2030~2035年，国内工业硅需求量将达到500万吨以上，是2021年的3倍。其中，多晶硅领域需求量为300万吨以上，是2021年的5倍。因此，为保障光伏产业基础原材料的供应，应将硅及硅基材料定位为战略性新兴金属。在支持产业发展的同时，注意控制节奏，进行动态平衡管理。对于新建大型项目，相关省份提前出台硅产业所需要的能耗指标分配方案，国家有关部门提出指导意见等方式来进行调控。

（二）优化产业结构和产业布局

针对工业硅产业仍处于发展的初级阶段，以及多晶硅、单晶硅阶段性投资过热的现状，应强化企业的技术、管理水平，提升新企业准入门槛，加强对企业在环保、安全等方面的审核力度。认真落实行业自律公约，通过环保、安全、能耗、标准等方面的监管，采用行业自律公约结合差别电价的方式不断淘汰较为落后的产能，鼓励现有产能减量置换，促进新产能向可再生能源富集的地区转移，鼓励工业硅-多晶硅、工业硅-有机硅上下游一体化新建项目落地，最终实现产业链布局优化。

按照产业政策和能耗双控要求，有序推动硅产业向中西部地区和清洁能源优势地区集中，并推进硅产业清洁能源替代，提高清洁能源应用比重，建立高比例可再生能源的低碳排放硅基新能源产业基地。优先支持新能源硅产业源网荷储一体化项目，以及为硅产业供电的多能互补项目的新能源指标批复、项目核准，在并网及电费结算方面给予支持。

（三）增强以内循环为主的硅产业链供应体系，提高产品附加值、优化产品结构

工业硅生产应以满足国内市场为主，建立以内循环为主、外循环为辅的供应体系，做好工业硅供需的动态平衡。工业硅作为硅产业链最基础的原材料，应采取多种措施，规范工业硅的无序出口，加强出口管理，并支持企业走出去，利用海外的能源和资源，合作建立硅产业高载能项目。同时，产业链产品要有序向下游延伸，提高产品附加值。值得关注的是，在高纯晶硅领域，要全力研发电子级高纯硅材料，逐步解决芯片"卡脖子"的问题，为中国半导体产业跨越式发展做好原料保障。

（四）支持和鼓励节能减碳技术，实现产业技术升级

对节能减碳技术进步改造项目给予优先支持，鼓励、引导企业积极推进节能减碳技术创新，争取早日实现产业节能减碳共性技术的突破。在工业硅环

节，要通过技术培训和推广，普及大炉型稳定持续生产技术，力争在"十四五"末，将大炉型工业硅冶炼电耗控制在12500千瓦时/吨以下，全面实现工业硅大炉型生产装备的机械化、自动化，并进一步实现余热回收利用（发电）。在多晶硅环节，要不断提升智能化生产，进一步降低还原能耗、综合能耗及相关物耗，力争三氯氢硅还原法还原能耗降低至35千瓦时/千克以下、综合电耗降低至55千瓦时/千克以下。支持低能耗的硅烷流化床法生产多晶硅。在单晶硅环节，要不断提高大尺寸硅片和更薄的N型硅片的产量比例和应用。

撰稿人：徐爱华、马海天、刘　晶、
　　　　张　博
审稿人：林如海、赵家生

2021年锂工业发展报告

一、2021年世界锂工业发展概述

2021年，全球新能源乘用车销量同比增加108%，市场销量前20家车企的销售总量接近650万辆，这是2012年以来的最高年增长率。2021年，中国新能源汽车发展迅猛，产销量均超过350万辆，同比均增长1.6倍。世界上对锂的需求持续增长，锂盐价格回升并创历史新高。锂盐产能扩张引发对锂资源的需求越来越迫切。多个国家越发重视锂资源的勘探和开发，世界已探明锂资源大幅增加，美国地质调查局2022年最新数据显示，世界锂资源量约为8900万吨；锂储量由2021年公布的2100万吨提高到2200万吨（金属量，按照金属锂与碳酸锂1:5.3折算，折合碳酸锂当量超过1亿吨），详见表1。

表1　世界锂资源量及储量（金属量）　　　　　　　　　（万吨）

国家	储量	资源量
智利	920	980
中国	150	510
澳大利亚	570	730
阿根廷	220	1900
美国	75	910
玻利维亚	—	2100
巴西	9.5	40
葡萄牙	6	25
津巴布韦	22	50
奥地利、加拿大、刚果（金）、捷克、芬兰、德国、马里、墨西哥、塞尔维亚等国	270	刚果（金）300、加拿大290、德国270、墨西哥170、捷克130、塞尔维亚120、俄罗斯100、秘鲁88、马里70、巴西47、西班牙30、葡萄牙27、加纳13、奥地利6，芬兰、哈萨克斯坦、纳米比亚各5
世界总计（约）	2200	8900

数据来源：美国地质调查局。

世界上碳酸锂、氢氧化锂、氯化锂等基础锂盐的主要生产国为中国、智利、阿根廷，美国利用本土盐湖锂资源生产约5000吨碳酸锂，美国、俄罗斯等国利用工业碳酸锂、氯化锂等生产氢氧化锂、金属锂等产品。世界锂资源分布极不均衡，主要集中在玻利维亚、阿根廷、智利、美国、澳大利亚等国，但玻利维亚和美国锂资源还没有大规模开发。由于资源分布情况，锂矿（包括盐湖锂矿和固体锂矿）产出的区域分布存在较大差异，澳大利亚是最大的锂矿供给国，约占据世界锂矿石供给90%、占世界锂原料供应总量的37%。尽管中国锂资源量位于世界前列，资源品种相对丰富，但是相对于中国锂盐生产能力，锂原料对外依存度较高，65%的锂原料需要进口。

2021年，世界锂及其衍生物产量折合碳酸锂当量约66万吨，同比增长50%以上，产量增加主要来自中国和智利。澳大利亚锂辉石精矿的总产量超过200万吨。中国有色金属工业协会锂业分会预测2022年世界锂及其衍生物产量将超过85万吨，2023年产量将超过100万吨碳酸锂当量，比以前众多机构预测的产量将有大幅提升。

智利、玻利维亚、墨西哥等多个国家将锂资源和石油一样列为国家战略资源，对锂资源的开发控制越来越严苛。智利想要筹建"国有锂业公司"，并主张提高矿企的税负和特许权费用。此外，在当地居民的抗议下，塞尔维亚政府也于2022年1月决定撤销力拓集团开采贾达尔（Jadar）锂矿的许可。

2021年3月7日，习近平总书记在参加十三届全国人大四次会议青海代表团审议时提出要加快建设世界级盐湖产业基地；5月20日，青海省《建设世界级盐湖产业基地规划及行动方案》获得国内专家评审通过，进一步加速了国内盐湖提锂产业发展。随着盐湖提锂技术的不断成熟，盐湖提锂有望成为中国锂资源开发的新趋势。

二、2021年中国锂工业发展现状

（一）经济运行情况概述

根据中国汽车工业协会数据显示，2021年中国新能源汽车产销分别为354.5万辆和352.1万辆，同比分别增长1.6倍。其中纯电动汽车产销分别为294.2万辆和291.6万辆，同比分别增长1.7倍和1.6倍；插电式混合动力汽车产销为60.1万辆和60.3万辆，同比分别增长1.3倍和1.4倍。

国内锂矿石资源主要位于四川、新疆、江西等地，盐湖锂资源主要位于青海和西藏。目前正在勘探开发的盐湖锂资源主要集中在青海、西藏，锂矿石开采主要在四川、江西。

2021年，中国碳酸锂产量为29.82万吨，同比增长59.47%，产量排名前5的企业市场占有率达到50%。5家企业分别是江西南氏锂电新材料有限公司、天齐锂业股份有限公司、盛新锂能集团股份有限公司、江西赣锋锂业股份有限公司、青海盐湖蓝科锂业股份有限公司。中国利用国内盐湖卤水、锂云母精矿、锂辉石精矿、回收含锂废料生产的锂盐折合碳酸锂当量约16万吨。

2021年，国内一些新的碳酸锂项目开始投建，部分企业对原有生产线进行升级改造，还有数万吨新产线投入运营或试运营。青海盐湖蓝科锂业股份有限公司年产2万吨碳酸锂项目投入运行，以钾肥生产排放的老卤为原料，采用该公司自有的吸附+膜法卤水提锂技术生产电池级碳酸锂。河北吉诚新材料有限公司年产1万吨碳酸锂项目建成投产。唐山鑫丰锂业有限公司年产1万吨碳酸锂项目投产。成都融捷锂业科技有限公司一期年产2万吨锂盐（分为1.2万吨碳酸锂和0.8万吨氢氧化锂）项目已完成土建工程建设、设备安装及带料联动调试工作，试生产方案已经通过专家评审并经相关部门备案，自2022年1月1日起进入试生产阶段。

湖南邦普循环科技有限公司、湖南金凯循环科技有限公司、江西环锂新能源材料有限公司、光华科技股份有限公司等利用回收废旧锂电池含锂物料生产碳酸锂也具备了一定的生产规模。

2021年，中国氢氧化锂产量达到19.03万吨，同比增长105%，产量排名前5的企业市场占有率达到80%。产量增量主要来自于江西赣锋锂业股份有限公司、宜宾天宜锂业有限公司、雅化实业股份有限公司、盛新锂能集团股份有限公司、河北吉诚新材料有限公司、江苏容汇通用锂业股份有限公司等企业。江西赣锋锂业股份有限公司氢氧化锂年产能8.1万吨，已成为全球最大的氢氧化锂生产企业。宜宾天宜锂业有限公司对原有氢氧化锂生产线进行技改，并实现年产2.5万吨产能；二期年产2.5万吨电池级氢氧化锂项目于2021年底实现试生产。河北吉诚新材料有限公司年产1万吨电池级氢氧化锂项目投产。中矿资源公司年产2.5万吨电池级氢氧化锂和电池级碳酸锂生产线项目建成投料试生产运营。浙江衢州永正锂电科技有限公司扩建微粉电池级氢氧化锂产线，年产能达到2.5万吨。湖南邦普循环科技有限公司、四川思特瑞锂业有限公司等企业利用回收锂物料生产电池级氢氧化锂，产量达到数千吨。

氯化锂是电解法生产金属锂的关键原料，中国企业具有利用锂辉石精矿生产氯化锂的能力，同时利用盐湖卤水、回收的含锂废料、工业碳酸锂等生产氯化锂，2021年国内无水氯化锂产量约3万吨。国内主要生产企业有江西赣锋锂业股份有限公司和天齐锂业股份有限公司。

2021 年底中国基础锂盐产能及产量见表 2。

表 2　2021 年底中国基础锂盐产能及产量　　（万吨）

产品名称	产能	产量
碳酸锂	46.6	29.82
氢氧化锂	29.7	19.03
氯化锂	3.5	3.05

数据来源：中国有色金属工业协会锂业分会。

2021 年，基础锂盐行业效益明显好转，从上市公司披露的业绩预告来看，全行业没有亏损企业，部分企业盈利超过预期。根据中国有色金属工业协会锂业分会多次实地调研情况来看，国内盐湖提锂、锂云母提锂工艺不断优化，生产设备自动化程度进一步提升，产能利用率不断提高，产品质量不断向好，大部分已可以直接用于锂电池正极材料生产。锂辉石提锂工艺目前向智能化迈进，产品质量赢得了国内外用户的好评，电池级碳酸锂、电池级氢氧化锂等产品质量国际领先。

中国汽车动力电池产业创新联盟最近发布了 2021 年中国动力电池产量、销量及装车量的数据，见表 3。

表 3　2021 年中国动力电池数据

项目	产量/吉瓦时	增长率/%	销量/吉瓦时	增长率/%	装车量/吉瓦时	增长率/%
累计量	219.7	163.4	186	182.3	154.5	142.8
三元电池	93.9	93.6	79.6	128.9	74.3	91.3
磷酸铁锂电池	125.4	262.9	106	245	79.8	227.4

数据来源：中国汽车动力电池产业创新联盟。

2021 年，中国新能源汽车市场共计 58 家动力电池企业实现装车配套，较去年同期减少 13 家，排名前 3、前 5、前 10 的动力电池企业动力电池装车量分别为 114.6 吉瓦时、128.9 吉瓦时和 142.5 吉瓦时，占总装车量比分别为 74.2%、83.4% 和 92.3%。

2021 年，国内动力电池企业装车量前十名的企业分别是：宁德时代、比亚迪、中创新航、国轩高科、LG 新能源、蜂巢能源、亿纬锂能、塔菲尔新能源、孚能科技、欣旺达。

动力锂电池产量的快速增长，带动了国内锂电正极材料及主要电池电解质六氟磷酸锂的产业的发展，国内主要生产企业产能迅速扩张，2021年底，中国四种正极材料的产能超过170万吨，出现了数个产能超过十万吨的正极材料企业，国内企业六氟磷酸锂产能约8.1万吨，双氟磺酰亚胺锂的产能也已超万吨。锂电池正极材料产量约111.17万吨，产量同比增加约100.78%。其中钴酸锂产量10.1万吨，三元材料产量44.05万吨，磷酸铁锂产量45.91万吨，锰酸锂产量11.11万吨。主要电解质材料六氟磷酸锂产量5.2万吨。

（二）产业结构

中国已建立了从锂资源开发、基础锂盐、锂化合物、金属锂及其合金、锂电正极材料、锂电池到锂电池回收利用完整的锂"全生命周期"产业链。

中国生产碳酸锂、氢氧化锂、氯化锂、钴酸锂、镍钴锰酸锂、镍钴铝酸锂、磷酸铁锂、锰酸锂、磷酸二氢锂、氟化锂、六氟磷酸锂、双氟磺酰亚胺锂、硼酸锂、草酸锂等多种锂化合物，还有金属锂及多种锂合金，同时还在研发生产磷酸锰铁锂等多种新型锂产品。碳酸锂、氢氧化锂等化合物还分为电池级、工业级或医药级等，按化学成分还分为不同的牌号。氢氧化锂还分为单水氢氧化锂和无水氢氧化锂，单水氢氧化锂按形貌还分为微粉型和结晶体型。

随着新能源汽车产业的蓬勃发展，全球对优质的锂电正极材料、碳酸锂、氢氧化锂等上游材料产品需求不断增长，有资源及技术优势的地方政府纷纷建设发展锂电产业园。地方政府通过布局锂电产业园，打造锂电新材料产业链条完整、产业配套完善、具有国际竞争力的锂电新材料、新能源产业基地，引入新能源汽车、锂电池、锂电材料等大批企业入驻，可以快速产生较好的经济效益，如湖南长沙宁乡锂电产业园、江西宜春锂电产业园、四川遂宁锂电产业园、江苏常州金坛锂电产业园区等。锂电产业园对于促进锂电产业发展，打造锂电产业全链条，发挥产业集聚和规模经济效益发挥着重要作用。

碳酸锂、氢氧化锂等基础锂盐产业主要分布在江西、四川、青海、江苏、山东等地，金属锂及其合金生产企业主要分布在江西、四川、新疆、江苏、重庆、天津等地，锂电池正极材料生产企业主要集中在四川、云南、北京、天津、湖南、广东、河南、山东、福建、湖北、河北、贵州、安徽等多个省市。

目前国内已建成一定规模的废旧电池拆解处理生产线，可以回收废旧电池中含有的镍、钴、锰、锂等稀有金属。随着新能源汽车废旧动力电池增量的快速扩大，动力电池回收利用商业化前景越来越广阔，而国家政府部门通过发布"白名单"的方式，将符合《新能源汽车废旧动力蓄电池综合利用行业规范条件》的企业名单予以公示，将有助于大量废旧电池导向"正规军"，同时加强了废旧动力电池的规范化循环利用。

国内还有一批可以利用粗制碳酸锂、硫酸锂或含锂废料生产电池级碳酸锂或氢氧化锂的企业，规模大小不一，具有生产高品质锂盐的能力。同时还有一批与锂工业配套的设计、科研、设备制造、环保等企业。

（三）市场价格

2021年，锂电池新能源汽车产量每月创新高，带动动力电池需求上升，锂电池在智能穿戴设备、电动工具和吸尘器等领域及储能领域用量不断增长，下游三元材料、磷酸铁锂正极材料的产量更是不断创新高，对碳酸锂、氢氧化锂基础锂盐的需求跳跃式增长。锂盐逐渐从供需平衡转变为供应紧张的状态。在锂化合物供应相对紧张及产业需求上升的双重刺激下，锂化合物价格持续上涨。

2021年初，碳酸锂价格就快速持续上涨，主要是天气原因影响盐湖提锂企业产能释放，国内部分矿石提锂企业检修或因天气原因减产，部分企业锂原料供应紧张，锂辉石、锂云母精矿原料价格上涨等因素，加之磷酸铁锂市场需求旺盛，三元材料企业满产运行，部分企业补仓建库存，一季度末碳酸锂和电池级碳酸锂价格就达到每吨8.5万元和8.9万元。二季度碳酸锂价格基本稳定，由于正极材料厂补仓不积极，下游消费观望情绪严重，价格从4月初的全季度最高价开始小幅回落，二季度末碳酸锂和电池级碳酸锂价格每吨8万元和8.7万元。7月价格基本持平，月末价格开始快速上涨，到8月末基本两三天就一个价格，9月下游买家需求旺盛，部分生产企业持续调高出厂价格，每天上涨二千元到三千元，三季度末碳酸锂价格和季度初比翻了一倍。四季度初碳酸锂价格走势比较平稳，10月下旬供需失衡，出现下游抢货现象，电池级碳酸锂价格出现跳涨，碳酸锂价格则在11月中旬开始逐渐上涨，12月中旬后两种产品的价格则是加速上涨，年末价格创出历史新高，碳酸锂、电池级碳酸锂的价格每吨分别为26.5万元和27.7万元。

氢氧化锂价格一季度低于碳酸锂价格，1月初，国内高镍三元材料对电池级氢氧化锂需求小幅增加，并且受锂辉石供应紧张，同时氢氧化锂和碳酸锂可以互相转化，氢氧化锂和电池级氢氧化锂价格上涨。2月下游采购不积极，氢氧化锂价格上涨了约13%，3月氢氧化锂上涨了约8%；电池级氢氧化锂由于高镍三元材料生产企业积极补仓，生产企业也不断提高售价。二季度初部分企业减少氢氧化锂产量，增加碳酸锂产量，下游消费者备货逐渐出现备货紧张现象，5月末氢氧化锂价格超过碳酸锂价格，部分供应商持货惜售，看好后市行情。三季度初价格相对稳定，7月价格缓慢上涨，涨幅在6%左右，本月市场供应较为充足。8月起高镍三元材料行业需求强劲，下游消费者补仓开始困难，氢氧化锂价格上涨约25%。9月受澳洲锂辉石精矿拍卖价格影响，两种产品价格更是出现40%以上的上涨。月底电池级氢氧化锂与电池级碳酸锂价格基本持平。10月消费者观望情绪严重，氢氧化锂产品价格缓慢上行，每吨上涨约9500元。11月下旬到12月初，氢氧化锂产品价格基本稳定，12月中旬后锂辉石精矿原料供应越发紧张，下游用户抢货备仓，以及碳酸锂价格跳涨等因素，电池级氢氧化锂和氢氧化锂价格报收全年最高价，分别为每吨20.8万元和19.9万元（见图1）。

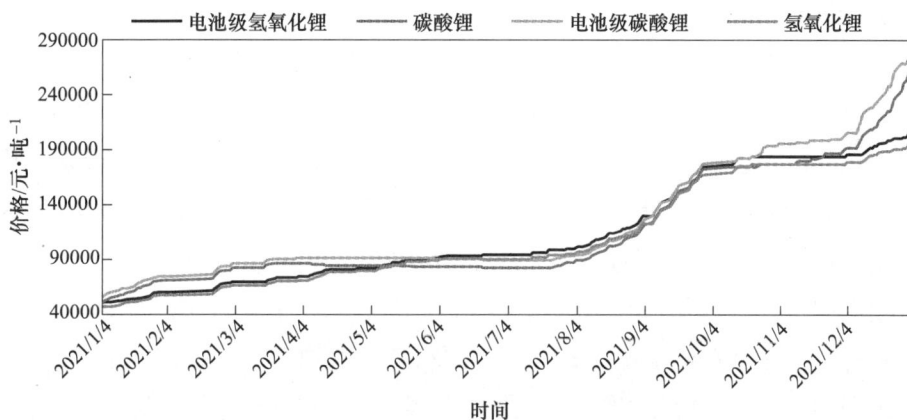

图1　2021年锂盐价格走势图

数据来源：亚洲金属网

2021年三季度，澳大利亚锂辉石精矿生产商两次在电子交易平台拍卖1万吨和8千吨锂辉石精矿，氧化锂含量基准约5.5%，第一次拍出每吨1250美元（FOB），第二次更是拍出每吨2240美元的价格。两次拍卖打破了国内相对平稳的锂盐价格走势，给锂盐生产商和下游用户带来巨大冲击。生产企业惜售情绪不断增强，短期大量出货意向度较低。随着市场利好面不断加强，下游接货心理转变明显，下游三元材料与磷酸铁锂企业采购积极、高价接货能力较强。更是出现了车企、电池企业和正极材料生产企业抢购基础锂盐。碳酸锂和氢氧化锂已成为卖方市场，下游开始逐步接受高价，并积极地将价格传导给终端市场。

（四）市场消费

2022年1月，美国地质调查局发布的报告显示，锂的终端消费市场估计为：电池74%，陶瓷和玻璃14%，润滑脂3%，连铸型助熔剂粉末2%，聚合物产品2%，空气处理1%，其他用途4%。近年来，由于可充电锂电池在不断增长的电动汽车和便携式市场的广泛应用，电池的锂消费量显著增加。

中国锂的消费主要集中在锂电池领域，仅锂电正极材料年消费量就约35万吨碳酸锂当量，六氟磷酸锂等电解质对锂消费量也达到1.3万吨碳酸锂当量。玻璃和陶瓷行业主要使用透锂长石精矿、锂辉石精矿，每年消费精矿量合计10万吨以上。金属锂还用于生产航空航天及交通工具用铝锂合金、镁锂合金，一次金属锂电池和固态电池材料等。丁基锂作为最重要的有机锂化合物，是很好的阴离子聚合引发剂和新型化学物质合成的烃化剂，被广泛应用到合成橡胶、医药新型抗菌药、艾滋病药、香精合成、液晶材料等领域。

（五）进出口贸易

2021年，中国碳酸锂进口同比增长61.69%，出口同比增长4.71%；氢氧化锂进口同比增长583.97%，出口同比增长30.15%；金属锂进口同比增长28.21%，出口同比增长17.59%；镍钴锰酸锂进口量同比减少1.59%，出口同比增加71.75%，详见表4。中国碳酸锂进口同比大幅增长，主要是国内正极材料企业对碳酸锂的需求在迅速上升，同时进口的部分工业碳酸锂被转化为氢氧化锂或氟化锂等产品。由于锂盐价格快速上涨，进出口贸易总额也大幅上升，碳酸锂的进口贸易额就达到36.28亿元，出口贸易额6.41亿元；氢氧化锂的出口贸易额达到49.09亿元，进口贸易额2.15亿元。锂镍钴锰氧化物的进出口贸易总额达到190.34亿元。

表4 2021年锂产品进出口情况 （吨）

商品名称	进口数量	出口数量	进出口净量
碳酸锂	81012.74	7840.95	进口 73171.79
氢氧化锂	3599.20	73627.44	出口 70028.24
金属锂	52.82	649.02	出口 596.2
磷酸铁锂	1171.70	827.85	进口 343.85
锰酸锂	305.84	468.95	出口 163.11
锂镍钴锰氧化物	58385.89	66455.98	出口 8070.09
锂镍钴铝氧化物	13214.1	38.64	进口 13175.46

数据来源：海关总署。

（六）投融资情况

2021年，中国锂电产业链投融资项目和金额创历史新高，江西赣锋锂业股份有限公司在香港上市，募集资金48.69亿港元。厦门厦钨新能源材料股份有限公司在科创板上市，募集资金净额14.47亿元，用于年产4万吨锂离子电池材料产业化项目及补充流动资金。湖南长远锂科股份有限公司登陆科创板，募集资金净额 26.47 亿元，用于车用锂电池正极材料扩产一期项目建设及补充流动资金。多家锂电企业成功上市募得资金，或成功融资投入锂电产业项目建设。

根据上市公司公告及公开报道，电池网统计了 2021 年电池新能源产业链投资扩产项目相关情况，统计在内的 317 个项目，281 个公布投资金额，投资总额逾 1.27 万亿元。具体来看，在锂电池领域，电池网统计在内的 80 个项目中，67 个项目公布了投资金额，投资总额约 6500 亿元。在正极材料领域，中国有色金属工业协会锂业分会统计了 41 个项目，投资总额超过了 1000 亿元。锂资源及碳酸锂、氢氧化锂项目等领域的投融资超过 600 亿元。

三、中国锂工业经济运行状况分析

（一）政策环境分析

2020 年初，受多重因素影响，中国新能源汽车市场出现下滑。为支持新能源汽车产业高质量发展，促进新能源汽车消费，四部委于 2020 年 4 月联合发布《关于完善新能源汽车推广应用财政补贴政策的通知》（财建〔2020〕86 号），将新能源汽车推广应用财政补贴政策实施期限延长至 2022 年底，并提前明确 2021 年、2022 年新能源汽车购置补贴退坡幅度，稳定市场预期。2020 年 12 月 31 日，财政部、工信部、科技部、发改委联合发布《关于进一步完善新能源汽车推广应用财政补贴政策的通知》。《通知》指出，2021 年新能源汽车补贴标准在 2020 年基础上退坡 20%，并于 2021 年 1 月 1 日起正式实施。

新能源汽车产品质量和安全关系消费者切身利益，是新能源汽车产业健康可持续发展的重要前提。近年来，中国新能源汽车产品安全性、可靠性明显提高，但安全事故仍有发生，产品安全质量仍需进一步提升。为进一步加强新能源汽车安全监管，切实保障消费者利益，《通知》进一步强化了生产企业产品质量主体责任，提出对生产企业安全管理体系不到位造成重大事故被主管部门行政处理处罚的，明知产品存在质量问题而不主动召回、造成重大事故的，或者被主管部门责令召回的，视程度予以暂停或取消推荐车型目录、暂缓或取消财政补贴等措施。同时《通知》提出，将进一步加强购置补贴审核，提高重点关注企业现场审核比例。落实和完善新能源乘用车积分交易政策，加快研究新能源商用车积分交易制度，促进新能源汽车产业市场化发展。

2021 年 3 月发布的《中华人民共和国国民经济和社会发展第十四个五年规划和 2035 年远景目标纲要》指出要支持、要发展壮大战略性新兴产业，聚焦新一代信息技术、生物技术、新能源、新材料、高端装备、新能源汽车、绿色环保及航空航天、海洋装备等战略性新兴产业，加快关键核心技术创新应用，增强要素保障能力，培育壮大产业发展新动能。推动新能源汽车和智能（网联）汽车制造业核心竞争力升级。

中国一些省区市的"十四五"规划也提出了动力锂电池行业的发展目标。其中，北京、江苏、江西、湖北、甘肃、青海和海南等省市均提出了动力电池回收的相关目标，上海、浙江、天津、广西、江西等省市提出了动力电池材料和技术突破的相关目标，福建省则提出到2022年全省动力电池产能超过150吉瓦时，规模居全球第一。

2021年，新能源汽车市场驱动强劲，产销量再次创出历史新高。通过国家多年来对新能源汽车整个产业链的培育，各个环节逐步成熟，丰富和多元化的新能源汽车产品不断满足市场需求，使用环境也在逐步优化和改进，在这些措施下，新能源汽车越来越受到消费者的认可。

2019年12月，欧盟委员会颁布了《欧洲绿色协议》，希望能够在2050年前实现欧洲地区的"碳中和"，通过利用清洁能源、发展循环经济、抑制气候变化、恢复生物多样性、减少污染等措施提高资源利用效率，实现经济可持续发展。其中也包括交通部门的碳减排等各种内容，逐步淘汰内燃机汽车和扩大电动汽车。

欧盟要求自2021年起，欧盟境内新乘用车的平均二氧化碳排放量不得高于每千米95克，到2025年新乘用车二氧化碳排放量在2021年的基础上降低15%，2030年再次在2025年的基础上降低37.5%。同时，欧盟还准备成立一项400亿~600亿欧元的清洁能源汽车投资资金保障新能源汽车相关配套设施的发展。

2021年3月，拜登宣布2.25万亿美元的基建与经济复苏计划，将在未来8年向电动车领域投资1740亿美元。2021年8月，美国总统拜登签署了"加强美国在清洁汽车领域领导地位"行政命令，宣布到2030年美国销售的新车50%要实现零排放。

（二）产业结构调整情况分析

新能源汽车产业的快速发展，带动了国内锂电正极材料的蓬勃发展，加上储能领域的需求，磷酸铁锂的需求更是快速增长，2021年锂电池终端需求持续增加，正极材料产能释放，对于锂盐产品需求也是大增。但由于锂资源开发及锂盐生产新增产能释放不及预期、主要原料供应极度紧张、一些新建项目受疫情影响严重滞后等多种因素影响，碳酸锂、氢氧化锂供不应求，在一年的时间内，多种锂盐产品价格累计上涨超过400%。

由于技术的发展，磷酸铁锂电池性价比优势愈发凸显，全球多家汽车厂商青睐于使用磷酸铁锂电池作为后续主推新能源车型配套电池。在多重因素带动下，2021年磷酸铁锂电池产量、装机量首超三元电池。磷酸铁锂正极材料产量大幅提升，2021年磷酸铁锂产量约45.91万吨，首度超过三元材料产量。在未来广阔的发展前景面前，正极材料企业及部分相关品龙头企业加大磷酸铁锂产能布局。多家企业布局磷酸铁锂正极材料生产，除长远锂科、厦钨新能、中伟股份、天原股份等三元材料及前驱体领域生产商纷纷开始投建磷酸铁锂项目外，川发龙蟒、龙佰集团、中核钛白、万华化学、川金诺等上市公司跨界投建磷酸铁锂项目，累计规划产能数百万吨。

锂盐供需方面，新能源汽车企业、电池生产企业及部分贸易商与正极材料生产企业"抢货"，国内主流电池生产企业根据自身发展需求，与多家锂盐生产企业签订供销协议，采购碳酸锂或氢氧化锂，委托正极材料企业加工生产，部分企业通过自行投资、增资、收购、长单锁定等方式入局上游，部分企业走出国门，到非洲或南美收购锂资源，建设开发以保证主要锂盐原料的供应。

面对需求迅猛的下游市场，碳酸锂、氢氧化锂生产企业积极寻求上游原料，加大资源开发投入，加快产线建设，与资源企业密切合作，尽力满足下游需求。要结合青海优势和资源，贯彻创新驱动发展战略，加快建设世界级盐湖产业基地。在目前已经开发出的多种盐湖提锂技术路线上，国内企业开始研发"盐湖原卤高效提锂技术"工艺，提高盐湖锂资源利用率，助力中国锂电产业发展。

（三）经营形势分析

在我国"碳达峰碳中和"的大背景下，新能源行业景气度持续提高，锂电池行业上游产品价格大幅上涨，动力电池设备的需求也大幅增加。锂电池材料产品价格的上涨和锂电设备的需求增加，对锂资源开发、锂盐、正极材料、锂电池及锂电配套设备企业带来了积极影响。

随着中国国力的不断增强，中国已经跃居成为全球第二大经济体，对全球经济产生着深远的影响，而中国锂产业更是在全球锂产业中占有着举足轻重的地位，多年来产量和消费量一直位居世界第一。中国锂产量和消费量约占全球三分之二，虽然国内部分企业在国外控股或参股了境外部分锂资源，但资源价格方面国际话语权较弱；澳大利亚部分企业肆意提高锂辉石精矿价格，减少矿山产量，放缓项目建设，这些对于国内缺少原料供应的企业更是"雪上加霜"。

锂电正极材料和锂电池电解液企业持续深化一体化布局，投建磷酸铁锂材料项目时，普遍配套磷酸铁项目建设；建设电解液项目时，配套建设六氟磷酸锂及其他含氟新材料项目。在建设动力电池项目时，六大核心材料企业也积极参与产业集群建设。同时上游原材料企业开始向下延伸，下游的电池企业与车企加速向上布局。随着更多上下游企业进入中游领域，电池材料领域竞争更加激烈，利润空间将进一步受到挤压。

四、当前中国锂工业发展中需要关注的问题

中国拥有较为丰富的盐湖卤水锂资源，还有较为丰富的锂辉石、锂云母资源。近年来，青海的盐湖锂资源得到了较好的开发利用，江西宜春地区锂云母资源开发利用也取得一定的成效，通过国内产业界和科技界的辛苦奋斗，锂盐、锂电正极材料、锂电池产量和消费量世界第一，但应该看到，与下游庞大的产能需求相比，锂原料的供应和锂资源开发利用规模开始不能较好匹配。现在部分国家对锂资源开发认识不到位，想随意设置障碍，人为制造稀缺紧张局面，影响锂市场供应。

近几年中国锂工业虽然取得了较大进展，但与中国新能源汽车等应用领域的快速发展现状相比，还存在以下几个问题：

（1）青海地区盐湖提锂资源利用效率不高。部分盐湖提锂企业锂盐产能需进一步快速扩大，提高锂资源利用率。如盐湖股份每年生产钾肥后排放的老卤水量在2亿立方米以上（锂离子浓度在280~350毫克/升），如果资源利用率在60%，则可生产20万吨碳酸锂。建议考虑该含锂老卤水可以向其他企业出售。

（2）西藏地区锂资源开发进度缓慢。西藏有较为丰富的盐湖卤水锂资源，但除扎布耶盐湖外，其他盐湖锂资源的开发利用进度过于缓慢，没有形成锂盐产量规模。

（3）国内锂辉石精矿产量没有突破。四川甘孜、阿坝地区及新疆已探明锂辉石资源开发进度过于缓慢，由于矿山地形所限，就地建设选矿厂难度较大，矿山采矿规模小，锂精矿产量比较小。

有资源的省市开始注重锂资源的规划开发，企业继续完善适宜不同盐湖类型的提锂技术工艺，不断优化生产工艺，提高盐湖锂资源利用效率。为加快国内锂辉石、锂云母资源开发利用，企业在与矿山有一定距离的地方建设选厂，提高锂精矿的产量。科技部和其他部委已开始立项支持锂矿勘探工作，提高国内资源保障程度。同时，依托国家"一带一路"倡议，鼓励国内企业参与境外锂资源的勘查开发，尤其应关注南美及非洲地区，采取贸易与开发并举的方

针，参与南美盐湖锂资源及国外锂辉石矿的开发利用。

五、中国锂工业下一步发展重点

2021 年，中国首次将碳达峰、碳中和列入政府工作报告后，中国领导人做出了力争 2030 年实现碳达峰，2060 年实现碳中和的庄严承诺，这一重大政策的出台，无疑对锂行业是一个重大利好。目前国内新能源汽车产业增长迅速，大型储能电站的建设已经开始，双引擎驱动已成为锂电新能源行业的长期动力。

新能源汽车及其他领域对锂需求持续上升，锂电池供应不足，最大的制约因素就是锂的原料供应不足。中国拥有较为丰富的盐湖锂资源和锂辉石、锂云母、锂黏土等资源，针对国内青海、西藏地区丰富的锂资源进行规划开发，继续完善适宜不同盐湖类型的提锂技术工艺，不断优化生产工艺，提高盐湖锂资源利用效率，根据需求开发多种锂产品及深加工产品。加快开发国内锂辉石资源，继续完善锂云母开发过程中的综合利用，尝试开发锂黏土矿，做好锂资源的绿色开发应用。

"双碳"目标加速了新能源汽车的发展，在新能源汽车全生命周期产业链中，保障动力电池"安全下岗"，"碳中和"之路才能走得更远。同时在"双碳"目标的推动下，锂电池回收利用成为新的产业风口。2020 年底，欧盟发布的新电池法规也对锂的回收利用进行了规定。面对庞大的潜在市场，我们应该探索新的废旧电池回收商业模式，进一步提升锂电池的回收利用率。

撰稿人：张江峰
审稿人：赵家生

2021年铂族金属工业发展报告

一、2021年世界铂族金属工业发展概述

（一）国际铂族金属价格走势分析

2021年，尽管新冠肺炎疫情再次暴发，全球经济仍在继续复苏，国际货币基金组织预测2021年全球经济增长率为5.9%。新冠肺炎疫情的发生促使工业和社会行为发生了广泛变化，特别是消费电子行业对铂族金属需求产生了积极影响。全球碳减排大趋势和中国双碳战略，燃料电池、绿氢等行业的快速发展，汽车尾气催化剂对钯转铂、铑转铂的期待，均对铂族金属供求关系和铂族金属的价格带来影响。2020年以来，受到新冠肺炎疫情后经济复苏、通货膨胀、宽松货币和财政政策、美元贬值及全球应对气候变化等因素的推动，铂族金属价格一路飙升，创2008年全球金融危机以来新高。2021年5~6月，铑、钯、铱、钌、铂的最高价格分别达到30000美元/盎司、3000美元/盎司、6300美元/盎司、800美元/盎司、1227美元/盎司，分别是2008年10月至2009年2月最低价格的30.0倍、17.8倍、14.8倍、10.0倍和1.6倍。2021年下半年铂族金属价格震荡下行，铑、钯、铱、钌、铂最低价分别为11500美元/盎司、1665美元/盎司、4000美元/盎司、550美元/盎司、925美元/盎司。铂族金属价格的剧烈变化，为市场带来很多不确定性。

2017~2021年铂族金属现货年均价格见表1。

表1　2017~2021年铂族金属现货年均价格　　　　　（美元/盎司）

年份	2017年	2018年	2019年	2020年	2021年
铂	948.49	880.00	863.17	882.63	1098.6
钯	868.96	1028.00	1538.09	2192.54	2415.87
铑	1105.22	2216.92	3909.60	11231.24	20133.09
铱	897.00	1284.05	1480.00	1622.91	5069.66
钌	74.89	238.63	258.26	264.78	564.91

数据来源：庄信万丰，昆明贵金属研究所。

1. 铂价格

2020年以来铂出现市场供应短缺，价格呈现上涨趋势，从2020年6月最低位796美元/盎司，上涨至2021年2月最高位1294美元/盎司，涨幅达到63.0%。2021年5月中旬以后，受新冠肺炎疫情、汽车行业疲软等影响，铂价震荡下行，最低跌至900美元/盎司附近。2021年12月铂价收于966.05美元/盎司，全年累计下降105.71美元/盎司，降幅为8.96%。

2. 钯价格

2021年虽然南非钯供应增长强劲，但被诺尔斯克矿山洪灾事故带来的减产部分抵消，同时钯的二次资源回收产能接近天花板，钯的需求增长将超过供给增长，出现供给短缺。2021年钯价格呈现先涨后跌的走势。从2020年6月1925美元/盎司一直上涨至2021年5月近3000美元/盎司，涨幅达到55.85%，随后进入震荡下行，至2021年12月15日，最低位1619美元/盎司。

3. 铑价格

2020年以来，南非矿产铑供应受到新冠肺炎疫情影响干扰，随后英美铂业精炼工厂停工，造成铑市场供应严重短缺，导致铑的价格异常攀升和极端波动。铑价格从2020年6月8000美元/盎司，单边上涨至2021年3月29800美元/盎司，涨幅达到272.5%，将价格推向历史高位。随着南非矿产供应恢复正常，铑市场的流动性得到改善，价格开始震荡下行。2021年9月起，一直在14000美元/盎司左右徘徊。

4. 钌、铱价格

钌、铱市场非常小众，且流动性不足，需求量小幅降低，价格一直平稳。2021年1月以前，钌价格稳定，为270美元/盎司，1月下旬开始出现异动。5月11日为490美元/盎司，经过仅仅10个交易日，至5月24日达到800美元/盎司，涨幅超过190%。铱价格从2020年12月21日2050美元/盎司开始上涨，2021年3月19日达到6000美元/盎司，涨幅达到197%。6月14日开始从6100美元/盎司开始震荡下跌。

2021年铂、钯、铑、铱、钌价格走势见图1。

（二）全球铂钯金属供给概况

1. 全球铂供给概况

（1）铂矿山资源供给。2021年铂矿产量大幅反弹，主要原因是南非产量大增。英美铂业转炉得到修复，疫情产生的负面影响下降。据世界铂金投资协会统计，2021年全球铂产量预计增长至189.7吨，增幅为23.3%。从各矿产国家看，2021年南非铂矿山产量增长38.9%至136.8吨，占矿山总产量的比

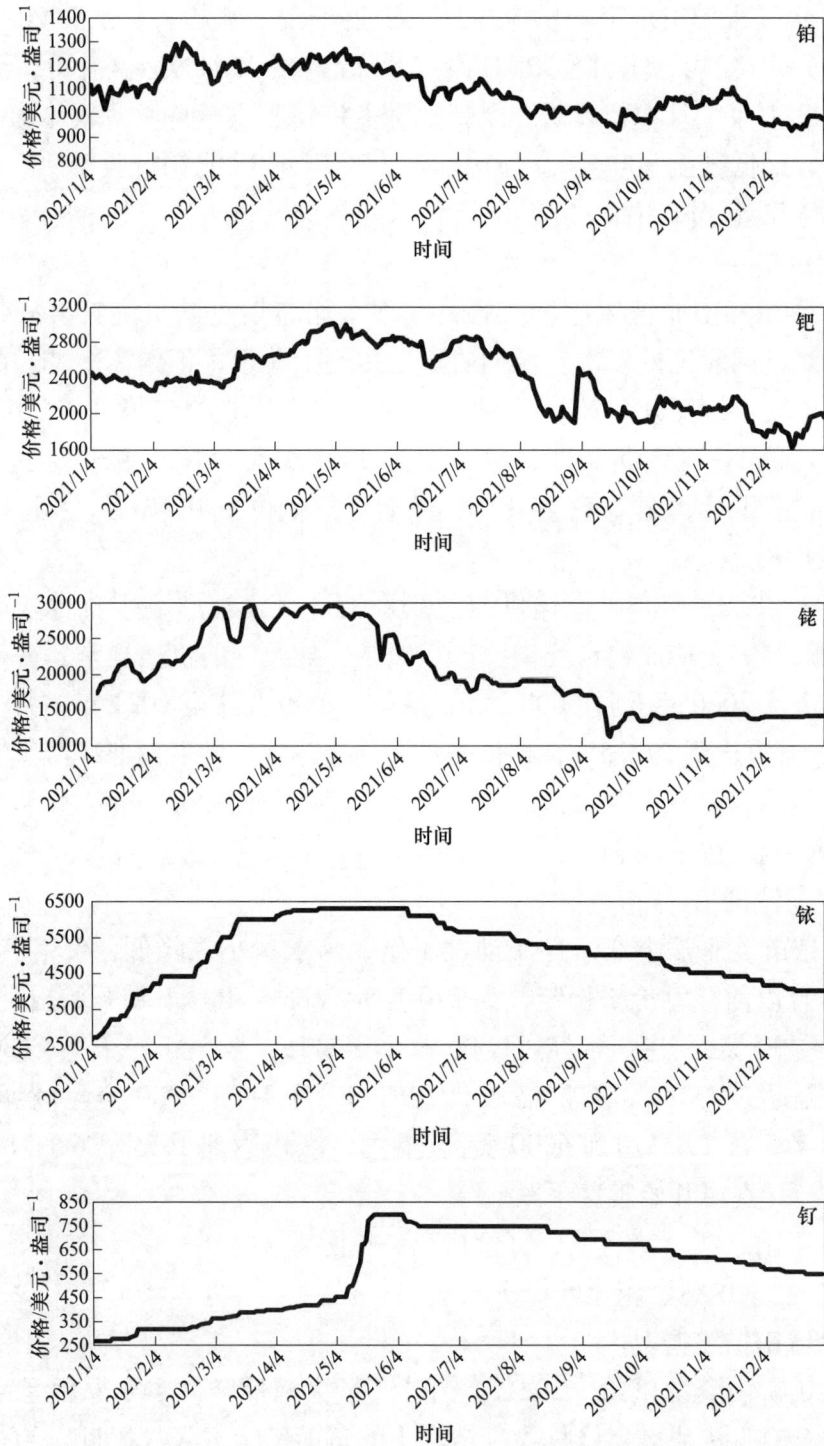

图1 2021年铂、钯、铑、铱、钌价格走势图

例为 73.4%；俄罗斯产量下降 12.8% 至 19 吨，占总产量的比例为 10.0%；津巴布韦铂矿山产量占比为 8.2%；北美地区铂矿山产量占比为 5.7%；其他地区占 2.7%。

（2）铂回收资源供给。铂回收资源主要来源于汽车催化剂、电子废料及废旧首饰。2021 年，随着全球多数国家与新冠肺炎疫情相关的限制放宽，大多数地区的生产趋向正常化。同时，为了应对更严格的排放法规，汽车催化剂用铂需求激增，特别是欧洲柴油车。据世界铂金投资协会统计，2021 年全球铂回收量增加 3%，达到 61.7 吨。其中从废汽车催化剂中回收的铂增加了 4%，达到 46.5 吨，处于历史最高水平。中国的铂首饰废料回收同比增长 1%、电子用铂回收也有 1% 的小幅增长。

2. 全球钯供给概况

（1）钯矿山资源供给。钯生产主要集中在俄罗斯、南非、北美和津巴布韦等钯储量丰富的国家。据庄信万丰统计，2021 年钯矿山生产恢复，全球钯矿山产量预计为 209.9 吨，同比增长 9.6%。2021 年，南非钯产量为 82.6 吨，增长 34.3%，占比为 39.4%；俄罗斯产量为 79.6 吨，略有下降，占比为 37.9%，滑落至第二位；北美地区、津巴布韦钯矿山产量占比分别为 14.5% 和 6.1%。

（2）钯回收资源供给。钯回收资源主要来源于汽车催化剂、电子废料及废旧首饰。随着地面存量的增多，特别是汽车保有量的增加，钯的可回收量增加，在总供应中起着越来越重要的作用。据庄信万丰统计，2021 年钯二次资源回收量首次突破 100 吨，达 111 吨，创历史新高，占总供应的比例提高至 34.6%。

（三）全球铂消费需求概况

据世界铂金投资协会统计，2021 年全球铂总需求为 218 吨，同比下降 9%。尽管全球汽车产量疲软，但汽车催化剂用铂需求增长了 11%（约 7.8 吨）；首饰用铂需求增长了 5%（约 3.0 吨）。受玻璃、化工和石油等行业扩张影响，工业需求用铂增长了 27%（约 16.7 吨）。在投资领域，经过两年的显著增长后，ETF 需求、铂条和铂硬币投资分别下降了 23.7 吨和 7.7 吨，加上中国铂实物进口量创历史新高，交易所持有的库存下降了 18.6 吨。

1. 汽车市场需求

受到供应链挑战，特别是半导体短缺的严重影响，2021 年全球轻型汽车产量同比增长 2%，而重型汽车的产量同比减少 3%。尽管存在这些挑战，据世界铂金投资协会统计，全球汽车行业的铂需求仍达到 81.5 吨，同比增长 11%，这主要得益于单辆车更高的负载量、收紧的排放法规及铂替代钯的增加。其中欧洲汽车催化剂需求下降了6%（约1.9吨）；在北美，尽管乘用车产量同比持平，但铂需求增长了28%（约2.6吨）；在中国，由于2020年国五卡车的大量预购，使得铂需求增长了37%（约3.2吨）；在其他地区随着经济活动的改善及排放标准的收紧，铂需求增长了26%（约3.6吨）。

2. 首饰市场需求

据世界铂金投资协会统计，2021年全球首饰消费为59.6吨，同比增长5%。尽管西方市场现在的需求超过了疫情前，但中国和日本需求下降的拖累使铂首饰难以恢复到疫情前的水平。欧洲需求增长再次提高，同比增长32%，至8.1吨；由于库存增加、高端市场的创纪录业绩、婚礼重新开始和经济重新开放而获得收益，北美需求也再次上升，同比增长48%；中国的铂首饰制造下降了15%，年产量为21.9吨，创历史新低；在印度，回归"新常态"使得2021年同比增长77%，达到2.6吨。

3. 工业需求

据世界铂金投资协会统计，2021年全球工业对铂的需求在过去十年中创下历史新高，同比增长27%，达到78.3吨。玻璃、化工和石油行业的工厂扩建提振了需求，这些领域占去年增长量的87%。包括非汽车燃料电池应用、汽车传感器和火花塞在内的其他工业需求增长了11%（约1.7吨）。

（1）石油行业。2021年，受益于中国炼油和石化产能的持续扩张，全球石油行业铂需求为5.7吨，同比增长68%，但总需求仍比2019年疫情前的数字低17%，这种增长反映了全球炼油在疫苗推出、经济活动和流动性改善的支持下逐渐复苏。

（2）化工行业。2021年化工行业铂需求为21.3吨，同比增长15%。中国对二甲苯和丙烷脱氢装置的大量增加是主要增长因素，反映了中国在中期内努力减少对进口石化产品的依赖。全年有机硅产量的增加也推动了铂需求的增加。硝酸行业是去年铂用量减少的唯一主要领域。

（3）玻璃行业。2021年，玻璃行业的铂需求达到22.2吨，同比增长75%。主要是受到新冠肺炎疫情的影响，2020年新工厂的投资和启动延迟。

（4）医疗行业。2021年医疗行业铂需求达到7.7吨，同比增长4%，主要是随着疫苗接种的不断普及，全球疫情得到有效控制，使非新冠肺炎疫情相关的住院人数在2021年上升。

（5）电气行业。2021年，电气行业铂需求达到4.2吨，同比增长4%，铂需求主要来自机械硬盘。

（6）其他行业。其他工业对铂的需求在 2021 年恢复了 11%，为 17.2 吨。尽管汽车行业整体疲软，但有几个因素推动了铂的购买。一是二手车销量的增长支撑了对传感器和火花塞等后市场零部件的需求，二是 5G 等新通信技术和越来越多的低轨卫星，三是氢经济的适度增长，其中电解槽年装机容量翻了一番，达到 341 兆瓦。

4. 投资需求

据世界铂金投资协会统计，2021 年，全球铂投资需求为 -1.3 吨，其中铂条和铂硬币实物投资为 10.3 吨、ETF 持有量为 -7.4 吨、交易所持有股票变动为 -4.3 吨。

2021 年，全球铂条和铂硬币投资需求同比下降了 43%，下降量为 7.7 吨。但北美的需求同比增长 9%，达到十年来的最高点 8.21 吨；欧洲铂条和铂硬币投资同比下滑 19%，为 2.32 吨，交易量是有记录以来的第二高位；中国内地和中国香港地区净进口量为 0.1 吨，同比增长 46%，是 2013 年以来的最高水平。

二、2021 年中国铂族金属工业发展概述

（一）中国铂族金属价格概况

2021 年前 5 个月，中国国内铂价不断攀升。6 月之后，铂价回落。上海黄金交易所 2021 年铂均价为 237.09 元/克，比 2020 年度上涨 41.77 元/克，涨幅为 21.38%。2021 年底铂收盘价为 206.5 元/克，全年累计下降 26.08 元/克，降幅为 11.21%。

2021 年 12 月，国内市场钯均价为 428.47 元/克，环比下降 47.41 元/克，降幅为 9.96%；同比下降 134.05 元/克，降幅为 23.83%。12 月底钯价为 459 元/克，比 11 月底上涨 33 元/克，涨幅为 7.75%。2021 年全年钯价累计下降 19.19%。

（二）中国铂钯金属供给概况

1. 中国铂钯矿山资源供给概况

根据中国有色金属工业协会铂族金属分会（以下简称"铂族金属分会"）统计，2021 年中国铂钯矿山产量为 9.4 吨，其中铂产量 4.5 吨，与上一年度相比略有增长；钯产量为 4.9 吨，比上一年度略有下降。目前，国内铂族金属已开发的两座矿山是金川白家嘴子含铂铜镍矿床和四川杨柳坪铂镍矿，云南金宝山铂钯矿和河南唐河县周庵铜镍矿正在开发。

2. 中国铂钯回收资源供给概况

据铂族金属分会统计，2021 年中国从各种再生资源中回收的铂为 3.8 吨，

同比增加 0.3 吨；回收钯 23.6 吨，同比增长 43%。回收量增加的主要原因是钯价高涨促进回收、2020 年因疫情和环保等因素形成的原料积压。受政策及废料来源影响，铂钯再生资源回收主要集中在浙江、江苏、江西、湖南、云南等地，并逐渐向规模较大企业汇集，回收集中度不断提高。

3. 中国铂钯金属进口概况

据海关统计，2021 年，中国铂累计进口量为 112.19 吨，同比增长 28.73%，其中，未锻造铂和铂粉进口量为 85.44 吨，铂板、片进口量为 26.75 吨；钯累计进口量为 20.91 吨，同比下降 50.07%，其中，未锻造钯及钯粉累计进口量为 19.83 吨，钯板、片进口量为 1.08 吨。

（三）中国铂族金属消费市场需求

1. 汽车市场需求

中国乘用车绝大部分采用汽油发动机，这与欧洲国家以柴油发动机为主不同。汽油发动机催化转换器中的催化剂活性成分为钯和铑，根据不同排量及排放标准的不同，铂族金属装载量为 1~2.5 克/辆，其中钯占比约 90%，铑占比约 10%。至于柴油发动机，若要达到排放效果，必须装载铂。中国汽车催化剂市场份额大部分被优美科、庄信万丰等外资企业占据，国内催化剂生产厂家有无锡威孚力达催化净化器有限责任公司、昆明贵研催化剂有限责任公司等，市场份额约占 20%。国六排放标准对柴油机影响巨大。以前排放标准，柴油机铂族金属用量不到 1 克，甚至不用。国六实施后，大排量柴油机铂族金属装载量高达 10 克。国产国六催化剂，跟国际上优美科、贺利氏、庄信三大家比，有较大差距。2021 年中国汽车产销量将达到 2610 万辆，同比增长 3.1%，结束了连续三年的负增长。

2. 饰品市场需求

铂价格对首饰市场有一定影响，铂价的稳步持续上涨有利于消费者建立上涨预期，对于有保值需求的消费者有很大吸引，促进销售。对于零售商来讲，价格上涨会消除其对库存贬值的顾虑，有利于维持库存水平，甚至增加铺货，从而推动整体市场的运转。2021 年，铂族金属价格暴涨暴跌不利首饰市场，铂首饰需求不是很好，估计全年产量要同比下跌 10%~20%。

三、2021 年铂族金属技术进展

铂族金属的高耐腐蚀、高催化活性和选择性、高稳定性等特点，使其成为新兴产业的重要材料之一，是新一代信息技术、环保、新能源、健康等新兴产业发展的重要推动者。

2021 年，催化剂是铂族金属新材料、新技术的研究重点，主要集中在化工催化剂、氢能催化剂、燃料电池催化剂、机动车尾气净化催化剂等，医用新材料、冶金技术也是研究热点。报道热点介绍如下。

中国科大团队将钯铂合金立方体进行氧化刻蚀，通过精准调控钯原子，使钯原子、铂原子重排，得到钯铂合金超立方体框架结构、八足体框架结构和立方框架结构。在电池阴极催化测试中，立方框架结构、超立方体结构和八足体结构的单位质量活性分别达到目前商用铂碳催化剂的 4.1 倍、11.6 倍和 8.3 倍。

中国科学院研究人员将铁原子合金化到薄的钯壳层中，将合金化效应与核壳结构相结合来优化钯壳的表面，以补偿它们的晶格膨胀，从而实现高效乙醇电氧化。该方法制备的核壳型 Au@FePd 纳米粒子在碱性介质中，具有最高的催化乙醇电氧化质量活性和比活性。

中国科学技术大学采用一种新型"硫固体胶"合成方法，利用硫原子与铂原子之间强烈的相互作用，成功制备了 46 种铂基合金燃料电池催化剂。其中合成的新型铂镍合金催化剂活性是目前商业铂碳催化剂活性的 5 倍以上，铂用量只有商业铂碳催化剂铂用量的 1/10，但性能与商业铂碳催化剂相当。

中科院大连化学物理研究所将三聚氰胺或尿素对催化剂进行修饰和氧化气氛焙烧，构筑了新型金属-载体强相互作用，提出了提高铂族金属催化剂稳定性的新策略。

中国科学院与丹麦技术大学合作，首次将配位氢化物材料应用于催化合成氨反应中，开发出一类新型碱（土）金属钌基三元氢化物催化剂。该催化剂由钌和负氢的配位阴离子 $[RuH_6]^{4-}$ 和碱金属阳离子 Li^+ 或 Ba^{2+} 构成，通过多组分协同催化，在低温低压下具有优异的催化合成氨性能。

南方科技大学研究人员将超薄非晶氧化钴纳米片表面沉积铱单原子，制备出具有超高活性的催化剂。该催化剂在电解水制氢阳极氧析出反应过程中的电流密度达到了商业化催化剂二氧化铱的 160 倍，氢气的利用率可以和汽油相当。

上海交通大学首次将 $RuCl_3$ 作为 $Li-CO_2$ 电池均相催化剂，加入锂空气电池电解液，采用冰模板法合成的 3D 多孔还原氧化石墨烯为正极材料、玻璃纤维隔膜与金属锂为负极，组装成 CR2025 扣式半电池，为开发基于钌均相催化体系的 $Li-CO_2$ 电池提供新的思路。

中国科学院合肥物质科学研究院科研人员设计了氧还原与有机合成相结合的直接 HMF 燃料电池形式，采用浸渍、熏硫与煅烧工艺合成了双功能 $PtNiS_x$

催化剂。该催化剂电化学活性面积高于商业铂碳催化剂，且铂的负载量远低于商业铂碳。

武汉理工大学开发出"铂触媒高性能低铂氢燃料电池催化剂"。该技术通过以碳磷原子掺杂技术为主、石墨烯插层和封装等技术为辅的方式，成功将催化剂制备成本降低45%，并将其寿命延长3.5倍，各项技术指标均进入国际第一梯队。

苏州大学科研团队利用溶剂热合成法，通过改变铂前驱体和还原剂的种类，选择性地制备了不同表面结构的Pt_3Fe纳米立方体、Pt_3Fe纳米棒和Pt_3Fe纳米线，Pt_3Fe纳米晶对氮还原反应表现出表面结构依赖性的电催化性能。

四、当前中国铂族金属工业发展中需要关注的问题

（一）中国对铂族金属战略地位的认识问题

中国对铂族金属资源保障尚未上升到国家战略高度。2020年，中国工业用铂族金属用量急剧上升，达到162.6吨，与2015年相比增加52.4%，工业用铂族金属用量占总用量的84.7%，说明中国的工业化水平快速接近欧美发达国家，更加显现出中国铂族金属稳定保障的战略意义。而中国尚未把铂族金属列为战略储备金属，未建立铂族金属资源保障体系，缺乏国家层面上对铂族金属资源保障战略布局及政策指导。

（二）铂族金属资源保障问题

中国铂族金属矿产资源匮乏，主要分布在金川白家嘴含铂铜镍矿、四川杨柳坪铂镍矿、云南金宝山铂钯矿和河南唐河县周庵铜镍矿。目前，中国铂族金属矿山产出几乎全部来自金川白家嘴含铂铜镍矿。每年依靠大量进口来满足国内工业制造业需求，中国企业对集中分布在南非和俄罗斯的铂族矿山资源没有能够进行控制性的战略合作，在一次资源的供给控制上处于十分不利的局面。随着中国铂族金属用量的增加，二次资源回收量快速上升，但铂族金属二次资源回收产业还处于零散、无序的状态。落后的回收处理技术造成稀缺资源的浪费，同时造成严重的环境污染。

（三）铂族金属资源政策问题

中国作为铂族金属资源极度稀缺的国家，现行的进出口政策和市场环境在一定程度上限制了国内铂族金属行业的发展和国际市场竞争力。一是中国海关对铂族金属物料进口品种分类不利于国家铂族金属资源战略的实施。在中国海关的进口目录中，把含铂量限定为3%（相当于金属品位30000克/吨）才能进口，免征关税。低于3%的需环保总局及进出口检疫部门批准方可进口。但

在现实铂族金属矿山分布及工业应用中，实际情况是：矿山中铂族的含量品位为 5~10 克/吨，通过采选后的精矿才达到 80~100 克/吨；目前工业上大量使用的催化剂均在 1000 克/吨左右。因此，3%以上的含铂族原料分类限制了大量的高品位铂族金属物料的进口，不利于中国铂族金属原料的供应和低成本化竞争，对国家战略资源的保证和储备造成较大影响。二是进口增值税即征即退政策未涵盖高新技术产业对铂族金属的需求，铂族金属原料进口政策的局限性制约了产业的快速发展。随着中国工业技术的高速发展，2020 年对铂族金属的使用量已经达到 162.5 吨/年，并主要依赖进口。2020 年中国对铂族金属的进口政策，虽然进口增值税已由 17%降至 13%，但因世界其他主要国家，如美国、日本免征进口增值税，在一定程度上降低了国内相关产品的竞争力。目前国内对铂的交易是通过上海黄金交易所进行，享受进口增值税即征即退，但是指定中博世金公司专营供应，国内其他企业通过金交所购买的铂，交易成本仍比国外高 5%以上，降低了国内含铂产品在国际上的竞争能力。

（四）铂族金属产业技术支撑问题

中国贵金属技术领域无论在技术储备、研发投入、人才队伍方面，还是在产品质量及品种等方面，与国际发达国家相比，均存在较大差距，中、高端产品缺乏核心技术支撑，技术储备和创新能力不足，产品国际化竞争能力不强、优化升级和可持续发展面临技术瓶颈。目前，中国的贵金属产业进入关键的转型期，急需建立一个强大的技术研发支撑体系。因此需要政府在普适性优惠政策的基础上，针对性地出台铂族金属产业扶持政策，引导铂族金属产业更好、更快、更强地发展。

五、中国铂族金属工业下一步发展重点

（一）加强对贵金属新材料产业的科技政策支持

按照中央深化科技计划管理改革的要求，把铂族金属新材料纳入国家有关科技计划重大专项，进行系统规划和支持，解决我国铂族金属新技术、新材料对国家高技术发展、国防公共安全的支撑发展问题，缩小与国际头部企业的技术差距，提升民族工业竞争力。

（二）加强国家重点研发平台建设

加大铂族金属新材料国家重点实验室投入，共建、共用、共享，全面提升国家重点实验室的基础研究平台、技术支撑平台、实验测试平台和成果转化平台建设，提升产业自主创新能力，提高科学研究和成果转化能力，推动铂族金属新材料产业化的快速发展。

（三）加大重点研究投入力度

针对中国铂族金属新材料产业起步晚，基础薄弱的问题，一方面加强对重点基础研究的投入力度，逐步完善铂族金属新材料的系统化理论基础，为产业的创新发展提供持续动力；另一方面加强对铂族金属前沿新材料和新技术的研发、攻关，抢占未来铂族金属新材料产业竞争制高点。

（四）强化创新体系能力提升

以产业产学研用创新联盟建设为载体，整合完善产业创新资源，鼓励和支持铂族金属行业内的重点材料制造企业、高校、研究机构、应用企业和回收企业等产、学、研、用单位，形成覆盖产业链所有环节的创新联盟，统筹市场需求、技术攻关、资源回收利用和资源共享，围绕产业链共性技术、关键技术和前沿技术攻关布局，实现铂族金属新材料基础研究、应用技术研究和产业化的统筹衔接，打造具有国际竞争力的协同创新发展环境。

（五）培育优势企业与培育人才团队

加大对具有较大规模和发展潜力的铂族金属新材料综合性企业在企业并购、融资平台、利税政策方面的扶持力度，培育和打造具有较强创新能力和国际影响力的龙头企业。加强铂族金属新材料人才培养与创新团队建设的投入力度，为产业培养高层次领军人才、高级研究人员、技术骨干、创新团队引进外国专家团队提供政策、资金和项目支持。

（六）完善铂族金属新材料产业信息国际化对标

加强铂族金属新材料产业信息的国际化跟踪，建立铂族金属新材料信息化研究平台，完善铂族金属新材料的研究进展、标准信息、产业信息、企业信息等竞争信息的梳理和整理，为我国铂族金属新材料产业的国际化竞争提供信息基础支撑。

撰稿人：张昆华、张　杨
审稿人：陈家林

统计篇

TONGJI PIAN

2021 年有色金属产品产量汇总表

指标名称	产量/吨			同比/%
	12 月	12 月止累计	同期累计	
一、十种有色金属	5474152	64543098	61231545	5.41
其中：精炼铜（铜）	909565	10486659	9761937	7.42
原铝（电解铝）	3108935	38503204	36741732	4.79
铅	740973	7364974	6625390	11.16
锌	577366	6560558	6450897	1.70
二、六种精矿含量	659892	6790806	6422538	5.73
三、氧化铝	6243198	77475353	73765889	5.03
四、有色加工产品				
1. 铜材	2071164	21235059	21178249	0.27
2. 铝材	5828231	61051736	56842936	7.40
五、冶炼厂产金/千克	13760	172853	161422	7.08

注：1. 该表中的数据均为初步统计数。

2. 计算各项指标同比增长速度所采用的上年数与本年的企业统计范围相一致，和上年公布的数据存在口径差异。

2021年有色金属行业规模以上企业主要财务指标

指标名称	计算单位	2021年1~12月累计		2020年1~12月累计		同比/%		备注
		含黄金	不含黄金	含黄金	不含黄金	含黄金	不含黄金	
企业个数	个	9031	8685					
资产总计	千元	5099229000	4708565540	4698371433	4325266448	8.53	8.86	
流动资产平均余额	千元	2591037717	2452355031	2246916317	2110460260	15.32	16.20	
应收账款	千元	442986211	434806937	367797620	360077150	20.44	20.75	
产成品库存	千元	196487297	186650719	166011507	158123081	18.36	18.04	
负债合计	千元	3067511396	2830541882	2861340156	2638503338	7.21	7.28	
营业收入	千元	7314412668	6919505937	5590855411	5148492958	30.83	34.40	
营业成本	千元	6647911367	6289854626	5144358384	4746000572	29.23	32.53	
营业费用	千元	42472431	41546050	41370094	39909381	2.66	4.10	
管理费用	千元	114301613	100697644	98056062	85564256	16.57	17.69	
财务费用	千元	65320505	60758767	62072473	57394325	5.23	5.86	
利润总额	千元	364487697	350805530	180540201	158465891	101.89	121.38	
亏损企业亏损额	千元	29853859	24325395	37245874	35582989	−19.85	−31.64	
亏损企业个数	个	1643	1521	1886	1816	−12.88	−16.24	
资产负债率	%	60.16	60.11	60.90	61.00	−0.74	−0.89	百分点
资产利润率	%	7.32	7.63	3.75	3.57	3.57	4.06	百分点
销售收入利润率	%	4.98	5.07	3.23	3.08	1.75	1.99	百分点

注：1. 该表中数据为初步统计数。

2. 计算各项指标同比增长速度所采用的上年数与本年的企业统计范围一致，和上年公布的数据存在口径差异。